Vitor Ramil,
o astronauta lírico

Marcos Lacerda

edição brasileira© Hedra & Acorde 2024

edição Paulo Almeida e Rogério Duarte
coedição Jorge Sallum
assistência editorial Paulo Henrique Pompermaier
revisão Ana Cecília Agua de Melo
capa Lucas Kröeff
foto da capa João Onófrio (Agência RBS, 14 ago. 1984)

ISBN 978-65-84716-19-3

Dados Internacionais de Catalogação na Publicação (CIP)
(Câmara Brasileira do Livro: SP, Brasil)

Vitor Ramil, o astronauta lírico. Marcos Lacerda. 1. ed. Rio de Janeiro:
Acorde; São Paulo: Editora Hedra, 2024.

ISBN 978-65-84716-19-3

1. Compositores: Brasil, Biografia 2. Escritores: Brasil, Biografia
3. Música: Brasil I. Título.

24–199986 CDD: 709.2

Elaborado por Tábata Alves da Silva (CRB–8/ 9253)

Índices para catálogo sistemático:
1. Artistas brasileiros: Biografia (709.2)

Grafia atualizada segundo o Acordo Ortográfico da Língua
Portuguesa de 1990, em vigor no Brasil desde 2009.

Direitos reservados em língua
portuguesa somente para o Brasil

EDITORA HEDRA LTDA.
Av. São Luís, 187, Piso 3, Loja 8 (Galeria Metrópole)
01046–912 São Paulo SP Brasil
Telefone/Fax +55 11 3097 8304
editora@hedra.com.br

www.hedra.com.br
Foi feito o depósito legal.

Vitor Ramil,
o astronauta lírico

Marcos Lacerda

1ª edição

hedra　　acord#e!

São Paulo　2024

Marcos Lacerda é sociólogo e ensaísta. Foi diretor de música da Funarte, responsável por políticas de âmbito nacional. É autor de *Hotel Universo: a poética de Ronaldo Bastos* (2019) e organizador de *Música: ensaios brasileiros contemporâneos* (2016) e *A canção como música de invenção* (2018). É um dos curadores da coleção Cadernos Ultramares e da coleção Certas Canções (Hedra & Acorde).

Vitor Ramil, o astronauta lírico é um ensaio biográfico sobre o compositor e escritor pelotense Vitor Ramil, que abrange sua carreira e formação desde a adolescência e juventude, especialmente a partir do lançamento de *Estrela, estrela* (1981), seu primeiro álbum, passando pela consolidação e consagração nacional e internacional com os experimentos radicais de *A paixão de V segundo ele próprio* (1984) e a proposta da "estética do frio" de *Ramilonga — A estética do frio* (1997), na canção, e *Pequod* (1995) e *A primavera da pontuação* (2014), na literatura, até *Avenida Angélica* (2022), seu álbum mais recente, com poemas de Angélica Freitas, sua conterrânea. Orientado pela crítica da canção, da literatura e dos shows, e pelo diálogo com o próprio Vitor Ramil, este ensaio contém ainda um levantamento minucioso da repercussão da obra desse compositor na imprensa, na academia e na crítica.

Sumário

Apresentação, *por Luís Augusto Fischer* 7

Introdução 11

» 1　O lance de dados 19

» 2　A noite ardia com cem luas 71

» 3　A invenção do olho 109

» 4　Pequod e o enigma da "quase-poesia" 127

» 5　O pampa infinito e exato 143

» 6　A ilusão da casa 161

» 7　No centro de outra história 177

» 8　O astronauta lírico 197

» 9　Satolep, noite 215

» 10　A ilusão do sul, miragens, espelhamentos 233

» 11　A primavera da criação 243

» 12　Palavra desordem 259

» 13　As canções do rádio 273

» 14　E tudo isso foi no mês que vem 287

» 15　Pós-escrito: O livro, a cidade e o artista 295

Cronologia de vida e obra 315

Referências 319

Apresentação

O PAI DE UM GRANDE AMIGO MEU era construtor, "empreiteiro", como se diz. Sabia fazer tudo de construção e empreitava reformas em casas e apartamentos, contratando auxiliares. Seu pai, o avô do meu amigo, também havia sido construtor, fazedor de prédios. Igualmente encarava qualquer dimensão da obra — fundamentos, hidráulica, elétrica, alvenaria, marcenaria, acabamento. Habilitações antigas, de um tempo anterior à superespecialização de nossos dias: era um tempo em que um mesmo indivíduo podia reunir em si todas essas virtudes, também porque eram, comparativamente, menos sofisticadas, menos específicas, que as atuais.

Lembro de uma conversa com esse sujeito, o pai do meu amigo. Era um churrasco, eu era bem jovem; estávamos naquele momento de satisfação pela comida já ingerida, pelos cheiros, densidades, gostos experimentados, e inebriados de cerveja em diferentes graus, jogando conversa fora, alegres ainda; mas já avultava no horizonte aquela nuvem de melancolia que também acontece nessas horas.

Foi quando o pai do meu amigo, com um sorriso que restava no semblante como testemunho póstumo de uma alegria já evaporada, contou umas cenas do serviço que estava comandando por aqueles dias, numa casa grande. Eram basicamente queixas, ditas com humor ferino, acerca do desleixo com que os jovens contratados por ele tratavam o serviço. Faziam de qualquer jeito e ficavam amuados quando eram corrigidos; faziam estritamente o que era mandado e nada mais, mesmo que lhes aparecesse alguma demanda óbvia pela frente; faziam o mais rápido possível, para se livrar do encargo, e desapareciam tão logo dava a hora.

Foi quando o pai do meu amigo me encarou diretamente, com os olhos começando a turvar com lágrimas que logo rolariam pelo rosto abaixo. Me encarou e disse: "Quando eu aprendi a construir com meu pai, a gente terminava o turno, se lavava e lavava as ferramentas, e ia pra frente da obra olhar o que tinha feito. Avaliar como tinha feito, o quanto tinha andado, o quanto faltava. Dava gosto e dava orgulho".

Faz quase cinquenta anos que essa experiência aconteceu, e nunca me saiu da memória. O pai do meu amigo já faleceu há uns quantos anos, e é bem possível que ninguém mais repita esse ritual de avaliar o trabalho feito.

Mas por que estranho caminho essa história me voltou agora, e pela primeira vez me ocorre escrevê-la por extenso? O que tem isso a ver com o livro que o leitor tem agora em mãos?

Não sei direito. Mas nesses muitos anos de estrada aprendi a não recusar liminarmente as conexões que o acaso apresenta.

Ocorre que estamos diante de um livro cujo centro guarda uma essência muito parecida com a do mundo desaparecido do pai do meu amigo. Uma essência que se poderá chamar de artesanal. A obra do Vitor Ramil tem muito desse empenho artesanal profundo, radical.

Certo: qualquer cancionista que valha a pena compartilha esse trabalho artesanal de ir encontrando sua dicção, a um tempo literária e musical, a dicção cabível para que a canção aconteça. Invenção, ousadia, experimentação, mas submetidas a um processo expressivo que precisa ser compreensível. Se há fórmulas, a boa canção as recusa, ou as trata com rigor crítico, para não sucumbir à repetição, que solaparia a confiança que, na cultura brasileira a partir dos anos 1930, ao menos, construiu tijolo a tijolo a impressionante força que ela, a canção, alcançou entre nós, arrisco dizer que mais do que em outros contextos e com mais alcance do que talvez qualquer outra forma artística.

Mas na obra do Vitor se observam algumas particularidades. Sendo artesão, ele labora sobre matéria menos evidente do que aquela que resultaria, por exemplo, no samba de amor (ou de desamor), esta uma dicção claramente estabelecida. Mais do que aquela que se dispusesse a cantar os morros e as favelas do Rio de Janeiro. Do que aquela que pretendesse fazer dançar a partir de células rítmicas da vasta cultura popular nordestina.

(A canção, como qualquer outra forma artística, expressa uma experiência objetiva, ocorrida em um certo momento, mergulhada numa dada paisagem. Pode ser que a canção resultante não ostente nada dessa placenta, em sua forma final; mas essa placenta existe e define muito do destino da forma criada ali. Em Adorno há uma expressão sintética disso: a forma é experiência social decantada.)

Vitor Ramil é um artesão da canção que lida com a matéria-prima comum à sua geração — que compartilha o horizonte histórico do rock oitentista, de uma primeira leva do rap, assim como da carreira de gente desigual como Itamar Assumpção e Lenine —, mas modulada fortemente pela condição de sulino, de brasileiro vizinho do rio da Prata, de brasileiro que experimenta uma paisagem específica e um frio incomum para seus compatriotas. Não é melhor ser sulino do que ser nortista ou centrista, mas é significativo. Os motivos, limites e potências dessa condição, Vitor os explorou, passo a passo, tento a tento, milonga a milonga, como nenhum outro.

Mas há outro lado, também conectado à história lá do começo: Marcos Lacerda, o autor do livro, é outro sujeito que dá a pinta de provir igualmente do mundo antigo, do mundo dos valores de uso, anterior ao mundo dos valores de troca.

Por motivos pessoais, mas também por convicção formada no processo, o Marcos joga o jogo do comentário cultural com a intensidade e a abrangência de quem deixa à vista todos os instrumentos de que se vale na análise. Aqui se combinam, como logo o leitor vai ver, a fina análise cancional com quadros de época e de lugar, avaliação da obra mediante conceitos relevantes para a história cultural ocidental, alinhados com não poucos momentos de confissão pessoal, tudo se combinando para compor um livro que é exigente sem jamais deixar de ser marcantemente pessoal.

Dá mesmo para dizer que este livro é uma trama artesanal, todo ele. Organizado o trabalho numa linha de tempo que respeita a cronologia, em amplo sentido, o modo como o autor vai se aproximando do objeto, a obra de Vitor Ramil, vai e vem entre o presente do analista e o percurso desenvolvido pela obra. O livro tem algo do voo dos exploradores que olham a cena de cima, com frieza, mas é aparentado com o esforço de um aprendiz, que sabe estar diante de um material estruturado, elegante à sua maneira, e percebe que se trata de lançar sobre ele um olhar de quem quer entender, mais do que aquele de quem quer explicar.

Um terceiro elemento nasce ainda da mesma conexão com a história do pai do meu amigo. Agora, uma conexão que tem a ver com a minha leitura do livro do Marcos. Leitura que me deu a ótima sensação de olhar com uma lente inédita a obra de Vitor Ramil.

Ocorre que Marcos Lacerda chegou ao Vitor com a obra deste já construída, com o edifício já de pé, com os acabamentos todos: já haviam se passado umas três décadas da carreira do cancionista, com um acúmulo de acertos, erros, hesitações, recuos, crises, conquistas. Marcos dobrou a esquina e deu de cara com o edifício todo — e ficou impactado. O que fez? Ou melhor: o que poderia ter feito?

Poderia ter poupado sua energia crítica, apenas declarando a beleza do que via, num plano imediato. Mas não: como o pai do meu amigo, postou-se diante da obra e, com ânimo analítico mas coração artesanal, se pôs a ver os detalhes, a coletar informações do processo criativo, a estabelecer paralelos iluminadores, a revelar até mesmo fontes esquecidas.

Tendo eu conhecido a obra do Vitor em sua construção passo a passo, e portanto tendo visto como os materiais foram sendo capturados brutos na experiência viva para receberem aquela transfiguração que só o artista sabe dar, nunca eu tinha compreendido o valor de uma série de elementos que Marcos Lacerda dá a ver, analiticamente. Sem ir mais longe, a figura do Barão de Satolep, uma persona que parecia até aqui apenas um intervalo desviante, assume, no livro, um papel importantíssimo no percurso imaginativo do Vitor, iluminado pela análise.

Marcos Lacerda traz aqui, em suma, uma contribuição de relevo para a inteligência crítica, aquela que se ocupa da crítica cultural em sentido geral, tanto quanto aquela que trata especificamente da canção. O autor leu tudo que o Vitor escreveu e ouviu tudo que ele gravou, mas foi além, desbravando o arquivo de reportagens feitas sobre a obra e de entrevistas concedidas pelo cancionista. E oferece aqui, dada a gentil relação que estabeleceu com o Vitor, até mesmo materiais que raríssimos conheciam (ao final o leitor vai encontrar dados detalhados da trajetória do artista).

A obra de Vitor Ramil, em canção e também em outros meios, é de grande valor, mas não tem a óbvia magnitude que outros cancionistas brasileiros alcançaram, e isso por motivos que o Marcos aqui examina, com seu olhar atento, de quem vem de fora do ambiente cultural de que ela dependeu e em que ela floresceu. A tarefa crítica, assim, se cumpre de modo superior: o especialista empregou suas armas, seus conceitos, suas leituras e vivências, mas o que oferece é um depoimento atravessado de emoção, a emoção de dar a ver uma experiência sensível.

Luís Augusto Fischer

Introdução

O PALCO ESTÁ JÁ PREPARADO. Acendem as primeiras luzes. O teatro lotado aguarda, com certa ansiedade. Começam a entrar os primeiros músicos. Gutcha Ramil, Ian Ramil, Thiago Ramil, João Ramil, Kleiton e Kledir Ramil e, por fim, Vitor Ramil. Estão reunidos os músicos da Casa Ramil, projeto de shows, gravações e encontros entre os artistas da família. O nome é sugestivo. A importância da *casa* como lugar real e metáfora na obra de Vitor é enorme. A casa das canções em "Autorretrato" (1984); a descrição de quartos, salas, portas, pátios em "Espaço" (2000); no mesmo ano de 2000 a "Ilusão da casa"; a importância da casa dos pais como cenário fundamental na novela *Pequod*, com quartos secretos, poltronas, relógios, um casarão de um amigo próximo do pai (1995); os pátios pequenos da concisão onde se revelam o universo e o sentido das coisas em "Milonga de sete cidades" (1997); a alegoria da casa da família em ruínas no romance *Satolep* (2008); a descrição de corredores, mesas da "casa nova" na canção "Satolep" (1984); o tapete deslocado da sala para os pais dançarem tango no texto do encarte do disco *Ramilonga – A estética do frio* (1997); a descrição de cama, livro, televisão, abajur em "Livro aberto" (2007) e, claro, a volta para a casa onde nasceu na cidade de Pelotas, fundamental para uma reorientação na sua carreira, no ano de 1992.

Vitor Ramil nasceu em Pelotas, cidade do extremo sul do estado do Rio Grande Sul, situada num espaço de confluência de culturas, entre o Brasil, o Uruguai e a Argentina. A autoconsciência dessa singularidade não só da cidade, mas do estado, será um dos fatores mais importantes da construção da sua obra artística e um dos princípios centrais da sua "estética do frio". Morou em Porto Alegre em parte dos anos 80 e, depois, no Rio de Janeiro, na mesma década e início da década de 90, quando retorna a Pelotas. Entre Porto Alegre e Rio de Janeiro fez os seus primeiros três discos, além de uma série de shows temáticos, com a criação do Barão de Satolep.

O retorno a Pelotas, na década de 90, representa um segundo corte significativo na sua biografia pessoal, que vai conduzir a mudanças profundas na construção da sua obra. O primeiro foi a ida a Porto Alegre, já com o lançamento do *Estrela, estrela* (1981), seu primeiro álbum. Vitor tomou uma decisão:

estudar piano a fundo, ler com afinco e de forma sistematizada crítica, teoria da arte, poesia e passar por uma reeducação da sensibilidade. Tornou-se uma espécie de asceta, como se tivesse renunciado ao mundo. Sentia a necessidade de criar canções ou formas artísticas mais arrojadas e que pudessem fugir da redundância, do caminho comum às canções mais convencionais, ainda que de alto nível, como as que estão presentes no seu primeiro álbum. O processo resultou numa das suas obras-primas, a que considero o seu *lance de dados*, o álbum *A paixão de V segundo ele próprio* (1984). O disco é um assombro, com poesia provençal, canções que duram dez segundos, arranjos orquestrais, música concreta, uma canção-partitura, melodias pop, quadras populares, alta poesia de invenção com humor e sátira, instrumentos medievais, tudo exigindo do ouvinte a construção de níveis de articulação de sentido, como se fosse uma realização, talvez uma das únicas, do conceito de "obra aberta" de Umberto Eco em canção popular.

O segundo corte, com o retorno a Pelotas em 1992, após anos no Rio de Janeiro, vai conduzir a uma outra obra-prima, muito diferente de *A paixão de V*, e já apontando para o que viria a ser a sua conceituação da "estética do frio", uma das teses estéticas mais inventivas e revigorantes do campo cultural brasileiro. Eu me refiro ao álbum *Ramilonga – A estética do frio* (1997). Entre a música, a ambiência, as formas de sensibilidade dos pampas, com música oriental e canções que valem como tipos de conceituação estética densa, caso de "Milonga de sete das cidades". Também é deste disco a descoberta de um poeta que vai acompanhá-lo ainda por muito tempo: João da Cunha Vargas. Além do mais, neste álbum fica evidente a centralidade que a milonga vai tomar como forma artística por excelência da sua criação musical. A partir dele podemos ver também a reorientação do seu olhar para os países platinos, afirmando a própria tese da estética do frio, com o Rio Grande do Sul ocupando um papel central num espaço poderoso de confluência cultural que envolve Brasil, Argentina e Uruguai. Esta reorientação tem nos seus dois discos posteriores, *Tambong* (2000) e *Longes* (2004), um ponto de inflexão, pois foram ambos gravados em Buenos Aires, com o primeiro tendo duas versões, uma em português e outra em espanhol. Também é do mesmo período a publicação da primeira teorização mais bem elaborada da estética do frio, com um ensaio a partir de uma conferência apresentada em Genebra, na Suíça.

Alguns anos depois, em 2008, publica o seu segundo trabalho ficcional e primeiro romance, *Satolep*. O romance tem ótima recepção crítica, apresentação na Flip, a badalada festa literária de Paraty, ganha matéria extensa na *Folha de São Paulo*, seu nome passa a aparecer junto a escritores da literatura brasileira contemporânea. Algo próximo a isso já vinha acontecendo desde o *Pequod*, a novela que é o seu primeiro trabalho ficcional e que recebeu resenhas positivas de nomes importantes da crítica literária, como Flora Süssekind. Mas com *Satolep* já era possível perceber que Vitor começava a se consolidar também como escritor de literatura, além de compositor e cantor.

Foto do show *Tango* (1987).

A paixão de V segundo ele próprio, *Ramilonga – A estética do frio*, os dois álbuns "argentinos", *Tambong* e *Longes*, e o romance *Satolep* são criações artísticas que em muitos aspectos se vinculam a momentos de inflexão, virada ou viravolta na sua carreira, com Porto Alegre, Rio de Janeiro e Pelotas, além de Buenos Aires e Montevidéu aparecendo como fortes referenciais geográficos, estéticos e existenciais. No período em que viveu no Rio de Janeiro, que coincide com canções como "Sapatos em Copacabana", do seu terceiro álbum, *Tango* (1987), fez uma série de shows temáticos em alguns lugares do Brasil, especialmente em Porto Alegre, como os que se relacionam a um dos momentos mais significativos da sua obra, aquele que envolve a criação do Barão de Satolep, uma das figuras mais interessantes da canção brasileira. Se destacam espetáculos como o *Midnicht Satolep* e *Animais*, no final dos anos 80, sendo este último com o músico, compositor, pianista e arranjador erudito Celso Loureiro Chaves. Vitor foi testando canções, experimentações cênicas, sonoras, visuais. O Barão tinha uma vestimenta própria, com casaco preto e corcunda protuberante. A música ecoava experimentos das vanguardas modernistas, com algo de jazzy e de punk rock. A poética era libertina, "suja", com um quê de Marquês de Sade, Edgar Allan Poe, Augusto dos Anjos e os poetas concretos. Dessa fase saíram canções extraordinárias que nunca foram gravadas por ele, como "Aço", "A noite ardia com cem luas" ou "Animais" (parceria com Kleiton Ramil). Considero o Barão comparável, em alcance estético e boa realização artística, a personagens como Clara Crocodilo de Arrigo Barnabé ou o Black Navalha de Itamar Assumpção, embora tenha visadas, perspectivas e formas de atuação distintas.

Entre estes álbuns, livros, shows temáticos e o ensaio da estética do frio, Vitor foi construindo a sua obra, seguindo uma lógica que parece ser mais a da simultaneidade de criações do que a da sucessão ou linearidade bem disposta, experimentando aqui e acolá antecipações, avançando num projeto que só viria a ser realizado anos, às vezes décadas depois, criando uma série de curtos-circuitos no público e na recepção crítica. Quando se esperava um novo disco de milongas, com temática gauchesca, lá vinha ele com um álbum experimental baseado em poemas que remetem a paisagens urbanas cosmopolitas com senso de vanguarda ligada diretamente ao mundo, como as de São Paulo em *Avenida Angélica* (2022), ou vinculadas à tradição do samba e do Brasil tropical, como o Rio de Janeiro em *Satolep Sambatown* (2007). Uma visada experimental, radical, ligada a "excessos estéticos", como já o definiram na fase do Barão de Satolep? Que nada, vem um álbum denso, belíssimo, com dois violões em praticamente todas as canções, como *délibáb* (2010), feito com milongas para poemas de Jorge Luis Borges e João da Cunha Vargas. Após este álbum, um novo livro, um novo trabalho ficcional. A continuação de *Satolep*, com o apuro formal ligado a personagens conhecidos do Sul do país, mais especialmente de Pelotas, como o cineasta Francisco Santos, o escritor João Simões Lopes Neto ou o poeta Lobo da Costa? Nada disso. Vitor vem com um experimento formal ligado à palavra, às figuras de linguagem, até mesmo às formas gramaticais em *A primavera da pontuação* (2014).

Sua obra vai assim se construindo em espiral, com uma relação bastante instigante e sugestiva entre esboços, aparos, arestas, formas finais, revisões, atualizações e invenções que, por vezes, saltam imprevistas, como se dançassem um tango de impureza com o real. Entre uma racionalidade aguda, altamente reflexiva, com obsessão pela simetria, e movimentos de dispersão, estímulos a pulsões disformes e outros jogos de sentido. E isso através de muitos curtos-circuitos com o tempo. Uma canção como "Foi no mês que vem", gravada em 1995, para um disco com um título curioso, *À Beça*, é bastante reveladora disso. Seus versos vão gerando uma série de quiproquós e viravoltas no tempo. Egberto Gismonti fez um piano para ela, quando a canção foi regravada no disco *Tambong* (2000), e como que descobriu a sua forma sonora, toda quebradiça, em fragmentos, contrária a qualquer ordenação linear, ou mesmo totalizante.

Podemos pensar a própria figura do artista nestes termos, em torno desse jogo de relação labiríntica, borgiana com o tempo e a forma. O menino que aos treze anos se fechava no quarto para ouvir atentamente *Água & Vinho*, disco do mesmo Egberto Gismonti, ou que gravava a chuva e a leitura de poemas no quintal da casa, para ouvir depois e sentir sua palavra exteriorizada. O menino que reparava atentamente nos gestos, movimentos, feições do pai é o mesmo homem já mais velho entusiasmado ao ler um livro de poemas de uma poeta conterrânea, recém-descoberta, que se transformariam em disco muitos anos depois? O jovem que se travestia de vampiro e fazia tiradas espertas, com humor solto e ácido, é o mesmo já na fase de confirmação da vida adulta, que está sereno, com o seu violão, sozinho no palco, cantando, como se fosse um mantra, uma milonga triste e profundamente melancólica? E o que dizer dos personagens dos trabalhos ficcionais, seja Ahab, personagem de *Pequod*, o atormentado poeta na sua busca por uma "quase-poesia", racional, numérica, feita de códigos ou o seu amigo desvairado, se deixando incendiar por uma dança com roupas fantásticas e discurso surpreendentemente lúcido sobre a arte e a vida? E o que dizer de Selbor, o fotógrafo personagem de *Satolep*, o romance, com sua saga entre o tempo dos seus trinta anos e um outro tempo, da infância, das ruínas, da memória, que confunde cidade, forma artística, história pessoal, narrador, autor? O Vitor leitor de obras difíceis de vanguarda, capaz de fazer canções como se fossem formas artísticas concretas e experimentos aproximados de música de vanguarda, ou o mesmo Vitor fazendo milongas com a poesia de poetas do campo, expressando uma linguagem universal, entre o lirismo e o épico, e descrevendo a paisagem dos pampas com tal clareza e concreção, que soa tão concreta quanto a poesia dos poetas concretistas? O narrador das canções que voa com flamingos numa paisagem tão real quanto insólita, ou o que se vê deambulando entre o vão do MASP e a Avenida Paulista?

Entre estas tantas variações, entre o Vitor-compositor, o Vitor-ficcionista e o Vitor-ensaísta, há também o músico e o cantor. O músico que toca com um violão de aço, se utiliza de uma série de afinações e cuja forma de tocar é reconhecida em sua singularidade, como um estilo próprio. Também o cantor, que foi se afirmando com o tempo. Da fase ainda muito jovem, quando se inspirava na voz de Milton Nascimento, ou pouco depois quando era muito comparado a Caetano Veloso, até o Vitor já maduro, cuja facilidade com que transita entre o grave e o agudo, mantendo a beleza e o domínio técnico da emissão vocal numa mesma nota, tem sido percebida e celebrada por críticos e jornalistas culturais mais atentos.

Se dividíssemos a sua obra por décadas, poderíamos dizer que a década de 80 foi de formação, com os três primeiros álbuns, os shows temáticos, a ida a Porto Alegre e depois ao Rio de Janeiro. Deste período são *Estrela, Estrela* (1981), *A paixão de V segundo ele próprio* (1984) e *Tango* (1987), além da criação do Barão de Satolep e dos shows *Minicht Satolep, Animais, A invenção do olho* e *É prejudicial o uso de salto alto?*.

Já a década de 90 tem dois momentos importantes. O primeiro compreende a publicação de uma primeira versão do texto sobre a estética do frio (1992) e o lançamento do quarto álbum após oito anos: *À Beça* (1995). E um segundo momento, diretamente relacionado ao retorno a Pelotas, abrange a finalização e lançamento do seu primeiro experimento ficcional, a novela *Pequod* (1995), o lançamento de *Ramilonga – A estética do frio* (1997), cuja recepção crítica tem efeito de nacionalização do seu nome, curiosamente no momento em que tinha voltado para o interior, para a sua cidade natal, e, posteriormente, de *Tambong* (2000), seu sexto disco, que inicia um processo de internacionalização da sua obra, a partir dos países platinos. O álbum foi gravado em Buenos Aires e contou com duas versões, uma em português e outra em espanhol.

A década de 2000 confirma a internacionalização platina do seu nome com *Longes* (2004), também gravado em Buenos Aires. Reafirma a estética do frio com a publicação do ensaio, a partir da conferência de Genebra, também em 2004. Retoma a conversa com o Rio de Janeiro e a tradição da canção brasileira, com o *Satolep Sambatown* (2007), e coloca o seu nome de forma decisiva e definitiva na literatura brasileira contemporânea, com a publicação do seu segundo experimento ficcional, o romance *Satolep* (2008), terminando com um novo álbum: *délibáb* (2010).

Já a década de 2010 tem um filme que se concentra no problema da estética do frio e da milonga, com uma série de artistas gaúchos, uruguaios e argentinos, mas com Vitor numa posição importante: *A linha fria do horizonte* (2012); um álbum duplo com um apanhado da sua obra, em novas gravações e com uma série de convidados que fizeram parte dela de diferentes maneiras: *Foi no mês que vem* (2013). Tudo culmina com o seu terceiro livro ficcional *A primavera da pontuação* (2014). Também é desta década o seu décimo primeiro álbum: *Campos Neutrais* (2017).

Por fim, no início da década de 2020, lança um novo álbum e como que retoma a fase de experimentação formal da década de 80, tanto na vestimenta que usa para o vídeo do álbum quanto no uso de uma poesia que ecoa algo dos poemas modernos, libertinos e cotidianos que fez e também daqueles que musicou no período do Barão de Satolep. Coisas com o poeta gaúcho Paulo Seben, ou o escritor e ator americano Sam Sheppard, por exemplo. Canções espetaculares como "Aço" ou "A noite ardia com cem luas" ecoam algo dos poemas musicados de Angélica Freitas no álbum *Avenida Angélica* (2022). É como se o artista tivesse feito um movimento de retorno que pode soar também como reafirmação após a consolidação de uma série de formas artísticas e realizações estéticas profundas.

O desafio maior deste livro foi, justamente, ser capaz de apresentar a obra do artista levando em consideração estas variações, a própria dinâmica que as acompanha e, claro, a complexidade real de um artista da canção que é também escritor, ensaísta, músico e que atua também no âmbito da mediação crítica, através de uma série de entrevistas, desde o início da sua carreira, sempre de forma arguta, culta e muito bem armada intelectualmente.

O livro está dividido em uma série de capítulos que acompanham, a seu modo, a trajetória do artista, do primeiro disco, de 1981, passando por shows temáticos, entrevistas, livros, ensaios e o último disco até aqui, *Avenida Angélica* (2022). Não é uma biografia, mas um ensaio biográfico, muitas vezes mais crítico do que propriamente biográfico. Existem muitas maneiras de escrever sobre a nossa canção popular e contar a sua história. A biografia é uma delas e tem rendido bons frutos, excelentes textos, uma tradição bem sedimentada. Mas existem muitas outras formas de fazer este tipo de mediação crítica. Há o ensaio, o trabalho analítico, a análise sociológica ou antropológica.

O texto foi escrito através de conversas, muitas vezes semanais, com o próprio Vitor Ramil. Também teve material farto de jornal, com resenhas, matérias em geral, que acompanham o artista desde o início da sua trajetória. Fui, também, presenteado com vídeos de shows da década de 80, até o início dos anos 90, pela TVE do Rio Grande do Sul, que foram fundamentais para a análise e estruturação de tudo. Junte a isso minhas andanças por Pelotas, cidade em que vim a morar para fazer um estágio de pós-doutorado na UFPel, e a observação permanente dos seus prédios, ruas simétricas, calçadas altas. A leitura de farto material, com destaque sobretudo para o livro *Vitor Ramil: Nascer leva tempo* (2014), de Luis Rubira. As conversas com pessoas da mesma geração que Vitor, como o crítico Luís Augusto Fischer, e assim por diante.

A sua escrita, ainda mais, se fez entre o calorão insuportável do verão pelotense e a neblina que cobre a cidade no inverno, no frio friíssimo que de fato traz alegria. Em meio a isso, as chuvas intermitentes, com ventos bravos batendo nas janelas com certa ferocidade. As chuvas, aliás, das manhãs, tardes e noites, algumas vezes desenhavam estranhos traços que tinham algo de figurativo, para além da confusão das águas batendo nos vidros da janela. Um deles me chamou muito a atenção. Mostrava a face do que parecia ser um escritor antigo, como se fosse delineando, entre a pulsão disforme e a forma precisa, óculos, cabelos, nariz e boca, em suma, o rosto de algum poeta, escritor, boêmio, literato, quem sabe, que já viveu nesta cidade de poetas e escritores.

Ao escritor desconhecido que apareceu em minha janela, desenhado pela chuva incessante, nas noites de recolhimento e concentração de si do inverno sempre rigoroso e deliciosamente sem fim de Pelotas, dedico este livro.

Capítulo 1

O lance de dados

EMBORA POSSA PARECER, PARA ALGUNS, que a criação da obra de Vitor Ramil se iniciou na década de 90 — não são poucos os que pensam a sua discografia a partir do álbum *Ramilonga – A estética do frio*, de 1997 —, na verdade sua carreira profissional vem de 1981, quando grava o seu primeiro disco: *Estrela, Estrela*. Trata-se de um trabalho que ele gravou aos dezoito e lançou aos dezenove anos. Os anos 80 foram riquíssimos para ele. Vitor lança três álbuns, além de um conjunto de shows temáticos, contando com a criação de um enigmático personagem: o Barão de Satolep. Os três álbuns apresentam estéticas distintas que, em certa medida, estarão presentes na obra do artista durante toda a sua carreira. No primeiro, *Estrela, Estrela* (1981), a estética é a da MPB, com especial atenção para dois nomes centrais: Milton Nascimento e Egberto Gismonti; no segundo, *A paixão de V segundo ele próprio* (1984), a estética é a do experimento de vanguarda, conversando diretamente com as vanguardas modernistas do século XX, num limiar entre a canção, a música e sonoridades sem forma definida; no terceiro, *Tango* (1987), a estética tem forte entonação jazzística, poesia simbolista mórbida, libertária e, em alguns momentos, de tom mais sarcástico e sujo.

Se colocarmos lado a lado canções como "Assim, assim" (1981), "Autorretrato" (1984) e "Sapatos em Copacabana" (1987), elas podem não necessariamente parecer do mesmo autor, tendo em vista a singularidade e, mesmo, a autonomia de cada uma delas em todas as suas dimensões, poéticas, melódico--harmônicas e assim por diante. No entanto, canções como "Loucos de cara" (1987) e "Satolep" (1984) se aproximam pela narrativa extensa e por, com intensidades distintas, se utilizarem de jogos de sentido baseados mais na justaposição do que na sucessão bem encadeada da narrativa. Não à toa, são duas canções bastante conhecidas do repertório do autor, vinculadas a uma estilística própria, que reconhecemos como sendo de Vitor Ramil.

Fica difícil dizer o mesmo, por exemplo, de canções como "Um e dois" (1981) e "Sim e fim" (1984), cuja estrutura poderia ser associada a boas composições em canção popular não necessariamente com uma singularidade destacável. E aqui cabe falar um pouco mais sobre "Sim e fim", canção feita em resposta às tentativas de enquadramento comercial e formal da produção de Vitor. O seu arranjo serve como efeito crítico, no sentido de parodiar as formas consagradas pelo padrão do mercado de canções vendáveis do período. A letra da canção diz o oposto, soa como um clamor contra as exigências da convenção e é cantada como se tivesse um interlocutor claro, visível, objetivo.

Podemos elencar outros exemplos de canções destes três álbuns. Chama a atenção, por exemplo, que no show de lançamento de *Estrela, Estrela* (1981), Vitor tenha cantado duas milongas: "Semeadura" (com José Fogaça) e "Milonga de Manuel Flores" (com o poema de Borges traduzido para o português), como a demonstrar que a construção da sua obra tem algo de simultâneo e sucessivo ao mesmo tempo, sincrônico e diacrônico, justaposto e linear. A ordem assim de ultrapassagem, ou mesmo, superação, de perspectivas estéticas não se dá necessariamente numa lógica linear. É como se já houvesse a presença da mudança, do novo, das próximas canções e experimentações sonoras, em potência, germinando aqui e ali, aparecendo como esboço numa fala em entrevista, numa performance no palco, na aparição enigmática num show.

Para o ouvinte atento, ou mesmo para o ouvinte com atenção mais flutuante, há um verdadeiro salto entre o primeiro e o segundo álbum. *A paixão de V segundo ele próprio* soa muitas vezes como uma criação bastante singular em toda a sua obra. Como se fosse o seu *lance de dados*. Ou mais, como se fosse um esforço de pensamento artístico dos mais profundamente significativos para se avaliar o ambiente de criação cultural que enovela vanguardas modernistas, crítica política, formalismo, experimentação sonora, canção popular, poesia provençal, cultura de massas, tudo com elegância estilística e consciência assombrosa do sentido do tempo. Perto dele, *Estrela, Estrela* parece mais um álbum bem-acabado, com ambições artísticas mais acanhadas.

O mesmo não podemos dizer de *Tango*, que, a seu modo, mantém o pendor culto e exasperado do autor, mas já com outras movimentações do pensamento e da estética composicional. Claro que "Virda" e o arranjo de "Nino Rota no Sobrado" remetem aos experimentos de *A paixão de V*, mas é difícil dizer o mesmo de "Sapatos em Copacabana", "Joquim" e "Mais um dia". Isso sem esquecer do próprio formato do álbum, bastante enxuto, parecido, neste aspecto, com *Estrela, Estrela* e bem diferente da exuberância barroca e maravilhosamente estendida de *A paixão de V segundo ele próprio*.

Ficha de inscrição no Festival Califórnia da Canção Nativa, 1980.

Assim, o que há são aproximações entre os álbuns que demarcam a criação da obra, a sua ossatura, a sua forma, sempre inacabada e aberta. O desafio deste livro será pensar nestes termos a obra de Vitor, aí incluídos os trabalhos de ficção, os ensaios críticos e as entrevistas, que são, a seu modo, tentativas de conceituar a sua obra e documentos bastante generosos para o crítico. Generosos e desafiadores porque Vitor escreve muito bem e costuma conceituar a sua obra permanentemente. Nesse sentido, "rivaliza" com a crítica.

Aliás, já nesse início de carreira se nota um cuidado com todo o processo de feitura das composições, que vai da criação do álbum, incluindo aqui uma atenção para os arranjos, a produção artística, o trabalho gráfico da capa, o modo de escrita das letras no encarte, ao lado da recepção crítica e especializada, nos cadernos culturais dos jornais de grande circulação, até a forma como se dá a produção no âmbito mesmo das gravadoras. O perfeccionismo e o zelo por cada detalhe já trouxeram problemas ao artista, especialmente no que diz respeito à sua convivência, nem sempre pacífica, com produtores executivos de gravadoras.

ESTRELA, ESTRELA: O PRIMEIRO ÁLBUM

Nas cidades do extremo Sul do Brasil existe uma série de festivais com o foco voltado para a música tradicional, contando com a presença, inclusive, de artistas do Uruguai e da Argentina. Um dos mais prestigiados, e de longa vida, é o Festival Califórnia da Canção Nativa. Vitor Ramil participou, ainda muito jovem, da sua décima edição, em 1980. Apresentou "Semeadura", uma milonga feita aos dezessete anos, com letra de José Fogaça.[1] Nessa altura o primeiro álbum já estava em preparo, e viria a ser lançado no ano seguinte.

"Semeadura" evocava, a seu modo e como esboço impreciso, um tema que seria permanente em toda a sua obra: a relação entre o Sul do Brasil e a Argentina e o Uruguai, formando algo como uma ambiência cultural própria, cosmopolita e moderna. O artista parecia já intuir uma das facetas do que veio a se chamar posteriormente de "estética do frio", uma visada originalíssima que pensava o lugar do Sul do país habitando o centro de uma outra história, que não dependia das mediações e filtros do eixo São Paulo-Rio.

Antes da participação no festival, Vitor já vinha compondo canções, algumas bastante vigorosas, que viriam a fazer parte dos seus discos posteriores e se integrar ao conjunto da sua obra. O período era muito rico para o jovem cancionista, já que havia tido uma das suas canções gravadas por Zizi Possi, uma cantora de ponta da MPB. A canção se chamava "Mina de Prata", parceria com Arthur Nestrovski, músico que viria a ser diretor da OSESP, a Orquestra Sinfônica do Estado de São Paulo, e tinha uma estrutura harmônico-melódica característica da canção brasileira. Esta canção, ainda mais, foi feita quando Vitor tinha catorze anos. Letra e melodia de Vitor. Harmonia de Arthur.

Neste mesmo período, o artista vinha fazendo um show chamado *Corpo de Baile*, com uma banda formada por alguns dos seus parentes, como a irmã Branca Ramil, que viria a ser sua produtora, além de Kleiton Ramil e do próprio Arthur Nestrovski. Canções como "Mina de Prata", "Epílogo" e "Engenho" estão no repertório. Essas canções fariam parte, posteriormente, do *Estrela, Estrela*.

Mas foi a participação no festival que, em certa medida, olhando pelo retrovisor, parecia expressar uma primeira fase de inserção no mercado de canções de grande vulto, com enorme significado, ao mesmo tempo em que antecipava a visada estética que demarcaria parte da sua obra e seu pensamento.

---

1. José Fogaça (1947) é um político brasileiro de longa carreira, tendo atuado como deputado e senador pelo Rio Grande do Sul, além de ter sido prefeito de Porto Alegre. Fez uma série de canções, além de "Semeadura". É dele a bela "Vento Negro", que fez para o grupo Almôndegas, formado por Kleiton e Kledir e pelo próprio Fogaça.

Vejamos com olhar arguto os três acontecimentos. Uma participação, com uma milonga, num festival de canção tradicional gaúcha; a gravação de uma canção mais propriamente "brasileira", chamemos assim, por uma artista do centro da MPB; por fim, o processo de preparação para a gravação do primeiro disco com um conjunto de canções que ecoava, como logo veremos, o padrão alto, embora convencional, da canção brasileira do período.

"Semeadura" gerou alguma controvérsia no público do Califórnia da Canção Nativa. A forte temática política, num período de muita tensão e polarização do país ainda vivendo sob o regime da ditadura civil-militar de 64, chegou a causar desconforto no ambiente tradicionalista. Ao mesmo tempo, a performance no palco ecoou um tipo de liberdade comportamental e estética também não muito bem-vista por este público, embora tenha tido boa aceitação dos mais jovens.

A milonga ganhou o prêmio na linha de projeção folclórica. O filósofo e crítico Luis Rubira, em *Vitor Ramil, Nascer leva tempo* (2014), chama a atenção para um fator interessante. A participação neste festival de um dos maiores nomes da milonga, o argentino Atahualpa Yupanqui, ao lado de Inezita Barroso e Sivuca, dois grandes nomes da canção brasileira, parecia denotar involuntariamente os caminhos mesmos da sua forma de composição e atuação no campo cultural, com a platinidade de Yupanqui e a brasilidade de Inezita e Sivuca. Esta constatação arguta de Rubira reforçava um enigma que parece estar presente desde a gênese da sua obra: a sua trajetória é demarcada, em muitos momentos, por acontecimentos que parecem prefigurar os próximos passos, num jogo de espelhamentos entre o presente e aquilo que já aparece como o futuro, ainda que mais ou menos ocultado.

Poucos anos depois, aliás, teria uma grata surpresa. Mercedes Sosa se interessaria pela milonga e pediria para gravá-la.[2] Nada mal para um iniciante. "Semeadura", a sua primeira milonga, entra no repertório de uma das maiores cantoras latino-americanas. O interesse de Mercedes era a demonstração da excelência do artista, ainda em fase de formação, ao mesmo tempo em que deixava já claro que a milonga, a relação do Rio Grande do Sul com os países platinos, poderia ser um bom caminho para a construção da sua poética musical e, mesmo, como veremos adiante, da sua obra literária e ensaística. Mais ainda, como me diz o próprio Vitor, a milonga foi feita por ele tendo como inspiração

---

2. A canção foi gravada no festejado álbum da cantora *Será posible el Sur?*, de 1984, em espanhol, com o título "Siembra". Neste álbum, Mercedes Sosa grava também um clássico da dupla Kleiton e Kledir, "Vira virou", também em espanhol: "Vira viro". Um detalhe interessante nesta gravação de "Vira viro" é a presença no coral de vozes de Pedro Aznar, músico argentino que terá um papel bem importante na obra de Vitor.

Vitor Hugo Ramil cantor-compositor pelotense lança seu primeiro disco

VITOR É O MAIS NOVO CONTRATADO DA GRAVADORA POLYGRAM

Há muito que conheço VITOR RAMIL já batíamos papo bem antes dele pensar em formar seu primeiro conjunto. Conjunto que acompanhei dos primeiros ensaios até apresentação no Festival J.H. Santos.

Por coisas desse destino fiquei se encontrá-lo por 4 anos. Minto, encontrei-o uma vez na Andrade Neves onde conversamos rapidamente. Escrevi sobre isso há bastante tempo. Na ocasião eu dizia: "Tomem nota desse nome, VITOR RAMIL"

Quem anotou ou tem boa memória pode começar a conferir, pois esta semana VITOR lançou seu primeiro disco no mercado nacional. O Lp chama-se "ESTRELA, ESTRELA". É o início de carreira de um jovem que pelo talento, voz e potencial já é expoente da Música gaúcha e brasileira. E isso com apenas 19 anos de idade, o que faz os "velhos" artistas gaúchos morderem-se de inveja. Quem pode, pode. Quem não pode ouve disco (para aprender)

O Lp já está na CASA BEIRO e tem um preço muito acessível, pois trata-se do "New Disc".

Nessa semana em Pôrto Alegre eu, Vitor, namorada, irmãs sentamos (como nos velhos tempos) para um bate papo, lembranças, fofocas do meio artístico (na base do "quem como quem") e muito riso. Aproveitei e fiz uma entrevista exclusiva para o DIÁRIO. O publicável está aqui:

TREZE PESSOAS NO PALCO...

D.M. -VITOR, uma pergunta tradicional: como começou esta festa toda?

VITOR- Bem, as primeiras noções de música foram em casa com a família. Principalmente com os manos Kleiton e Kledir. Depois estudei violão erudito com o professor Luis Hade e mais tarde piano.

Com 14 anos formei meu primeiro conjunto que se chamava "Canto Contraponto e Fuga". Tudo gente de Pelotas. Apresentamos dois shows no auditório da Escola Técnica e no mesmo ano tiramos 3º lugar no Festival J. H. Santos com a música "Luz"

lembras da apresentação?

Eram 13 pessoas no palco. Tinha até quem tocava **chave**. Quem chegava já subia no palco. Deu de tudo, cada "figurinha"...(risos)

M.C.R.- Eu lembro! Lembro inclusive que a eterna marmelada estava presente. O primeiro lugar foi para um cantor que imatava (e mal) o Martinho da Vila (ou melhor o Mortinho da Vila).

VITOR- Pois é. Depois disso o grupo terminou e uma parte formou o REGINAL ROUPA VELHA que se apresentou várias vezes em Pelotas. Estávamos em 1977.

Nesse ano já na Faculdade de Comunicação da UCPEL **apresentei** um show. "VITOR RAMIL E CORPO DE BAILE". Tinha então 16 anos e um sonho: gravar na ISAEC. Por falência da gravadora o sonho não pode ser realizado, eh, eh! (risos de todos).

Início de 1980 vim para Porto Alegre fazer nada. Vagabundear mesmo. Na bagagem um violão e um par de cuecas.

Terminei mudando para a capital e fiz algumas

'Ah é, é? - Risos) Inclusive ela disse que fará dessa música um hino "gay" e resposta para Angela RO RO.

MUSICA PARA PELOTAS

M.C.R.- Você já tem idéias para o próximo disco?
VITOR- Já. O Lp se chamará "SILÊNCIO TRANSPARENTE". Será bem artesanal e simples. Só eu e o violão ou com um trio. Estou musicando dois poemas de Fernando Pessoa e fazendo uma música

Uma das primeiras entrevistas de Vitor Ramil. 19 jul. 1981.

a própria Mercedes Sosa. O jovem artista fez a música, que depois ganhou letra de Fogaça, pensando na voz, no canto de Mercedes Sosa.

Quando enfim lançou o seu primeiro álbum, *Estrela, Estrela*, houve boa recepção na crítica, especialmente a local, mas não só. Também neste momento já começam a aparecer algumas entrevistas suas publicadas, o que vai ser costumeiro no desenvolvimento da carreira. Uma das primeiras e mais interessantes, neste início de carreira, foi feita no ano de 1981, para o jornal *Diário da Manhã*, de Pelotas, com Mário César Rocha: "Vitor Hugo Ramil cantor-compositor pelotense lança seu primeiro disco". Num clima bem descontraído, Vitor comenta sobre a sua formação musical inicial: "Bem, as primeiras noções de música foram em casa com a família. Principalmente com os manos Kleiton e Kledir". Fala a respeito do seu show na UCPel, a Universidade Católica de Pelotas, *Vitor Ramil e o corpo de baile*, ainda aos dezesseis anos. Conversa sobre a primeira ida a Porto Alegre, "na bagagem um violão e um par de cuecas", a mudança para a capital do Rio Grande do Sul. Nessa época já tinha uma das suas canções gravadas por Zizi Possi, "Mina de Prata". Também fala de quando se encontrou com João Augusto, na Guarita da Canção em Torres, que o levou para um teste na Polygram, que resultou em aprovação e contrato para o primeiro disco.

No Laranjal, Vitor fez a canção "Estrela, Estrela", bairro cujo nome remete à praia do Laranjal, em Pelotas. Na mesma entrevista o artista fala um pouco sobre Zizi Possi, que estava interessada nas suas canções. Ela gravou "Assim, assim", depois de "Mina de Prata". Posteriormente ainda gravou uma canção como "Nem quero saber", que Vitor fez para ela. Um dado curioso, ainda de acordo com a matéria, é que o artista afirma que estava já pensando num novo disco, que já tinha até nome. Se chamaria *Silêncio transparente*, verso que depois entraria nas canções "Autorretrato" e "Clarisser", em 1984, no disco *A paixão de V segundo ele próprio*. Mas este novo disco seria só voz e violão, teria poemas de Fernando Pessoa e uma canção que vinha fazendo sobre Pelotas, "Satolep", que também só seria gravada depois, no mesmo *A paixão de V segundo ele próprio*.

Em 1981 Vitor ainda participaria do festival MPB-81. Apresentou "Engenho", uma canção que fez aos quinze anos. Não foi bem-sucedido, a canção foi desclassificada na primeira eliminatória. Não era a canção que ele queria apresentar. Preferia "Estrela, Estrela", que viria a ser gravada, aliás, por Gal Costa. Em entrevista para o *Estadão*, "A maior cantora do Brasil? Ela concorda com isso", no ano de 1981, Gal Costa menciona já o artista e diz que na faixa de "Estrela, Estrela" usou a voz como instrumento, "o que eu sempre quero fazer". Na resenha sobre o disco de Gal para o mesmo jornal, "Uma constatação inevitável: é a voz mais bonita da MPB", Sérgio Vaz dá amplo destaque para "Estrela, Estrela" e também para Vitor Ramil, destacando a gravação da canção no disco de estreia do artista: "O gaúcho Vitor Ramil, dezenove anos de idade, irmão mais novo de Kleiton e Kledir, gravou sua música 'Estrela, estrela' com um sofisticado, quase erudito acompanhamento de instrumentos de corda e de sopro, pouco comum na música popular, para valorizar a melodia bonita". Também no mesmo ano, o programa global *Fantástico*, na programação regional, exibiu um vídeo com uma das canções do disco, "Assim, assim", parceria com Kledir Ramil.

Juarez Fonseca, que tinha observado a novidade, a qualidade, a excelência já presentes no artista ainda muito jovem, escreveu uma resenha sobre o *Estrela, Estrela*, em 1981, para o jornal *Zero Hora*: "Vitor Ramil: qualidade e ideias próprias". Nela, o crítico destaca a autonomia das letras e melodias de Vitor. Faz um pequeno apanhado do que tinha acontecido até então na carreira do artista, com a canção gravada por Zizi Possi, a participação em Festival da Globo e o lançamento do primeiro disco com músicos como Wagner Tiso, Egberto Gismonti, Jamil Joanes, Luiz Avellar, Djalma Corrêa, o grupo Azimuth, Mauro Senise, Robertinho Silva, Ricardo Silveira, entre outros. Fala sobre as faixas que mais gostou, "Assim, assim", "Estrela, estrela", "Tribo", a participação de Zizi Possi em "Um e dois". Observa uma faixa com ritmo mais "gaúcho", "Noite e Dia" (com Pery Souza). Menciona a aproximação do seu timbre de voz com Caetano Veloso em "Estrela, Estrela" e Milton Nascimento em "Assim, assim" e "Mina de Prata".

Temos assim um quadro alvissareiro. O olhar do artista conseguia abranger canção moderna brasileira, conversar com músicos do primeiro time da MPB, e também gravar milongas, numa simetria, como elementos complementares, embora mantendo as suas respectivas singularidades. Olhar atento que viria a mostrar a sua concentração e plena consciência dos sentidos em "Satolep" (1984), uma das suas canções mais emblemáticas, também ela antecipadora dos sentidos da sua obra:

Sob a lente do meu olho verde
Nada escapa da minha visão

No entanto, se nos concentrarmos mais propriamente no primeiro álbum, a visão ampliada de Vitor parece mais contida. Nele não veremos nenhuma milonga, ou experimento formal mais arrojado. *Estrela, Estrela* (1981) contém um conjunto bom de canções, com músicos do primeiro time da MPB, entre eles cabendo destacar Wagner Tiso e Egberto Gismonti. Para se ter uma ideia, o álbum contou com uma verdadeira orquestra, com dezenas de músicos de corda, com destaque para músicos de violino, viola e cellos; o respeitado grupo musical Azimuth; percussionistas como Robertinho Silva e Djalma Correa. Ou seja, a base musical vinha com profissionais de alto nível e reconhecido domínio técnico, em suma, referências para o que de melhor se fez no período no que diz respeito aos arranjos e à produção musical.

Em conversa pessoal, uma das muitas que apresentarei no decorrer deste trabalho, Vitor me disse algumas coisas interessantes sobre este seu primeiro disco, detalhes que considera muito importante levar em conta para uma boa apreciação do álbum. Em primeiro lugar o fato de ter sido um disco gravado por um artista na primeira idade adulta, aos dezoito anos, contando com um repertório de canções que fez aos catorze e quinze anos. Não lembro de um caso parecido com esse na moderna música brasileira, ao menos, com o já mencionado conjunto de músicos de primeira, vindos de uma outra geração, já consolidados no campo artístico, como referências significativas na música brasileira. Outro fator a levar em conta é a forma como o artista enxerga o contexto de gravação deste disco. Vitor diz que praticamente saiu direto da casa para o estúdio para fazer a gravação com um conjunto de músicos de altíssimo nível, mas que mantinham um padrão — vale dizer sempre: elevado — da MPB do período. É evidente que, para um jovem de dezoito anos, poder gravar o seu primeiro disco com esse time de músicos era já uma glória. No entanto, isso adiou a construção da sua própria base sonora, da sua identidade musical, que só viria a ser desenvolvida de fato no próximo álbum, como experimento de um amplo campo de possibilidades sonoras, musicais e poéticas, e no seu terceiro disco, já como realização de fato, como conquista da forma e da composição. Basta pensarmos aqui no que vinha fazendo a Vanguarda Paulista, com Arrigo Barnabé, Itamar Assumpção, o grupo Rumo. *Clara Crocodilo* foi lançado, por exemplo, em 1980. Nas variações do rock nacional, com o surgimento de novas bandas, feitas por jovens artistas, em tudo avessos, naquele momento, ao que vinham fazendo os medalhões da MPB. Por fim, no punk rock, que já tinha ecos no Brasil, a partir de São Paulo, com o famoso festival *Começo do fim do mundo*, que aconteceria um ano depois, em 1982.

Existe também um outro fator importante. Este disco fez parte de um projeto criado pelas gravadoras no período e que não deu muito certo. Estimulados pelas boas vendagens de um disco da Rita Lee, que tinha oito faixas, algumas gravadoras resolveram criar o "New Disc", que seriam LPs com oito faixas apenas.[3] O *Estrela, Estrela* era parte deste projeto. Aliás, como bem observa Vitor, duas canções ficaram de fora justamente por conta disso. "Canto do companheiro que fica" e "Trigo", em parceria com Pery Souza, seu primo, que foi músico do grupo Almôndegas.[4] E "Trigo", que poderia ser já um esboço do que viria a ser algo da sua forma de fazer música e canção, com a presença da cítara tocada pelo Robertinho do Recife.

Quem acompanha a obra de Vitor sabe que há sempre um esmero no trabalho das capas dos discos. Algumas vezes com o trabalho de artistas plásticos, fotógrafos, sendo que não poucas vezes é o próprio Vitor, junto com Ana Ruth, quem faz as fotografias. Existem exemplos vários. Mais adiante vamos observar isso no *A paixão de V segundo ele próprio*, com o trabalho de Heloísa Schneiders, e depois o *Tango*, com um quadro do rosto de Vitor feito por Carlos Scliar. Em todos os casos, Vitor sempre atua de alguma maneira, participando das decisões, sugerindo ou mesmo escolhendo formas visuais, tipos de estruturação formal das palavras no encarte, discutindo ideias e assim por diante. Já podemos ver isso no caso deste primeiro disco. A capa, em preto e branco, mostra o próprio Vitor Ramil numa expressão singela, ingênua, o olhar doce e demonstrando alguma placidez. O jovem artista parecia numa posição bastante moderada, amena e mesmo confortável. Na ficha técnica consta o próprio Vitor como um dos responsáveis pelo projeto gráfico, assim como no encarte. O encarte, como a capa, era bastante singelo, com as informações das letras, dos músicos em cada gravação, na cor azul e com pequenos balões desenhados. O que talvez, me diz Vitor, "entrega a estranha combinação da sonoridade madura e séria do disco, dos temas adultos das letras, com a realidade ainda adolescente de seu autor". No encarte também há uma declaração de Vitor que denota bem o caráter ameno, plácido, do conjunto de canções:

Estrela, estrela é apenas um referencial solitário para o universo medir sua existência. Ele existe como existe um rio, um gato, o si bemol, o pampa, ou uma estrela esquecida.

Como será costumeiro em toda a sua obra, existe aqui também um exercício de conceituação do álbum. Fica evidente a consciência do sentido das canções que, de fato, parecem apresentar uma visão de totalidade, capaz de concentrar fenômenos da natureza, um acorde musical, uma paisagem cultural e geográfica

---

3. Trata-se de um dos discos de maior sucesso da cantora e compositora. *Rita Lee* (1980) tinha faixas como "Lança perfume", "Caso sério" e "Nem luxo, nem lixo"

4. O grupo gaúcho Almôndegas, já mencionado por aqui, gravou o primeiro LP em 1975 e durou até 1979. Contou, entre seus integrantes, com o que viria a ser depois a dupla Kleiton e Kledir Ramil.

ao mesmo tempo, em composições que falam em "recolher os frutos", "brota do corpo da terra", "como o trigo que nasce em liberdade", "como a abelha faz o mel", em suma, uma série de metáforas vinculadas a um certo imaginário sobre a natureza. Mas também próxima do "vocabulário típico das canções engajadas da época", como me salienta o artista.

Há uma temática algo bucólica que atravessa as canções, remetendo a uma ambiência, tanto sonora quanto poética, que nos faz lembrar nitidamente a obra de Milton Nascimento. Não é segredo para ninguém, e é dito sempre pelo próprio Vitor, que nesta fase da sua formação ele buscava o tom e o timbre do canto de Milton, como referência e parâmetro.

Quando se ouve uma canção como "Engenho", isso fica muito evidente. Mas outros exemplos são possíveis. Casos, por exemplo, de "Tribo", cujos versos ecoam canções como "Amor de índio", parceria de Milton com Ronaldo Bastos. Ou mesmo "Aldeia", que expressa uma espécie de ecumenismo muito próximo do clima de harmoniosa conciliação em canções como "Sal da terra", de Beto Guedes e Ronaldo Bastos.

Que se veja os próprios títulos, as palavras das canções. Em quase todas o inventário nos conduz a temas como paisagens bonitas, a mata, o rio, as estrelas, o céu. "Tribo", "Engenho", "Aldeia", "Estrela, estrela". Ao lado, baladas amorosas, como "Assim, assim" e "Um e dois". Nesta, o amor romântico é a única relação que tem algo de eternidade, mesmo com a passagem do tempo, dos povos, da história. Lirismo singelo, formalmente bem resolvido, e doce.

Vitor tinha dezenove anos quando lançou o álbum. Algumas das canções foram feitas antes, ainda na adolescência. São curiosos, no entanto, alguns dos temas, especialmente os amorosos, mas não só. Parece que estamos diante de um homem velho, ou ao menos já maduro, que passou por infortúnios do amor, que está passando a vida a limpo, que viaja por tempos e lugares e paisagens. Uma pessoa com ampla vivência.

Dois contraexemplos talvez sejam "Noite e dia" e "Epílogo". Rubira apresenta, aliás, uma interessante relação entre "Noite e dia" e "Semeadura", como canções com temática muito próxima às canções de protesto. É um paralelo significativo, pois de fato é possível notar aproximações insuspeitas entre elas, especialmente a esperança, algo ingênua, mas vital, de versos como

Como o trigo que nasce em liberdade
Verás teu povo pelas praças
Cantando a canção de levantar

"Epílogo", por sua vez, ao piano, é uma das canções estranhas de Vitor Ramil. Sintomático que seja ela que termine o álbum. Num tom de lamúria, o cantor vai desfiando versos que apresentam a pessoa amada como ausência ("quem eu amo não existe"), verso retirado de Fernando Pessoa, e figuração sem alma ("carne e osso sem tempero"), num tom melancólico que destoa do sentimento de todo o álbum.

Ela se aproxima de outras canções que tratam da morte, ou ao menos que apresentam imagens no limiar do luto e da melancolia. Deve sair daí o seu interesse em poetas mórbidos como Augusto dos Anjos, de quem musicou "Bilhete Postal" num dos períodos mais brilhantes da sua carreira. Poesia com temática mórbida que aparecerá com mais ênfase num dos seus álbuns mais pesados, uma espécie de "Farewell" na sua obra: *Longes* (2004).

Mas em *Estrela, Estrela* não era esse o tom. O álbum tem muito de um espírito conciliador e bem resolvido, como já vimos, e ressoa encontros amenos entre o homem e os ciclos da natureza. Não há tensão, cisão, fenda. Como se pode ver ainda mais uma vez em "Engenho", bela canção, de exaltação da vida e da natureza, com um arranjo que gera no ouvinte uma empolgação a um tempo genuína e ingênua.

Mas foi "Estrela, Estrela" a canção de maior destaque, ou de maior êxito, como se dizia antigamente. Trata-se de uma das canções mais conhecidas de todo o seu repertório, gravada por muitos artistas e regravada pelo próprio Vitor, que a canta em diversos shows. Uma singela canção que guarda em si, no entanto, algo da beleza das canções em seu sentido originário, como essência do Belo, mas um belo sem conflito, tensão, impasse. Apenas transparência de si, sem fundo nem opacidade.

Algo bem diferente do *silêncio transparente* de "Autorretrato" (*A paixão de V segundo ele próprio*, 1984), a estranha canção-partitura, de um dos seus álbuns mais profundamente inventivos. Álbum que viria a suceder, como num salto ou mesmo numa "implosão de signos e princípios", este seu primeiro experimento de canções. Salto enorme e, mesmo, lance de dados, da construção da sua obra.

Mas continuemos aqui, atentos a este *Estrela, Estrela*. Pode-se ver, no encarte, um procedimento que será comum na escrita de Vitor: a inversão das palavras, com o intuito de gerar outras palavras, ou mesmo, uma estrangeiridade na língua portuguesa. Está ali, no fim da letra de "Estrela, Estrela", como um sinal.

Sãhnam sad etrap sé omoc missa
mim ed etrap sé que rebas mob é

Chama a atenção que seja logo na canção mais inteiriça, clara, transparente, leve e melancólica. Na canção cuja forma está já resolvida, no fundo, cujo problema da forma sequer está colocado. Este álbum, aliás, é uma obra da busca pela totalidade de sentido, das composições convencionais, bem-acabadas, todas ecoando o padrão alto das canções da MPB do período. Arranjos bem resolvidos, canto, letras, relação melodia-harmonia, tudo no lugar certo.

É um álbum de um artista jovem, muito jovem na verdade. Mas soa como se fosse de um artista já consagrado e bem integrado àquele segmento do mercado de canções, o que é bastante sugestivo. Um novo artista que mostra uma grande capacidade de reprodução do alto padrão da música popular brasileira do período e que vem, ademais, acompanhado dos melhores músicos e arranjadores possíveis. E que tem duas das suas canções gravadas pelo *star sistem* da MPB do período. Além disso, cabe lembrar que os dois shows de lançamento, no Teatro Renascença, tiveram lotações, com grandes filas, durante cerca de cinco horas ininterruptas de espetáculo, como nos descreve o crítico Juarez Fonseca.

Mas havia algo que escapava. A inversão de palavras no encarte da letra de "Estrela, estrela"; a milonga "Semeadura", cantada no show, junto à "Milonga de Manuel Flores". Como se já fosse possível antever inquietações estéticas e de pensamento mais interessantes, com a atenção para os problemas da forma poética, da composição de obras artísticas, da música como som e da canção como linguagem. Em suma, alguma coisa parecia já explicitar os impasses, tormentos, as temporadas no inferno, as ambiências sonoras, conceituais e, mesmo, comportamentais de um tempo, o nosso tempo, fraturado.

Daí que, ainda no encarte do álbum, se possa notar um jogo de imagem que antecipa a virada na obra de Vitor. No desenho da capa interna, há uma série de quadros que procuram formar um todo da sua figura e persona artística. Todos os quadros estão no lugar certo, salvo um: o quadro da sua face se desloca do enquadramento geral, apresentando uma fissura na imagem bem-comportada do promissor jovem artista da canção, destinado a reproduzir, com alto nível de excelência, o padrão da melhor música feita no país.

Foi dessa fissura que Vitor fez a sua inserção, singular e originalíssima, na música popular brasileira. E foi com ela que construiu uma das obras mais importantes da vida cultural brasileira, em sintonia com o que havia e há de mais denso e exigente nas movimentações do pensamento e das formas artísticas. É o que veremos em *A paixão de V segundo ele próprio*. O seu *lance de dados* que é, também, um diagnóstico expressivo e dos mais significativos do lugar da canção e da música como forma crítica e como valor estético.

O LANCE DE DADOS: A PAIXÃO DE V SEGUNDO ELE PRÓPRIO

Após o lançamento do primeiro álbum, o show de lançamento, a participação exitosa e polêmica na Califórnia da Canção Nativa, as gravações de suas canções por nomes de ponta da MPB, o jovem artista parecia sentir a necessidade de dar uma grande virada, ao menos, de não seguir naquele andamento. Tudo muito repentino, com a voragem da indústria cultural da alta MPB o absorvendo. É como se sentisse a necessidade de ter mais autonomia no desenvolvimento da sua vida pessoal e na criação da sua obra artística.

Trata-se de um dos momentos mais profundamente significativos da sua vida e da sua trajetória artística. Um momento em que Vitor faz um retorno para si mesmo e procura, ao mesmo tempo, construir uma série de exercícios de reeducação da sua sensibilidade artística e intelectual. Daí que haverá a construção de uma educação dos sentidos que influenciará toda a sua obra posterior e, especialmente, a feitura de um dos álbuns mais inventivos da canção brasileira: *A paixão de V segundo ele próprio*.

Vitor resolve ir fundo na experimentação formal; retoma procedimentos das vanguardas modernistas; se mistura à origem da canção como linguagem artística, através da poesia provençal; mobiliza experimentos de vanguarda, conversa sobre realismo e formalismo; trabalha com formas de canção inusitadas como a canção-partitura e as musiquetas;[5] gera tensões e cruzamentos entre milongas e música concreta; através de uma engenhosa inversão de palavras explicita uma estrangeiridade na língua portuguesa, remetendo a experimentos como os do futurismo russo, especialmente de Khlébnikov.[6] O álbum é um monumento.

A paixão de V segundo ele próprio teve boa recepção da crítica, em jornais de todo o Brasil, em alguns casos com resenhas um pouco mais alongadas e entusiasmadas. A começar por um crítico como Antonio Carlos Miguel que, naquela altura, escrevia para o *Jornal da Tarde* de São Paulo. O seu texto "Quatro opções da MPB de hoje", publicado no mesmo ano de lançamento do disco, apresenta quatro álbuns que seriam os melhores do ano: *Tempo tempero*, de Geraldo Azevedo, *Homem de plástico*, de Alexandre Salles, *Juntos*, de Ivan Lins,

---

5. "Musiqueta" é a forma como o artista nomeia as suas minicanções, algumas de apenas dez segundos, por exemplo.

6. Eu me refiro a Vielimir Khlébnikov, um dos mais importantes e inventivos poetas russos do século XX, segundo muitos críticos, entre eles Roman Jakobson, Augusto de Campos e Haroldo de Campos. Foi contemporâneo de Maiakóvski, outro poeta importante para a construção da obra de Vitor, um compositor muito ligado à poesia, como veremos no decorrer deste livro.

e aquele que considera de longe o melhor entre eles — *A paixão de V segundo ele próprio*. O crítico aproxima a voz de Vitor à de Milton Nascimento; os experimentos musicais aos do álbum *Araçá Azul*, de Caetano Veloso; algumas canções como "Sim e Fim" e "Talismã" ao tipo de canção feita por Djavan; mas o mais interessante de sua resenha é a explicitação da relação entre as vanguardas e a música gaúcha. Menciona Kleiton e Kledir, como é de costume e, neste caso, esperado, por eles terem sido os produtores do álbum, mas ao mesmo tempo diz nitidamente: "Vitor Ramil vai mais longe que seus irmãos". E por conta de canções como a milonga "Semeadura", o poema "Noigandres", a "memorialista Satolep", a "Milonga de Manuel Flores", de Borges, finaliza: "Num momento em que a MPB parece atrelada às exigências de mercado, Vitor investe na paixão e no novo".

Uma segunda crítica bem entusiasmada é a que faz o jornalista Maurício Kubrusly, em edição da revista *Somtrês*, no mesmo ano de 1984. O título emula o próprio disco: "Amu megaiv a Pelotas moc V omoc enorecic". O texto, um pouco mais longo, realça a importância do referencial de vanguarda com Arnaut Daniel, Augusto de Campos, Kandinski, Borges, Maiakóvski, Gerard Manley Hopkins; a presença de músicos estelares, casos de Wagner Tiso, Geraldo Peranzeta, Nico Assumpção, além dos "maninhos", como diz, Kleiton e Kledir.

Kubrusly ainda menciona "Sim e Fim" como canção de resposta às padronizações do mercado, ao padrão "arranjo de Lincoln Olivetti", ou qualquer coisa do tipo. E aproxima, de modo bem engenhoso, a Cachoeiro de Itapemirim cantada por Roberto Carlos e os trilhos urbanos da Santo Amaro de Caetano Veloso com o frio, os limiares da verdade, as pedras, a vida familiar, os estudos, em suma, tudo que envolve a canção "Satolep" de Vitor Ramil.

Mas a resenha mais completa é do seu crítico mais atento: Juarez Fonseca. O texto se chama acertadamente "O que há de novo chama-se Vitor Ramil" e faz um longo percurso, se comparado com textos mais curtos, sobre o álbum, passando por cada canção, com destaque especial para "Satolep", a que abre o disco, "uma espécie de profissão-de-fé do compositor" e também "definidora" dos sentidos deste *A paixão de V segundo ele próprio*. A partir daí Fonseca segue pelas canções, lado A e lado B, como nos bons tempos dos LPS, passando pelas musiquetas, com todas as suas variações, pelos temas instrumentais, pelos experimentos da forma e pelas visadas gauchescas, até chegar ao fim da viagem, com "As cores viajam na porta do trem".

Aliás, Fonseca também publicou, no mesmo ano de 1984, uma matéria mais ampla sobre o artista e este seu novo disco: "Sem pressa ele faz da música

Discos

JUAREZ FONSECA

O que há de novo chama-se Vitor Ramil

Raríssimos discos quebraram o panorama normal, quase burocrático e sem surpresas da música popular brasileira este ano. Raríssimos, no máximo uma meia dúzia. E entre eles, seguramente, está **A Paixão de V Segundo Ele Próprio**, o segundo LP de Vitor Ramil, saindo quatro anos depois do primeiro. É um disco cheio de música, de palavras, de chaves, símbolos, signos, que reafirma Vitor como um dos mais empolgantes, surpreendentes, criativos e férteis novos músicos brotados no Rio Grande do Sul.

Da primeira à última faixa, **A Paixão de V** nos permite uma viagem que começa e termina em Satolep (Pelotas), depois de passar por muitos caminhos. Caminhos: Jorge Luis Borges, a música das FMs, a história gaúcha, o concretismo, a milonga, o experimentalismo, o lírico, Arnaut Daniel, o gaiteiro cego, campo e cidade, passado e presente, entre outros.

Calmamente o disco roda, e dia a dia quem se dispuser a conhecê-lo irá descobrindo cada vez mais coisas, nuances encobertas que se tornam claras, claridades que guardam também sentidos ocultos. São 20 faixas. Uma longa, "normal", seguida de uma com clima de vinheta (embora não seja exatamente isso). **Satolep**, a primeira, é uma espécie de profissão-de-fé do compositor; a música que abre o disco e, de certa forma, é sua definidora. E logo ao citá-la me dou conta de que será impossível decodificar o disco em um mero comentário resumido. Porque também outras são definidoras e Vitor não se resume, ele é abrangente. A viagem que começa na longa, cinematográfica e autobiográfica **Satolep** (uma belíssima letra de Vitor com o jovem poeta pelotense Joca) passa, no primeiro lado, pela meteórica **Armando Albuquerque no Laboratório** (uma homenagem ao mestre); pela, digamos, radiofônica **Sim** e **Fim** que, segundo o mano Kledir, é dedicada aos que pediam para Vitor "dar uma ajeitadinha" no seu repertório, com ele respondendo na letra: "Cantar e não ser feliz é coisa que eu nunca fiz". Depois, mais uma rápida passagem por **Fragmento de Milonga**, Vitor e violão em um pequeno poema de Cleber Teixeira; e a entrada na conhecida **Semeadura**, outra milonga com letra de José Fogaça; a seguir um poema em espanhol de Joca, com ele próprio dizendo, ao ar de milonga do violão; e depois um canto que mistura provençal e português sobre **Noigrandres**, poema de Arnaut Daniel; e aí **Clarisser**, outra longa com letra de repente cantada ao invés (espelho) e o fim do primeiro lado com a bela e estranha **De um Deus que ri e de outros**, feita em sintetizador e fagote.

Talismã, que abre o segundo lado, também revela um certo padrão "efeêmico" no ritmo e no arranjo. Logo vem a lírica brincadeira de **O Baile dos Galantes**, clima infantil de uma gaitinha de brinquedo, seguida de uma milonga explícita do tipo clássico, sobre poema de Jorge Luis Borges, **Milonga de Manuel Flores**. E aí chega **Nossa Senhora Aparecida e o Milagre**, letra de GibaGiba, um supercoro de mais de 20 vozes resultando um clima de procissão mesmo, seguida da "louca" **Século XX**, onde convivem coisas, idéias e personagens ao som de orquestra. Outra longa e definidora na continuação, **Ibicuí da Armada**, fortíssima, gauchíssima e de repente meio árabe. Mas antes tem um **Auto-Retrato** filtrado-concreto, e depois uma letra da sobrinha Francine Ramil (9 anos), **O Milho e a Inteligência**, onde o sintetizador vai ao passado de uma melodia de sabor folclórico. A última faixa grande é **A Paixão de V Segundo Ele Próprio**, no brilho de um arranjo de Celso Loureiro Chaves. Outras duas "vinhetas" encerram: a quadrilha **As Moças**, voz sem instrumento; e a milonga instrumental **As Cores Viajam na Porta do Trem**, com bombo, dois violões e o "breque" do ronco de uma cuia de chimarrão.

Vitor Ramil conseguiu realizar um projeto, difícil em muitos sentidos, mas felizmente o resultado é brilhante, em todos os sentidos também. Porque seu disco, apoiado em emoções e razões passadas e presentes, tem a novidade de alguma coisa que tenha nascido hoje de manhã. Mas só ouvindo mesmo, paciente e atentamente, na seqüência, você vai entender bem o que estou dizendo. É um trabalho que gratifica o ouvinte que busca a surpresa, que ama também a palavra — Vitor é um belo poeta e seu disco, repito, uma das obras mais habitadas de novidade que pintaram no Brasil nos últimos anos. Além de Kleiton, Kledir e João Baptista, que o produziram, participam músicos como Wagner Tiso, Gilson Peranzzetta, Mauro Senise, Nico Assumpção, Robertinho Silva, Pery Souza, Ricardo Silveira, Hugo Fattoruso, Jurim Moreira, Zé Flávio, Arthur Maia, Victor Biglione, Paulinho Braga, Jamil Joanes e, entre outros, os músicos de orquestra. Raras vezes também tantos grandes músicos foram reunidos em um trabalho. Aos 21 anos, Vitor Ramil é um criador maduro e ousado, exigente, saudavelmente pretensioso. E seu disco só não será elogiadíssimo pelos críticos do centro do País se eles estiverem surdos para o que acontece de novo no Brasil. Ou estiverem acomodados com as mediocres paradas de sucesso. É um lançamento RBS Discos/Som Livre.

Resenha de Juarez Fonseca. Porto Alegre, 1984.

seu projeto de vida". Ela é separada por temas baseados, claro, na sua conversa com o artista: "As paixões, Ana Ruth, Pelotas e Caetano", "Sempre fui um cara neurótico", "Não queria gravar um disco igual ao primeiro" e "Acho o palco uma coisa muito incerta". Naquele momento Vitor estudava composição e regência na UFRGS, mas se dizia interessado em mudar de curso, fazer filosofia, ou como diz: "filosofia pura". Também conversa um pouco sobre a sua relação com as linguagens artísticas em geral, com destaque para a literatura e a dificuldade de escrever um romance, ou iniciar um experimento ficcional, por conta do seu perfeccionismo ou mesmo neurose. Ana Ruth, hoje professora de linguística da UFPel, é referência significativa e participa ativamente dos seus processos de criação. Como diz Vitor, "ela é uma pessoa lúcida, que segura minhas barras, me ajuda a esclarecer as coisas. Se eu estivesse sozinho, talvez não seguraria a peteca da gravação do disco".

Tratei muito deste disco com Vitor. Talvez tenha sido aquele que mais me impactou em todo o processo de pesquisa. Sobre ele, me disse o artista: "Desde pequeno eu sempre me interessei pelas ideias de vanguarda e foi em *A paixão de V* que comecei a criar as bases para isso e colocar em movimento este interesse que vem desde muito jovem". Vitor realça a importância de Augusto e Haroldo de Campos para a sua obra no momento da feitura do álbum, e também do livro *Obra Aberta*, de Umberto Eco, que leu com muita argúcia, anotando parágrafo por parágrafo. Ao mesmo tempo, conversa sobre o ambiente da música brasileira no período e como era ser um jovem aspirante a músico, compositor, cantor, naquele momento: "A música dos anos 70 esteve na mão de uma geração que amadureceu como hegemônica, tudo girava em torno dessa geração. E o surgimento do rock nacional mais jovem e relativamente simples harmonicamente encerrou em certa medida o ciclo da MPB".

É a fase em que Vitor está entre essa geração mais velha, tanto os músicos que gravaram o disco com ele, quanto seus ídolos que vinham de gerações anteriores, caso de Caetano Veloso, Egberto Gismonti e Milton Nascimento, por exemplo, e uma geração mais nova, da qual ele faz parte, interessada nas novas movimentações da cultura jovem, seja o rock nacional, que vinha se consolidando no mercado de canções, seja o punk rock, como uma onda mais alternativa formalmente e bastante politizada. Mas também a Vanguarda Paulista. Voltando a Arrigo Barnabé, por exemplo, o seu segundo disco, *Tubarões Voadores*, é do mesmo ano de 1984.

Neste momento da conversa, como é de seu feitio, Vitor arriscou algumas teorizações estéticas, tendo como base a sua própria criação artística. O *compositor*, diz a mim o artista, é um sujeito que faz sínteses a partir do conjunto de experiências que vem a ter, que envolvem muitas linguagens, mas que não necessariamente exige um trabalho conceitual mais árduo, sistematizado, altamente racional. No fundo, é um tipo de produção mais do âmbito da intuição, da capacidade de sugerir formas conciliadoras ou imprevistas. Um disco como *A paixão de V*, embora tenha muito do compositor, claro, é mais propriamente um álbum conceitual, resultado de um processo de estudos organizados e também de reeducação de hábitos, o que inclui os exercícios de yoga e a macrobiótica, no período em que decidiu se refugiar em Porto Alegre, como já disse antes. No fundo, ressaltou, "às vezes tenho mais prazer em conceituar sobre a obra do que propriamente na sua criação".

Vitor me disse algo surpreendente: "Eu não me sinto nem músico, nem escritor, eu não me sinto nada. Eu sou um cara interessado em muitas coisas". Essa afirmação veio quando estava falando a respeito da sua relação com o ambiente da música, sobre algumas necessidades próprias ao ofício, como a de viajar para encontrar músicos, produtores, arranjadores, o que for. Viver dentro das ambiências do campo cultural, vamos dizer assim, como protagonista entre os atores sociais que compõem este campo. A pouca vocação para isso se relaciona também com a sua forma de criação, "muito interna", como diz, que exige um certo ascetismo, algo que foi tão importante na fase de criação deste *A paixão de V*.

A PAIXÃO DE VITOR RAMIL

Uma primeira visada sobre o disco passa pelo encarte, idealizado pela artista plástica gaúcha Heloísa Schneiders da Silva (1955–2005), mas contando com a participação ativa de Vitor em todo o processo. O encarte integra o disco, o contorna, dá sentido e, ao mesmo tempo, tem também um poder de atuação autônomo. Diferentemente daquele do disco anterior, bastante singelo e que cumpria apenas a necessidade de informação do conteúdo das letras, da autoria dos arranjos, dos nomes dos instrumentistas, com o sinal de deslocamento mínimo na figuração do rosto do artista, este aqui diz muito sobre o sentido do álbum, a sua condição de projeto de invenção para invenções posteriores, como dizia Décio Pignatari a respeito do *Lance de dados*, de Mallarmé. Por isso chamo *A paixão de V segundo ele próprio* de um lance de dados na construção da sua obra, mas também como um esforço de pensamento a respeito do próprio estado de coisas no ambiente da canção, da música de invenção e da própria cultura brasileira.

Na primeira parte do encarte, há um conjunto de informações de diferentes naturezas. Na parte superior esquerda, um poema em espanhol, ou talvez fosse melhor dizer, em portunhol, ou "uma brincadeira dialetal com o espanhol de fronteira" feito por Joca D'Ávila, como me afirma Vitor em conversa pessoal. Joca D'Ávila, ator e diretor de teatro, nascido em Santa Vitória do Palmar, cidade vizinha ao Chuí, terá participação significativa no conjunto de canções do álbum; um pouco abaixo, ainda na margem esquerda, uma foto do músico, compositor e professor Armando Albuquerque, tema da musiqueta, de poucos segundos, "Armando Albuquerque no laboratório"; mais abaixo, um poema de Gerard Manley Hopkins, traduzido por Augusto de Campos, o poeta e crítico paulistano cuja poética da concreção foi decisiva para Vitor neste momento de sua carreira. Ainda na margem esquerda, dessa vez mais próxima ao centro, uma fala de Miró em entrevista de 1983, sobre a condição trágica do espanhol e de si mesmo.

Em todo espanhol existe uma certa aspereza, o sentido da tragédia. Esta não é a característica marcante da minha obra, mas a tragédia está subjacente.
Sou de um natural trágico e taciturno, embora bastante equilibrado.
Tudo me desgosta, a vida parece-me absurda.
Se há humor em minha obra, não é consciente.

Subindo ao centro, o quadro de Nelson Felix, feito para o álbum, com os dizeres "Sim/ Fim", aproximado do título de uma das canções do disco, "Sim e fim". O quadro se chama "O cantor". Mais abaixo, ainda no centro do encarte, uma foto de Ana Ruth, a quem é dedicado o álbum, a sua companheira de toda a vida. Um pouco abaixo um poema revelador do sentido do disco, poema de Cleber Teixeira, que fala sobre a presença de um dos maiores poetas do futurismo russo, Khlébnikov:

Pegue sua fronha
De versos e cálculos
E vamos para o sul
Vielimin Khliébnikov...
É primavera e o trem
Já apitou.

Por fim, acima, mais à direita, um poema em homenagem a Vitor, chamado "escaravermelho", fazendo o jogo de palavras, ao avesso, invertidas e com uma série de contrações, assinado por Ben Berardi. Mais abaixo, ainda à direita, a foto do seu pai, Kléber Ramil, em tom jovial e sorridente, o mesmo tom de Armando Albuquerque e Ana Ruth. No fundo, enquadrando todos esses poemas e fotografias, pinturas pinceladas em verde-escuro, vermelho-escuro, amarelo-escuro cortado por brancuras. Há também, aqui e ali, pequeníssimas pinceladas em marrom e azul. No centro de tudo o título, escrito em vermelho: "A paixão de V segundo ele próprio".

O encarte soa como um tabuleiro linguístico, ou melhor, um tabuleiro da linguagem como pintura, poesia, fotografia. Em português, espanhol e numa outra língua dentro da própria língua portuguesa. O jogo de linguagem faz explicitar muitos sentidos possíveis, o sorriso de Ana Ruth é a palavra invertida do poeta do futurismo russo que pode ser, também, a invenção de novas formas sonoras com Armando Albuquerque. *O desespero do desespero do desespero do começo* no poema "Ecos de Bronze" ecoa uma certa tensão entre as formas pontiagudas, ovoides, negrumes e traços expressivos em "O cantor" de Nelson Felix, e assim por diante.

Já a capa do disco tem um tom de crepúsculo, imagem outonal; a contracapa expressa já uma imagem de jovialidade, com Vitor de óculos coloridos, camisa amarela e casaco roxo, com os cabelos encaracolados sob um fundo opaco, tendo um buraco negro na margem esquerda.

O encarte e a capa já são em si de enorme significado, como ficará claro no decorrer da audição. A primeira canção é aberta por uma vinheta, com um trecho de uma gravação de rua, ao som de uma gaita. Uma voz envelhecida canta um refrão simples, enaltecendo a figura algo mítica do gaúcho. É a voz do gaiteiro cego que ficava ao redor da antiga rodoviária de Pelotas, como a anunciar a chegada de Vitor à cidade. Segue a ela o início de "Satolep", a canção que pode ser lida como um roteiro de toda a jornada do artista para a criação deste álbum.

Remetendo a um período em que morou em Porto Alegre e viveu uma espécie de vida monástica, dedicada aos estudos concentrados, sistemáticos e rigorosos, ao isolamento em casa, só suspendido pelas idas a Pelotas, uns versos, já na primeira estrofe da canção, chamam a atenção:

Depois de tanto tempo de estudo
Venho pra cá em busca de mim

A casa da família em Pelotas se transforma em refúgio e retorno para si, encontro consigo mesmo, rememoração da infância misturada à vida adulta. Não à toa aparecem figurações que causam conforto existencial e psíquico. A mulher amada ("O teu nome Ana escrito/ no braço da minha alma"), a avó ("A vó vem vindo na copa trazendo o queijo em pedaços"), pai e mãe ("A Dalva e o Kleber na sala/ tomando o mate das sete") e o espaço seguro e límpido da criação ("as coisas não têm segredo/ no corredor dessa nossa casa/ onde eu fico só/ com minha voz").

Se em Porto Alegre a relação se dava com os estudos sistematizados, rigorosos, disciplinados, como um exercício permanente de experimentação da palavra, em Pelotas se dava uma relação com o espaço familiar, a cidade natal, o ancoradouro afetivo, as buscas da origem, tudo que num futuro próximo vai se associar à *estética do frio*.

Sobre o período, me diz Vitor:

Nesse período eu tinha me fechado a todas as formas mais convencionais de compor canção, havia um rechaço da minha parte. Por isso praticamente não compunha. Eu queria me obrigar a encontrar outros caminhos. Quando retomei a composição foi com "Satolep" e com as musiquetas. Tudo o mais me parecia comum, brega, banal.

Os primeiros versos da canção são já em si reveladores. "Satolep", aliás, foi composta aos dezenove anos:

Sinto hoje em Satolep
O que há muito não sentia
O limiar da verdade
Roçando na face nua

A letra também está associada a uma descoberta do controle e depuração da forma, dita de forma lúcida, com clareza de propósitos espantosa:

Eu, liberto nas palavras
Transmuto a minha vida em versos
Da maneira que eu bem quiser

E descreve tanto a vivência em Pelotas, através do reencontro com a cidade, a mulher, a família, a casa, quanto o ambiente em Porto Alegre, a luta corporal com a forma musical, os hábitos de reeducação da sensibilidade que já mencionei, o que pode haver de trágico neste exercício de procura da limpidez conceitual e artística:

Vitorino de la mancha
Minha luta se resume
No compasso de um tango
Na minha triste figura
Meu piano rocinante
a yoga e o chá no fim da tarde

A canção, assim, revela, a seu modo, este momento na vida do artista, entre o refúgio e a descoberta de novas formas de composição. O limite das coisas e o ilimitado da experimentação da infinitude. Um momento de "invenção" de palavras em Porto Alegre ("soto-me-lo te verás-te/ como lho-me- ver-te ás-nos"), ou melhor, "invenção/ jogo/ brincadeira com a colocação pronominal", como me falou Vitor, ao lado do reencontro com a mulher amada em Pelotas ("porque vou a tua casa/ e lemos coisas bonitas juntos"). A *implosão de signos e princípios*, que vai aparecer nos versos posteriores, se mistura ao afeto, à existência pessoal. O termo, ressalta o artista, é uma "referência interna ao implosivismo", e avança na reflexão: "o espicaçamento dos pronomes é um pouco uma ilustração disso, signos implodidos".[7]

No final da canção aparece algo que sugere uma curiosa relação com um dos seus álbuns mais recentes, *Campos Neutrais*: o desejo de permanência na cidade, nas pedras e luzes da neblina, em todos os lugares de Satolep. E aqui vale a pena lembrar de um episódio pessoal, que aconteceu a mim, quando estava num passeio de carro por Pelotas com Rodrigo Cantu, professor de sociologia da Ufpel, indo para o Laranjal.

Num dado momento vi as esculturas e o espaço verde que compõe a capa do álbum *Campos Neutrais*. Aquilo me deu uma sensação esquisita, como se o álbum de Vitor Ramil estivesse inserido na própria paisagem da cidade, como parte real dela. Mais do que uma poética do imaginário, uma poética da concreção, um anseio por materializar a sua palavra, o seu som, em suma, a sua linguagem artística na cidade, a ponto de se confundir efetivamente obra, artista e espaço de criação.

Isso me fez lembrar que a obra de Vitor é linguagem pura, verbo, som e imagem, poesia para além do discurso verbal, feita de simultaneidades de formas, volumes, cores e impressões. Como ele mesmo diz, ainda em "Satolep":

Faço um filme da cidade
Sob a lente do meu olho verde
Nada escapa da minha visão

A canção, me diz Vitor, foi desenvolvida num processo temporal extenso: "meu projeto era escrever a letra da canção em momentos distintos e distantes entre si. Por exemplo, meu pai está vivo na primeira estrofe e mais adiante sua falta 'é dura', ou seja, ele já havia morrido. Portanto, cada parte da letra foi escrita num período, retratando o que se passava ou o que eu sentia naquele momento

---

7. Um pouco mais abaixo, ainda neste capítulo, tratarei do manifesto do implosivismo.

específico. Desse modo, a canção foi feita ao longo de mais de um ano". Na primeira parte Vitor está como que descrevendo a sua casa, com imagens dos seus pais, a avó, o corredor, a sala. É a mesma casa em que mora hoje, na rua Dr. Amarante, em Pelotas, e que será muito importante para a sua carreira e obra em geral, como ficará mais claro adiante. Depois aparecem relatos da vida em Porto Alegre, como já mostrei, com os estudos, o piano rocinante, a yoga e assim por diante. Vêm ainda mais as experimentações da palavra poética, com algumas estrofes escritas em parceria com Joca D'Ávila, cujos sentidos estão mais ou menos cifrados. Mistura-se a língua portuguesa com a espanhola, ou se faz uma brincadeira com o dialeto espanhol da fronteira, como já disse. Fala-se em lugares frequentados por eles e sua turma, e assim por diante. A seguir, vem a mudança de casa, com versos como estes: "eu converso com o Kleiton na mesa da casa nova/ sobre a vida após a morte/ sobre a morte após a vida", referência à morte de seu pai, uma figura central em toda a sua vida, que aparecerá de diferentes maneiras em momentos distintos da sua criação artística.

Após esta grande canção, que soa como uma apresentação da situação do artista, entre o refúgio e o autoexílio, a proteção de si na ilusão da casa e a coragem para experimentações da forma como exercício de despersonalização radical, com todo o perigo do risco de entrar no abismo sem fim da noite ("e depois a noite meu temor!"), temos uma surpreendente musiqueta como música de invenção.

Seu título, "Armando Albuquerque no laboratório", quase se confunde com os próprios versos da canção: "Armando e eu no laboratório". A música é tocada pelo próprio Vitor e reafirma o jogo de inversões que gera opostos simétricos e anagramas enigmáticos nas palavras. Transposto para a massa sonora, soa como se fosse a afirmação de um modo de pensar, de compor, de criar formas e sentidos, próprio ao artista. A poética da forma de Vitor Ramil é feita por estes espelhamentos que vivem simultaneamente, como estruturas justapostas que, no entanto, permitem algum tipo de articulação. Como me observa o próprio artista, as notas vão numa ordenação com as palavras da canção e depois retornam invertidas, já sem as palavras. Assim, elas fazem uma espécie de espelhamento. A canção foi feita nas aulas que teve com o próprio Armando Albuquerque, como exercício e prática de estudo.[8] O exercício, me diz Vitor, "era justamente compor uma melodia com os doze sons, sem repeti-los, e espelhá-la, uma técnica dodecafônica".

8. Já passou do momento de falarmos sobre Armando Albuquerque (1901–1986), compositor, pianista, violinista, professor e musicólogo. Gaúcho de Porto Alegre, teve como aluno, além de Vitor, o pianista e professor Celso Loureiro Chaves, que aparecerá mais adiante. Armando Albuquerque teve uma relação muito interessante com João Gilberto, quando o músico baiano morou em Porto Alegre.

SATOLEP, INCLUINDO LÓGICA

Manuscrito da letra "Satolep". Fonte: acervo pessoal de Vitor Ramil.

Num pequeníssimo espaço de tempo, com versos curtíssimos que descrevem um contexto específico, a musiqueta causa estranhamento no ouvinte, para logo depois ser sucedida por uma canção das mais curiosas do seu repertório e do repertório deste disco, toda feita com um estratégico arranjo bem convencional, com baixo, bateria, guitarra e instrumentos de percussão, sob a batuta de músicos como Luiz Avelar, Arthur Maia, Paulinho Braga, Victor Miglione e o próprio Vitor.

Ela se chama "Sim e Fim" e, como vimos, está no desenho de Nelson Felix como Sim/ Fim. O tema remete a uma conversa com algum interlocutor sobre o sentido do fazer artístico, como se o artista estivesse explicando os motivos da sua forma de criação e a dificuldade de adequá-la a outros interesses que não os da própria criação artística. A canção soa quase como um apelo:

Por favor
Ouve bem
Como vai o artista então mentir
Cantando o que jamais foi seu
Se engana a felicidade
E deixa de ser quem é?

Há uma inadequação clara entre o fazer artístico e os interesses do mercado e da indústria cultural. A autonomia da arte é um valor inegociável, por ser um valor que não pode ser transformado em mero valor de troca, em simples fonte de lucro, através do controle da criação por parte de outro ator social, seja empresário, produtor, diretor de estúdio ou o que for. Vitor aqui é bem taxativo, afirmado, consciente da sua condição e dos seus desejos, sabe que não pode titubear nem abrir mão da sua forma de pensar, do seu método de composição:

Canto o que quiser
Discurso, drama, ação
Romance, humor, teatro
Só eu sei o que há em mim
Sei bem o que me faz bem

A canção é sucedida por mais uma musiqueta, "Fragmento de milonga", um poema de Cléber Teixeira musicado por Vitor, seguido, por sua vez, por uma das suas milongas mais conhecidas: "Semeadura", com letra de José Fogaça. Essa milonga, como vimos, foi apresentada pela primeira vez em 1980, na 10ª Califórnia da Canção Nativa, ganhou prêmios, recebeu vaias, aplausos e assim foi. Nessa gravação ela conta com o arranjo e a regência de Gilson Peranzzetta, que mantém a sua força de música com forte temática política, social e identitária.

O tom sério que envolve "Semeadura" é rapidamente quebrado com o humor de "Poemita", recitado por Joca D'Ávila, acompanhado apenas do violão acústico de Vitor Ramil. O poema tem um certo ar nonsense, suscitando imagens em tom surrealista. Este é um álbum, aliás, com muitos poemas musicados. Passamos por "Fragmento de Milonga" e chegaremos a "Noigandres", o conhecido poema de Arnaut Daniel, traduzido por Augusto de Campos, que deu nome à revista de poesia concreta de Augusto de Campos, Haroldo de Campos e Décio Pignatari.

E aqui cabe um olhar mais demorado. É que a crítica da poesia concreta, ao lado do livro *Obra aberta* de Umberto Eco, está entre as principais influências para a feitura deste álbum. Vitor diz isso constantemente em suas entrevistas, quando trata do disco. Não é demais lembrar também que Umberto Eco afirma no seu livro que Haroldo de Campos o tinha antecipado em alguns anos na sua tese sobre a *poética da obra aberta* e da *obra em movimento* como marcadores centrais para se pensar a arte contemporânea em geral, da música, até as artes visuais e a poesia. Existe assim uma conexão de sentido entre estes autores que se revela nitidamente na construção da obra de Vitor Ramil.

Nota-se no encarte, nos arranjos musicais, na forma de composição das letras, na estruturação visual um sentido de poética da concreção, soando muitas vezes como esforços de criação de exercícios de poemas semióticos, ou pop-cretos, como um dia os nomeou Augusto de Campos.

As canções aqui, com seu jogo complexo de sentido entre inscrição e inversão de palavras, sugerem a criação de uma estrangeiridade na língua portuguesa como os poetas — e críticos — do futurismo e formalismo russo; com suas ambiências imprecisas entre experimentos sonoros efêmeros, arranjos orquestrais suntuosos, uso de instrumentos medievais, convencionalismo pop, milongas, música de domínio público; com os seus poemas musicados, os poemas falados, a palavra cantada, em suma, tudo remete a um esgarçamento radical da linguagem com a explicitação dos seus ruídos e das suas formas amenas, seus estilhaços mais avessos a codificações ao lado de redundâncias, como poucas vezes se viu no ambiente da canção popular brasileira, mesmo nos seus momentos de maior sintonia com o espírito das vanguardas.

Com este álbum Vitor realizou uma proeza. Sua obra aberta, seu lance de dados é também uma obra aberta, um lance de dados possível para a canção brasileira em geral. O sentido da palavra como linguagem, em suma, como poética da forma, a capacidade de compreensão da "obra aberta" como obra possível de ser articulada e rearticulada na própria estrutura composicional, na própria organicidade da feitura, tem aqui uma das suas maiores realizações, ao menos no âmbito da criação em canção popular no Brasil.

Dito isso, podemos seguir. "Clarisser" é mais um ótimo exemplo do que estamos dizendo. A canção tem como tema a própria forma artística, o próprio fazer artístico, em suma, a poética. Mais do que isso, um movimento de concentração da atenção como consciência da autonomia da forma, da palavra como linguagem, da poesia como imagem, som e verbo, não só verbo. E isso é dito de forma clara e direta. "Clarisser" é, como diz a canção:

O Instrumento que transporta
O ser nas ideias
Ao ser nas palavras

Ao fazer isso, se imiscui na palavra como *linguagem*, mais do que como repositório das ideias. A palavra como linguagem é a que permite a passagem do *ser como ideia*, para o *ser nas palavras*, entre a poesia e a prosa:

E então faz a gente proesiar
Faz a gente pertencer
Aos sujeitos, advérbios, ao mistério
De expressar o que se quer

A consciência da autonomia da forma conduz à autonomia na própria criação, ao permitir a explicitação do controle dos modos de expressão, como já o dizia em "Sim e Fim", quando afirma poder cantar o que quiser, discurso, drama, humor, teatro.

Sobre essa canção, aliás, cabe uma pequena anedota, ou melhor, a descrição da impressão minha ao ouvi-la pela primeira vez. Quando a ouvi imaginava que ela tinha sido escrita em duas línguas, só não conseguia identificar que língua seria. Não era inglês, francês, muito menos espanhol. Talvez uma língua escandinava, russa, eslava, quem o sabe. Ficava ouvindo, gostava do som da palavra, mas não conseguia, nem de longe, compreender o seu sentido.

Depois, fui saber que não era nenhuma outra língua, mas um jogo de inversão de palavras em língua portuguesa, gerando espelhamentos de sentido que exigiam mais do que a audição, conduziam à leitura da letra no encarte. Então vi que estava diante de um exercício de composição que vai muito além de noções como as de "mensagem", ou deciframento do significado de um texto, exigindo um deslocamento para as ambiências da forma, do código, em suma, das estruturas que não se revelam de todo:

Clarisser
É cãn es raserper ......
A sarger
Arap rairc
Rariver sadot as sesarf ......
Sodot so samenof
Rirbocsed as seroc ......
Sod samora

A audição ao lado da leitura da letra nos permite criar versos soltos, tais como "criar para revirar todas as frases"; "descobrir fonemas, cores, regras", "Criar e revirar paráfrases", e por aí vai. Mas tem um sentido preciso ao fazermos a reversão da inversão das palavras:

Clarisser
É não se represar
A regras
Para criar
Revirar todas as frases
Todos os fonemas
Descobrir as cores
Dos aromas

Em suma, são muitas as possibilidades de proesiar, de aproximar a poesia da prosa e isso sempre a partir das canções, através das canções:

Que desprendem das canções
E se soltam pelo ar
Em matizes, ocra-siris......
Tons profundos
Que vão pousar na terra

"Clarisser" é, ainda mais, algo como o fonema zero, a escritura zero, de que fala Roland Barthes, uma espécie de significante-mestre, como falavam os estruturalistas. Um verbo no infinitivo, ou melhor, "é o infinitivo em si, sem futuro, nem passado, mas presente".

A essa altura já é possível ver que existem muitos textos compondo a estrutura desse álbum. Textos em diferentes formas, sempre atravessados por diversas formas sonoras. Precisamos estar atentos a estas duas dimensões e, em especial, para um detalhe dos mais significativos. A multiplicidade de formas sonoras e poéticas não conduz necessariamente a um conjunto de justaposições sem nenhuma articulação, como se fossem estilhaços e fragmentos autorreferentes. Não é o caso, a despeito do que possa parecer para um olhar mais superficial. Ao contrário, o álbum exige do ouvinte a construção de níveis possíveis de articulação entre as dimensões sonoras e poéticas. A consciência da autonomia da forma não conduziu Vitor ao ecletismo pós-moderno, ou mesmo à suspensão da possibilidade de criar níveis de articulação que possam sugerir sínteses.

Daí que vão se sucedendo canções com estruturas de arranjos mais concentradas e coesas, ao lado de experimentos sonoros mais agudos e das já mencionadas inversões de palavras.

Após "Clarisser", temos uma outra musiqueta: "De um deus que ri e dos outros". Ela foi gravada com apenas dois instrumentos: um sintetizador Kong Poly 800, tocado por Vitor, e um fagote, tocado por Noel Devos. O disco segue com a bela "Talismã", uma canção afetiva, feita para o seu amigo Joca D'Ávila:

Talismã
De bons metais
Se a noite é ruim
Na mesma hora vens
Poemas e risada
Durmo em teu ombro

A canção celebra a alegria da amizade. O arranjo transmite nitidamente a sensação de conciliação, de pulsão de vida, de afirmação das coisas do mundo. Afeto misturado ao amor pelo cinema, pela literatura, e por várias imagens bonitas que remetem à fruição da beleza:

Abraço negro
Literatura negra
A lua de nosferatu
Joia, vidro

Significativo que a sucessão dessa canção se dê com uma milonga que tem como tema a morte, "Milonga de Manuel Flores", mediada por uma musiqueta, cheia de humor e senso de inventividade, mas também com algo de rascante e cruel. "O Baile dos Galentes" causa mais incômodo e sensação de tensão e aspereza do que necessariamente riso. A expressão-título da canção foi descoberta por Vitor junto aos brinquedos de sua sobrinha, Francine Ramil, àquela altura com oito anos. Estava ali escrito num papel: "O baile dos galentes". Nela Vitor usa instrumentos infantis, os brinquedos que estavam ali entre o pequeno verso, as gaitinhas de plástico. Também, aliás, de Francine Ramil é a quadra que vai aparecer posteriormente, "O milho e a inteligência", achada entre os seus brinquedos.

Mas voltando à relação entre as duas canções, "Talismã" e "Milonga de Manuel Flores", a efusão vital pelo encontro da amizade plena se transforma em reflexão sobre a morte, o esquecimento, o fim de tudo, o nada como realidade do ser, algo que veremos mais adiante em algumas partes de "Loucos de cara", do álbum *Tango*, e que vai se estender por toda a obra. A alta reflexividade de Vitor tem como um dos seus principais temas a morte.

O poema de Borges, assim, vem muito a calhar. A morte, num primeiro momento apresentada como algo comum, que faz parte do costume e da tradição ("morrer é um costume/ que sabe ter toda gente"), logo é descrita como dúvida, sensação estranha e lamentosa, em tradução de Alfredo Jacques:

E apesar disso me dói
Despedir-me da vida
Essa coisa tão de sempre,
Tão doce e tão conhecida

Ao tema da morte segue a procissão "Nossa Senhora Aparecida e o Milagre", com arranjo de Vitor, Kleiton e Kledir, e vozes coletivas, ao som de sinos, pregos, violinos, instrumentos de percussão e com letra de Giba Giba, em tom de humor, ou mesmo sarcasmo:

Nossa senhora aparecida
Faz milagre pra você
Se o vivente tem um calo
Ele para de doer

É mais uma musiqueta, com tempo curto de duração, podendo estar ao lado de "Armando Albuquerque no laboratório", "Fragmento de Milonga", "O baile dos galentes" e, posteriormente, "O milho e a inteligência" e "As moças".

"Século xx", a próxima canção, apresenta, lado a lado, questões formais, políticas, históricas e sociais. Entre a vanguarda (estética, artística, formal) e o retrocesso — social, político, histórico. Dois versos são muito significativos:

Augusto traduz arnaut
E a fome ainda mata milhões

Aqui temos em justaposição questões associadas ao avanço da crítica, ao formalismo, com a figura do poeta provençal Arnaut Daniel traduzido pelo crítico paulista Augusto de Campos, poeta que teve um dos poemas musicados por Vitor, como já vimos, na canção "Noigandres", e a situação social de profunda e mortal desigualdade social, com a privação da alimentação mínima que conduz à morte de milhões. Esse espelhamento complexo vai se estendendo em outros versos da canção: o século xx é uma "temporada no inferno" escrita, no entanto, pelas mãos femininas do poeta, no caso, Rimbaud.

Também a política de guerrilha revolucionária e a cultura pop; personagens literários como Macunaíma ao lado de Super-Homem; os punks e o Atahualpa Yupanqui, compositor argentino; o imperialismo e a Nicarágua de Sandino; a dança sem sentido que gera arranjos estranhos, Cuba e Miami; a morte que acaba nas nuvens, o movimento incessante, febril, em espiral. A canção quer ser e é como um retrato do século, com suas dissonâncias e confusões, atravessando regiões de sentido a princípio díspares, ou mesmo inconciliáveis. Neste momento, ou melhor, nos momentos em que as polarizações convivendo ruidosamente são mais explícitas, o próprio andamento do arranjo ganha mais intensidade, como a mostrar a estranha dança do século:

Punks e Atahualpa
O imperialismo
E a Nicarágua de Sandino
Sempre nessa dança sem sentido
A vanguarda e o retrocesso!

A canção "Século xx" é sucedida por um experimento bastante original na canção brasileira: "Autorretrato". Trata-se de uma canção-partitura, cuja estrutura escrita, cantada e executada converge numa forma só. A execução da canção é relativamente simples: uma voz com "Pitch transposer", que permite as modulações necessárias para dar a impressão de um conjunto de vozes atuando ao mesmo tempo. A canção-partitura traz em si a forma adequada do canto, com cada 0,5 cm no espaço entre as sílabas correspondendo a 1 semitom, como está escrito no encarte.

Aqui a visualidade do poema-canção e a sua audição conseguem sintetizar as dimensões plásticas, sonoras e verbais a um só tempo, na melhor linhagem de uma poética da concreção, uma poética da coisa em sua materialidade real. Como se fosse uma descoberta da "alma nas cousas", como vai dizer mais adiante na exuberante "A paixão de V segundo ele próprio". Mas antes disso, temos "Ibicuí da armada", em que feições surrealistas se misturam a experimentos formais da palavra (limo e verbo/ lodo e rima/ louca a balalaica). Nestas últimas palavras citações diretas a Maiakóvski, ainda mais evidenciado na seguinte estrofe:

Revelo poemas aos peixes
São versos do soldado
Do poeta russo!

Ibicuí da armada é um rio brasileiro que faz parte do Rio Grande do Sul, deságua no rio Santa Maria, no município de Rosário do Sul, do mesmo estado. Diante do rio, na canção, vão surgindo imagens que misturam personagens históricos, descrições do rio, bichos, soldados russos, canto de cigarras, peixes, poemas. Dividida em seis estrofes, todas são finalizadas com os versos:

Ibicuí da armada
A mulher cavalga sobre o teu leito

Inicialmente o que mais chama a atenção são os instrumentos, em especial dois, ambos de origem medieval: a viola de roda, também conhecida como "viela de roda", e o khrumnhorn soprano, também nomeado como chrumnhorn. A viola de roda é usada na introdução e na finalização, o khrumnhorn soprano entra sempre na segunda parte das estrofes, nos momentos de maior tensão da história. As estrofes têm, assim, uma divisão de intensidade interna a elas. O primeiro momento parece uma descrição mais calma, em estado de repouso, como a montagem do cenário. Na segunda parte entram sempre a tensão, a ação, a luta, o combate. Nesse momento, o som do khrumnhorn se parece com o riff de guitarras desvairadas, ao lado da virada na bateria.

A estruturação da narrativa nos versos tem algo de fantasmagórico. Há um bugio de uma "cordeona fantasma", cujo som ecoa o "timbre dos caudilhos". Posteriormente chegam três homens, maragatos, de um bote que se aproxima calmamente da margem do rio.[9] Com facões, lenços vermelhos, entram pela mata, à procura das suas vítimas. Nas lâminas dos seus facões aparecem imagens de "luas brilhando". O narrador da canção, nesse momento, não é percebido pelos homens. Mergulha no rio, se mistura ao lodo e ao limo, revela poemas aos peixes. Seus poemas se confundem com o rio, a correnteza, verbo e rima, a poesia molhada. Ao voltar à superfície é descoberto pelos maragatos. A partir daí se dá o final da canção, que tem algo de macabro: seu corpo é desfigurado nos três facões, e se esvai, separado da cabeça, pelo rio:

São três golpes
Três metais
E as três luas me partem
Ao meio
Brilhando no espelho das lâminas
Meu corpo vai-se embora
Na trilha dos traíras
E minha cabeça livre
No gelo dos cometas!

Para culminar nos versos finais que se repetem em todas as estrofes, como já disse mais acima, e que aqui ganham um ponto de exclamação, denotando ainda mais a tensão, o espanto, a expressividade presentes nos versos finais:

Ibicuí da armada
A mulher cavalga sobre teu leito!

9. "Maragatos" era a forma como foram nomeados grupos de gaúchos que faziam oposição ao Governo Federal e iniciaram a chamada Revolução Federalista em 1893. O uso do lenço vermelho no pescoço se transformou em uma das suas principais indumentárias.

Após uma canção como esta, com um tom épico, bem estruturada, contando uma história organizada, embora em tons surrealistas, e tendo a morte como tema importante, voltamos a uma temática mais ligada ao humor, "O milho e a inteligência", com os versos de Francine Ramil, sobrinha do artista, embora dessa vez complementados com trechos do "manifesto implosivista", segundo Vitor, "um projeto de manifesto nunca tornado público, feito para consumo interno".

Assim, depois da simpática quadra, aparece um texto dito pelo próprio Vitor Ramil, em tom desafiante, cheio de sarcasmos, com um ímpeto sempre voltado para a concreção do real, para as coisas reais:

Pensamentos de armários e ideias de alpaca
Não servem pra nada, nada!
A lei é só uma: a da reação!

Seguindo daí para o dito como preceito, já visto na canção "Satolep":

Tambores ao mar
Implodam os signos

Eu descobri a existência do manifesto por conta de uma entrevista do artista, numa *live* em homenagem aos seus quarenta anos de carreira. A homenagem foi dividida por décadas. Na década de 80 Vitor comentava sobre a existência do manifesto implosivista, escrito no período que vai do *A paixão de V segundo ele próprio* ao *Tango* e tem, posteriormente, como decorrência, um conjunto de shows temáticos e a criação do personagem Barão de Satolep.

Fiquei fascinado com a ideia da existência de um manifesto. A ideia da implosão de signos, ao invés da explosão, é em si muito interessante, como me explicou em texto o próprio Vitor Ramil, com trechos do manifesto apresentados abaixo, escritos recentemente:

IMPLOSIVISMO
(ANOTAÇÕES PARA UMA POÉTICA IMPLOSIVISTA)

▷ Implodir o presente.
▷ Não explodir, implodir (ter controle, acessar os escombros, identificar os fragmentos).

▷ Partir para nova construção/ elaboração utilizando-se, mas não necessaria-mente, de fragmentos selecionados, recombinando-os ou utilizando-os como alicerces ou sugestões para um novo "presente" (que adiante será igualmente implodido).
▷ Busca de unidade (linguagem síntese, autoral) a partir de multiplicidade + variedade (fragmentos diversos resultantes de sucessivas construções e implosões).
▷ Reação permanente ao que acabou de ser feito, ao "presente" (investir no processo).
▷ Discos-obras, não discos de obras.
▷ Arte como instrumento de autoconhecimento (autoconhecimento entendido como um processo inesgotável). Obs: anos depois, na estética do frio, eu citaria a frase de Borges "a arte deve ser como um espelho que nos revela a nossa própria face", que então não conhecia. Pensando retrospectivamente, na poética implosivista a própria face terminaria por revelar a (própria) arte.
▷ Implodir os signos, as ideias, a postura etc. Obs: "implodam os signos" aparece em "O Milho e a Inteligência". E em "Satolep" também, dito de outro modo.
▷ Habitar o pós-presente (estar sempre adiante de si mesmo). Obs: O "corredor interminável com crianças pegando fogo ocasionalmente" na fala de "O Milho e a Inteligência" sugere essa ideia de nascer, sacrificar-se, nascer de novo, e assim por diante.

O manifesto do implosivismo coloca as coisas no seu devido lugar, ou se qui-sermos, confunde os lugares e as coisas. Sintomática, a própria síntese mesmo deste grande álbum é a canção que a ele dá título: "A paixão de V segundo ele próprio". Essa canção tem algo de "Satolep", pois concentra muitos dos senti-dos, da procura estética, do senso de experimentação aguda, da necessidade de pensar a forma, a poesia como linguagem, a palavra como imagem e som. E tudo isso misturado à canção, às milongas, à poesia de vanguarda, à cidade de Pelotas, ao limite das coisas em meio ao ilimitado das possibilidades de experimentação do mundo.

A palavra presa
No silêncio da forma
Isolada em branco
Um branco
Um branco indescritível
Sim

Texto-Manifesto. Jornal DCE UFRGS, 1985.

Depois a poesia como palavra cantada, como milonga. Em ambos os casos as coisas atravessando. O "branco indescritível" no primeiro e, no segundo caso, as tijoletas onde a voz desliza:

E grandes espaços
Onde a voz desliza
Sobre as tijoletas
Como uma milonga
Uma milonga triste
Sim! Sim! Sim!

Daí vão aparecendo imagens de cidades, algo suntuosas, como "As catedrais", "a vastidão dos cargueiros", e imagens mais prosaicas como "as fachadas dos velhos sobrados" e, mesmo, as tijoletas, já mencionadas, as "bibliotecas antigas", a presença do tango, "um tango muito antigo" e sempre, sempre a afirmação de si e da vida: "Sim! Sim! Sim!", como se diante de uma epifania, uma descoberta profunda, que envolve diretamente os mistérios da cidade, a sua cidade, real e imaginária, Pelotas e Satolep:

Depois as fachadas
Dos velhos sobrados
No cristal do dia
O dia de Satolep

A orquestração de Celso Loureiro Chaves é primorosa, num tom épico e trágico a um só tempo. Conta com um conjunto de violinos, violas, trompete, trombone solo, cellos, sax soprano e assim por diante. No início, uma introdução magnífica. Em tom maior, como se fosse anunciar uma fala em labaredas, em tom épico. O interlúdio é sucedido por uma modulação. Ouve-se o dedilhar de um violão e assim começa o poema-canção. O som vai sendo intercalado por "trovoadas" que dão a sensação de tensão e expressividade, especialmente quando surge o verso que menciona a milonga ("como uma milonga/ uma milonga triste/ Sim!"). Depois, na segunda estrofe, a tensão vai aumentando e os intervalos entre tensão e repouso vão sendo cada vez menores.

A intensidade da tensão no verso que menciona a milonga se repete em todas as outras estrofes. Com menor intensidade na primeira ("um branco/ um branco indescritível"), e com maior intensidade quando se refere a Satolep diretamente ("No cristal do dia/ o dia de Satolep"), sendo repetida posteriormente, já no final da canção ("Ao sabor de um tango/ Um tango muito antigo").

No final, ao que parece, temos a resolução dos atritos entre tensão e repouso, o encontro da síntese. O "eu liberto nas palavras" que é capaz de transmutar a vida em versos de "Satolep" é aqui da mesma natureza do "Eu poetizado" que se descobre nas vanguardas modernistas ("na cor de Kandinsky"), na poesia moderna latino-americana ("aos punhais de Borges") e, também, como sugere todo o álbum, na cidade de Pelotas poetizada, como poética da forma, como Satolep.

Eu poetizado
Me descubro em tudo
Da cor de Kandinsky
Aos punhais de Borges
Sim.

O álbum ainda tem uma pequena quadra de domínio popular cantada a capela ("As moças") e um tema instrumental ("As cores viajam na porta do trem"), que sugere o fim da viagem, após a chegada na antiga estação ferroviária de Pelotas.

E antes de terminar, cabe um último comentário. No início deste texto, falei sobre uma das partes do encarte, além da capa e da contracapa. A outra face do encarte, digamos assim, onde ficam descritas as letras das canções, os arranjos, os instrumentistas, os instrumentos, é uma beleza por si. Chega a causar vertigem. A primeira parte na horizontal, com as canções do lado A do disco; a segunda na vertical, com as informações do lado B. As palavras das canções se entrecruzam misteriosamente, embora separadas por traços pretos. Os mesmos que separam ficha técnica e dedicatória. Curvas, setas, retângulos.

Um tabuleiro de palavras no silêncio transparente das canções.

Entre os álbuns *A paixão de V segundo ele próprio* e *Tango* vale muito a pena falar, ainda que rapidamente, da participação de Vitor em um dos mais importantes projetos de circulação nacional de artistas da canção: o Projeto Pixinguinha. Uma oportunidade rara para circular pelo país, formar e ampliar o público, além de poder acompanhar também outros artistas em outras ambiências culturais. Fui diretor de música da Funarte entre 2015 e 2017 e sei muito bem da importância deste projeto e do seu legado na instituição. Artistas, produtores, servidores, diretores e ex-diretores lembram dele como um dos principais acontecimentos da vida cultural e das políticas públicas para a cultura no país.

A primeira participação de Vitor foi no ano de 1986, acompanhado de Zizi Possi, que já havia gravado composições suas, entre elas "Mina de prata" e "Nem quero saber", além de ter participado do seu primeiro álbum, na canção "Um e dois". Naquela ocasião, Zizi Possi era a artista consagrada que trazia junto com ela um artista novo, no caso Vitor Ramil. A última participação de Vitor foi em 2006 e, naquele ano, ele era o artista consagrado que convidava uma artista mais nova, mais precisamente Kátia B, que participaria em 2007 do seu *Satolep Sambatown*. Mas voltando a 1986, em entrevista para o *Caderno Alternativo*, de São Luís do Maranhão, Zizi Possi diz que colocou como uma das condições principais, ao lado da divulgação do seu novo disco, a presença de Vitor Ramil junto com ela para aceitar participar do Pixinguinha. Sabemos, por exemplo, pela matéria do segundo caderno da *Gazeta do Acre*, de 1986, que o evento foi um sucesso de público, com cerca de 10 mil pessoas assistindo o espetáculo.

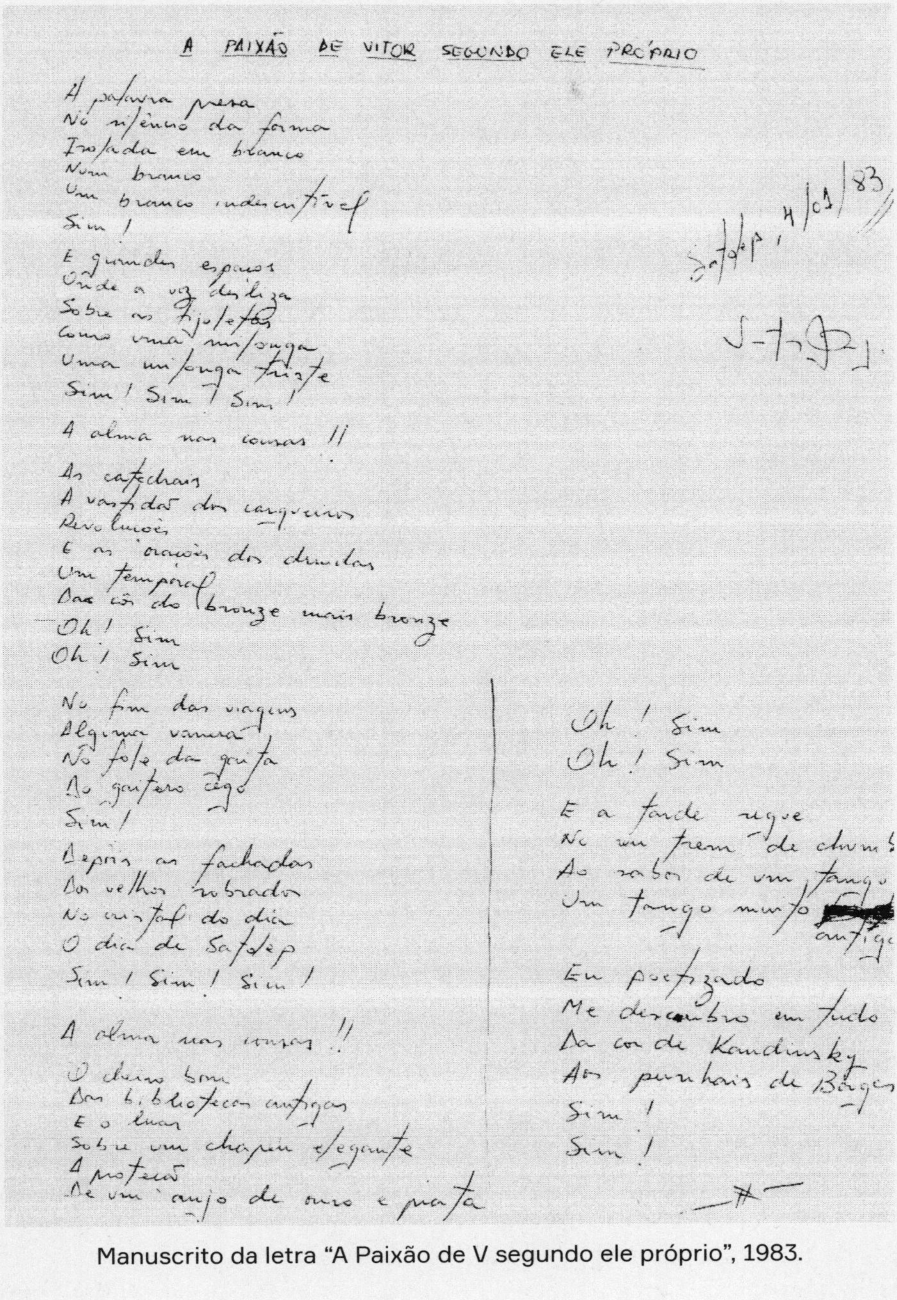

A PAIXÃO DE VITOR SEGUNDO ELE PRÓPRIO

A palavra presa
No inferno da forma
Isolada em branco
Num branco
Um branco indescritível
Sim!

E grandes espaços
Onde a voz desliza
Sobre as tijoletas
Como uma milonga
Uma milonga triste
Sim! Sim! Sim!

A alma nas coisas!!

As catedrais
A vastidão dos cargueiros
Revoluções
E as orações dos druidas
Um temporal
Das cãs do bronze mais bronze
Oh! Sim
Oh! Sim

No fim das viagens
Alguma vaneira
No fole da gaita
Do gaiteiro cego
Sim!

Depois as fachadas
Dos velhos sobrados
No cristal do dia
O dia de Satolep
Sim! Sim! Sim!

A alma nas coisas!!

O cheiro bom
Das bibliotecas antigas
E o luar
Sobre um chapéu elegante
A apoteose
De um anjo de ouro e prata

Oh! Sim
Oh! Sim

E a tarde segue
Num trem de chumbo
Ao sabor de um tango
Um tango muito antigo

Eu poetizado
Me descubro em tudo
Da cor de Kandinsky
Aos punhais de Borges
Sim!
Sim!

Satolep, 4/01/83

Manuscrito da letra “A Paixão de V segundo ele próprio”, 1983.

Vejam o quão importante foi este projeto, fazendo circular pelo Brasil artistas novos, como Vitor que, naquela ocasião, tinha apenas dois álbuns lançados, com artistas já mais consagrados, caso de Zizi Possi. No perfil de Vitor, destacado pelo *Jornal da Manhã*, de Campo Grande, no mesmo ano de 1986, ele é descrito como fazendo uma música que seria um "novo tropicalismo" e o seu *A paixão de V* teria de tudo, segundo a matéria: "desde uma tradicional milonga gaúcha até uma supervanguardista música dodecafônica que dura 7 segundos e, de quebra, sons eletrônicos intercalados com acordes da gaita de um cego, gravados na rodoviária de Pelotas, no Rio Grande do Sul, sua cidade natal". Também em Belém foi publicada uma boa matéria sobre a sua participação no Pixinguinha, com uma pequena entrevista com Vitor falando sobre o futuro imediato da indústria fonográfica, questões próprias ao campo cultural gaúcho e, por fim, sobre a sua experiência no projeto: "Estou achando uma experiência muito interessante porque a gente começa por descobrir que o Rio de Janeiro não é nada. Estamos conhecendo novas plateias e para quem está começando isto é muito importante". Conseguimos saber como será o seu repertório, que vai de canções como "Semeadura", "Estrela, estrela" até suas composições mais experimentais, como "N" (música silábica) e "Mais um dia". Estas duas canções seriam gravadas no disco homônimo do Kleiton e Kledir, de 1986. Pouco depois, "Mais um dia" será parte do seu terceiro álbum, *Tango*, de 1987. E "N" estará presente em shows temáticos, como o que fez em 1988, divulgado pela rádio Ipanema FM de Porto Alegre.

TANGO DA INDEPENDÊNCIA

Tango é o nome do terceiro álbum. Poderia ser *Sapatos em Copacabana*, como Vitor mesmo diz. Talvez fosse um título melhor, representativo da sua vida no Rio de Janeiro, a cidade que já foi capital do país e que, durante a primeira metade do século XX, foi certamente a capital da canção brasileira, com os grandes nomes da Rádio Nacional, os artistas da chamada "época de ouro", primeira geração da música popular brasileira. E que geração estelar! Silvio Caldas, Mário Reis, Elizeth Cardoso, Noel Rosa, Wilson Batista, Nelson Cavaquinho, Aracy de Almeida, Custódio Mesquita, Carmen Miranda. E o que dizer de artistas como Maysa, Dolores Duran, Nora Ney, Antonio Maria.

Difícil não pensar a capital carioca como um dos principais centros da música popular do país, o lugar da sua gestação e do encontro de compositores, cantores, instrumentistas, arranjadores, músicos, historiadores, críticos de todo o Brasil. Não à toa o período é chamado de "época de ouro". Em livro

Matéria do jornal *O Liberal*. Belém do Pará, 1986.

publicado recentemente, Zuza Homem de Mello, o grande crítico musical paulista, mostra o prazer que era, para um amante da canção popular, estar no Rio nesse período. Poder ir às boates e night clubs de Copacabana, ver o samba-canção se desenvolvendo a todo vapor pela cidade, os números musicais das grandes cantoras, o surgimento de grandes canções, num bairro cosmopolita e cheio de encantos e mistérios a cada esquina, a cada fresta de janela.

Copacabana, um dos bairros da Bossa Nova, o movimento que modernizou a música popular brasileira em todas as suas dimensões. Vitor assim está num dos centros da cultura brasileira, com importância significativa para a construção de todo um imaginário a respeito da canção popular brasileira, embora num outro momento, em que o Rio perdeu muito dessa condição de centralidade na cultura brasileira. A canção que abre o álbum, "Sapatos em Copacabana", é reveladora. Num olhar mais superficial, descreve a rotina de um sujeito, morador do bairro, interessado em comprar um livro para tomar o seu tempo no fim de semana.

Caminharei os meus sapatos em Copacabana
Atrás de um livro algum pra ler no fim de semana

Os versos então se sucedem. O ritmo tem algo de dançante, algo de vital. A experimentação da leitura, da reflexão ("exercitar aquela velha ótica sartriana") se une a imagens que remontam à tradição da canção brasileira gerada naquela ambiência ("vendo o maxixe falso da falsa loira/ falsa bacana"). Aqui o maxixe, espécie de gênese do samba, se aproxima do conhecido samba, já clássico, "Falsa baiana", composto por Geraldo Pereira, um dos mais importantes sambistas brasileiros, nascido em Minas, mas criado no Rio de Janeiro.

De repente, a imagem congela, como se fosse uma tela de cinema, um flash de um momento do cotidiano.

Um mendigo ensaia o passo lento
O carro avança

E termina com uma descrição de si e da sua condição no campo cultural brasileiro naquele período:

Sei que não tenho idade
Sei que não tenho nome
Só minha juventude
O que não é nada mau

A primeira passagem se resolve. Dá-se então a segunda, o regresso. Antes disso, versos são ditos, como que a demarcar o desejo de permanência, de marcar a sua presença na cidade, no bairro, no coração do Brasil, como um dia disse Luiz Melodia:

Escreverei meus sapatos na tua ideia
Escreverei meus sapatos na tua postura
Escreverei meus sapatos na tua cara
Escreverei os meus sapatos no teu verbo
Escreverei os meus sapatos nos teus
Copacabana

Caminhar, escrever os sapatos é como se inscrever na própria cidade e, ainda mais, na tradição mesmo da canção brasileira. O pulso da bateria de Carlos Bala salta do ritmo, causa um certo desconforto, assim como a linha melódica que vai se desenhando no sax de Leo Gandelman. Se inscrever na tradição criando algo que tenha a coragem de ser novo, ou que, ao menos, crie algum tipo de tensão e possa, até mesmo, soar como uma queda que pode ser também uma conquista.

Escorregar um tango numa casca de banana
Quando cair só vou lembrar da tua risada sacana

Escorregar pode ser tanto fazer encontrar o tango, representativo da complexidade real das ambiências culturais e musicais do Sul do país, com a casca de banana, uma espécie de metonímia do Brasil tropical, quanto trazer tensão, desencontro profundo, daí a queda que leva à "risada sacana" do interlocutor que pode soar como a própria tradição da canção brasileira centrada no Rio de Janeiro. Como se o artista buscasse uma inserção e apresentasse as suas credenciais, mas sempre num tom crítico, algo sarcástico e muito consciente do seu papel ainda em processo de formação, mas já nitidamente cheio de inquietudes e deslocamentos.

"Mais um dia", mantendo a base da bateria de Carlos Bala, o baixo de Nico Assumpção, a guitarra de Paulo Supekóvia, mostra um desalento profundo, um tédio sem fim, com o furor do sol, a repetição monótona das matérias nos jornais, o incômodo diante do fato de que ele mesmo poderia ser tantas coisas e, no entanto, prefere se manter sem inquietação e sem mostrar qualquer tipo de reação. Como me disse o próprio Vitor, a letra da canção foi impressa toda no encarte em letras maiúsculas, como se fosse uma manchete de jornal estendida.

O torpor continua com os desejos nunca se concretizando, sempre à espera de uma realização que, se sabe, nunca acontecerá de fato, tamanha a sensação de letargia:

Mais um dia quem sabe eu saio pra rua
Mais um dia quem sabe eu vou pro trabalho
Mais um dia quem sabe eu fico na cama
Mais um dia que sabe eu não faço nada

Aqui se misturam também o ritmo do próprio país, em momento confuso de redemocratização. Os jornais pararam no tempo ("o jornal há muito não me importa") e as políticas econômicas não soam como impulsos reais de renovação ("o cruzado cria novos santos/ santos que resistem satisfeitos"), muito menos na cultura, com a manutenção da censura como prática governamental ("a censura come no meu prato/ o ministro empresta garfo e faca"), culminando com a constatação de que a nova e velha república são uma coisa só, num verso que retoma o experimentalismo verbal que demarcou o álbum anterior:

Novelhacarepubliscangalho

Existem pontos de contato entre este *Tango* e *A paixão de V segundo ele próprio*. Vitor me apresentou algumas das aproximações e diferenças em uma das nossas conversas. Ele considera a realização do *Tango* o seu melhor momento musical até então, ao mesmo tempo em que o disco é visto como um experimento mais seguro na feitura de canções, com poesia de alta voltagem e muito comunicativa, muito próxima do que entendemos como canção popular. *Tango* funciona como estratégia de ir nos detalhes, dominar as formas, fazer uma canção tendo a segurança dos seus caminhos de desenvolvimento, como se o artista estivesse mais seguro do tipo de música que queria fazer e tivesse a sensação do controle do processo e do resultado. O que em *A paixão de V* é estudo, experimentação da forma, em *Tango* é realização mais consistente e bem controlada.

Ainda no esforço para delimitar conceitualmente a diferença que vê entre os dois discos, Vitor cita um poema conhecido, de William Carlos Williams, "O carrinho de mão vermelho". Nele, o poeta americano vai expressando palavras do cotidiano, da vida prosaica, da vida comum, de forma direta. "A poesia se faz de palavras comuns, e tem uma dimensão quase fotográfica." A poesia acaba sendo feita da matéria concreta do real, sem muita necessidade de cerebralismo, intertextualidades, em suma, de tudo que estava tão evidenciado nas canções do álbum anterior. Vitor lembra coisas como "Clarisser", que é uma canção sobre a linguagem como matéria-prima da criação, e "Século xx", que tem um certo tom de quem está enviando mensagens importantes, ou qualquer coisa do tipo. Um bom contraponto seria a canção "Nada a ver": "pra mim embora ela pareça para muita gente a coisa mais banal de todas, ela foi uma conquista formal, a letra fala de um cara vendo tv, ela fala de coisas bem simples, não é como Clarisser, ou Século xx, que apresentam questões mais amplas, sociais etc.".

Mas existem também aproximações formais possíveis entre os discos, como nos casos de "Virda" e "Nino Rota no Sobrado", que são exemplos de musiquetas, como o são "Armando Albuquerque no Laboratório", "Autorretrato" e "O Baile dos galentes" em *A paixão de V segundo ele próprio*. Aliás, como poderá ver o leitor, na fase do Barão de Satolep os experimentos das musiquetas continuarão a aparecer com importância significativa.

Vou tratar dessas canções mais abaixo. Antes é bom falarmos um pouco sobre a capa do disco. O semblante singelo e ingênuo da foto da capa do primeiro álbum dá lugar aqui a um Vitor Ramil pintado por Carlos Scliar, um dos mais importantes artistas plásticos do país, com traços mais expressivos, o contorno do desenho dos olhos, cabelos, boca e nariz dando a sensação visual de tensão e maior vivacidade. A jovialidade ressoando uma série de inquietudes no traço forte dos contornos, algo bem diferente da imagem amena do primeiro álbum. Carlos Scliar tinha feito dois quadros com o rosto de Vitor. Um mais plácido, outro mais revolto. Este segundo foi escolhido pelo próprio Vitor para ser a capa do disco. Em uma das fotos internas ao encarte do CD lançado posteriormente, os óculos vermelhos, arredondados, com o rosto branco remetem a uma imagem mais austera, como um pensador de tom mais obscuro. É um olhar fundo, penetrante e denso. Mas que, como dito, vai aparecer apenas depois, quando o LP for relançado em CD, em 1996, com direito inclusive a shows de relançamento.

"Virda", como disse o próprio artista, retoma a experimentação mais aguda de *A paixão de V*, com um ar de tango meio torto, com o "r" atravessando todas as palavras. Substantivos, verbos, adjetivos, artigos são alterados com a presença dessa letra. Na canção o tema da palavra e da existência, da forma e da vida, comum nos debates culturais de então, entre o formalismo de base estrutural e uma relação mais "visceral" com a vida, em suma, entre um racionalismo e um vitalismo. A canção consegue mostrar que, no fundo, racionalismo e vitalismo, forma e vida, palavra e existência se confundem sempre, sendo difícil adotar uma separação substancial entre as duas esferas. A melhor opção seria mesmo a de criar articulações como a que faz o próprio Vitor:

Archei a palarvra virda
Crarvada nar trua cara
Archei a palarvra virda
Crarvada nar trua almar

No final o ponto de exclamação aponta o sentido da descoberta: "archei a palarvra virda!". A referência, aliás, para a forma da canção, como salienta o artista, é a peça *Ubu Rei, ou os poloneses*, de Alfred Jarry.

Segue então o álbum com uma canção em tom épico. A história de Joquim, uma pessoa real, um personagem construído, tudo fica no limiar da realidade e da ficção. No encarte diz: baseado na vida de Joaquim Fonseca, avô do baterista Alexandre Fonseca, denotando assim o fundo de relato biográfico da canção. No entanto, ela própria é feita através da transcriação de uma outra canção, "Joey", de Bob Dylan, e se confunde também com os relatos do cárcere do escritor brasileiro Graciliano Ramos.

É interessante escrever um pouco aqui sobre o Joaquim Fonseca, o aviador de Pelotas. A canção ecoa aspectos biográficos da sua vida. Ele tem uma história bastante curiosa, como mostra o texto "O aviador que virou canção", de Lourenço Cazarré. O aviador construiu um avião próprio, o F-2, em plena Segunda Guerra Mundial, no ano de 1942. Ele foi produzido na Gonçalves Chaves, uma rua que vai do Porto até o centro de Pelotas, onde o aviador tinha uma oficina, com uma equipe de trabalhadores. Era bastante reconhecido na cidade, com matérias no principal jornal de Pelotas: o *Diário Popular*. Mas teve também matérias sobre o seu sonho de aviador nos jornais de Porto Alegre e Rio de Janeiro.

Joaquim viajou até o Rio de Janeiro, com o seu F-2, sozinho. Foi até o Ministério da Aeronáutica, na época conduzido pelo gaúcho Salgado Filho. Contava até com o entusiasmo de Assis Chateubriand. Voltou a Pelotas, dessa vez acompanhado da mulher, Elda Fonseca, com o seu avião. Tudo levava a crer que conseguiria licença e fomento para produzir uma série de aviões. Mas não foi o que aconteceu. Por algum motivo, que não fica claro, o projeto ficou emperrado e o aviador recebeu, alguns dias depois, um documento em inglês dizendo que não haveria mais interesse por parte do governo federal, ao menos, em licenciar a produção de mais aviões como aquele. Alguns atribuem isso a um suposto lobby internacional, interessado em monopolizar a produção da aviação do Brasil. Em matéria para o *Diário Popular*, de 1997, "Relembrando Joaquim Fonseca", Élida Lima diz que "a construção de aviões ameaçava o interesse econômico dos Estados Unidos em exportar aviões para o Brasil" e, ainda mais, "a aerodinâmica do F-2 era superior à dos aviões norte-americanos".

O fato é que Joaquim acabou vendendo o seu F-2 e ficou amargurado com a não aceitação do seu projeto pelo governo federal. Dizia haver grupos de interesse que o impediram de fazer a produção dos aviões, os inimigos da aviação, ou, como dizia, "os antiaéreos". Joaquim chegou a ser taxado de comunista e subversivo, por conta da sua insistência na criação de uma indústria nacional da aviação no país. Chegou, ainda mais, a ficar afastado de Pelotas, com medo de represálias, tendo ido a uma chácara no interior de São Lourenço do Sul, onde permaneceu durante seis meses, segundo conta Lourenço Cazarré, no texto mencionado.

Mas vamos ao Joquim da canção. Ele nasceu em Satolep. Com muitos irmãos, desde cedo, era observado atentamente, sabia-se ter o dom bizarro da invenção, da inquietação permanente, do desejo de criação. A loucura, o desvario, as ideias sem regulação racional ou ancoradouro preciso e claro ("nau da loucura no mar das ideias"). O louco do chapéu azul, expulso de colégios, intratável, deslocado, desencontrado. Criou uma oficina própria com o seu dinheiro, levou livros, as roupas de lã, cama, tinha uma ideia original, era um visionário, um marginal incompreendido.

Uma eterna inquietude e virtuosa revolta
Conduziam o libertário

Joquim tem um pendor anarquista. É leitor de Rimbaud, Artaud, Breton. Está atento ao surrealismo, ao teatro do absurdo, à poética do simbolismo francês. Nutre uma repulsa pelas tiranias políticas, num misto de inteligência visionária, inventividade à flor da pele e revolta política e de fundo existencial:

Só sei que teria gritado
"ao porco tirano e sua lei hedionda
Nosso cuspe e nosso desprezo"

Pouco depois é preso. Ameaçado de morte. Queimam seus livros, seus estudos, mas não suas ideias, que permanecem vivíssimas. Especialmente o projeto da criação de um avião. Com isso, segue o nosso herói, ou anti-herói, em torno da sua criação, do seu desejo, do seu ímpeto para a invenção. Com o seu avião conseguiu sobrevoar o Laranjal, litoral pelotense. Foi então ao Rio de Janeiro, capital do país, tentar formalizar a patente do seu invento. Em meio ao emaranhado burocrático não consegue o seu intento. Os "competentes de coisa nenhuma" criaram uma série de empecilhos, o que o faz retornar para Satolep.

Veja como aqui estamos diante da história do próprio Joaquim Fonseca, que, realmente, foi ao Rio de Janeiro patentear o seu invento e tirar permissão para produzir uma série, mas acabou por não conseguir, por conta dos "competentes de coisa nenhuma". Depois voltou a Pelotas, com o mesmo aeroplano.

Mas pensando agora para além da biografia do aviador, o que se nota nessa canção é a existência de uma relação direta entre o ímpeto algo desmesurado para a invenção e a revolta política de cunho anárquico diante das interdições burocráticas e dos aparatos de repressão, incluindo serviços de polícia secreta. O ódio ao poder, ao engessamento das instituições, à mediocridade dos burocratas demarca a impressionante figura de Joquim, ao lado do aspecto visionário, do olhar atento para a criação, do desejo de ser e se expandir. O seu avião, os seus voos, o desejo de fazer mais aviões, remetem a isso. O voo soa aqui como a metáfora da invenção e da liberdade. O aparato repressivo e burocrático do Estado como uma interdição. No final da canção, temos o fim trágico de Joquim, com a sua casa incendiada e o seu assassinato. O retorno do refrão, que cadencia a canção de ponta a ponta, com sua extensa narrativa, aparece agora como lamento:

Joquim, joquim
Nau da loucura no mar das ideias
Joquim, joquim
Quem eram esses canalhas que vieram acabar contigo?

Após a longa viagem de tom épico e crítico de Joquim somos levados para uma canção mais amena, "Passageiro", um tipo de balada pop sofisticada que faz parte do repertório de canções de Vitor Ramil desde o primeiro álbum. O arranjo da canção é contido, límpido, com menos arestas do que em "Sapatos em Copacabana", "Mais um dia" e "Virda". Nisso se aproxima da limpidez musical de "Joquim", embora a estruturação da narrativa seja outra. Aqui o tema é bem mais comum. Um sujeito perdido pela madrugada em busca de encontrar a pessoa amada.

Um junkie cansado, como diz a letra. O nome da pessoa amada vai se transformando em nomes sem sentido, com o narrador da canção vagando pelas ruas, sem rumo. Uma das poucas canções que lembram algo do primeiro álbum, pelo tom ameno, de balada descompromissada, e pela limpidez formal, sem atrito ou tensão. Chama ainda mais a atenção porque a canção que a sucede, "Nada a ver", retoma o deslocamento de sentido e conversa sobre temas como a cultura de massas, a letargia e melancolia aguda do cotidiano, como em "Mais um dia". O desespero de se ver quase como parado no tempo, sem a possibilidade real de ampliação dos sentidos.

Só preciso da televisão, dos piores programas
Sei que são imbecis, nada mal, não importa
A espiral do cigarro corrói as narinas do tempo
Gasto meu pensamento a troco de nada

Existe um ar de horror e insatisfação. Uma nítida sensação de inadequação, de perda de tempo, de estar num labirinto e em muitos caminhos sem saída, como se a cidade, o quarto vazio, o apartamento, o bairro, fossem sufocantes como é sufocante acordar "com o sol lambendo a minha pele", tal qual vimos em "Mais um dia".

Ouço vozes que vem da rua, automóveis berrando melodias brutais
Que não falam de velhas canções, que não falam de novas
Nem me deixam mais chique no meu desalinho

O tango assombroso esfuma o ambiente, os passos não fazem nada avançar, nem as ideias. Vejam que a base sonora é bem reduzida, com bateria, baixo, piano e a guitarra tocando apenas no primeiro tempo dos compassos. Em suma, o tom é de sufocamento. E o desejo é de mudança, daí a repetição nas duas estrofes finais do verso: "talvez eu veja um outro canal".

"Nada a ver" é seguida por "Nino Rota no Sobrado", só instrumental, e "Tango da independência", a partir do poema de Paulo Seben. O sujeito perdido, deambulando pela madrugada, em estado de melancolia funda e sem fim, exasperado na cidade que se apresenta com sua beleza subterrânea, com sua beleza de veludo, é o personagem do poema musicado de Seben e, diga-se de passagem, de todo este álbum. O anti-herói sem romance de "Nada a ver" se aproxima do personagem trágico Joquim, com suas leituras de Rimbaud, Artaud e Breton, e do sujeito entediado de "Mais um dia", ao lado, por fim, dos "passos sem direção" de "Passageiro".

Com um tom meio aziago, o poema de Seben é claríssimo quanto a isso:

Por que não chuto cada poste no caminho
Não apedrejo a sinaleira que me para
Nas madrugadas em que caminho sozinho

O personagem, no fundo, procura encontrar a morte, "A minha morte que fugiu quando nasci", como dizem alguns dos versos do poema que não foram musicados, mas que aparecerão depois em sua forma completa na fase dos shows temáticos e, muitos anos depois, no álbum *Foi no mês que vem* (2013). Em suma, a sensação é de movimento sem sentido, impasse, interdições, barreiras, proximidade perigosa com a loucura. O piano e percussão no piano de Vitor Ramil, a guitarra de Hélio Delmiro e o baixo acústico de Nico Assumpção, que moldam a ambiência sonora de "Nino rota no Sobrado" e "Tango da independência", criam uma sensação de impossibilidade, tensão, mas com um fundo de escape na inventividade, poética e sonora. Sobre este tema musical, me diz Vitor: "Nino Rota, o compositor de muitos dos filmes de Fellini. A melodia da musiqueta remete às melodias dele; o Sobrado era a casa de tangos de Pelotas, em frente ao Café Aquários, onde meus pais costumavam dançar".

O álbum poderia terminar aqui. No entanto, termina com um grito de esperança e desejo corajoso de expansão de si. A belíssima "Loucos de cara" é uma exaltação à liberdade e à possibilidade de sermos muito, sendo um,

Esboço de "Loucos de Cara", uma de suas canções mais conhecidas, s/d.

encarnarmos em muitas possibilidades de vivências do real. É como se os "milhões de caras" se inquietassem e se abalassem e desejassem sair de si, avançar, sumir, como diz a canção.

Vem, anda comigo, pelo planeta
Vamos sumir!
Vem, nada nos prende, ombro no ombro
Vamos sumir!

Todas as possíveis interdições e limitações são desconsideradas, ou ao menos, precisam ser enfrentadas de pé e com o arco teso:

Não importa que deus jogue pesadas moedas do céu
Vire sacolas de lixo
Pelo caminho

O teclado de Gilson Peranzzetta e o baixo de Nico Assumpção se sobressaem. Ambos, ao lado de uma bateria mais amena de Carlos Bala, soam como clareza sonora e vitalidade, vão desenhando imagens sonoras que causam uma boa sensação de conforto e desejo de expansão, diferentemente do traço inquieto da música anterior, com tons quebradiços e inconstantes. A partir daí vão surgindo personagens míticos, históricos, ficcionais, como um delírio bom na movimentação das palavras e do som.

Há um mundo a se ver, a se vivenciar, aberto aos olhos, ao corpo, para si e para todos:

Latinos, deuses, gênios, santos, podres
Ateus, imundos e limpos
Moleques loucos de cara
Ah, vamos sumir!
Gigantes, tolos, monges, monstros, sábios
Bardos, anjos rudes, cheios do saco
Fantasmas loucos de cara
Ah, vamos sumir!

Estamos em 1987. O Brasil passa por um lento processo de redemocratização, após os anos de chumbo. Há a esperança de que agora, quem sabe, o país vai dar certo. Teremos pujança econômica, inteligência cultural, liberdade política. A canção parece ecoar isso. Mesmo com todos os senões, as interdições, o conjunto de impossibilidades e, mesmo, o pessimismo generalizado, pode ser que consigamos avançar e criar um país capaz de ser melhor e maior para todos.

Mesmo o niilismo mais profundo por conta da consciência da nadificação de tudo ("Se um dia qualquer/ Tudo pulsar no imenso vazio/ Coisas saindo do nada indo pro nada"), remontando quem sabe para a "ótica sartriana" de "Sapatos em Copacabana", não é capaz de refrear o impulso de vida da canção:

> Pega carona no carro que vem
> Se ele é azul, não importa
> Fica na tua

Assim, Lennon, o delírio de Garibaldi, Vikings, chineses, o mar farroupilha, tudo se mistura num movimento de pulsação e descoberta. É como se Vitor Ramil realizasse aqui o sentido da relação entre forma e vida, razão e delírio, a nau da loucura no mar das ideias, a palavra e a vida cravadas na alma.

Capítulo 2

A noite ardia com cem luas

CONTA-SE que a criação do personagem "Barão de Satolep", um "alter ego" de Vitor Ramil, como dizem os seus principais críticos, teria funcionado, ainda que involuntariamente, como uma forma de conseguir atuar bem no palco. O Barão serviria assim como uma maneira de Vitor romper com a timidez no palco, e agir de modo mais profissional nos shows.

É o que o próprio Vitor diz em várias entrevistas. Com isso fica sempre a impressão de que o Barão seria um momento de passagem na carreira do artista, uma necessidade com objetivo funcional, digamos assim, que se foi, ou que perdeu a sua utilidade na medida em que Vitor foi se adaptando melhor aos palcos e entendendo a sua dinâmica própria.

Assim se justificaria o abandono gradual do personagem, até o seu fim, e a inexistência de registros em álbum dos shows do Barão de Satolep, que tinham repertório próprio, misturado às canções do álbum imediatamente anterior, *Tango*, e canções de nova safra, cujas gravações em estúdio viriam posteriormente. A maior parte delas sequer foi gravada nos álbuns posteriores de Vitor, o que chama muito a atenção, tendo em vista que algumas são primorosas, casos de "Aço" e "A noite ardia com cem luas". A primeira ecoa algo da literatura contemporânea à época, especialmente aquela que apresentava personagens estranhos, marginalizados, perversos e, mesmo, cruéis. A segunda mantém o tom, com um nível formal mais inventivo, misturando conto, canção e música de vanguarda.

E isso sem contar as parcerias com o poeta Paulo Seben, algumas gravadas no próprio álbum *Tango*, como a áspera e bela "Tango da independência", e também, posteriormente, no disco *À Beça* (1995), caso de "Namorada não é noiva", com sua gradação melódica que segue a gradação do próprio poema, a que se acrescentam partes escritas por Vitor. A canção fica no meio-termo do humor e do horror, do cômico e do trágico, como é recorrente no repertório destes shows. Malgrado a pertinência desse tipo de visão sobre o personagem, chancelada pelo próprio artista, vamos tomar aqui um outro caminho, cometer uma das muitas heresias que o leitor ainda verá neste trabalho. É que a complexidade real do personagem, a singularidade expressiva do repertório, a aceitação vibrante do público, nos permitem vê-lo como uma criação autônoma, muito além da sua posição funcional na carreira do artista.

Vitor Ramil transfigurado em Barão de Satolep.

Vou me concentrar nesta parte do texto em quatro espetáculos: *Tango* (1987); *Midnicht Satolep* (1989); *Animais* (1989) e *A invenção do olho* (1991). Mais para o final também vou tratar do show *É prejudicial o uso de salto alto?* (1993) através de matérias jornalísticas. O Barão só vai aparecer a partir do segundo e terá um papel significativo, tanto como atuação, quanto como impulsionador direto e indireto. Assim, desde o *Midinicht Satolep*, passando pelo *Animais* e *A invenção do olho*, temos, em diferentes gradações, a sua figura, ao menos, o vórtice que a sustenta. A literatura de horror, com alto apuro formal, aqui e ali, numa fala, numa expressão, num gesto, em algum desenho das vestes; o cinema do expressionismo alemão na forma de andar, no olhar, a um tempo, terrível e cômico, no limiar entre grunhidos sem sentido e números musicais; a poesia claramente libertina, suja, trazendo à tona um sentido de palavras que se movem em "áreas baixas" do corpo humano e do desejo.

UMA PAUSA PARA UM TANGO

Mas antes de chegar ao *Midnicht Satolep*, o espetáculo propriamente do Barão de Satolep, é necessário apresentar o show *Tango*, realizado no mesmo ano do lançamento do disco. Neste show já estão presentes algumas das canções do Barão, inclusive aquelas que mencionei mais acima: "Aço" e "A noite ardia com cem luas", além de "Bilhete Postal", poema de Augusto dos Anjos que se transformou em canção raivosa nas mãos de Vitor. Ao lado delas, um repertório com uma canção que atravessará todos os shows do período, "Ibicuí da armada" (1984), e canções do disco *Tango* como "Loucos de cara", "Passageiro", "Joquim", entre outras.

Antes de prosseguir na apresentação do show, preciso contar a forma como consegui vê-lo. Praticamente não existe material em vídeo deste período da obra de Vitor. Com exceção do material jornalístico, os vídeos do show não estão disponíveis para o público. No entanto, eu sabia que a TVE-RS tinha gravado alguns desses shows e os transformado em especiais do canal. Havia um programa chamado "Palcos da vida". Consegui o material com a própria TVE-RS e foi um dos momentos mais agradáveis da escrita deste livro e todo o processo de pesquisa. Vendo as matérias dos jornais do período, a feição do próprio Vitor, com longos cabelos, roupa desgrenhada, camisa solta, sapatos pretos, expressão de uma jovialidade viva, ficava sonhando com os vídeos dos shows, em ver os próprios espetáculos eles-mesmos. Intuía que os espetáculos iriam me surpreender ainda mais.

Do mesmo modo, durante um bom tempo, o perfil punk experimental, rock com muito mais de jazz, os tipos e personagens marginais, entediados, junkies cansados com uma variedade de figurações, e a capa de Carlos Scliar, tendo o artista com a mesma expressão de jovialidade, como um poeta que fala em labaredas, como um poeta que queima ao cantar e dizer palavras, causaram em mim uma impressão da mesma magnitude. Ficava também imaginando como seria vê-lo no palco, naquele momento, naquela época, com aquele ambiente altamente inventivo. Tinha contado isso em e-mail pessoal ao crítico e escritor Luís Augusto Fischer, a inveja que sentia dele e dos que conseguiram ver aqueles shows.

Vale lembrar ainda mais uma cena específica. Estava assistindo o programa "Galpão Nativo", na mesma TVE-RS. Era um especial com o Vitor Ramil, do ano de 2013. Em certo momento, ao falar um pouco sobre a sua trajetória, especialmente a que se vinculava aos anos 80, sua fala era entrecortada por cenas curtas dos shows da época, entre elas, os espetáculos *Tango* e *Midnicht Satolep*. De repente havia ali, em alguns poucos segundos, a presença simultânea de três variações possíveis da persona artística de Vitor. No centro do programa, o Vitor mais sóbrio, com um tom austero, num nível de resolução formal da sua poética musical que havia alcançado e que se reverberava no modo como se apresentava no programa; nas imagens dos shows da década de 80, primeiro um Vitor muito expressivo, com longos cabelos, roupa solta e colorida; logo após, o Barão de Satolep, os mesmos longos cabelos, mas a roupa negra e uns óculos vermelhos, ao piano.

Eram três imagens distintas do artista que compunham aquela cena rápida num programa com um título significativo, "Galpão nativo". O experimentalismo agudo do *Tango*, num trecho de "Ibicuí da armada", a canção misteriosa que evoca cenas de guerras gaúchas, pessoas degoladas, sons de bugios, música medieval, encontrava o mesmo experimentalismo, embora mais concentrado, na performance de "Joquim", com o Barão de Satolep. Ambos, por sua vez, eram refrações de um Vitor Ramil mais maduro, com a limpidez formal que tem feito com que consiga criar obras-primas da canção brasileira, como podemos ver no caso de *Ramilonga – A estética do frio* (1997), cujas canções tiveram maior presença no programa mencionado.

Foi assim que me coloquei para ver o show *Tango*, que tinha acabado de receber em e-mail da própria TVE-RS. O vídeo estava associado, como já o disse, ao programa "Palcos da vida", que misturava os números musicais com depoimentos de artistas, parentes e do próprio Vitor Ramil no período. Começava com Vitor andando pela Avenida Independência, com calça jeans e camiseta simples, passos firmes e soltos ao mesmo tempo, ecoando o rigor e a invenção mais livre desse período de sua obra. Ao fundo, um trecho de "Tango da independência", o poema musicado de Paulo Seben, que trata de uma pessoa perdida na madrugada de Porto Alegre, com uma melancolia funda e o desejo de encontrar alguma saída, alguma resposta para aquele ímpeto de existir e se afirmar. Há uma violência no poema, como a mostrar alguma inadequação entre o sujeito e a cidade em que vive. Como se sentisse um profundo desconforto, que não encontra guarida em lugar nenhum. Um desamparo que precisa ser exposto, tornar-se visível, nem que seja através de uma poética mais suja, áspera, cruel.

No primeiro momento temos uma voz como que arrastada, algo melancólica, cindindo cada um dos versos; no segundo momento a voz se torna rascante, agressiva, como se acordasse de um estado de letargia e do porre de tudo da primeira parte. Esta movimentação entre a melancolia sem fim e sem fundo e a afirmação de si com violência estética e canções, com sons e palavras afiadas, acompanha todo este momento de sua obra, e pode ser uma forma interessante de pensar os shows temáticos e o personagem do Barão de Satolep.

É por conta disso que faz sentido ver que o show, de acordo com a ordenação do programa Palcos da Vida, começa cóm "Loucos de cara", sua parceria com Kleiton Ramil. Vitor está no centro do palco, calças largas, camisa solta, cabelos longos, como se fosse um jovem poeta russo à espera de fazer aparecer a palavra como poesia real e devassa, afirmada e ruidosa. Na iluminação do palco, cores quentes, se movimentando com diferentes ritmos, concentradas no artista. Vitor está bem à vontade, tem uma pequena inclinação do corpo, canta com a maior naturalidade, soa como se estivesse muito bem, em pleno domínio de palco, a ponto de poder ser, em alguns momentos, algo disperso e mesmo displicente. Faz parte da sua figuração cênica.

A canção começa em tom grave, o refrão vai se destilando como um chamado para a aventura existencial sem peias, sem medo, sem reservas.

"Vem/ Anda comigo/ pelo planeta/ vamos sumir." Depois vão aparecendo cenas e situações de tom surrealista, misturadas a períodos históricos e lugares ("vikings queimando as fábricas do cone Sul"), personagens do folclore brasileiro ("boitatá com sua fome encantada"), vínculos curiosos de palavras ("aço e perfume dos mísseis/ nos teus sapatos"), chineses fumando haxixe na esquina, Lenin numa praça em Moscou, Lennon, peruanos, Garibaldi e uma proliferação de tipos sociais que vão sendo nomeados e chamados para a mesma aventura existencial.

Já tratei dela aqui. Após o primeiro número musical, as cores do palco se agitam, há uma movimentação maior que anuncia uma canção mais agressiva. Ao menos é como parece e, de fato, é. A próxima canção é um poema de Augusto dos Anjos, "Bilhete postal". Inicialmente pensava que o poema era uma crítica ferina aos críticos do poeta em geral, mas Vitor me explicou ser uma resposta específica a um crítico que o teria chamado de "poeta raquítico". O fato é que o poema é escrito em tom de insulto, com exclamações e pedindo insistente respeito. Como canção, o poema musicado por Vitor tem um tom de protesto explícito, especialmente quando o artista repete os versos "Respeitem-me, portanto!", soando como um refrão de alguma canção punk, com aquela concisão afiada e ferina deste tipo de canção:

Respeite-me, portanto!
Respeite-me, portanto!
Respeite-me, portanto!
Respeite-me, portanto!
Respeite-me
Respeite-me
Respeite-me

Colocado assim no papel, este trecho do poema parece uma poesia concreta, cantada como uma canção punk rock, fazendo se encontrar os experimentos de vanguarda com a estética punk, algo visível na estruturação cênica do espetáculo e na própria figura de Vitor no show.

Mas o poema é longo, verborrágico, segue com sua cantilena incansável, dita quase sem tempo para respirar, verso a verso, com as luzes do palco se movimentando. Vitor vai enunciando as palavras em tom afirmado e como resposta a algum interlocutor imaginário, um crítico ranzinza, às maledicências provincianas, quem sabe, de algum caderno cultural. Augusto dos Anjos já fora chamado "doutor tristeza", poeta de imagens "antipoéticas", um "histérico", "desequilibrado". O tom mórbido, trágico, as palavras que emulavam a morte, explicitavam o lado repulsivo do humano, as impurezas da nossa vida real, doenças, mau agouro, ambiência aziaga, clima tétrico, mas também o nível de invenção formal, o uso de termos científicos como palavra poética, os sonetos límpidos e precisos, tudo que vinha influenciando a obra de Vitor, a ponto de este poema aparecer em uma série de espetáculos posteriores, com o Barão de Satolep à frente.

Talvez seja mesmo possível fazer algum paralelo entre Vitor Ramil e o poeta Augusto dos Anjos, ao menos, no que diz respeito a alguns temas em comum. Um deles, a morte. Ela aparece, por exemplo, nas imagens de degoladores vindo da mata escura em "Ibicuí da Armada". O próprio corpo do narrador da canção é mutilado:

Meu corpo vai se embora
na trilha das traíras
Minha cabeça livre
no gelo dos cometas

Mais do que isso. A canção tem versos que explicitam figurações ligadas ao corte, a rupturas, lâminas, facas afiadas. Expressões incômodas. A imagem do corpo mutilado com a lua brilhando no aço das lâminas. É uma poesia dura, cruel, feita do material da vida real, interessada no repulsivo, no escatológico, nas ambiências que não se enquadram necessariamente em poéticas mais comedidas, convencionais, recheadas de palavras confortáveis e amenas.

A poética de Vitor do período é habitada por figurações marginalizadas, madrugadas sem amparo, violência explícita, decadência, desamparo, inquietudes e sombras. Prostitutas, travestis, psicopatas, policiais, poetas obscuros, castelos medievais, cemitérios, escuridão e a lua que revela e oculta assassinatos com requintes de crueldade.

Daí que uma canção como "Aço", presente neste show e também em *Midnicht Satolep*, expressa de um modo fabuloso esta poética suja, da vida real, do cotidiano concreto de uma Porto Alegre dos anos 80. Nela, o narrador da canção é uma estranha figura, um psicopata armado, que deambula pelas noites da cidade enfiando pregos no ouvido de prostitutas. Assim são os primeiros versos da canção. Em meio a essa imagem perturbadora, se instaura um conflito situado num outro canto da cena: homens são agredidos por guardas. Uma cena dupla com duas situações que envolvem tipos de agressão em ambientes urbanos decadentes. O prego no ouvido e as porradas dos guardas.

Eis que surgem gritos. Ao que parece, estridentes, histéricos, vivos, capazes de distrair a atenção dos guardas e fazê-los deixar escapar os homens que estavam sob seu controle. Os gritos vinham da prostituta que estava sob o olhar do psicopata armado. Ao percebê-los, os guardas se aproximam do estranho personagem, que saca um revólver e atira na direção deles. Atingidos, eles tombam, "parecendo atores". Em seguida, o narrador segue o seu caminho e vai desfilando versos enigmáticos e ásperos:

Tenho a linguagem doce de um dragão
Um verso em branco lido por ninguém
A morbidez à esquerda da ironia
e um porre de tudo

A morbidez à esquerda da ironia espelha muito bem o sentido dessa canção e de muitas do período. À morbidez e à ironia, podemos acrescentar o sarcasmo, o humor negro. Assim como podemos ver em outros versos surpreendentes, pelo nível de clareza, como se fossem expressões do lugar impreciso e perigoso da criação artística, com a autonomia do Belo que gera uma situação indefinível que faz com que o mais repulsivo possa se encontrar — no âmbito da forma artística — com o virtuoso: "É nessas horas que nossas baixezas/ irmanam as nossas virtudes".

Seguindo a trajetória do nosso personagem, após matar os guardas vestidos, ele segue seu estranho e tétrico percurso. Fala sobre a Porto Alegre noturna e a solidão que "predispõe ao aço", ao revólver, e enuncia versos que mantêm o clima do desencontro tenso, impasse insolúvel: "cargueiros em chamas não cabem no porto/ futuros não cabem no agora". Nota, ainda, ao longe a mesma prostituta na esquina. O prego solto na sarjeta. E repete uma imagem curiosa, que aparece em "Loucos de cara": a relação entre o pensamento e o ato de caminhar: "andar e pensar se assemelham". Em "Loucos de cara" temos versos com temática parecida: "Ter lucidez for o mesmo que andar/ e não notares que andas/ o tempo inteiro". A lucidez ali da canção é delirante, chama para a expansão de si e dos outros. Em "Aço", tem um teor de morbidez, alguma confusão de tempos e lugares, embora com uma racionalidade fria, sólida, como se houvesse um controle da situação por parte do narrador. A frieza com que descreve as ações ecoa algo dos contos de Edgar Allan Poe, com assassinatos descritos como uma forma de atuação do demônio da perversidade, cuja aparição se dá em momentos de vertigem, embora sejam narrados de forma racional, com clareza, distinção e concisão.

A morbidez, a ironia, o sarcasmo, a racionalidade fria e exata, acompanham também a coragem de se deixar perder, de se arriscar, correr perigo. Daí o sentido de um belo verso como este: "sempre joguei os dados no escuro".

Não se sabe se o narrador dessa canção é o mesmo junkie cansado de "Passageiro". Talvez seja, talvez não. Algo dele parece estar presente também no desencanto noturno do "Tango da independência". O horror à monotonia, o tédio infinito diante da repetição das coisas, exigem uma relação com experimentações e experiências mais agudas, mais reais, mais violentas até, como forma de trazer à tona, quem sabe, a flor do mal, fazê-la aparecer súbita como experimentação do sublime que pode se situar no repulsivo. A arte é terrível e precisa de fato intensificar a nossa sensibilidade até o limite, ou mesmo, para além dos limites de ordem moral, por exemplo.

Essa consciência está muito bem resolvida e clara na poética de Vitor do período. Algo como uma necessidade, inclusive para revigorar o campo cultural brasileiro, muito acanhado, contente com florações e maneirismos. Ainda que com resoluções poéticas e formais de alto nível, é como se faltasse a rasura, a sujeira, o terrível, o tétrico, as impurezas do real.

O poeta, o junkie cansado, o sujeito cujo sapato pisa folhas de jornais na avenida Independência agora anda armado, sempre atento, vê o céu sempre se distanciando, cada vez mais longe, cada vez mais distante de si. O clima é de desesperança profunda, cuja resposta se dá com uma afirmação sem peias, que encontra sentido na própria criação artística.

A esta canção se segue uma das mais surpreendentes do seu repertório, "A noite ardia com cem luas", ecoando os primeiros versos do poema "A extraordinária aventura vivida por Vladimir Maiakóvski no verão de Datcha": "A tarde ardia com cem sóis". Nela, diferentemente de "Aço", a ambiência noturna parece mais próxima de uma paisagem campestre. Algo que ecoa em alguma medida "Ibicuí da armada", como um espaço de sentido não necessariamente urbano.

O início da canção é como o anúncio de um acontecimento misterioso, que vai sendo desenhado verso por verso, seguindo a própria movimentação sonora. O piano da primeira parte sugere um clima de suspense, enquanto Vitor vai apresentando os versos da canção. O ambiente é de clareza (não havia nada obscuro na névoa), permitindo ver com nitidez uma dupla coloração, o *branco* da casa e o *verde* das alfaces.

Os próximos versos têm duas versões. Na primeira, apresentada neste show *Tango*, estamos diante de uma festa em que "os lábios gregos de Parmênides tocam os gregos lábios de Heráclito" em meio ao som de melodias insanas de Pitágoras:

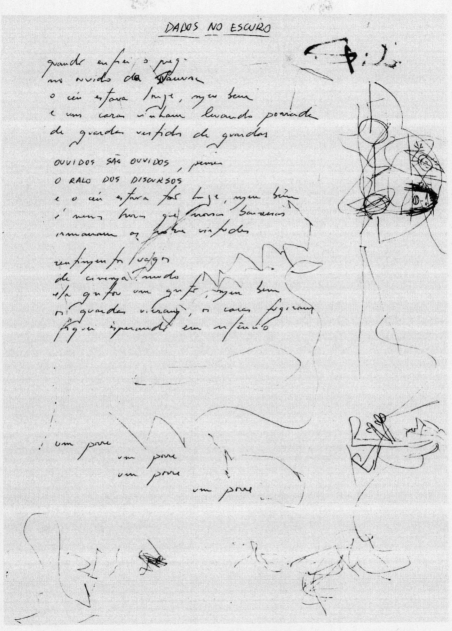

Esboço de "Aço", com um título diferente: "Dados no escuro", s/d.

Os lábios gregos de Parmênides
Beijavam os gregos lábios de Heráclito
Enquanto as mãos precisas de Pitágoras
Tiravam do teclado
Melodias insanas
Que rolavam na noite
Grega
Que ardia
Com cem luas

Na segunda versão, cantada no *Midnicht Satolep*, a relação é outra, menos corporal, e mais onírica, ao mesmo tempo em que não temos mais as melodias insanas de Pitágoras, substituídas pela percepção do narrador da canção, que se refere a si como "escravo da insônia":

Os sonos gregos de Parmênides
Dormiam os sonhos gregos de Heráclito
No vale fantasma
Um lago subindo aos meus olhos
Escravo da insônia
Debruçado na noite
Grega
Que ardia
com cem luas

A noite grega é acompanhada de duas imagens significativas do que vai aparecer posteriormente. O frio punhal e a mansidão do lago. São partes do cenário do crime que será visto pelo narrador, do alto da sua casa. O barbeiro traído com uma arma na mão e a mulher nos braços. A arma brilhando aqui ecoa algo da lâmina da faca que reflete o brilho da lua em "Ibicuí da armada". Em Ibicuí da armada são três luas, aqui é a noite ardendo com cem luas. Nos dois casos, a presença da morte. Na primeira, sentida pelo próprio narrador, em primeira pessoa; na segunda, observada, num tom de espanto, em terceira pessoa. Algo da mesma situação se nota, por exemplo, em "Aço", em que o narrador é o agente da morte, ao atirar nos guardas vestidos, na noite de Porto Alegre. Assim, podemos unir as três canções ao redor do tema da morte. Na primeira, o personagem é o alvo, e descreve seu corpo desfigurado; na segunda, o personagem relata um assassinato e, na terceira, ele é o agente.

Também cabe mencionar a presença do futurismo russo, a importância da poesia e da figura de Maiakóvski, tanto em "Ibicuí da Armada" ("São versos do soldado/ do poeta russo"), quanto em "A noite ardia com cem luas", cujo próprio título, como já dissemos, se refere a um poema do mesmo Maiakóvski.

Voltando à canção, após a visão do brilho do punhal, temos a imagem do corpo desfigurado da pessoa morta, e o gesto do punhal sendo jogado ao lago, como a esconder a prova do crime. A concentração de volume e densidade no punhal é contraposta à dispersão sem centro do lago. O frio punhal seria a expressão de uma racionalidade concentrada, fria e, no limite delirante, como o oposto simétrico da experimentação dos afetos, emoções, em suma, do domínio dos sentidos, do sensível, na imagem do lago? Caminhos de pedra e de nuvem? Clareza e detalhismo arquitetônico ao lado da neblina que deixa tudo disforme e, mesmo, ininteligível? O que estou querendo dizer aqui ficará mais claro adiante, no desenvolvimento da escrita e da construção da obra de Vitor. Mas estas duas imagens fortes, a do punhal como concentração, lucidez e clareza, e a do lago como espaço aberto, sem centro e mais próximo da pulsão disforme em certa medida, ecoam o contraponto que vamos ver mais adiante em *Satolep*, o romance de 2008, com a forma precisa e simétrica da cidade se contrapondo ao ambiente selvagem dos pampas.

Diante das duas imagens, colocadas num mesmo plano, com o punhal jogado ao lago e o sangue tomando conta da sua mansidão, Woyzeck, o barbeiro enciumado, entra em vertigem, delírio, deseja a morte, passa a falar sozinho coisas ininteligíveis. Neste momento, uma terceira cor é realçada. Após o branco da casa, o verde das alfaces, em meio à névoa que não torna nada obscuro, ou seja, que permite a visão clara das coisas, surge o *vermelho* do lago, vermelho que vai se espalhando após o afogamento do punhal.

A canção é como um experimento de ópera-teatro. Há os solos de piano, entrecortando a palavra cantada e a palavra falada. Também há mistura de línguas, com a língua portuguesa predominando. Mas as frases em alemão macarrônico, como diz o próprio Vitor, são significativas porque expressam a origem principal do tema musical e do tema da canção: a ópera *Woyzeck*, cujo texto foi escrito por um autor alemão pouco conhecido, morto muito jovem, Buchner. A ópera, no entanto, foi musicada por Alban Berg, e daí tornada referência da música das vanguardas modernistas, especialmente aquelas associadas ao expressionismo alemão. *Woyzeck* também se tornaria nome de um experimento musical do Barão de Satolep, experimento curto, como as musiquetas de *A paixão de V segundo ele próprio* e de *Tango*. Será nomeada como "Woyzeck no Sobrado".

O quadro de referências aqui se encontra de forma clara e coerente. Temos o futurismo russo, com Maiakóvski, e o expressionismo alemão, tanto na música quanto no teatro e no cinema. A criação de um personagem como o Barão de Satolep tem relação direta com isso, uma espécie de Nosferatu saído de uma cidade fria, cinzenta e estranha, como Pelotas, ou Satolep, e com a capacidade de unir os referenciais artísticos, a poética "suja", libertina e a violência estética preconizadas no espetáculo *Tango*, mas só realizadas de fato em *Midnich Satolep*. Neste sentido, a criação do personagem estaria menos relacionada a uma necessidade de adaptação do artista ao palco, ou de autoconsciência da importância do palco e dos shows, do que a uma necessidade conceitual, artística, poética e estética, que fosse capaz de concentrar os interesses do artista neste momento da sua obra. Em outras palavras, a criação do Barão, ou melhor, a descoberta da existência dessa estranha figura, respondia a uma necessidade de criação artística, num momento em que as canções e a estética de *Tango* tinham cumprido a sua função.

O BARÃO DE SATOLEP

Pelotas é Satolep. Uma cidade imaginária, uma outra cidade, fora do tempo, ou habitando um outro tempo. Sob uma névoa espessa, mesmo de dia, a cidade parece sempre anoitecer. Nela moram figurações estranhas, personagens que parecem sair de algum filme noir americano, ou de algum filme do expressionismo alemão. Passos apressados, olhares fugidios, ruas que ora ficam desertas, ora se enchem de pessoas passando pra lá e pra cá, na calma de quem não sabe da morte.

Pode-se avistar, na bruma, a figura de João Simões Lopes Neto, fumando um cigarro da marca "Diabo", desenhando na vitrine do Café Aquários frases ininteligíveis; pode-se avistar também Lobo da Costa, bêbado, cambaleante, com papéis molhados, uma pasta se desintegrando, tentando se sentar em algum canto da calçada.[1]

Com mais esforço, em meio à bruma e à neblina, *um mendigo ensaia um passo lento*.[2] Ao fundo pode-se ver uma figura esquisita, andando com muita

---

1. Tanto a imagem de João Simões Lopes Neto junto à vitrine do Café Aquários, quanto a do poeta Lobo da Costa "com papéis molhados" foram retiradas de cenas do livro *Satolep*, de Vitor Ramil (2008).

2. Aqui eu me refiro a um dos versos de "Sapatos em Copacabana" (*Tango*, 1987).

dificuldade, como se carregasse algo pesado. Olhando mais de perto dá para ver que é a sua própria corcunda, protuberante, embora escondida por um longo sobretudo preto.

O passo sôfrego, o andar descoordenado, o tom escuro da cor da roupa e do sapato, em meio à semiescuridão satoléptica, é contrastado pelo rosto branquíssimo, pálido, como se estivesse morto, e pelos dentes que quase saem da boca, além das olheiras. Não fosse o longo cabelo desgrenhado, estaríamos diante de uma espécie de irmão-gêmeo de Nosferatu.

Já o chamaram de Barão Vamp de Sato, Barão de Sato, mas o nome mais comum é mesmo Barão de Satolep. Sabe-se muito pouco sobre ele. Sua vida pessoal é um mistério. Mora com uma freira, a freira negra, numa casa grande e cheia de insetos colados à parede, ressecados em tinta.[3] Dizem que dorme num porão, e lá costuma ensaiar canções de poetas mórbidos, tocar um piano sinistro, às vezes até mesmo violão.

Como já participou de muitos shows de Vitor Ramil, muitos desconfiam de que ele seja o próprio Vitor, um alter ego, ou qualquer coisa do tipo. Nada se sabe ao certo. O Barão, diga-se de passagem, tem o seu próprio espetáculo musical e cênico: o *Midnicht Satolep*. Meio alemão, meio inglês, meio dia, meia noite, meio nada. Ele habita uma cidade imaginária, fora do tempo e da história, como já falei.

Ele surgiu pela primeira vez no palco em Porto Alegre, participando do espetáculo *Tangos e Tragédias*, produzido por Hique Gomez e Nico Nicolaiewsky. Apresentou ali uma versão musicada do poema "O Coveiro", de Augusto dos Anjos, um dos seus poetas preferidos. O poema, escrito na forma de soneto, trata de um amor trágico, da ausência, do fim de um caso, em suma, tragédia amorosa sem fim, tristeza, infelicidade.

O poema fica entre o assustador e o risível. Um coveiro é visto num estado de tristeza profunda. Mas como pode, logo ele, que faz da morte a sua companheira permanente? Pois bem, o coveiro chora a morte do seu grande amor, ali enterrado naquele cemitério. E mais, diz que foi por conta disso que teria se tornado coveiro! É um misto de ambiente aziago com algo de dramalhão. Clima, aliás, me diz Vitor, característico do espetáculo *Tangos e Tragédias*.

Representa, em certa medida, a própria persona do Barão de Satolep. Um horror misturado a algo que evoca o riso. Mas não só em relação à sua imagem. A própria forma como atua no palco, os modos de falar, entre o grunhido e

---

3. A imagem dos insetos colados à parede, ressecados de tinta, eu retirei do início do primeiro trabalho ficcional de Vitor Ramil, *Pequod* (1995).

um alemão macarrônico, um dialeto satoléptico, e também as provocações ao público, os impropérios, a falta de educação, a antipatia, as tiradas ríspidas, as palavras sujas.

Quando se vê o Barão nas capas de jornal fica essa impressão. O cômico e o grotesco. O perverso e o infantil. A crueldade e a doçura, uma estranha doçura. Existe alguma aproximação de sentido entre ele e Clara Crocodilo, o criminoso, ou a criminosa, que sai dos programas policialescos das rádios populares de São Paulo e segue para o palco e os discos, com a conhecida obra de Arrigo Barnabé. Clara Crocodilo fala de forma esquisita, atropela sílabas, modula o som quase sempre no grave, tem algo de vilões canastrões e sabe bem disso. Causa riso e estranhamento. O mesmo pode-se notar no Black Navalha, o personagem ele-mesmo de Itamar Assumpção. Provocava e ameaçava o público. Ficava longo tempo olhando o rosto de alguém na plateia, a ponto de grudar cara com cara. Tinha a expressão desafiante. Causava riso e estranhamento.

Quando descobri a existência do Barão, a partir da leitura do livro de Luís Rubira (2014), tive a mesma sensação. Riso e estranhamento. Quando o vi em imagens de jornal e movimentações no palco, o mesmo se deu. Tinha o mal-estar e tinha a alegria da descoberta de um personagem desse tipo. Aquilo trazia mais complexidade a um artista muito complexo e difícil, como é o Vitor Ramil. Também me exigia um olhar diferente sobre a cidade de Pelotas.

Pelotas podia ser também uma cidade como as cidades frias e noturnas da Europa profunda. As chuvas constantes, o nevoeiro, o frio de gelar a alma, a arquitetura neoclássica, os matizes do céu no sol de fim de tarde, tudo denso e concentrado. Como se fosse mesmo uma cidade imaginária, lugar propício para o aparecimento de fantasmagorias algo tétricas. Mas também muito estimulantes ao pensamento e ao sentido da existência no lugar.

A lua de Nosferatu de fato iluminava ruas largas e simétricas, casas feias, prédios comuns, construções magníficas como o Theatro Sete de Abril, ou como o charmoso Café Aquários e o belo Jardim Central, mais conhecido como praça Coronel Pedro Osório. Mesmo a estruturação de uma teorização possível para uma "estética do frio" ia ganhando nuances, feições insuspeitas, volumes e formas.

É de se notar que a problemática da estética do frio está presente nas entre-vistas em que Vitor trata do Barão de Satolep e do show *Midicht Satolep*. Como se fosse um fundamento já maturado, se não como texto, ensaio ou manifesto, ao menos como ideia matriz, ideia orientadora. É presença constante nas ma-térias jornalísticas sobre o show, está em gestação e já atua de forma decisiva.

O BARÃO POR SI MESMO: A ENTREVISTA

Ninguém sabe muito bem onde morava, ou mora ainda, o Barão de Satolep. Onde nasceu, como nasceu, qual a sua origem. As referências para sabermos dele são as canções e as aparições nos espetáculos, junto com a freira negra e um estranho personagem que aparecia nu correndo atrás da freira, em meio aos números musicais. Além deles, o Monge. Ainda mais taciturno, com seu piano, em que acompanhou o próprio Barão no show *Animais*. Com eles, por fim, um gaúcho com um quê de Marquês de Sade e Glauco Mattoso, com seus poemas libertinos.[4]

Existe, no entanto, uma rara e especialíssima entrevista com ele, com direito a perfil e publicação de um texto do próprio Barão, o primeiro e único de que se tem notícia. Nela, o Barão conta a sua história pessoal, fala em tom de parábola da sua relação com a corcunda; apresenta sua visão do público, mostrando incômodo com o riso e o aplauso; conta o momento em que conheceu Vitor Ramil; explicita suas referências literárias, poéticas e artísticas em geral. Ao mesmo tempo em que é possível perceber o seu tipo de escrita, a sua forma de pensamento. Ágil, agudo, astuto, sarcástico, esperto e cheio de figuras de linguagem.

Gilmar Eitelwein é quem o entrevista. Antes, o jornalista tinha escrito uma resenha sobre o show dele, que recebeu resposta raivosa, sobretudo por conta do uso do nome. O erro no uso do nome se transformou numa reflexão de cunho filosófico sobre a relação do Barão com o próprio nome, sobre a importância do nome como definição da existência do personagem, sobre a relação entre essência e existência em Vitor Ramil, a quem o Barão chamava de um sujeito com cara de "pássaro doente". O Barão é paranoico, tem a sensação de estar sendo sempre atacado, por isso sua postura é de quem está acuado, na defensiva. Desconfia até mesmo do carinho da plateia, da atenção do público, do reconhecimento da crítica.

Quando o jornalista está chegando para a entrevista, o Barão olha de um lado para o outro. Está com pressa e de mau humor. Ameaça o jornalista, que tem na freira um amparo significativo. É ela quem acalma o Barão, traduz a sua estranha língua, um alemão macarrônico, uma linguagem própria. A relação entre o Barão e a Freira é de cumplicidade terna, parceria de vida. Num dos momentos mais interessantes do show *Midnicht Satolep* estão o Barão e a freira no centro do palco. O Barão começa a falar coisas ininteligíveis, a freira vai traduzindo à plateia. O Barão faz movimentos esquisitos, está francamente incomo-

4. Aqui eu me refiro ao poeta Paulo Seben, que aparece vestido de gaúcho pilchado no show. Foi o próprio Vitor quem me chamou a atenção para a relação da poesia de Seben com a de Glauco Mattoso.

Música

O Barão diz o que pensa

O Barão Vamp de Sato fez muito sucesso recentemente em Porto Alegre, como convidado de Vitor Ramil no show *Midnicht Satolep*. Mas não gostou da crítica do espetáculo, e, numa irada carta, desafiou o autor da matéria a visitá-lo em sua casa, em Satolep. O jornalista aceitou, sentindo que poderia realizar a primeira entrevista exclusiva com ele na grande imprensa. Aqui, o relato desta história que antecede a volta do Barão para aquela que deverá ser a derradeira apresentação de *Midnicht Satolep*, hoje à noite, no Teatro da Ospa.

Entrevista com o Barão de Satolep. *Zero Hora*, 1989.

dado, segue com suas palavras. A freira vai traduzindo parte por parte, pacientemente. Imaginamos que iremos ouvir algum poema suntuoso, próximo aos temas da poesia simbolista francesa ou, mais propriamente, alemã. Quem sabe um verso de Heine, alguma elegia de Rilke, quem sabe o despudor de Rimbaud e Verlaine, a flor do mal bela e indigesta de Baudelaire. Que nada! O que ele canta ali, a seu modo, é o "Ilari ilari ilari ê", da Xuxa Meneghel! Diz os versos e arrisca uns passos, uns volteios no corpo, e segue, taciturno, com a mesma seriedade obscura, embora com um quê de zombeteira, já conseguimos pressentir.

Na matéria, a descrição da casa do Barão me assombra. Cada detalhe, a escrivaninha, os muitos livros na estante, as salas dispostas no corredor, o piano solitário na entrada, o quadro de Goeldi, as janelas que dão para a rua: como se parece com a casa do próprio Vitor Ramil! Faltam as escaiolas, com seus caminhos sinuosos que apontam para estranhas simetrias, como as que aproximam e nublam Pelotas de Satolep, Vitor do Barão. Não avanço mais em conjecturas, prefiro manter o assombro.

Na entrevista, o Barão fala um pouco sobre a sua infância, e conta a relação que mantém com a corcunda. Ela já fora, desde criança, muito maior do que o corpo. Neste momento teve que aprender a lidar com ela, suportar o seu peso, conseguir caminhar reto, sem tropeçar ou cair de lado por conta da sua dimensão exagerada. O mais significativo é que ele faz uma relação entre a corcunda e o seu vínculo com a música:

Essa minha corcunda começou a crescer quando eu ainda era um menino franzino. Crescendo muito rápido, ela logo ficou desproporcional ao meu tamanho, tirando meu equilíbrio e fazendo-me cair com frequência, quando brincava. Eu caía e depois ficava escutando meu tombo ecoar pelas salas vazias da casa. Logo me acostumei a cair e, depois, a contar as repetições do eco e sua variação rítmica. Aí começou minha relação com a música. Cada tombo misturava em mim sofrimento e prazer estético.

Os constantes tombos, assim, com o som que evocavam, e o sofrimento físico que geravam, estimularam nele o gosto pela música e pelas formas artísticas em geral. Um trauma de infância que se expressa como busca estética, como criação artística. Ainda mais, a música e as artes aparecem a ele como possibilidade de superação do trauma. No entanto, a presença da corcunda, a sua realidade física, o impedem de o superar plenamente, daí a necessidade — e o tormento — da arte, da música, do fazer artístico.

A metáfora da corcunda, a presença do trauma de infância, o vínculo disso tudo com a forma artística e a música têm algo de bastante sugestivo, como se o Barão estivesse ali, de forma despretensiosa, arriscando uma tese própria para a sua criação. Poderia se estender à do próprio Vitor Ramil? Não o sabemos de todo. As diferenças com a parte do show em que entra o próprio Vitor são realçadas pelo Barão. Nele, o palco é sombrio, sóbrio, escuro, não cabe a dança, ao menos neste momento, muito menos uma relação amena com a plateia. Ele diz, sem peias, que só sorriria se o teto do teatro desabasse sobre ela.

Sua linguagem ferina, entre o cruel e o ingênuo, como um velho ranzinza que mal consegue esconder a ternura, se estende ao próprio Vitor, não só no que diz respeito à fisionomia ("um pássaro doente"), mas também à própria criação. O Barão desdenha do lirismo das imagens da infância de Vitor na canção "Satolep". São suas palavras: "aquela história de pai, mãe e vó trazendo queijinho é um saco", mas admite certo parentesco poético com os versos que aparecem em *A paixão de V segundo ele próprio* (1984), aqueles que dizem "um corredor interminável com crianças pegando fogo ocasionalmente".

Após comentar rapidamente, e em tom agressivo, sobre suas preferências literárias, entre elas o poeta Augusto dos Anjos, comenta sobre as próprias canções. Uma das mais belas, a meu ver, é "Leprosética", que nos conduz à imagem de um corpo desfigurado, com seus pedaços soltos a suscitar alguma forma de amor. Também menciona "Meu putinho", canção feita a partir de um poema de Paulo Seben, de tom homoerótico, denotando, na minha leitura, o amor de um homem velho por um mancebo.

Mostra, um pouco depois, seu pouco apreço pelo nativismo, expressa sua opinião a respeito da estética do frio, pouco elogiosa, pois a considera "uma arte entrouxada, curvada sobre si mesma, talvez trêmula como um mendigo no inverno, talvez rígida como um cadáver", e segue com suas palavras afiadas, sua necessidade de incomodar, causar riso e assombro ao mesmo tempo, fazer aparecer a nervura do real, se deslocar do tom ameno, róseo, florido de parte da MPB de então, ou das aventuras juvenis do rock nacional. O Barão é áspero, indigesto, duro. "Quem sabe ele não devia pensar na estética do ar refrigerado? Seria mais coerente", finaliza.

Ao público, mantém os impropérios, diz para aqueles que têm filhos e não podem deixá-los em casa, que coloquem pílulas de Valium na mamadeira; aos que pretendem ir ao show, que não comam, não aplaudam tanto, nem babem muito. A entrevista histórica termina com o Barão olhando desconfiado o jornalista, abrindo os braços como se fosse alçar voo, o que causa ainda mais susto em Gilmar Eitelwein, que liga o carro e segue em disparada.

No final, surpreendentemente, ele participa de uma espécie de enquete, onde responde rapidamente perguntas diretas, como mais uma tentativa de capturar o seu perfil. Fala sobre a sua filiação religiosa: "Da igreja católica, um bom vinho e duas freiras; do Zen Budismo, a distância; da Assembleia de Deus, os banhos de roupa no mar e a forma como algumas crentes pisoteiam os próprios cabelos…" e segue. Casamento? "Sem mim." Uma definição do amor? "Churrasco de pescoço de boi que os poetas desdentados sempre escolhem no cardápio." Moderno? "Armando Albuquerque." Mania? "Esperar Godot." Ainda sobra mais uma alfinetada no pobre jornalista. Lazer? "Responder questionários cheios de perguntas originais."

Ich weiden!

MIDNICHT SATOLEP: A RECEPÇÃO DA CRÍTICA

Nunca tinha visto nenhum espetáculo com o Barão até então, com exceção de pequenos vídeos com sua participação nas comemorações dos quarenta anos do *Entre tangos e tragédias*, ópera-teatro em que ele fez a sua primeira apresentação, na década de 80. São vídeos curtos, com performances específicas, nas quais se destacam o poema "O Coveiro" de Augusto dos Anjos e versões de "Joquim". Nada além disso.

Não dá, obviamente, para ter uma dimensão real da importância do personagem e da figura, da sua relevância para o campo cultural no período em Porto Alegre, e da sua originalidade não só na obra de Vitor Ramil, como no próprio ambiente de criação da canção brasileira. Em todas as matérias de jornal que se fizeram no período a respeito do show chamam a atenção o amplo interesse, o sucesso de público, o reconhecimento pleno da crítica, em suma, a sensação de que se tratou de um acontecimento cultural importante, ao menos em Porto Alegre, ou no Rio Grande do Sul. Mas não só.

Uma resenha sobre a apresentação do *Midnich Satolep* no Rio, escrita por Mauro Ferreira em 1990, é bastante significativa neste sentido, como a mostrar a extensão da presença do Barão também no "centro do país", como gostam de dizer alguns jornalistas gaúchos ao se referirem a São Paulo e Rio de Janeiro. Nela, Mauro exalta o repertório do show, a dimensão cênica, a resposta da plateia, a presença de canções do repertório dos discos de Vitor, para além das canções do Barão, o clima de nonsense, os outros personagens, os versos libertinos e assim por diante.

Neste show em específico, estão presentes já duas versões que fez Vitor para canções de jazz, uma de Duke Ellington, "Caravan", outra, de Thelonious Monk, "Round Midnight", cuja apresentação veremos na parte relativa ao show *Animais*, com Celso Loureiro Chaves. Também destaca a boa resposta do público a "Satolep", a canção que abre o disco *A paixão de V segundo ele próprio* (1984). "Tango da independência", "Meu putinho" e "Namorada não é noiva", da safra dos poemas musicados de Paulo Seben, estão presentes com destaque, além de musiquetas como a obra-prima "Leprosética".

Uma outra resenha destacável é a escrita por Gilmar Eitelwein no jornal *Zero Hora*, em 1989, que recebeu, como vimos mais acima, resposta ácida do próprio Barão. Nela, o autor acertadamente aponta os aspectos principais do espetáculo: a "conciliação" do grotesco com o lírico; a atmosfera surrealista; a presença do vídeo e da dimensão cênica; a poesia concreta; uma poética corrosiva e de humor negro. Afiadíssima e, no meu modo de ver, como não se faz mais no Brasil.

Ainda diz mais, "como um velho tango sulino, o espetáculo tem gosto plástico e um sentimento que alia antagonismos exagerados", após especificar alguns dos seus personagens: um diretor de teatro tarado, que passa todo o show nu correndo atrás da freira; um poeta gaudério com uma poesia homoerótica; a própria freira, que traduz a linguagem do Barão e é uma espécie de companheira e cuidadora. O título da matéria é significativo: "A estética do frio em *Midnich Satolep*", num momento em que a expressão "estética do frio" aparece com muita frequência nas matérias sobre o autor. Isso tudo bem antes da primeira publicação do ensaio em 1992, do texto no encarte em *Ramilonga – A estética do frio* em 1997 e da sua maturação estilística em 2004.

Como tudo em relação à obra de Vitor, existe um pensamento que articula os fragmentos que aparecem no show, as oposições aparentemente autônomas. Os atritos e choques que causam dependem deste pensamento crítico que estabelece o sentido próprio à sua linguagem artística. Na matéria mencionada, é o próprio Vitor que afirma a importância deste trabalho rigoroso e altamente reflexivo: "tudo foi feito com a maior consciência, tudo com clareza e sentido".

Uma outra matéria, escrita por Silvio Ferreira, revela uma dimensão muito importante do espetáculo e, mesmo, do conjunto de shows que viriam dali para frente na carreira do artista. Ele pensa o *Midnicht Satolep* como um momento em que Vitor aponta para novos caminhos na sua obra e na sua forma de composição. Está certo. É assim também que penso. Existe uma autonomia de sentido neste conjunto de espetáculos, com especial atenção para a centralidade da figura do Barão de Satolep, com seu pensamento denso, sua condição de ser noturno, sua linguagem própria. A matéria, ao que parece, foi feita para o primeiro show de fato com o Barão, após a sua aparição cantando "O Coveiro", poema de Augusto dos Anjos, no espetáculo *Tangos & Tragédias*, como mostrei mais acima. O título é sintomático e passou a ser corriqueiro em matérias de jornal sobre Vitor Ramil após o álbum *A paixão de V segundo ele próprio*: "O radical Vitor Ramil no palco para ousar mais". Como se a imprensa cultural mais esperta e atenta esperasse sempre de Vitor o experimento formal mais arrojado, o passo à frente, a invenção contínua. É algo curioso e que me foi confirmado pelo crítico Luís Augusto Fischer.

Ainda na matéria, Vitor dizia "estar pronto para ir a Paris", brincando com a *boutade* da escritora vanguardista Gertrude Stein, que usava a expressão quando queria dizer que o artista já estava pronto, tinha já resolvido seus problemas com a linguagem, descoberto o seu estilo. É assim mesmo que soa o *Midnicht Satolep*.

Agora mesmo em 2020, quando do processo de pesquisa deste trabalho, tinha descoberto uma foto com a figura do Barão e da freira e mandei para o Vitor como forma de iniciar uma conversa sobre a criação deste personagem tão fascinante. Por coincidência, Vitor estava procurando o poema "Bilhete postal", de Augusto dos Anjos, que tinha também musicado. Ele iria apresentá-lo na segunda live em homenagem à sua carreira, organizada pela PUC-RS, voltada para a fase dos shows temáticos e para a criação do Barão de Satolep. Retomar este poema-canção fez com que o artista iniciasse uma conversa a respeito da pouca presença de formas melódicas nesta fase de sua obra. As canções, ou melhor, os experimentos de esgarçamentos da forma-canção eram secos, e se desenvolviam mais em torno da palavra. As suas canções passaram a ser mais discursivas, no sentido de terem como núcleo de sentido a palavra. A palavra dita, muitas vezes gritada. Em tom áspero, num canto que tem muita relação com a estética punk. "Eu me afastei da melodia e me voltei completamente para a palavra." A fase pós-*Tango* é a do Barão de Satolep, e de uma visada dupla. Primeiro, um momento forte da sua relação com a palavra, "a minha música começou a ficar sem melodia, começou a ficar quase toda falada", ao mesmo tempo que houve uma aproximação mais profunda com a estética punk.

Vitor ainda me explicou, nesta conversa, um pouco a respeito do papel da freira, personagem encenado pelo ator Joca D'Ávila. A freira ficava na porta do teatro recebendo as pessoas com um cinzeiro de barro que tinha um pênis na ponta. E ela andava com um cartaz pendurado com a seguinte frase: "Chore no cinzeiro". Eram de fato outros tempos.

Ainda que para mim a comparação deste momento dos shows temáticos com coisas da Vanguarda Paulista seja possível, Vitor não corrobora a associação. Embora o artista tenha ouvido com atenção e interesse mais o Arrigo Barnabé do que Itamar Assumpção, especialmente os discos *Clara Crocodilo* (1980) e *Tubarões voadores* (1984), o nível de influência é zero no âmbito dos shows e da estética do Barão de Satolep. "Isso foi uma sincronia. Nunca associei o Barão ao Arrigo, a relação é muito mais de um interesse de época. Talvez me influenciasse todo o espírito de vanguarda, eu me alinhava com eles neste sentido".

Na época, diz Vitor, "eu me encontrei com Augusto de Campos para entregar a ele um LP do *A paixão de V*, porque ele tinha me autorizado a usar a tradução dele do Noigandres. Eu me lembro de ter dito a ele a respeito do quanto gostava do grupo Rumo, do Luiz Tatit. Não que visse influência direta sobre o que eu fazia. Eu ouvia o Tatit, o Rumo na rádio Ipanema FM, de Porto Alegre".

Ainda sobre o personagem, diz o artista:

O Barão surgiu como um personagem quando o Hique Gomes me convidou para participar do *Tangos e Tragédias*, espetáculo criado por ele e o Nico Nicolaiewsky. Eu fiz de imediato. Um vampiro com corcunda, vestido de preto, lembrando coisas dos filmes B de terror, e também as ruínas de Pelotas. Havia um ambiente propício a isso em Porto Alegre, uma onda punk, dark, meio sombria, ao lado da presença forte do humor ácido.

MIDNICHT SATOLEP: O SHOW

O Barão percorre o palco, ao som dos aplausos da plateia. Está notadamente incomodado, de mau humor. Segue até o piano. Parece um monstro moderno, é de fato uma figura fascinante. Usa óculos redondos, vermelhos. Tem o cabelo desgrenhado, a roupa escura e a corcunda pronunciada. Senta-se ao piano. Antes, pede silêncio, diz o indefectível "Ich weinden". Começa com os primeiros versos lindíssimos de "Joquim":

Satolep noite
No meio de uma guerra civil
O luar na janela não deixava a baronesa dormir
A voz da voz de Caruso ecoava no teatro vazio

Cartaz original do show *Midnicht Satolep*.

O teatro está cheio, incrivelmente lotado, alta noite, na madrugada de Porto Alegre. O público fica entusiasmado. Conhece bem os versos da longa canção, a história de Joquim, o anarquista inventor, o leitor de poetas subversivos, que fora preso como Graciliano Ramos, em meio à Segunda Guerra Mundial, e que, depois de solto, fez o seu experimento mais ousado, um avião, que tentara patentear na então capital do país, mas fora impedido pelos "competentes de porra nenhuma", os burocratas de sempre, os medíocres que reproduzem a máquina, a grande máquina, com suas barrigas enormes, infladas por guloseimas e ressentimentos.

Joquim une a loucura com as ideias, reconhece um lugar entre o pensamento e o delírio, habita as fímbrias da linguagem, a matéria da palavra antes de ser norma convencional, antes de acomodar em tons amenos. Naquilo que se espera. A partir daí começa o repertório do próprio Barão. A primeira, um poema do Barão de Itararé, "Tolice admirável", antes apresentada por Vitor no show *Tango*. São palavras ditas em tom de exasperação, de desespero mesmo, com a mesma forma e base musical do poema "Bilhete postal", de Augusto dos Anjos. No final, os versos "É ou não é admirável" vão sendo repetidos, até terminar num grito, como se fosse uma canção punk:

É ou não é admirável?
É ou não é admirável?
É ou não é admirável?
É ou não é?
É ou não é?
É ou não é?

Seguem duas musiquetas. A primeira cantada ao som apenas do estalar de dedos. Uma das mais bonitas de todo o espetáculo. "Leprosética." A canção mistura um tom meio aziago da poesia e literatura decadentista, ou mesmo simbolista, do século XIX; tem algo da imponência das canções românticas brasileiras da época de ouro, que tratam a mulher, a pessoa amada, de forma idealizada e com aquele espírito cheio de cerimônias, ao mesmo tempo em que tem algo da crueldade perversa da literatura de Machado de Assis, dos contos de terror de Edgar Allan Poe, da explicitação repulsiva da desfiguração de um corpo, e do vínculo disso tudo com uma forma de amor. Um amor sujo, até mesmo abjeto, mas ainda assim amor. Como se o Belo, o sublime só pudesse ser sentido e vislumbrado através do terrificante, do repulsivo, daquilo que habita o interdito, que faz com que a sensibilidade, a percepção, o significado sejam atravessados por emoções estranhas. O prazer estético vem da aproximação entre as baixezas e as virtudes, o repulsivo e o maravilhoso, o belo e o terrificante. É um dos momentos altos do show e do repertório do Barão de Satolep.

Não é por tu seres leprosa
Que eu irei te abandonar
Para ter os seus abraços
Não me pesa o sacrifício
De juntar os teus pedaços

E a "linguagem doce de um dragão" segue ativa, altiva e, felizmente, ferina. Uma das principais características da poética de Vitor, que vai ficando evidente na medida em que passamos por seus discos, é a relação profunda com a literatura em geral, e com a poesia em particular. Uma prática frequente na sua obra são os poemas musicados, como os de Augusto dos Anjos ("Coveiro", "Bilhete postal"), Paulo Seben ("Tango da independência", "Namorada não é noiva"), Arnaut Daniel e Augusto de Campos (Noigandres). Aqui não poderia ser diferente. Após "Leprosética" temos um poema de e. e. cummings: "Um político é um ânus". Cantado ao piano, em tom de declamação, ouvimos o jogo de palavras entre estas duas regiões tão próximas uma da outra.

LEPROSA'S SONG

[manuscrito autógrafo:]

Não é por ti meu leprosa
Que eu mim te abandonar
Para viver no teu abraço
Não mais para o sem fim
De juntar os teus pedaços

J—h

Manuscrito de "Leprosética", com outro nome: "Leprosa Song's".

Segue a delicadíssima "Meu putinho" (poema de Paulo Seben), que conta uma história de amor homoerótica entre dois homens. A celebração da realização do desejo, a ternura do cuidado com o outro, a integração plena entre os dois, tudo soa como plenitude lírica. E, como é costumeiro na poética do Barão, um lirismo afiado, rente ao real, sem pudor e com uma sensibilidade capaz de ver beleza nas regiões baixas do corpo, de saber o erotismo como um lugar de encantamento. De explicitar dimensões do amor e do erotismo que geram indiferenciações em relação aos códigos da vida burguesa, ao convencionalismo da família comum. O "putinho" da canção é uma figura doce e cruel, amena e diabólica. Traz a comida, ajuda a burlar a lei, não se preocupa com a exclusividade, deixa o corpo à toa e o chama para o enlace festivo, carnal e vivo:

Você é meu putinho
Eu cuspo no teu pai, e você ri também
Agarro a tua irmã, e fica tudo bem
Putinho, você está com medo de ficar sozinho.
Você é meu putinho
Eu saio a passear na sua bicicleta
Você é tão feliz na sua vida abjeta!

No meio de tanta ternura, que expressa um momento de candura na performance do Barão, aparece uma figura com vestimenta gaúcha tradicional, um gaudério, ou melhor, um poeta gaúcho que declama um poema em tom jocoso, na mesma ambiência homoerótica, no limite do mau gosto e do nonsense, satirizando a masculinidade heterossexual como valor da identidade gaúcha. O lirismo de "Meu putinho" ao lado da sátira jocosa é uma das justaposições do espetáculo, cuja base mesmo é a justaposição do caráter sombrio, noturno e tétrico do Barão, na primeira parte do show, com a luminosidade, o lirismo menos duro e cortante, da segunda parte do show, com o próprio Vitor Ramil no palco, com seu violão.

Seguindo o repertório do show, ainda com o Barão no palco, aparece "Woyzeck no Sobrado", um miniexperimento musical, sem palavras. Curioso que seja assim nomeado. Woyzeck, como já vimos no *Tango*, é o personagem da canção "A noite ardia com cem luas", cujo enredo temático foi influenciado pelo teatro-ópera *Woyzeck*, de Buchner, musicado por Alban Berg.

Tínhamos dito que haveria algum tipo de relação entre o personagem solitário e desamparado de "Tango da independência" com o mesmo personagem em "Aço" e "Passageiro". Por conta disso, uma canção como "Passageiro" suceder os miniexperimentos musicais, "Woyzeck no Sobrado" e "Nino Rota no Sobrado", faz muito sentido. "Passageiro" é sobre uma pessoa perdida na noite, um junkie cansado, atravessado por desejos disformes, gritando o nome de alguém que refrata nomes sem sentido.

A esta canção se segue uma das cenas mais insólitas do espetáculo. O Barão vai ao centro do palco, junto da freira. Começa a dizer frases ininteligíveis, no seu alemão macarrônico, na sua linguagem própria, sendo traduzido de imediato pela freira. Enquanto fala, faz gestos, dá saltos, é expressivo e raivoso. As falas em alemão dão a sensação de que estamos diante de citações de poetas noturnos, como já disse. Não é o caso. Trata-se de trechos da canção "Ilari Ilari iê", da Xuxa Meneghel. Mais uma vez a justaposição contrasta uma figura sombria, vestida de negro, dizendo frases em alemão, com uma das canções mais tolas de que se tem notícia, àquela altura sucesso nacional.

A partir daí temos a transição, a saída de cena do Barão de Satolep. Agora, o piano foi trocado pelo violão. Quem está em cena é Vitor Ramil, com camisa branca, a cara ainda pintada de branco, uma calça preta, colares no pescoço, os cabelos menos desgrenhados. Ele aparece sentado numa cadeira, com o violão na mão, e canta "Aço", a magnífica canção que nunca gravou, embora seja um dos momentos mais altos deste show e também do *Tango*. Segue ali o personagem obscuro, armado, vagando como um sátiro delirante, observando as coisas, com a racionalidade fria, a ponto de não sabermos se está descrevendo algo real ou se se trata de um sonho, quem sabe, um pesadelo. A linguagem doce de um dragão. A morbidez à esquerda da ironia. São versos afiados, de uma beleza difícil.

A canção "Aço", aliás, parece ser uma descrição do próprio Barão, ao menos, da sua estética. A figuração imprecisa deambulando pela madrugada de uma Porto Alegre suja, desencantada, noturna. E a figura ali, com arma de fogo, enfiando pregos no ouvido de prostitutas, tão distante do céu, como diz com frequência, "jogando dados no escuro", vagando indefinido com um tédio profundo de tudo, uma melancolia aguda e sem fim. Em tal estado, só resta o sarcasmo, a ironia ao lado da morbidez, os encontros com o demônio da perversidade, e o amor possível nos subterrâneos da beleza de veludo — recôndita, impura e vivíssima.

Entre os números musicais vão se sucedendo pequenos cortes de imagem, em que aparecem Ben Berardi e Vitor Ramil falando como se estivessem num interrogatório, tentando se safar da culpa de ter colocado um sapato num vaso sanitário. A história insólita, que remete a um caso que não se sabe se é real ou ficcional, atravessa todo este momento do espetáculo, ao menos como aparece no vídeo do programa "Palcos da vida".

A aproximação de Vitor com o punk rock não era lateral. Fazia parte do sentido da criação das canções naquele momento, o punk rock, com o free jazz e os experimentos formais das vanguardas modernistas. Era isso tudo aliado ao futurismo russo, ao surrealismo francês, ao expressionismo alemão e à alta literatura moderna. Assim, uma canção como "Não mande flores", do grupo De Falla, faz sentido neste espetáculo. Cantada ao violão, terminada de forma brusca e sendo sucedida por "Namorada não é noiva", da safra de poemas musicados de Paulo Seben, o poeta dos poemas "podres", de "Tango da independência" e "Meu putinho".

Em meio ao especial, aparece uma canção cantada ao som do dedilhado, bem enigmática, com Vitor olhando firme para a câmera, no final levantando a sobrancelha em tom zombeteiro. Parece um samba, e lá está de novo a presença da morte como tema, o corpo enrijecido. Dessa vez a "moda", cujo sangue o vampiro bebe, sim, ele mesmo, o Barão Vamp de Sato:

Bebi no pescoço da moda
Deixei morto o corpo lá fora
O corpo endurece
Empobrece
Emburrece

Beber o sangue da moda aqui soa como vampirizar o que há de jovial, de vitalidade, de necessidade do presente, do agora, aquilo que está presente na cultura pop, a força subversiva e de transgressão da cultura jovem que é, no entanto, amortecida, amenizada, contida ou mesmo desvirtuada para a lógica de reprodução do Mercado e do Capital. A lógica de reprodução do Capital é deixada "lá fora", emburrecendo, embrutecendo, endurecendo, enquanto o vampiro retém o seu espírito de novidade, como me esclareceu o próprio Vitor, ao sugar o sangue da moda, e se negar a repetir os procedimentos que a enrijecem na lógica da indústria cultural.

Aliás, a relação conflituosa, de tensão permanente com o Mercado, com a Grande Máquina, é presença constante na obra de Vitor, também em suas entrevistas, na sua forma de intervenção no campo cultural. Canções como "Sim e Fim" e "Século xx" expressam isso muito bem. Ou outras, como "Mais um dia", por exemplo, em que aparece o tema da televisão e da cultura de massa, soam da mesma forma.

Por fim, após passar por "Sapatos em Copacabana", com aqueles versos que tanto dizem sobre o seu momento ("sei que não tenho idade/ sei que não tenho nome/ só minha juventude/ o que não é nada mal"), aparece a canção que será título de um disco gravado quase dez anos depois: "Ramilonga". Tratarei dela no capítulo sobre este álbum. Se "Satolep" se debruça sobre um período em que Vitor ficava entre Pelotas e Porto Alegre, "Ramilonga" significa a despedida de Porto Alegre e a ida ao Rio de Janeiro. O canto é em tom de lamento. O período de Porto Alegre, com o estudo do piano, as leituras febris, a reeducação dos sentidos, ficara para trás e o poeta sentia ali a dor do abandono, e a dizia de forma explícita: "Nunca mais, nunca mais".

ANIMAIS: O BARÃO ENCONTRA O MONGE

No ano de 1989 surge um novo parceiro, aliado ou cúmplice do Barão: o Monge. É o pianista e compositor Celso Loureiro Chaves, que tinha já participado do disco *A paixão de V segundo ele próprio* (1984), com um arranjo memorável da canção homônima. No show *Animais* ele se transmuta em "Monge". A ideia do personagem e seu nome veio do Monk, de Thelonius, autor de "Round Midnight", como me informou o próprio Vitor. A estruturação do palco, a disposição dos objetos, o repertório de canções, a presença forte de Armando Albuquerque, a densidade e o caráter sombrio, a seriedade e o rigor, deixando um pouco de lado a parte do humor e do sarcasmo, tudo isso faz do *Animais* um espetáculo diferente de *Midnicht Satolep*. Foi o que senti ao ver o espetáculo

O UNIVERSO DE PÁJARA.

Assim como a dança e o teatro, a fo... ...ivida-
des humanas que mais generosamente ab...ga...os... ...cheios de
auto-estima e absolutamente vazios de auto... ...ento.
quenta por cento das pessoas que conh... ...c... ...fotógr...
com a mesma desenvoltura dos outros cin... ...ento que...
presentam como poetas.

É por esta razão, pelo temor de ser julgado precipitadamente ,
não obstante sejam os julgamentos precipitados os mais divertidos,
que nunca tornei pública minha atividade como fotógrafo.

Hoje porém, por estar em Porto Alegre para marcar meu abandono
da vida artística, por estar colocando tudo o que diz respeito à
minha passagem nesta capital automaticamente nas brumas do passado, decidí-me por expor esta rigorosa seleção de treze fotogra -
fias tiradas por mim em Satolep, para ilustrar esta minha- até a-
gora desconhecida- obsessão pela imagem.ᐟ

Minha paixão pela fotografia é ridícula se comparada à minha
paixão pela obsessão em si, mas estou certo de que, tirando a intervenção humana, fotografia é arte.

Porto Alegre,16 de maio de 1991

Barão Vamp de Sato

Texto do Barão de Satolep, para exposição, com sua assinatura, 1991.

através do vídeo do programa "Palcos da Vida". Mas isso pode ser também relativizado. Segundo me diz Vitor, "Tinha bastante humor também, com a freira, o Papai Noel no final e outras coisas. Para os 'entendidos', claro, vindo depois do *Midnicht*, o humor estava tipo implícito. Só o fato de ser o Barão e o Celso fantasiado (ele é tido por um sujeito seríssimo) já dava a senha. Então não nos preocupamos em fazer muita graça explícita".

Em matéria da época, o próprio Vitor diz ser, àquela altura, o seu melhor show. Diferentemente do *Midnicht*, não existem muitas matérias sobre o *Animais,* até mesmo porque ele foi realizado apenas duas vezes. Uma matéria especial, no entanto, publicada no jornal *Zero Hora* em 1991, compensa um pouco essa falta. Do mesmo modo, o fato de números musicais feitos para este show, como nos casos das versões de "Caravan" (Duke Ellington/ Juan Tizol) e "Round Midnight" (Thelonious Monk), terem se estendido posteriormente para outras apresentações do *Midnicht Satolep* faz com que, em alguma medida, o clima construído em *Animais* tenha perdurado para além dos shows específicos.

No entanto, existem alguns conceitos importantes deste espetáculo. Um deles, bastante significativo, diz respeito à escolha de artistas que, embora tenham criado obras universais, modernas e vanguardistas, nunca saíram da sua aldeia, digamos assim. É o caso de Armando Albuquerque, primeiro. Músico gaúcho modernista, sempre viveu na cidade baixa, centro de Porto Alegre. Outros aparecem também nessa mesma condição, como os mesmos Duke Ellington e Thelonious Monk.

O espetáculo começa com um tema musical, uma peça para violino solo de Armando Albuquerque, cuja execução é encenada pela freira que finge tocar um violino, enquanto o Barão e o Monge vão se aproximando paulatinamente de enormes castiçais e acendendo suas velas. Uma a uma, sem pressa. Depois, entra o piano do Monge, e o Barão de Satolep segue ao centro do palco, onde começa a cantar "Animais", canção de Vitor em parceria com Kleiton Ramil. Tratarei dessa canção mais adiante.

Após o Monge apresentar uma parte do tema musical "Mosso", de Armando Albuquerque, temos mais um número com "Ibicuí da armada". A poesia soturna dessa canção entra bem no clima do show, que traz para o mesmo cenário um poeta russo futurista, conflitos regionais do Rio Grande do Sul, com os degoladores maragatos, ambiência medieval, a presença de facas, lâminas, luas amedrontadoras e o corpo desfigurado, entre a fome dos peixes e o gelo dos cometas. No final, a mesma imagem misteriosa, a mulher cavalgando sobre o leito do rio.

E então segue um poema extraordinário de Augusto dos Anjos, que compõe bem o clima estético, poético e conceitual do Barão de Satolep. O poema é cantado com o piano do Monge, um piano atonal e minimalista, e uma bateria raivosa tocada pelo próprio Barão, que canta como se estivesse cantando uma canção punk, esgarçando a voz, realçando a sua aspereza, com desespero e afirmação. Os versos do poema têm a mesma carga trágica, terrificante, repulsiva, ferina e afiadíssima de canções como "Aço", "A noite ardia com cem luas", "Tango da independência" e "Leprosética". A morte, o corpo desfigurado, o ambiente fétido, as regiões baixas do corpo, o horror, a verve escatológica, tudo soa como a explicitação das baixezas encontrando as virtudes, a morbidez à esquerda da ironia. O canto é quase como que gritado, com raiva, alegria cruel e perversa. Uma beleza difícil, mas ainda assim bela.

À Mesa

Cedo à sofreguidão do estômago. É a hora
De comer. Coisa hedionda! Corro. E agora,
Antegozando a ensanguentada presa,
Rodeado pelas moscas repugnantes,
Para comer meus próprios semelhantes
Eis-me sentado à mesa!
Como porções de carne morta…Ai! como
Os que como eu tem carne com este assomo
Que a espécie humana em comer carne tem!
Como! E pois que a razão não me reprime,
Possa a terra vingar-se do meu crime
Comendo-me também

Como numa estranha vertigem, o poeta sente incômodo profundo em comer a carne de um outro animal. Sente nojo, pavor, repulsa. Come a carne com sensação de culpa. Sabe que ele mesmo é feito da mesma carne. Vocifera contra o ato. A Razão não interfere, o mantém ali, faz com que siga o banquete macabro. No final, clama para si uma vingança, se martiriza e pede que a terra vingue o seu crime, que coma a sua carne!

Ao clima pesado da canção segue o piano plangente, doce até, do Monge tocando o tema de Thelonious Monk, "Round Midnight". Então o Barão aparece sentado, com um teclado à sua frente. Começa a citar a capela um texto que repete sempre a palavra "homem": "O homem velho…". Depois segue a música, e o texto continua. O texto é um trecho de *Crônica de motel* de Sam Sheppard. Uma reflexão que segue o ritmo da linguagem automática, com repetições de frases inteiras que vão dando mais concreção às ações da cena. Primeiro, uma divagação sobre a arte e a velhice. Depois, sobre os jogos de sedução do homem e da mulher, que se olham no espelho, cuidam dos cabelos, se preparam para o ato sexual. Tudo descrito de forma seca, objetiva. Mas o ato não se dá. A mulher, insistente, faz um estranho pedido. "Deixa eu só pisar em cima de você", "fique quieto", "deixa eu só pisar em cima de você", "fique quieto", "fique quieto que é pra eu só pisar em cima de você", e assim segue, numa repetição incansável, acompanhando a modulação do som. Em suma, descreve uma cena sadomasoquista. E isso até o fim, que é sucedido ainda por umas palavras em alemão macarrônico ditas pelo Barão.

Eis que, num momento imediatamente posterior, surge uma mulher vestida de noiva, atravessando o palco. É Ana Ruth, sua parceira de vida e também de trabalho, já que ela tem importância fundamental nas decisões estéticas, na organização da criação artística de Vitor. Ao fundo vem a introdução de "Caravan", que, logo depois, começa a ser cantada pelo Barão. "O meu velho tinha um Caravan/ no ar gelado da manhã". O carro aqui, o velho, ecoa algo do personagem de *Pequod* (1995), o filho de Ahab, que transita entre Pelotas e Montevidéu, com o pai em seu carro. E também aproxima tudo da foto de um carro azul que remete ao Caravan, no encarte de *Campos Neutrais*, seu disco lançado no longínquo 2017.

A canção tem algo de memorialístico. A imagem do Uruguai se confunde com o carro, o ar gelado da manhã, a presença dos guerrilheiros tupamaros. O ar em volta, a ambiência sonora, tem uma clara dimensão onírica, como uma massa de som que vai ganhando existência própria, inebriando o ouvinte, o levando a um clima de sonho.

Ao clima onírico se segue um tema musical bem popular, "A luz de Tieta", canção que fazia muito sucesso no período, na voz de Luiz Caldas e como abertura da novela global *Tieta do Agreste*. A canção, tocada apenas no piano pelo Monge, serve como pano de fundo para a freira recitar o poema "Soy mujer". No meio do palco, com desenvoltura, a freira vai mencionando cada um dos versos, com muita expressividade e dramaticidade. É o único momento verdadeiramente cômico do espetáculo, tal qual apresentado no especial do "Palcos da Vida". Mas a freira, me diz Vitor, não declamou apenas este poema. No espetáculo ela declamava um outro, de Neimar de Barros: "Deus Negro".

Então, reaparece uma das melhores canções de Vitor Ramil do período: "A noite ardia com cem luas". A versão é a mesma do show *Midnich Satolep*. Seguem as imagens do crime passional trágico do barbeiro Woyzeck, os trechos em alemão, a canção que se transforma em conto, canto-falado. Fica a confirmação de que se trata mesmo de um dos temas mais impressionantes da obra de Vitor, agora transformada de fato em canção permanente do repertório do Barão.

Terminada a sua apresentação, o piano do Monge retoma o tema de Thelonious Monk, "Round Midnight", o Barão está no centro do palco e começa a cantar uma versão em português feita por Vitor, "Meia-noite, meu amor":

A cidade se desfez
Sombras frias de ninguém
Esqueceram pelo chão
Rosa molhada

Não dá para saber se estamos em alguma cidade dos EUA, com suas noites chuvosas, a luz baixa nas janelas dos apartamentos, os bares esfumaçados, o frio assombrando tudo, ou se é Satolep, com sua densa neblina, suas ruas solitárias, seus casarões suntuosos, suas casas baixas, ruas escuras e molhadas, com luzes baixas nas janelas do apartamento. A ambiência da canção remete tanto a Pelotas quanto às cidades americanas de Thelonious Monk.

A cidade vai se desfazendo na neblina. Tem o ar gelado de "Caravan", está coberta por uma *névoa gelada*. Podemos fazer aqui encontrar os personagens solitários de "Tango da independência", "Passageiro" e "Aço", embora num clima de melancolia profunda, reflexão densa acompanhando a cidade se desfigurando, não mais algum corpo imaginário. Não há a histeria de figuras sombrias aparecendo, como os guardas vestidos, as prostitutas, os caras sendo pegos pelos guardas; nem mesmo as agruras do junkie cansado de "Passageiro"; muito menos travestis mandando sinais, ou mesmo a ânsia pela aparição de algum violento policial. A noite de Pelotas é outra, a solidão é maior, e o sujeito vê a cidade se desfazendo, entre névoas e neblinas. Clama por alguém, se indaga sobre um Outro que também, ao que parece, é só mais uma figuração sem espessura, tal qual nas canções mencionadas. A cidade, sob a névoa, se desfaz, fica infinita, como vai dizer alguns anos depois o narrador de *Pequod* (1995).

Após este momento de névoa e pedra, neblina e simetria, segue uma citação surpreendente de Armando Albuquerque que serve quase como uma tese sobre a criação artística moderna:

Eu quis fazer uma grande obra, uma ópera
E fui fazendo os pedacinhos
E aí ficaram só
Os pedacinhos

E então uma nova versão de "Animais". Uma canção bastante enigmática. O narrador está como que catatônico, num êxtase estranho, sentindo uma chuva nos nervos expostos, diante de um espelho que não consegue refletir a sua imagem, com uma arma na mão, que pesa. Descreve sem emoção, ou talvez tema, não se sabe, a possibilidade de a noite nunca terminar, de a escuridão permanecer. Escuridão na alma, escuridão nos nervos. Teria cometido um assassinato? Teria se aproximado do interdito, o limiar entre o terrível e o sublime, o Belo e o repulsivo? Antes da performance, o Barão está no centro do palco, sua figura refletida num pano negro, as mãos estendidas, como se estivesse recebendo algo, alguma sensação imprevista, disforme.

Chove nos meus nervos nus
Estou pensando em animais
O espelho não me vê
A arma pesa em minha mão
Chove nos meus nervos nus
A luz escorre pelo chão
Se as florestas são reais
Talvez a noite não se vá
Chove nos meus nervos nus
Estou pensando em animais

E, assim como no trecho de um texto de Armando Albuquerque, o texto seguinte, lido pelo Barão, do próprio Vitor Ramil, "Bois morrendo", revela uma involuntária tese sobre a arte moderna. O olhar do narrador se confunde com o olhar do artista que vê nas paredes da caverna os seus bois morrendo. É o olhar primevo, do sentimento estético em seu nascedouro, da autoconsciência do sentido da arte e sua difícil relação com a sociedade, com as relações sociais. A caverna é o lugar da habitação das pessoas, que dormem o sono que dispara sonhos. O artista capta algo dos sonhos, enquanto observa a sua arte: os bois morrendo na parede. A imagem dos bois, ou melhor, a ideia sobre a imagem dos bois, a morte dos bois é maior do que a caverna, do que as cavernas, habita um domínio do transcendente, embora nasça do imanente, das relações sociais e humanas comuns.

Seus bois estão morrendo nas paredes da caverna
Que abriga tanta gente
Que dorme o sono
Que dispara os sonhos

Onde os bois também estão morrendo a morte
Que é maior do que as cavernas
O artista olha os seus bois morrendo
E os bois morrendo são a sua arte
O artista é um escravo cheio de imaginação
Os outros escravos estão dormindo

O show então termina. Ainda tem o tempo do bis. Nele, já não é mais o Barão. Agora é Vitor Ramil, com camisa branca, colares, cabelos soltos. Parece mais leve. Se aproxima do microfone, canta "Golden Slumbers", dos Beatles, na calma de quem não sabe da morte.

Mas aqui se trata, como disse anteriormente, do show visto a partir do vídeo que me foi cedido pela TVE-RS. O show de fato tinha um repertório maior. Vitor me passou o roteiro original do espetáculo. Nele, temos o poema "Deus Negro", que já mencionei. Uma canção como "Perdido no livro" que, depois, será gravada pelo Nenhum de Nós em 1990. Um tema de Duke Ellington e Louis Armstrong, "I'm Just A Lucky So and So". Está ainda ali a citação a Erik Satie e à "Milonga de Manuel Flores". Por fim, temos também uma figura que se destaca no quadro todo, mas que não aparece no vídeo: um Papai Noel cantando ópera, mais precisamente, *O barbeiro de Sevilha*, de Rossini.

O SHOW DE TRANSIÇÃO

Animais teve vida curta. *Midnicht Satolep* durou mais, ainda veio a ser realizado em outros lugares do Brasil. Depois disso, Vitor passou a fazer vários outros espetáculos com nomes diversos. *A invenção do olho* foi um deles, baseado numa canção nova, homônima, e que depois viria a ser gravada no disco *À Beça* (1995). Mas àquela altura o disco estava longe de existir. Era comum, nas entrevistas e matérias de jornais, vê-lo anunciar um novo disco, com nomes que sempre se modificavam. Começou com *Estética do frio*, expressão recorrente em muitas das entrevistas e matérias, ao menos, desde 1987, ou pouco antes disso. De todo modo, seria este o título do novo disco que estava próximo de ser gravado. Não foi. Então se seguiram muitos outros nomes possíveis. Um deles, *A invenção do olho*, tem relação com o espetáculo.

Assim como *Tango*, *Midnicht Satolep* e *Animais*, ele também se tornou especial do programa "Palcos da vida". O show segue o mesmo esquema dos anteriores, com exceção do *Animais*: primeira parte, o Barão de Satolep, depois Vitor Ramil. Mas dessa vez as coisas estão um pouco diferentes. O Barão já não é o mesmo. Está cada vez mais parecido com Vitor. Mantém a corcunda, a roupa preta, até mesmo, o repertório corrosivo, libertino, sarcástico, mas está agora diante de uma iluminação de palco não mais totalmente escura. Vem acompanhado de uma banda. E, o que é ainda mais surpreendente, dança, faz muitos gestos, se movimenta muito no palco. Talvez não seja mais o Barão, o que é uma pena.

O show começa com "Bilhete postal", o poema de Augusto dos Anjos que se transforma em canção punk. O Barão está elétrico, grita, vocifera, vomita cada verso, termina com o pedido de respeito, o refrão da canção-poema nos faz pensar que estamos diante de um show de grupos como Ratos de Porão, Inocentes!, Mercenárias ou, para uma ambiência mais gaúcha, Replicantes e De Falla.

Daí vão desfilando as musiquetas, "Leprosética", "O Capital" e assim por diante. Segue "Não me mande flores" do De Falla, de que já falamos aqui. Depois, uma grande canção como "Nada a ver", de *Tango* (1987), canção desencantada, que não vê muito sentido em nada, contando a história de um sujeito entediado num apartamento, fumando, vagando no quarto vazio, vendo quadros falsos na parede, ouvindo o som de automóveis. A sensação é sempre a de desamparo, desarticulação, desequilíbrio, inconstância e, sobretudo, inadequação. Perda de tempo, enfim.

Aparece novamente a belíssima versão de "Round Midnight": "Meia-noite meu amor". E aí vem "Ramilonga", uma das maiores canções de Vitor Ramil. Aqui, ele canta com o rosto pintado, a cara sôfrega, melancólica. A voz e o violão no centro do palco:

Chove na tarde triste em Porto Alegre
Trago sozinho o verde do chimarrão
Olho o cotidiano
Sei que vou embora
Nunca mais, nunca mais

Seguem "Loucos de cara", "Passageiro", um conjunto de canções que se transformaram em presença permanente do seu repertório, conhecidas por qualquer um dos que apreciam a sua obra, além de "Sapatos em Copacabana", todas do disco *Tango*. Posteriormente, temos um repertório novo, canções que estavam sendo testadas com o público, apresentadas no momento de sua feitura. Algumas, quilométricas, verborrágicas, caso de "O livro dos porquês", onde Vitor fica por longos minutos fazendo indagações sem resposta. Outra, muito expressiva, é a que dá nome ao show: "A invenção do olho". Uma grande canção do repertório de *À Beça*, assim como a anterior. É o momento alto do espetáculo. A performance da banda, formada pelos músicos do grupo "Cheiro de vida", o clima funkeado, as viravoltas de Vitor no palco, a letra tratando de momentos históricos, formulações estéticas, terminando sempre com uma dúvida que fica estalando no ar, "E essa razão de onde vem?", dão ao número musical um ar de inventividade num clima mais agradável, bem distante das ambiências soturnas de *Minidcht Satolep* e do peso e densidade de *Animais*.

Mas o show de transição de fato foi mesmo *É prejudicial o uso de salto alto?*, de 1993. Numa matéria como "O esteta do frio faz um show de verão" (1993), para o segundo caderno do jornal *Zero Hora*, escrita por Jerônimo Teixeira, podemos saber algo do show, a escolha do repertório e o anúncio do futuro disco. A foto que acompanha a matéria é extraordinária. Vitor está como que de joelhos nas areias da praia do Laranjal, em Pelotas, segurando o que parece ser um jarro de prata. Seu filho, Ian Ramil, está com o corpo enterrado na areia enquanto sua filha, Isabel Ramil, ainda criança, calça um sapato de salto alto de adulto e carrega um globo terrestre. Ao fundo a lagoa dos Patos e outros objetos.

Neste show, após a "Invenção do olho" e "Are you chinese?", Vitor canta canções como "Minha virgem", "Não é Céu", "A resposta", "O Livro dos porquês", todas que entrariam posteriormente em *À Beça*, além de "O copo e a tempestade" e "Que horas não são?", que só seriam gravadas muitos anos depois, mais precisamente em 2007, no álbum *Satolep Sambatown* (2007). Também canta canções já conhecidas do repertório, casos de "Satolep" e "Loucos de cara", uma canção de Lou Reed, "There is no time", e uma canção ainda inédita, em parceria com Felipe Elizalde, segundo Vitor, um "compositor criterioso, mas que não se permite começar". Com ele fez "Quem me verão". Algumas das suas falas nesta matéria já remetem ao que vai ser o *À Beça* e até mesmo parte do seu repertório dali em diante, com um cuidado para não cair nem nas concessões ao mercado, nem nas "estratégias da vanguarda". Diz o artista: "Seria fácil gravar alguns ruídos experimentais e armar em torno de mim um cirquinho que me elegesse herói municipal, mas isso não me interessa".

O show passou também por Belém, cidade em que Vitor já tinha um bom público. Em *O liberal*, também no ano de 1993, uma matéria com bom título, "A estética (teatral) dos pampas", o define como "Dado a excessos estéticos". É o próprio Vitor, aliás, quem afirma que suas apresentações são teatrais, no sentido de sempre se aproximar de algo do teatro e, claro, também das artes plásticas. Promete para o espetáculo trazer algo do seu ensaio sobre a "estética do frio", publicado originalmente em 1992, muito antes do livro que veio a

Foto de divulgação do show *É proibido o uso de salto alto?*

lançar só em 2004 e que contou com uma versão bem mais elaborada e bem escrita sobre o mesmo tema.

    O que fica evidente é a sensação de que se abriu um clarão na sua obra, e a alegria da dança, a vitalidade amena do cotidiano, a necessidade de se orientar pela vida comum passam a ser as ideias orientadoras e se revelarão plenamente em *À Beça*, embora não necessariamente em *Pequod*. Como nada é fácil na sua obra, como há sempre este jogo de simetria e névoa, ordenação e desvario, o frio punhal e a mansidão do lago, racionalidade e pulsão, forma enxuta, apolínea, e variações do desejo, a relação entre a clareza exuberante de *À Beça* com as divagações profundas, entremeadas por exercícios ensaísticos de tese estética de *Pequod*, compõe bem o quadro.

Capítulo 3

A invenção do olho

NA CONTRACAPA de *À Beça*, o seu quarto álbum, Vitor Ramil usa uma calça colorida, camiseta branca, colares no pescoço. Está com longos cabelos. Faz um gesto com uma das mãos. É a representação do artista da segunda parte dos shows com o Barão de Satolep, despido da capa preta, da corcunda protuberante, do ambiente soturno. O artista agora está repleto de cores, vivacidade, movimentação corporal, afirmação de si e de vida. O seu novo álbum parece expressar, já no encarte, o processo de mudança que estava acontecendo e teve importância significativa nesse momento de sua carreira. O retorno à melodia, às canções bonitas, após a profusão de palavras e invenções formais da fase que vai de *A paixão de V*, passa pelo *Tango* e se agudiza nos shows temáticos, especialmente *Midnicht Satolep* e *Animais*.

Muitas das canções do álbum, aliás, vão representar isso de forma clara, casos de "Minha virgem" e "Folhinha", por exemplo, que abrem o disco. O narrador goza a realidade tal qual ela é, tem o prazer de um dia comum, se alegra com coisas simples, brinca com a passagem dos dias da semana, ou transita entre sagrado e profano de forma leve. Outras manterão, de certa forma, o estado de limiar entre luz e escuridão, como "A invenção do olho" e "Barroco", mas sem o peso e a tensão do período anterior. Algumas canções vão representar conquistas formais significativas, como "Não é céu", uma das mais conhecidas de todo seu repertório. É deste disco, também, uma canção como "Foi no mês que vem", que, no futuro, dará nome a um álbum duplo com um apanhado de toda a sua carreira. Este *À Beça*, ainda mais, vai explicitar algo muito presente na construção de toda a sua obra e persona artística: a relação entre um trabalho de maior rigor formal, recheado de uma série de intertextualidades, ecoando o seu lado de escritor, conceituador e ensaísta, ao lado de uma dicção mais prosaica, até mesmo coloquial, comum aos artistas da canção. A erudição que vem de uma série de citações, jogos de contraste, justaposição de códigos, muitas vezes cifrados, ao lado do melodista de primeira, com suas canções bonitas, que todos temos vontade de cantar de forma despreocupada e solta.

O álbum estava sendo muito esperado e vinha sendo anunciado constantemente. Claro que quem o acompanhava nos shows temáticos após a fase do Barão de Satolep conhecia parte do repertório e, também, a estruturação dos possíveis arranjos levando em conta a banda que o acompanhava nos shows. Uma primeira matéria significativa sobre o novo álbum, publicada no jornal *Zero Hora*, apresenta bem os sentidos deste disco: "Uma viagem do Rio a Pelotas e da milonga ao pop" (1995). Nela há uma frase do artista que aproxima *À Beça* daquele que vai ser o seu primeiro trabalho ficcional, a novela *Pequod*: "Um raio de sol no corredor da casa de Pelotas me trazia de volta a infância. Isso foi mais decisivo que todo o Lou Reed que ouvi".

Vitor fala sobre o início do disco e o relaciona à composição de "Não é céu", uma canção que vai atravessar toda a sua obra e retornar um pouco depois, recheada de conceituações novas, em *Tambong* (2000). A importância da canção é enorme para o disco, ela mostra que ele pode também fazer música "brasileira", ou ao menos aquela música mais associada ao Brasil, ao país dos trópicos, do samba, ou melhor, neste caso, da Bossa Nova. Após compô-la, convidou o músico André Gomes para juntos fazerem o arranjo, que resultou num curioso encontro de jovem guarda, Bossa Nova e pop contemporâneo dos anos 90.

Nesta matéria ficamos sabendo de coisas que só terão plena realização anos depois, em alguns casos até mesmo uma década depois. Vitor diz que pretende lançar o próximo disco só com milongas e fazer um movimento contrário ao que está fazendo agora. Mas aqui ele se refere às milongas do escritor argentino Jorge Luis Borges, que já tinha musicado, do livro *Milonga para las seis cuerdas*, e não ao que viria a ser o *Ramilonga – A estética do frio*, um álbum só de milongas, lançado em 1997. As milongas de Borges só serão gravadas no *délibáb*, num longínquo 2010. São suas as seguintes palavras na entrevista: "Musiquei um livro do Borges, *Milongas para Las Seis Cuerdas*, e farei um show com estas e outras milongas que compus (...) Com este show quero inserir o pop na milonga, criar a milonga moderna, mas não encher o estilo de teclados e dizer que é moderna".

Marcelo Ferla, para o mesmo *Zero Hora*, comemora o novo álbum no texto "Vitor Ramil mostra que é bom à beça", de 1995. Ferla destaca a importância de André Gomes para a concepção do trabalho, a formação da banda do álbum com Alexandre Fonseca (bateria, percussão e tablas), Carlos Martau (guitarras) e Eduardo Neves (sax e flauta), além do próprio André Gomes (baixo e sitar), que é também parceiro de composições, entre elas "Deixa eu me perder". Além disso, escreve um pouco sobre algumas das canções, "Minha virgem", "Não é céu", "Deixa eu me perder", "Café da manhã", "O livro dos porquês", "À beça" e "A resposta". Considera que o disco exige uma audição detalhista, cuidadosa, "de preferência em um fone de ouvido", e é muito feliz nesta tentativa de definição da persona artística e da forma de composição de Vitor: "A música de Vitor Ramil tem um pouco de melancolia portenha, um rigor harmônico quase espartano, a inquietação dos poetas malditos franceses e um senso estético que remete às paisagens pampianas".

Confesso que teria dificuldade em reconhecer o que seriam essas "paisagens pampianas" neste álbum, mas é algo comum na forma como a crítica dos periódicos gaúchos trata a obra de Vitor, sempre realçando o que há nela de dimensões gaúchas. Neste caso, acho que uma matéria saída no *Diário Catarinense*, "O brilhantismo que ainda se escondia", consegue ser um pouco mais interessante. Seu ponto principal, a meu ver, é dizer que o álbum pode se situar num lugar imprevisto entre o regionalismo e o vanguardismo, sem aderir a nenhum dos polos. Também enfatiza um fato que àquela altura já deveria ser um consenso: "Vitor Ramil é mais conhecido em Porto Alegre. O que é uma pena. No resto do Brasil é identificado apenas como o irmão de Kleiton e Kledir. O que é também uma pena (...) Mas Vitor é bem mais que um bom autor, é um grande músico, um ótimo compositor e um excelente cantor e arranjador". Em "Mar revolto de ideias", o jornal de Belém *O liberal* enfatiza a busca do autor pela estranheza, o seu pendor a sempre se deslocar das ondas do mercado de canções. E isso desde o início da carreira. Este novo álbum só o confirma, assim como o seu primeiro trabalho ficcional, *Pequod*, lançado no mesmo ano de 1995.

E de Belém a Florianópolis, o texto de Marlon Aseff, "Vitor Ramil canta sua poesia hoje em Florianópolis", do mesmo ano de 1995, considera o pop "simples na construção, mas muito estruturado", deste novo disco conversando diretamente com a música oriental e árabe, a ponto de ter uma força "quase hipnótica", como se estivéssemos, e o diz com certo exagero, envoltos "por uma cortina de fumaça de incensos". Cinema, Miles Davis, Bossa Nova, Caetano de *O estrangeiro*, Robert Plant, Jimi Page, são alguns dos exemplos mencionados como possível associação ao disco, embora sempre enfatizando que Vitor segue um caminho próprio, "que o coloca entre os melhores cantores e compositores do país, sem a menor dúvida".

Alguns anos depois, em 1997, Luís Augusto Fischer e Celso Loureiro Chaves fizeram uma análise de três álbuns de autores gaúchos com o título "As invenções do olho". Os discos eram *Nico Nicolaiewsky*, do próprio Nico; *Música pra gente grande*, de Arthur de Faria, e *À Beça*, do Vitor. Tanto Fischer como Celso acompanham a carreira de Vitor há muito tempo. Celso Loureiro Chaves fez o magnífico arranjo da canção "A paixão de V segundo ele próprio" para o disco homônimo, além de ter sido parceiro no show *Animais*. Fischer, por sua vez, foi quem publicou pela primeira vez um texto de Vitor sobre a estética do frio, num livro de 1992: *Nós, os gaúchos*.

Fischer o chama de "O mais épico dos compositores de ponta aqui no Sul do Brasil" e concentra a maior parte dos seus comentários na canção "A Resposta", que considera algo como uma espécie de conto-canção, como escreveu em outro texto, descrevendo duas pessoas que não sabem onde estão e nem para onde vão, cujos encontros e desencontros são feitos de silêncios ou indagações sem resposta. Celso Loureiro Chaves sugere haver variações sugestivas entre a forma como Vitor canta determinadas canções, como "Minha Virgem" e "A invenção do olho", e "Não é céu" e "Grama verde". Nas duas primeiras, o canto é mais descompromissado, solto e recheado de maneirismos. As duas seguintes são mais passionais, "cantadas com uma voz cuja falta de sorriso vem da inocência e do maravilhamento".

Existe uma entrevista que se destaca completamente do quadro. É a que foi feita para o lançamento do disco, na revista *Capacete*, com o músico e pesquisador da canção popular Arthur de Faria. É uma entrevista longa. Haviam se passado oito anos sem um novo disco, após a bem-sucedida fase dos shows temáticos, da criação do Barão de Satolep, do conjunto estupendo de canções perversas, boníssimas, trágicas e líricas do período. Depois também dos primeiros esboços do que viria a ser o *Pequod*, seu primeiro trabalho ficcional que é também uma espécie de tese e ensaio sobre forma artística, palavra escrita, existência pessoal e limiares com o nada, o não-ser. Além, é claro, da primeira tentativa de organização de um dos princípios norteadores da sua obra, ou mesmo o princípio central: a estética do frio. Assim, a entrevista com Arthur de Faria serve como um balanço feito pelo artista no calor da hora, como apresentação do disco.

No início da conversa, eles falam um pouco sobre a formação musical de Vitor. Dos onze aos quinze anos o artista estudou violão clássico em Pelotas. Depois estudou piano e, tendo ido a Porto Alegre, fez o curso de Composição e Regência na UFRGS, mas se desinteressou no primeiro semestre. Lá teve contato decisivo com Armando Albuquerque, o músico modernista já mencionado no capítulo anterior. Com ele aprendeu a importância do trabalho da experimentação do instrumento, e também das palavras, como forma de composição e criação artística. Mais do que o estudo sistemático e disciplinado, o deixar-se solto para ir aos poucos descobrindo fórmulas harmônicas imprevistas, ou também formas poéticas inusitadas.

É um momento dos mais interessantes da entrevista porque Vitor no fundo mostra explicitamente a sua condição de artista da canção, mais do que músico erudito ou instrumental.

Mas no fim de tudo — e eu fui descobrir isso só agora, antes eu vivia conflituado (...) eu me dei conta que era desse universo variado onde eu tava inserido que eu tirava o material para as minhas canções. No fundo era o que eu fazia: música. E que pra fazer uma canção — música e letra — tu tens que dominar um pouco de tudo mas ser um pouco superficial. Se tu vais fundo demais não consegues fazer boa canção.

É um trecho bem impressionante pelo grau de autoconsciência do artista em relação à sua condição como artista da canção, mas também pelo sentido deste último disco. Ele tem justamente este tom de desejo de fazer canções com temática mais terra-a-terra, com questões próprias ao cotidiano, à vida comum, ao conjunto de banalidades diárias que nos atravessam. O prazer simples de ver calendários com mulheres bonitas na cozinha; o desfrute de uma tarde qualquer de sol ameno e vital; o deixar-se perder no próprio mundo. Mesmo numa canção como "Barroco", as descrições históricas e artísticas deste período estético e histórico são mais ou menos interrompidas pelo chamado para os prazeres do corpo e do amor solto.

É como se o próprio artista estivesse procurando um caminho mais tranquilo, com fruição mais aberta e clara, após o período do alto experimentalismo do seu segundo disco, ou do clima soturno e denso da figura do Barão de Satolep. E como se este caminho fosse se desenhando no conjunto de shows temáticos, com a saída de cena do Barão e, com ele, da alta poesia libertina, irônica, sarcástica e suja. Talvez isso estivesse já ganhando forma através de um show como *A invenção do olho* (1991), que poderia até ser título do disco; ou *É prejudicial o uso de salto alto?* (1993).

Mas nada na sua obra tem um caminho só, uma só via. Porque há, como ele mesmo diz, uma série de canções que têm citações eruditas, cifradas ou não. Basta pensarmos nos poemas, musicados ou usados como mote para a criação de letras próprias, caso dos textos de Jacques Prévert, Oswald de Andrade e Paulo Seben. Também vale ressaltar que uma canção como "Grama Verde" foi inspirada por um filme de Michelangelo Antonioni, *Blow-up*.

A conversa segue depois por temas que são comuns nas suas entrevistas deste período, como a relação com os artistas gaúchos da sua geração, Bebeto Alves, Nei Lisboa, Nico Nicolaiewsky; a formulação da estética do frio, lembrando que ele já tinha publicado um primeiro ensaio sobre o tema em 1992; as novas ou antigas dinâmicas do mercado de canções, das gravadoras, da lógica empresarial; os seus gostos literários e musicais; os hábitos de reeducação da sensibilidade no período de Porto Alegre e o novo estilo de vida.

Eu também conversei longamente com Vitor sobre o disco. Segundo o artista, este *À Beça* é um retorno em certa medida ao primeiro disco, no sentido de "deixar fluir a musicalidade voltando a me abrir inclusive para os formatos mais convencionais, sem a obsessão de subvertê-los que me motivara no período do Barão", com uma estrutura facilmente identificável. Primeira e segunda partes. Refrão no meio e no final. Uma canção como "Não é céu" tem importância fundamental nesta travessia entre o Vitor da palavra sem melodia, esgarçando a forma canção, que acabamos de ver no período que vai do *A paixão de V segundo ele próprio*, passa pelo *Tango* e se radicaliza no Barão de Satolep, e o Vitor melodista, capaz de fazer belas canções. "Folhinha" tem algo de equivalência com "Nada a ver" do *Tango*, no sentido de representar uma conquista da simplicidade, da poesia que fala do cotidiano, de forma clara, algo distante das canções mais densas de *A paixão de V* ou mesmo do ar soturno e de beleza difícil no repertório do Barão de Satolep.

O disco, me confirma Vitor, começa com um convite ao baixista André Gomes. "Um dos grandes baixistas que vem me acompanhando. Tem o Nico Assumpção da fase do *Tango* e de alguns shows da fase pós-*Tango*. E depois vai aparecer o Pedro Aznar." Pedro Aznar é o músico argentino com quem vai se apresentar em alguns shows no evento Porto Alegre em Buenos Aires e que depois será o produtor de dois dos seus discos no início do ano 2000, como o *Tambong* (2000) e o *Longes* (2004).

Com André Gomes foi estruturando o repertório "sempre tendo em mente a busca de uma rítmica original como a encontrada para 'Não é céu'". Essa canção, com seu arranjo, foi balizadora das demais, e vinha de uma série de canções já apresentadas em shows: "A canção tem vários traços com a Bossa Nova, principalmente a levada no violão, claro, a melodia também. Mas a minha motivação ao convidar o André foi justamente evitar cair nos clichês de abordagem bossanovísticos. Através disso, dessa busca, é que chegamos ao arranjo, à linha de baixo, ao ritmo, que remete sim à Jovem Guarda, mas com uma visada contemporânea".

Se o *Tango* é uma resposta ao contexto da música brasileira do período, com o começo da hegemonia do rock nacional, ao lado do desenvolvimento de uma cena de música punk, com vários elementos de estímulo também à experimentação, ao risco, até mesmo a uma poética suja, mais livre, no *À Beça* o momento era outro. Estávamos no fim da primeira metade da década de 90, e havia o surgimento de um pop contemporâneo, com música eletrônica, em especial com nomes como Beck ou Bjork, por exemplo. No Brasil, se pensarmos em São Paulo, tínhamos uma turma nova vindo a trabalhar com essa ambiência da música eletrônica do período, casos de Max de Castro, e de toda a onda associada à gravadora Trama.

Tinha uma série de coisas novas surgindo, como as baterias eletrônicas. O cerne do álbum passou a ser a relação entre as composições de Vitor e estas levadas vindas da bateria eletrônica, me diz o artista. Parte das canções do disco vem influenciada por um álbum como *Mellow Gold* (1994) do cantor, compositor e multi-instrumentista Beck. Isso fica mais visível se ouvirmos "Loser", um single de Beck que depois veio a entrar neste *Mellow Gold* como o principal hit do disco.

Vitor realça algo muito significativo em sua forma de tocar violão que começa a se esboçar neste disco. O álbum representa um primeiro momento em que o artista resolve fazer uma alteração na afinação mais radical no violão, se distanciando ainda mais do tipo de violão tocado pela MPB. Um exemplo mencionado pelo próprio artista para mim é a canção "A Resposta". Isso depois vai ganhar contornos mais legíveis quando ele definitivamente trocar o violão de nylon pelo de aço.

Existem muitas dimensões neste álbum que vão desenhando o sentido da sua obra. Um conjunto de referenciais que estão ali presentes de forma explícita ou cifrada. A foto da capa e contracapa do disco é a do Vitor despido da figura do Barão de Satolep. É o Vitor de camisa clara, calça colorida, colares. Como se representasse o outro polo da época dos shows temáticos, dividido entre a escuridão e a luz, o sombrio e o pulsional, a melancolia soturna e áspera e a afirmação ferina da vida. Duas canções expressam isso muito bem, mantendo a situação de limiar impreciso entre escuridão e luz. São elas "A invenção do olho" e "Barroco". A primeira, mais antiga, chegou a dar título a um dos seus shows, de 1991. A segunda, mais próxima ao *À Beça*.

Uma outra coisa muito importante contada a mim por Vitor diz respeito a algumas dificuldades no processo de gravação do álbum. Por exemplo, houve uma série de limitações de tempo no estúdio. Roberto Menescal queria que o disco fosse gravado em algumas semanas, mais precisamente "deu duas semanas para que o disco fosse gravado. Menescal era dono do estúdio Albatroz e o filho dele, Márcio Menescal, era o produtor, junto com Alexandre Moreira". Isso se mostrou impossível. Depois permitiu o uso do estúdio um dia por semana. "Ele nos deu os domingos, quando o estúdio não estivesse sendo usado." Vitor e os músicos ficavam esperando chegar o dia da semana para poder gravar no estúdio, durante todo o ano de 1993. Ao fim das mixagens, o disco acabou sendo lançado no primeiro número da revista *Capacete Records*, de Porto Alegre, com tiragem limitada. Foi nessa revista que deu uma longa entrevista para Arthur de Faria, que já apresentei aqui. Por conta disso, até hoje *À Beça* é um disco raro. Virou objeto de colecionador.

Um dos primeiros esboços da letra "Não é Céu", com o título "Não é céu sobre nós", de 16 de julho de 1991. A canção seria gravada pela primeira vez em 1995, no disco *À Beça*.

A LUZ, A SOMBRA E A ESCURIDÃO

Eu não lembro bem deste disco na altura do seu lançamento, se teve ou não o mesmo eco que outros discos de alguns artistas da sua geração, naquela época em fase de maior visibilidade, casos de Chico César, Lenine ou Zeca Baleiro. Quando o conheci pessoalmente, disse a Vitor que havia ouvido concentrado mesmo o *Ramilonga – A estética do frio* (1997), conhecia as canções todas, a ordem entre elas, as palavras todas. Sabia antecipar arranjos, tinha o antegozo da alegria de melodias antes de começarem a tocar; sabia cada verso, cada acorde, cada timbre. É o meu disco preferido, ou era até então, e tenho com ele uma relação também existencial. Do resto da sua obra, conhecia o texto de "A estética do frio", que tinha publicado em dois livros. E conhecia canções esparsas: "Loucos de cara", "Não é céu", "Grama verde", "Estrela, estrela" e, um pouco depois, "Joquim", cujos versos iniciais ouvi, repeti e cantei tantas vezes: "Satolep, noite/ no meio de uma guerra civil".

Mas tem uma outra que adorava cantar e ficar repetindo o refrão, estendendo as notas, num canto que fazia pessoas próximas ficarem, no mínimo, entediadas, se não mesmo irritadas, com minha pouca vocação. Eu me refiro a "À Beça", a bela canção que dá título ao disco. Ela é composta por um clima ondulante, que vai levando o ouvinte a se integrar à sua ambiência sonora. Talvez seja essa uma característica das mais contantes na obra, em muitos aspectos inquieta e inconstante, de Vitor Ramil: a criação de ambiências sonoras em que sentimos a vontade de habitar, que tomam conta do espaço e do tempo da nossa percepção.

A canção é boníssima. E, a seu modo, descreve a relação do artista com a canção popular, as vanguardas artísticas e as modas da indústria cultural.

Dia de sair
Ir naquela ideia radical
Tudo o mesmo nada sendo igual
Tudo pra valer

Ao mesmo tempo em que ecoa Noel Rosa ("com que roupa eu vou?") e, claro, a Bossa Nova ("versos sobre a areia/ a beira-mar"), o refrão se refere a algo como excesso, pletora. Mais que um pano novo é necessário colocar um novo máximo, um novo em excesso, um novo à beça. Daí o sentido de uns versos de que gosto muito e que servem quase como um diagnóstico de época: "mais que o velho o novo já gastou".

O "com que roupa eu vou" pode ser associado às vertigens da moda, ecoando aqui o com que *nova* moda artística, *nova* forma, *novo* gênero musical, ou o que for. Basta lembrar o caminho de Vitor até aqui, de *Estrela, Estrela*, com canções convencionais, dentro do alto nível da MPB mais bem-sucedida do período, sucedido pelo *A paixão de V segundo ele próprio*, com uma visada própria sobre arte, vanguarda, literatura, poesia, canção popular, um experimento arrojado e dos mais interessantes da canção com as vanguardas modernistas, passando depois pela concisão punk, jazzy e profundamente urbana de *Tango,* por sua vez, sucedido pelos shows temáticos, o Barão de Satolep, o lirismo afiado, os poemas sujos, a libertinagem, o tédio infinito das coisas, o desespero, para chegar neste *À Beça*. O artista aqui já tinha passado por muitas roupas, já tinha experimentado muitas formas de fazer canção, já havia dado contornos insuspeitos à sua "obra aberta".

Mas o novo já gastou, como diz a canção. De que novo se fala aí? O que aparecia como novo na década de 90? Será que Vitor já via a necessidade de tomar outro rumo, seguir a sua movimentação própria de criação, o implosivismo, a estética do frio, a forma original com que vai criando e implodindo obras para continuar criando e assim por diante, indefinidamente?

É difícil para mim, aliás, ler a obra do Vitor sem pensar que ele está, a seu modo, criando enigmas, labirintos, emaranhados, e que vai nos capturando, nos revelando coisas, ocultando outras, e nos fazendo sentir, por vezes, satisfeitos por conseguir achar o sentido de tudo, para logo depois nos deixar cair no abismo e ficarmos perdidos. Com *À Beça* é assim, claro. Os temas da forma artística, as vanguardas, a moda, a cultura pop, aparecem lá, a seu modo. Mas o cotidiano parece ser mesmo um dos temas centrais. As duas primeiras canções são reveladoras: "Minha virgem" e "Folhinha". Quando as ouço sinto uma sensação de alegria pela vida tal qual ela é. Saber olhar as coisas sem a preocupação do pensamento, da crítica, nem mesmo da mediação da forma. A fruição natural, se é que ela é possível para nós ainda. Talvez não seja. Mas está ali.

São canções de celebração da existência, da alegria de ser e estar, da beleza que pode haver no cotidiano comum, em suma, na doçura da vida acontecendo no seu tempo, com o seu ritmo. Daí o sentido de versos como estes:

Só quero uma folhinha
Deusas nuas na cozinha
Ai que dia bom
Só que uma folhinha
Deusas nuas na cozinha
Ai que dia em vão

A alegria do dia em vão, da falta de compromisso, de comemorar o dia lindo lá fora. É uma ambiência radicalmente distinta do clima de sufocamento existencial de canções como "Nada a ver", em que o narrador está numa onda ruim, incomodado, com a sensação de um niilismo sem volta, com a tristeza sem reação, ancorada num embotamento dos sentidos.

Aliás, em "Nada a ver", nada de fato parece fazer muito sentido. Já em "Folhinha" se celebra a falta de sentido, se comemora única e exclusivamente a vida sendo vivida em seu estado natural. O arranjo da canção vem num tom preguiçoso, se movimenta com tranquilidade. Mal percebemos estamos seguindo a canção, cantando o refrão, também de forma descompromissada. A canção vem e vai, sem necessidade de ir além disso.

> Nem ligar, já falei
> É segunda de novo
> Eu não quero me aborrecer

"Minha virgem", que a antecede, tem o mesmo clima, embora com a imagem tumultuosa de uma santa, uma virgem, rodeada de anjos, que chama o narrador para o enlace amoroso festivo. A canção é toda feita de um tom afirmativo. "Eu chego e paro e fico e digo enfim/ que sim eu também." Ao que parece, as coisas acontecem bem, existe uma situação de congraçamento, de encontro feliz, com um quê de erotismo, como me informou o próprio Vitor. Mas um erotismo que já não precisa de imagens que ficam no limite do belo e do repulsivo, do afiado e terrível. As palavras mesmo vão se soltando com desenvoltura, com fluidez, sua sonoridade tem algo de sensual, corporal, sensível, com uma leveza que se projeta no movimento em que são ditas:

> Que devo e posso e quero
> E rezo enfim
> E como ninguém
> E indo dentro e longe e quieto
> Enfim
> No colo de alguém
> Sobre a canção, me diz o artista

A origem dessa música é muito simples: um delírio religioso. O narrador como que atende a um chamado da Virgem Maria de mão estendida e termina se identificando com Jesus dentro dela, quero dizer, antes de nascer. Descrevo, com evidente heresia, uma imagem religiosa que tínhamos aqui em casa. Infelizmente não lembro bem como era. Mas seguramente a Virgem Maria estava com uma mão estendida e anjos voavam sobre ela. "E quando eu canso e durmo dentro dela" é narrador-Jesus falando, antes de nascer. Só depois me dei conta que sugeria sexo, mas não foi essa a intenção original. Inclusive o "como ninguém" sugere sexo, comer e tal, mas não está na intenção original. Talvez a imagem que me inspirou seja até um quadro clássico da história da pintura, mas não lembro qual.

Pode de fato haver algo de lascivo em versos como "eu digo e paro/ e chego enfim/ que sim, eu também", ou "eu dentro e quieto e indo enfim", ou talvez mais especialmente nestas palavras que finalizam as duas estrofes:

Quando canso e durmo dentro dela
E um anjo se diverte sobre mim

Vamos dizer que exista aí o prazer do excesso, da pletora, em suma, do "à beça". Alguns dos seus fãs estranharam as duas canções de abertura, pareciam algo distante do que viam nos shows temáticos, que precederam o álbum. São muitos anos que se passaram, mais precisamente oito anos. O Barão e os shows temáticos foram as formas como Vitor expressou suas inquietações no momento, os caminhos possíveis após os primeiros álbuns.

Com *À Beça* as coisas se modificam significativamente. Estamos desde já diante de uma mudança na própria ambiência cultural e política do país. 1995 é um ano prodigioso em grande medida, de institucionalização da democracia liberal, após os anos terríveis da ditadura civil-militar. Temos o bem-sucedido Plano Real, o início da presidência de Fernando Henrique Cardoso, as implicações disso tudo no próprio mercado de canções do país, com o advento de fenômenos de massa e uma espécie de ressurgimento, se é que podemos chamar assim, da canção autoral, com novos artistas começando a ganhar projeção. Casos de Chico César, Lenine, Zeca Baleiro e a gaúcha, já acariocada, Adriana Calcanhotto.

O quadro é outro, bem diferente dos anos 80. O punk rock perdeu muito da sua vitalidade, o que é uma pena. O rock dos anos 80 sobrevive e se amplia, com a MTV Brasil. Surgem novas bandas, algumas muito populares. Em 97, mesmo ano de lançamento do *Ramilonga – a estética do frio*, Júpiter Maçã lança o seu primeiro álbum, um dos maiores entre todos do rock e da música brasileira em geral: *A sétima efervescência* (1997). A MPB mais convencional vai se mantendo, a seu modo. Caetano lança o disco *Livro* e o livro *Verdade Tropical*. Chico Buarque vem com *Cidades*, uma crítica contundente à orientação neoliberal da globalização.

Embora a obra de Vitor tenha uma lógica própria, uma dinâmica interna, ela conversa com o contexto de sua época, com os outros grandes artistas. Chama a atenção que tenha lançado um disco e um livro de literatura num mesmo período em que Caetano lançou o seu grande livro de ensaio crítico e biográfico. Em certa medida, *Pequod* é também um ensaio de tom biográfico. Disso trataremos mais adiante. Mas tanto o livro quanto o disco de Vitor foram lançados antes do livro e do disco do bardo tropicalista.

Vimos já o longo percurso até a gravação do disco. O anúncio permanente, os muitos títulos possíveis, as canções sendo experimentadas em alguns dos shows temáticos, especialmente os mais próximos do álbum, como *É prejudicial o uso de salto alto?*. O público que o acompanhava desde muito tempo já conhecia algumas das canções, casos de "Namorada não é noiva", por exemplo, mas também uma canção que se transformou numa das mais festejadas do seu repertório, já tratada por aqui: "Não é céu", cuja primeira apresentação se deu em 1991, num evento sobre poesia, canção e arte contemporânea, com a presença do filósofo, poeta e também letrista de mão cheia Antônio Cícero.

Esta canção tem um lugar muito especial na constituição da obra de Vitor. Com "Não é céu", o artista teve uma espécie de epifania comparável ao que aconteceria depois com "Deixando o pago", outra canção nuclear para a sua obra, que representa momentos de viradas significativas. Como Vitor é um conceituador permanente de si mesmo, sempre atento aos movimentos da sua criação artística e sempre fazendo exercícios de reflexividade com alto nível de clareza e objetividade, nos momentos em que se dão eventos como estes normalmente ele mostra plena consciência do que está acontecendo.

Na mesma entrevista com Arthur de Faria, é ele quem diz:

Então um dia eu tava no Rio, vendo televisão, e me veio a melodia de "Não é Céu" — que tá no disco novo. Era tão clara, tão concisa, tão fechada, que eu pensei: essa música já existe! Só depois é que eu me dei conta que a diferença é que ela era bem brasileira, uma bossa — e eu nunca me permito fazer uma bossa profissionalmente.

A feitura da sua melodia, a leveza que evoca a aproximava da canção brasileira, ou de um modo próprio de fazer canção no Brasil, em especial com a Bossa Nova, uma das maiores realizações da nossa música popular, nascida do desejo de atualização, ou melhor, de relação profunda com a gênese de um dos núcleos centrais da canção brasileira: o samba. Os principais avanços da Bossa

Nova estão diretamente associados a um desejo de colocar em primeiro plano a essência, o essencial, de atingir o cerne do sentido da nossa música popular.

No entanto, a relação de Vitor com essa tradição, ainda que viva e real, é bastante singular e isso se revela plenamente nesta canção. Como ele diz, a forma de tocar o violão é distinta do violão da Bossa Nova, com as cordas soltas, poucos acordes, "a batida é de bossa nova, mas os acordes, com suas cordas soltas, suas notas pedais (ou seja, que ficam soando enquanto os acordes se sucedem), que são apenas três e discretamente diferentes entre si, não são do 'estilo' da bossa nova, em que as cordas em geral são presas pelos dedos de modo a serem controladas ritmicamente", gerando uma onda sonora permanente, que vai se estendendo e inebriando o ouvinte. Algo bem distinto, por exemplo, da concentração das mãos nos acordes bossanovísticos e sua "batida diferente". O violão da bossa de Vitor é bem diferente e está mais próximo da milonga, um dos referenciais centrais da sua estilística.

Uma outra diferença significativa, realçada também pelo artista em outro momento, é a extensão da letra desta composição. Ela é longa, as estrofes vão variando, o tema do desacordo, do desencontro vai se desenrolando entre cigarros, fogo, apartamento, desejos. A afirmação que inicia a canção é a mesma que a termina. Existe uma quebra, uma cesura expressiva nestes versos. A quebra formal expressa, aparentemente, o próprio sentido da canção, de fenda, separação, distanciamento:

> Não é céu
> sobre nós

É por essa fenda que o narrador vai descrevendo uma série de imagens que só ele consegue ver, ou imaginar. A luz de um cigarro desabando do vigésimo andar de um prédio; a impossibilidade da chegada do dia; o desejo de deixar tudo queimar; o anseio pela permanência da pessoa amada; o sol desabando que é também a luz da brasa do cigarro dita na primeira estrofe.

A canção é dividida em três partes. Tem como centro narrativo a cisão apresentada nos primeiros versos, e como tema a noite que fica, como permanência atordoante e que não exibe em si nada que possa apontar para a chegada do dia, do sol, de alguma luz.

> Se fosse o céu que se conta
> não seria a ponta acesa a brilhar
> Se brilhou
> Não é Sol

A luz que chega *não é Sol*, não é capaz de fazer o galo cantar. O narrador parece apresentar um cenário de desvario, uma cena de delírio acontecendo na rua, no contexto da conversa com uma segunda pessoa e dentro de si.

Segue a "Não é céu" uma bela canção que conversa, a seu modo, com temas próprios à forma artística, "Grama verde", que seria gravada anos depois pela cantora Adriana Maciel, tendo se tornado tema de novela da Globo. Na canção, a pintura da grama faz com que ela se torne mais real, a pintura traz à grama uma maior realidade, como se a estetização permitisse uma apreensão mais apurada do real. Aqui se misturam de forma curiosa realismo e formalismo. O jogo de sentidos é a relação entre a natureza e o artifício, a realidade "tal qual ela é", ou aparenta ser, e a forma artística. Em suma, o jogo complexo entre a apreensão ingênua das coisas e as diversas mediações simbólicas que nos aproximam e distanciam da realidade.

Vitor já contou algumas vezes. O motivo da letra tem relação com um filme de Michelangelo Antonioni, com o fato de um personagem ter pintado de verde a grama do parque, em *Blow-Up*. Mas também podemos pensar a canção de modo mais singelo. A grama verde pintada é uma ação de gentileza com a pessoa para quem a canção é destinada, preparando e embelezando o lugar para a pessoa passar, assim mesmo, sem outra pretensão:

Pela grama verde
Eu quero te ver passar
Pela grama verde
Eu quero te ver passar
Só passar

Ao tema formal, segue uma outra canção, das que mais gosto do repertório de Vitor: "Deixa eu me perder". O desejo de se soltar, sair de si, ficar num estado despreocupado. O arranjo desta canção aproxima este disco de *Ramilonga*, com o uso da cítara na introdução, que se verá depois em "Causo Farrapo", como bem mostrou Luís Rubira, em seu livro.[1] Há uma melancolia sombreando a harmonia e sentimos bem uma certa ambiência que está presente na obra, na persona artística, na forma de pensar e de se mostrar ao público, desde sempre, de Vitor Ramil.

---

1. Eu me refiro aqui ao livro *Vitor Ramil: Nascer leva tempo* (2014).

"Deixa eu me perder" é sucedida por um ruído, que vem do fundo de uma cozinha, ou sala de jantar, algo do tipo, confirmando a presença do cotidiano como forma significativa de sentido deste disco. O cotidiano aqui é o café da manhã, uma cena banal, de um homem e uma mulher, que conversa com o poema *Dejeneur du Matin*, de Jacques Prévert. Conversa muito comum na obra de Vitor Ramil, com alterações nos versos do poema, mudança de personagens, em suma, uma espécie de transcriação, como já vimos em "Joquim", a partir da canção de Bob Dylan e tantos outros exemplos nos discos anteriores e nos shows temáticos. Também neste álbum Vitor mantém um procedimento que o acompanha desde o início da carreira: a musicalização de poemas. Além de Prévert, tem um poema de Oswald de Andrade, "Sol", com uma série de mudanças e recriações de versos. No fundo, o poema de Oswald foi usado como mote para que ele criasse uma letra própria para uma canção sua.

Ainda seguem outras canções, em geral muito boas. Por exemplo, é deste disco a primeira gravação de "Foi no mês que vem", uma das mais bonitas de todo o seu repertório e que será, depois, regravada em *Tambong* (2000), com piano de Egberto Gismonti. Além disso, vai nomear um álbum duplo, com a condensação da sua obra toda até então: *Foi no mês que vem* (2013).

Tem a "Invenção do olho", a mesma que também foi nome de show, no período dos shows temáticos e chegou a ser cogitada como título do disco. Não à toa aliás, pois ela parece, em alguns versos, descrever a trajetória do artista até aqui. "Desejei de Homero a escuridão/ mas nas trevas me perdi" ecoa o momento dos shows temáticos e do Barão de Satolep, cuja escuridão é notória, como traço significativo dos cenários e da própria figura do Barão. Seguem a estes versos os seguintes: "Fui ao sol e o sol então me fez/ um relógio de Dali". O sol parece aqui ser o Vitor que surge na segunda parte dos shows da época do Barão, mais solar, com roupas coloridas, colares e assim por diante. Nos dois casos ele como que não se encontra ainda, se perde nas trevas ou tem o corpo deformado no sol. Depois finaliza com a certeza de não ser nenhum desses caminhos aquele que de fato procura. Dizem os versos: "Hoje acho com razão/ que nada é bem assim", para depois concluir mantendo a dúvida com a seguinte indagação: "E essa razão de onde vem?".

Entre a escuridão e a luz, as trevas e o sol está também uma canção com o título que explicita essa tensão: "Barroco", que finaliza o álbum. A canção mistura descrições eruditas de arte, literatura e período histórico do Barroco com uma fala ingênua de um estudante que se pergunta se terá tempo para dar atenção ao seu amor caso tenha que ler tudo sobre o Barroco. Ao mesmo tempo em que tem o chamado da pessoa amada para deixar de lado provisoriamente a sua obsessão pelos estudos e pela forma "No claro-escuro é que ela me vê/ E diz assim sai daí/ vem pra mim/ o paraíso mora aqui".

Vitor aqui, assim como em "A invenção do olho", está fazendo uma reflexão densa sobre o seu caminho artístico desde o início, e também sobre a sua própria vida pessoal. Entre o experimentalismo agudo do segundo disco, a poesia suja, libertina *nas trevas* do terceiro disco junto à figura magnífica do Barão de Satolep, e a abertura para o cotidiano, a aproximação com as coisas simples e diretas, o amor e as ambiências solares que aparecerão mais condensadas neste novo disco. Mas já curiosamente apontando saídas, como se não fosse ainda suficiente este tipo de forma para a construção da sua obra. Ou como me diz o artista:

Os três primeiros discos eram marcadamente "sérios". O primeiro tinha aquela adultidade que já comentaste, o segundo o peso intelectual e experimental e o terceiro era mais "cabeça", de letras longas e improvisações jazzísticas. O Barão levava esses estilos a um extremo e seu humor era sombrio, pesado. O *À Beça* serviu para mim como uma declaração de princípios do tipo "as expectativas do público não me limitam". Busquei a leveza. Falo seguidamente sobre isso. Gosto de me sentir livre. Terminei com o Barão e deixei minha musicalidade fluir com mais desprendimento. O pop era, de certa forma, a pincelada que faltava nesse começo. O *À Beça* foi um movimento nessa direção. Acho inclusive que foi graças a ele, por ser tão diferente, que me senti no ponto de fazer o *Ramilonga*. Um disco como o *À Beça* antes do *Ramilonga* deixava claro que minha abordagem da milonga era muito livre e pessoal, entende? O pop e o regional travavam um diálogo de afirmação mútua.

Assim se fecha este *À Beça,* após longo tempo sem gravar. A ele se une um outro projeto, o da escrita do seu primeiro livro, uma novela, que terá bom respaldo crítico, boa recepção de público e claramente se destaca em relação ao momento de sua criação artística no período. Este álbum tinha cumprido a missão de realizar o disco que era anunciado desde os primeiros shows do período pós-*Tango* (1987), apresentando um conjunto de boas canções, algumas excelentes e duradouras, com presença em todo o seu repertório de shows e mesmo regravações dali pra frente. Mas não tinha a mesma envergadura de *Tango* ou *A paixão de V segundo ele próprio*, diferentemente de *Pequod*, o seu primeiro experimento ficcional, de que passarei a tratar agora.

Capítulo 4

Pequod e o enigma da "quase-poesia"

PEQUOD É O PRIMEIRO TRABALHO FICCIONAL de Vitor Ramil. Antes ele tinha lançado o primeiro ensaio sobre a estética do frio, em 1992. Mas não tinha um trabalho ficcional propriamente. Os primeiros trechos do livro aparecem publicados em alguns jornais, uma prática comum a Vitor, que vai se estender também no caso de *Satolep*, o romance. Uma das principais resenhas sobre *Pequod* foi escrita pela crítica carioca Flora Süssekind, para o *Jornal do Brasil*, em 1997: "Interiores". A resenha se destaca por contribuir decisivamente não só para a compreensão do livro, especialmente a sua dimensão formal, mas também para a própria forma de estruturação do pensamento de Vitor, que ecoa nas entrevistas, ensaios, ficção e canção popular. Uma passagem é bastante significativa, quando a autora mostra as justaposições que ele faz no livro entre desenhos de quadrantes, relógios na parede, teias de aranha e escrita, aspectos que dominam a narrativa, do início ao fim. Segundo Süssekind há no livro uma "tensão entre concentração e fragmentação, retorno e progressão, movimento circular e retilíneo". O que é bastante significativo, pois a construção da obra de Vitor se dá exatamente dessa maneira, e o jogo de contraste que se vê no processo de sua feitura revela isso nitidamente.

Assim, álbum, livros, entrevistas, shows-temáticos vão formando a sua obra e gerando sentidos que, muitas vezes, não se dão de modo fácil, exigem uma permanente leitura, releitura, escuta, o trabalho paciente da sensibilidade, a atenção concentrada, mas também flutuante, em suma, os móveis do espírito e da letra. Süssekind apresenta ainda outros exemplos, retirados da trama do livro, como a denotar este jogo aparente de opostos, estes espelhamentos que vão se desnudando na narrativa: os poemas de Ahab, personagem central da trama, e o recorte das reproduções de Paolo Ucello, artista renascentista; o Ahab-menino e o menino que o observa; as pausas no diálogo do Dr. Fiss, cuja extensa narrativa se alterna entre o passo, "Voltou a andar em círculos", e a pausa, "Parou de circular". Névoa e simetria. Pulsão dispersiva e forma exata.

Trechos de *Pequod* publicados no jornal *Zero Hora*. Jun. 1995.

Uma outra boa resenha é a de Bernardo Ajzenberg, "Uma aventura nas águas de Melville", para o caderno Mais! da *Folha de São Paulo*, publicada em 1996. Nela o destaque maior também é dado para questões formais, como as que envolvem o problema da linguagem. É uma constante no livro, aliás. Ahab está envolto em enigmas da forma, da procura pela precisão, da escrita de poemas que possam seguir a lógica de simetria das teias de aranha. Que possam ter um nível de precisão a ponto de conseguir se embrenhar em diferentes estruturas, sem com isso nunca perder a essência da pureza da forma, ou das teias de aranha. Existe a vida fora da linguagem? Chegar à resolução de impasses da palavra dita, pensada, cantada conduz à morte, à paralisia, ao fim da pulsão de vida? A palavra, a nomeação, por exemplo, gera distância, como se pode ver no diálogo citado na resenha: "Por que não gostas que eu te chame de pai? Porque eu não quero que haja distância entre nós", uma conversa entre o menino-narrador e seu pai, Ahab. Mesmo a palavra que dá título ao livro não aparece na narrativa, apenas em uma epígrafe.

Chama a atenção que, nas duas resenhas, tanto de Süssekind quanto de Ajzenberg, não apareça com relevância a cidade de Pelotas na sua singularidade, ou mesmo o extremo Sul, ainda que o anagrama Satolep esteja ali e as imagens internas à casa de Vitor, ou do narrador, também apareçam. Ainda que Montevidéu esteja presente como o segundo lugar mais relevante da trama narrativa. Mesmo assim, ambas as cidades aparecem nestas resenhas apenas como nomes, sem as suas características próprias. Eu digo isso porque este é um diferencial significativo em relação às resenhas e matérias feitas para jornais gaúchos, seja de Porto Alegre, ou de Pelotas mesmo. Nestes casos os elementos destacáveis são outros. Fala-se em geometrização das ruas, casas e prédios de Pelotas; no frio e na umidade que atravessam a cidade; nos possíveis vínculos de sentido com o Sul, através de Montevidéu, ou da literatura do argentino Jorge Luis Borges, conversando sobre o espaço supranacional que vai dar sentido para a ideia de "estética do frio". É bastante significativo. Entre os textos escritos por críticos gaúchos, dois podem ser destacados: "A pureza estética das aranhas", de Jerônimo Teixeira, pelo jornal *Zero Hora*, e "Vitor Ramil inova em *Pequod*", de Paulo Betancur, pelo *Jornal do Comércio*. Ambos de Porto Alegre.

Pequod é construído através de uma narrativa intrincada, feita de blocos de textos que se sobrepõem às memórias do narrador, que é o olhar que tudo filtra e conta, aos leitores, toda a história. Pensada de uma forma mais geral, vemos a história do distanciamento misterioso de um pai, Ahab, em relação à família e à vida cotidiana, tudo observado e contado através do fluxo de consciência do narrador, o seu filho ainda menino, que o acompanha até o desfecho, com algo de trágico. Vou chamá-lo a partir daqui de *menino-narrador*. Vão se misturando memórias da infância, ações e percepções dos outros personagens, sua mãe, avó, avô, irmãs e, especialmente, um amigo misterioso do seu pai: o Dr. Fiss. Trata-se de uma figura excêntrica, com um quê de casmurro, que recolhe envelopes pardos de Ahab e que é também observado minuciosamente pelo menino-narrador.

Tudo isso escrito numa prosa recheada de experimentações, com a mistura da língua portuguesa com a espanhola; o jogo do fluxo de consciência do narrador confundindo acontecimentos que vão se dando de maneira simultânea; espaçamentos entre blocos de textos relativamente curtos que compõem cada capítulo e assim por diante. Vale tentar reconstruir a arquitetura narrativa desta ficção com lances notáveis de boa prosa e bom experimento ficcional.

QUASE-POESIA

Pequod tem três personagens centrais. O menino-narrador. Ahab, o seu pai. E o Dr. Fiss, amigo do seu pai. Entre eles vão circundando outros personagens, basicamente todos da família do menino-narrador, como sua avó, mãe, o avô

PEQUOD : CAPA

PÁG. 93 : USAR O RELÓGIO **31d** P/ A CAPA. O MIOLO DO RELÓGIO SERÁ VAZADO. ATRAVÉS DELE PODE-SE VER A "2ª CAPA", ONDE ESTARÁ ESCRITO (PEQUOD — VITOR RAMIL) SOBRE UM FUNDO DE COR EXTRAÍDO DE UM QUADRO DE PAOLO UCCELLO. PODE SER DA "TAV. XVIII" (STORIE DI NOÉ), O TRIÂNGULO AVERMELHADO NO FUNDO E À FRENTE DO ROSTO DA PERSONAGEM. USAR ESSE TRIÂNGULO NA PÁGINA, DE MANEIRA QUE PAREÇA MESMO COMO UM PEDAÇO DA REPRODUÇÃO DO QUADRO COLOCADO ALI :

NO CENTRO DO RELÓGIO, NA CAPA, VÊ-SE APENAS AS LETRAS E O FUNDO VERMELHO. SE FICAR MELHOR PODE-SE USAR OUTRO VERMELHO DE OUTRA REPRODUÇÃO (COMO O PEITO DO CAÇADOR DA CAPA). O LIVRO TERIA O FORMATO DO RELÓGIO, QUADRADO, TALVEZ 19 × 19, MAS O TEXTO NÃO ENCHERIA AS PÁGINAS, FICANDO EM COLUNAS À ESQUERDA E À DIREITA, DEIXANDO O RESTO LIMPO OU, QUEM SABE, FAZEND

Estudo para capa de *Pequod*, s/d.

UM ARREMATE 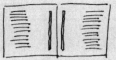 DA ALTURA DAS COLUNAS, UTILIZANDO ALGUMA MOLDURA DE PAOLO UCCELLO, COMO A Nº 45 NA PAG. 96, QUE ME PARECE IDEAL, OU A DA TAV. V (MONU- MENTO A GIOVANNI ACUTO).

ABERTURA DOS CAPÍTULOS

OS RELÓGIOS DA PAG. 93 ABRIRIAM OS CAPÍTULOS:

CAPÍTULO 1 : 31 c^1
CAPÍTULO 2 : 31 c^2
CAPÍTULO 3 : 31 c^3
CAPÍTULO 4 : 31 a
CAPÍTULO 5 : 31 b
CAPÍTULO 6 : 31 c
CAPÍTULO 7 : 31 c^1 (OUTRA VEZ)

Obs: AS COSTAS DO RELÓGIO, A PÁGINA ANTERIOR, DEVE SEMPRE FICAR EM BRANCO.

CONTRACAPA

SERIA USADA A MESMA TEXTURA DE COR QUE ESTÁ NO MIOLO DO RELÓGIO DA CAPA, SÓ QUE ENCHENDO TODA A SUPERFÍCIE (E A LOMBADA?). SOBRE ELA TEXTOS SOBRE O LIVRO E A REPRODUÇÃO PEQUENA DA FOTO ANTIGA DO MENINO COM UMA ARANHA CARANGUEJEIRA SUBINDO NELA:

A ORELHA DA CAPA IRIA ATÉ O LIMITE DO CÍRCULO VAZADO.

Estudo para as imagens de abertura dos capítulos de *Pequod*, s/d.

Manuel e as irmãs. Uma outra personagem é a mulher que mora na casa do Dr. Fiss, cujo trabalho de limpeza do casarão em alguns momentos se confunde com o olhar do menino.

O cenário é relativamente simples. As cidades de Pelotas e Montevidéu. A primeira, através da casa da família do narrador, cujo quartinho das aranhas e dos poemas é muito importante para o enredo, além do quadro que guarda a foto de seu pai, Ahab, quando criança. Também em Pelotas temos o casarão do Dr. Fiss, que tem um significado muito importante para a trama, como espaço decisivo para o desfecho do enigma da novela. Já em Montevidéu há a viagem que o narrador faz com o pai, passando por hotéis, restaurantes e pela casa de um amigo da família, ou melhor, do avô da família.

Temos, assim, os personagens e o cenário. Falta o enredo. Ele tem como ponto de partida e fundamentação geral a relação entre o menino-narrador e seu pai, em especial o olhar do menino-narrador para algumas ações estranhas do pai, como a ida constante para um quarto pequeno, em que coleciona aranhas em potes, e para conversas que mantém em segredo com o Dr. Fiss.

Temos então já os personagens, o cenário e o enredo. Falta a estrutura do texto. Ela segue uma ordem própria, não linear. Acontecimentos e cenário vão se sobrepondo em cada bloco de texto, em cada um dos capítulos. Uma miríade de situações vai acontecendo ao mesmo tempo sob a regulação segura de uma prosa sóbria, requintada e com alto apuro formal.

Podemos ver este movimento complexo, que envolve a memória do menino--narrador e uma série de acontecimentos, na viagem ao Uruguai, depois da morte do avô Manuel. Ahab fica responsável por buscar uma pasta de documentos do avô, que estaria em mãos de um amigo deste, no Uruguai. No processo da viagem, pela estrada, de carro, conseguimos ler descrições da paisagem, misturadas às falas do pai, aos cartazes de propaganda e ao fluxo de consciência do menino-narrador. Depois, os dois chegam ao hotel e vão também à praia. A isso se junta a ida para a casa do amigo de Manuel, além de um sonho do menino que faz com que se atravessem todos estes acontecimentos: a viagem, a chegada ao hotel, a ida à praia e à casa do amigo de Manuel.

É também nesta viagem que ficamos sabendo, aliás, da relação com a linguagem, em Ahab, especialmente com a língua espanhola, que é o lugar em que ele pode ser mais profundamente o que é, ao menos de acordo com a leitura atenta do menino-narrador. Conseguimos ler algumas troças do amigo de Manuel em relação a Ahab, chamado, em tom de galhofa, de "nuestro poeta gallego de América". O espaço intermediário entre a língua portuguesa e a espanhola se encontra aqui, em alguma medida. O lugar entre a Galícia, terra do avô de Vitor Ramil, também chamado Manuel, entre a Espanha e Portugal ecoa algo do lugar entre Pelotas e Montevidéu neste *Pequod*.

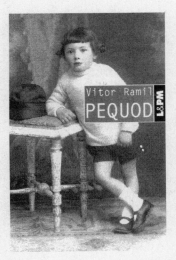

Capa da segunda edição de *Pequod*, com a foto de Ahab. 1999.

Os capítulos do livro seguem uma estrutura intrincada. São sete no total. Alguns pequeníssimos. Blocos de textos separados por pequenos espaços no papel e apresentando simultaneamente acontecimentos distintos, sempre mediados pelo fluxo de consciência do menino-narrador, que é quem nos conta tudo. Na leitura, vamos montando a estrutura da narrativa, ou melhor, fazendo algo que temos que fazer também em *A paixão de V segundo ele próprio*, ou seja, criando os níveis possíveis de articulação entre os fragmentos. Vejam só que curioso. É como se entre o segundo disco, lançado em 1984, quando Vitor morava ainda em Porto Alegre, e o primeiro trabalho ficcional, publicado após o retorno a Pelotas em 1995, depois de ter passado antes pelo Rio de Janeiro, houvesse um mesmo procedimento artístico.

Assim como no caso do álbum mencionado, em *Pequod* temos algo como um mosaico complexo formado por estilhaços e fragmentos que vão nos sendo apresentados e nos exigindo, a nós leitores, a construção, no ato da leitura, dos níveis de articulação que permitem atribuir lógica, sentido e coerência à narrativa. Embora saibamos que não se trata de nenhuma lógica, sentido ou coerência fechados, definidos, ou melhor, definitivos. A obra é aberta neste sentido, ela exige a presença da recepção como modo de conferir significado, ainda que nunca seja o significado último.

Ao lermos o livro é inevitável começarmos a fazer algumas aproximações dos personagens em relação ao próprio Vitor Ramil. Quem sabe Ahab não é uma descrição do artista, com sua obsessão pela forma pura, pela simetria, pela organização das ideias, pelos objetos lá fora como expressões de um real que é moldado por regularidades, sistematicidades, ordenações e assim por diante, mas que pode ser tomado pelas contingências, sobressaltos, e pelas impurezas da realidade? E nós não somos aqueles ao menos que se colocam no seu encalço, procurando compreender a sua produção artística, como o menino-narrador, tentando se aproximar do enigma de Ahab, da sua obsessão pelo quarto das aranhas, pela simetria das teias, pela forma da forma? Não poucas vezes me senti, na escrita deste livro, como o menino-narrador, procurando compreender os muitos sinais que me vinham, as falas de Vitor nas nossas conversas, os textos que lia, as canções que ouvia e as madrugadas frias e insones de Pelotas que iam me sugerindo traços, palavras, às vezes frases inteiras que iam compondo o meu livro.

Por exemplo, o menino-narrador fica sempre muito intrigado com um quadro revestido, guardado no guarda-roupa de sua avó. A curiosidade faz com que ele entre sozinho no quarto dela, abra a porta do guarda-roupa e pegue o quadro para vê-lo. A avó se depara com a cena. Mostra a ele a foto do quadro e diz ser Ahab, quando criança. Esta foto é a mesma da capa do livro. Quando descobri isso, tomei-me de espanto e senti como se estivesse fazendo parte da novela, como se a minha leitura e memória das palavras e imagens do livro fizessem sentido quando da descoberta da figura do retrato. Num segundo momento, quando perguntei ao próprio Vitor e ele me disse que o retrato era do seu próprio pai, Kléber Ramil, portanto, misturando ficção e realidade, constructo formal e vida, o espanto ganhou outra dimensão.

A obra como que se confundia com a vida a tal ponto que ficava impossível discernir uma da outra, ao mesmo tempo em que ia se desenhando em mim um quadro que fazia movimentar o retrato de Ahab, os personagens, o olhar do narrador e a própria figura de Vitor Ramil, fazendo com que retrato, narrador e autor se desdobrassem em muitos lugares, e pudessem ser muitas coisas simultaneamente. Como se o tempo pudesse também ser revertido, revisto, repensado, enrolado em si mesmo e, de repente, em meio à forma, brotasse a vida; em meio à ficção, a realidade; mas sem que nenhuma delas pudesse ser mera derivação uma da outra. Elas se desdobravam e se indiferenciavam. E isso podia se dar num lapso de tempo curto, numa fala do artista, na visualização da capa do livro, ao saber quem era a figura do retrato, e no instante em que conversei com ele pessoalmente.

Um tempo depois, num dos encontros presenciais que passamos a ter, quando a pandemia começou a ceder, com a chegada das vacinas, pude ver o próprio quadro de Ahab, ou melhor, do pai de Vitor tal qual está ali colocado no livro. Quando conversávamos sobre o *Pequod* e a sua capa, com a figura de Ahab como menino que se parece com menina, Vitor me levou até o quarto para me mostrar a foto original. É uma foto do seu pai de fato que se transmutou, no livro, na figura de Ahab, figura que tem muito de Vitor, revelando mais uma vez os circuitos e os enovelamentos misteriosos entre arte e vida pessoal, forma artística e cotidiano, memória inventada e memória experienciada.

Percebendo meu encantamento, ainda que contido, Vitor começou a ler a descrição do menino-narrador do livro, com a observação fina dos desenhos nos pés do banco, a forma do cabelo, os gestos das mãos, os sapatos, o tapete do chão e assim por diante. Tive assim, numa tacada só, *Pequod*, o quadro de

Ahab e a leitura de Vitor da descrição do menino-narrador. Voltando à sala, continuamos a conversa. Ela passou para a sua vida familiar, a importância da figura do pai, as emoções do velho ouvindo tangos, a frieza com que capturou uma aranha caranguejeira na casa, a forma como guardava as notas de dinheiro na carteira, de modo sistematizado e com uma progressão lógica de valor entre as notas. Muitas das características de Ahab, neste *Pequod*.

O DIÁLOGO DO DR. FISS

Como disse mais acima, os capítulos são divididos por blocos de textos, separados por pequenos espaços, que vão apresentando uma série de acontecimentos simultaneamente através do fluxo de consciência do menino-narrador. Uma das coisas que mais o intriga, ao lado das idas constantes do pai ao quartinho das aranhas, são os encontros de Ahab com o Dr. Fiss, a quem entrega envelopes marrons. Num determinado momento, o menino-narrador resolve invadir o casarão do Dr. Fiss, pela noite, com o intuito de entrar no seu quarto, imaginando que ele não estaria por lá, assim como fizera no quarto de sua avó, em busca do quadro que ela guardara com zelo no guarda-roupa. Ao entrar na casa, tendo pulado o portão, se depara, no entanto, com o personagem excêntrico, que começa um longo diálogo com o menino. Ele já sabia de tudo e, como se fosse uma aranha, capturou o pobre menino-narrador nas suas teias. É a partir deste encontro inusitado, e do diálogo que se desenvolve neste momento da trama, que o menino-narrador consegue saber o motivo dos momentos de retiro do pai, as ações estranhas, as posturas em relação ao amigo excêntrico. É, ainda mais, um diálogo que se dá numa ambiência extremamente sugestiva, com labirintos de espelhos, livros, recortes de palavras, poemas, incêndio, delírios e desvarios. Trata-se de um dos momentos mais bonitos do livro. O momento em que a loucura, ou o limiar da loucura, se encontra com a hiperlucidez, a lucidez que leva à perda de sentido, a racionalidade que conduz à pura pulsão.

Proximidade que podemos também perceber no próprio Vitor Ramil? Não sei dizer ao certo. Mas na sua obra há constantes aproximações com limiares da loucura e experimentos com interditos, como a morte. Basta pensarmos na figura do Barão de Satolep, que amplia ainda o repertório para dimensões mais ligadas à poesia e à literatura libertina. Um disco como *Longes* (2004) está cheio de experimentações e aproximações perigosas com a morte, num clima de melancolia profunda e como que sem fim. Como entender a ambiência de uma canção como "Ibicuí da armada", de 1984, com a imagem de degoladores, o corpo do narrador mutilado, com a cabeça e partes dispersas no rio? Em "A noite ardia com cem luas" há a descrição de um assassinato, entremeado por imagens de sangue, lagos e punhais. E o que dizer da obra-prima "Aço", com o personagem como um misto de psicopata com poeta libertino capaz de versos de uma beleza imensa como os que falam coisas como "tenho a linguagem doce de um dragão/ um verso em branco lido por ninguém"? E se seguirmos ainda mais teremos o próprio Selbor, o narrador do seu segundo romance, *Satolep* (2008), que experimenta a loucura, o desvario e a racionalidade levada ao extremo, como forma de alcançar uma hiperlucidez capaz de fazê-lo evidenciar o detalhismo arquitetônico e urbanístico de Satolep.

Numa entrevista sobre o livro, "A pré-história do Ramil que um dia foi criança", publicada em 1996, Vitor falou a respeito do seu interesse por personagens marginais, que vivem mesmo no limite, cujas ações e ideias habitam a beira do abismo. Disse ele literalmente: "Sempre fui fascinado, desde cedo, por compositores pouco conhecidos e autores marginalizados. Então, para mim, é natural ser uma figura marginalizada". É uma ótima entrevista, embora bem curta. Ficamos sabendo, por exemplo, que a gênese do livro se situa num primeiro texto, escrito logo após a gravação do *Tango* (1987), ainda quando morava no Rio. Na entrevista o artista faz o seguinte relato: "Pô, eu passo o dia todo envolvido com livros, lendo, será que um dia não vou escrever um? Nesta mesma semana me enfezei, sentei e comecei a escrever um texto que narrava a extinção dos mamutes. Era um trecho maluco sobre uma cena pré-histórica". Mas depois, logo após escrever as primeiras páginas deixou um espaço em branco e partiu para o que seria a abertura do *Pequod*, a cena que remete à sua infância ou, como prefere dizer, à sua "pré-história" pessoal: "Me dei conta de que, de uma coisa puramente inserida na minha imaginação, da pré-história do homem, para fazer um trechinho ficcional, pulei imediatamente para um texto que era a minha pré-história, numa primeira associação de ideias. Aí me veio esta possível forma do *Pequod*". A forma a que ele se refere é a da fragmentação, dos pulos de uma cena a outra, que caracterizam a narrativa. No ensaio que escreveu para a edição de *Pequod* da L&PM (1999) Vitor associa a estrutura da novela a uma "possível forma da memória", ou melhor dizendo, uma teia da memória, como ficará claro mais adiante, quando tratarmos da construção da "quase-poesia" por Ahab.

Sabemos também que o desfecho do livro se deu apenas quando Vitor fez a viagem de retorno a Pelotas, quando voltou a morar na casa que é, afinal de contas, o cenário principal da novela. Vejam só. Os primeiros passos do texto começam ainda no Rio de Janeiro, após a gravação do seu terceiro disco, *Tango*, de 1987. O desfecho vai se dar, no entanto, muitos anos depois, quando o artista volta a morar na casa da sua infância. Novamente os volteios do tempo.

Ainda nessa entrevista, o artista diz que há evidentes pontos de contato entre *Pequod* e a sua vida pessoal, mas que não é de bom alvitre ficar caçando, vamos dizer assim, trechos do livro que remetam a momentos de sua biografia. Eles estão ali entremeados e, ao se tornarem forma artística, já se confundem com a criação, com a forma, com o trabalho da arte. Assim como nas canções. Um caso citado é o de "Joquim", do mesmo *Tango*. Ali está presente um exemplo concreto de relação complexa entre pessoa real e personagem criado. Joaquim Fonseca era o avô do baterista da banda de Vitor de então, Alexandre Fonseca. De fato fora aviador. Mas a canção não é uma descrição literal da vida de Joaquim Fonseca. É a criação de um personagem, Joquim. "Joquim" vem como transcriação de uma canção de Bob Dylan, "Joey". Na estrutura narrativa, mistura a vida do aviador pelotense, do Joey de Dylan, do escritor brasileiro Graciliano Ramos e do próprio Vitor Ramil. Onde está a biografia? Onde a ficção? Onde o realismo? Onde o formalismo? Qual o limiar possível entre o que é real e o que é pura forma?

Partindo deste pressuposto é possível ver em vários momentos de *Pequod* o enlace complexo, cheio de nuances, entre a vida pessoal e a própria narrativa da novela. O diálogo do Dr. Fiss é bastante revelador. Ali parece estar a chave de alguns dos sentidos do livro. O nosso estranho personagem revela ao menino--narrador o enigma que envolve o distanciamento, as frases e ações misteriosas de Ahab. Ele, Ahab, estava construindo um projeto estético associado a uma nova forma de fazer poesia, ou melhor, "quase-poesia".

Tal projeto está associado diretamente ao seu interesse pelas aranhas, como se fossem seres até mais inteligentes que os próprios humanos, pois teriam sido capazes de construir uma maneira de se antecipar às ações, ou às contingências e, com isso, controlar a sua relação com o real. Isso vem desde a construção das teias que não têm ponto fixo, centro propulsor, nada disso. São pontos, fragmentos que vão se interligando e com isso gerando formas mais ou menos estáveis. As aranhas evoluíram de tal maneira que desconhecem o acaso. O projeto de Ahab quer ser assim também, se realizar de tal maneira que desconheça, digamos assim, as impurezas do acaso e possa, como diz belamente o Dr. Fiss, dançar um tango de pureza com a memória.

Para isso, Ahab e Dr. Fiss fizeram o seguinte acordo. Ahab deixaria na casa do Dr. Fiss sua biblioteca toda, os mais de 1.400 livros ficariam ali no casarão. Ahab se entregaria à poesia, como primeiro ponto de partida. Por isso as suas idas constantes ao quarto das aranhas, o seu distanciamento da família. Escrevendo os poemas os mandaria ao Dr. Fiss, que ficaria encarregado da seguinte tarefa: selecionar uma palavra do poema, recortá-la. Depois, selecionar um

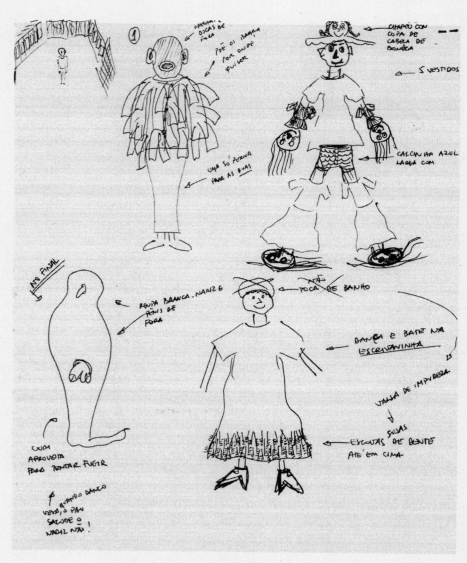

Estudo para vestuário. Diálogo Dr. Fiss.

livro da estante, procurar a mesma palavra e colá-la na página do livro. Após isso fazer a seguinte contagem. Primeiro, o número da posição do livro na fileira, em relação aos outros livros da mesma fileira. Depois, o número da própria fileira da estante. Feito isso, o número da página em que a palavra foi encontrada e em que a palavra do poema foi colada. Depois, o número da frase dentro da página, seguido do número da palavra dentro da frase. E assim sucessivamente, num exercício de desmonte e fragmentação de todas as palavras do poema. Com isso chegaria a um código numérico. A partir dele seria possível criar uma espécie de teia de palavras, teia-memória como teia de palavras, que atravessaria as palavras dos poemas e as palavras dos livros da estante, criando assim, de acordo com a minha leitura, uma forma estética e poética própria.

Ahab, assim, implode por dentro a estrutura dos poemas, através do desmonte das palavras e da sua junção às palavras dos livros com o exercício da colagem, algo no sentido mesmo da arte moderna, a bricolagem. Com isso gera novas estruturas, em forma de uma longa e extensa teia de palavras, mediadas pelos códigos numéricos que se extrai no exercício da colagem e desmonte. Não seria esta a descrição, em forma literária, do implosivismo de Vitor Ramil?

Em um outro momento do diálogo é possível sugerir ainda mais uma outra aproximação. Eu me refiro aos comentários do Dr. Fiss em relação à evolução dos poemas de Ahab. Ele diz o seguinte: "No começo eram rigorosos poemas científicos, pequenos e inspirados verbetes de enciclopédia. Patas descritas minuciosamente, hábitos dissecados". Não consigo deixar de pensar aqui nas musiquetas e nos exercícios de experimentação formal vinculada aos poetas concretos, com seu rigor quase científico. Segue o Dr. Fiss: "a análise foi cedendo lugar a abstrações sobre aranhas até chegar em um curioso estilo confessional, onde o poeta parecia falar de si próprio, embora falando na terceira pessoa". As longas canções de *Tango*? "Loucos de cara", "Joquim"? Quem sabe, quem sabe.

Mas após o Dr. Fiss revelar ao narrador que Ahab é um poeta que vinha construindo um projeto estético próprio, tentando fazer equivaler a sua forma artística à forma das teias de aranha, o diálogo vai ganhando mais intensidade e segue cada vez mais tenso, especialmente para o menino que vê os volteios alucinados do Dr. Fiss, que passa a chamá-lo de "Fora de si" e, com isso, vai entrando num processo de desvario. Ou seja, quem vai ficando fora de si é o Dr. Fiss, que começa um solilóquio sobre a morte e a vida, e anuncia a sua dança como tango da impureza, em contraponto ao tango da pureza de Ahab. Com isso, começa a se vestir com uma série de roupas estranhas, como calças de uma perna só, camisas de dezenas de mangas, vestidos com escovas de dente desgastadas, cabeças de boneca sem olhos, chapéus com vários buracos de entrada, salto alto e por aí vai. Enquanto faz a sua sinistra valsa da impureza, dançando e pisoteando baratas que saem em debandada da escrivaninha, a casa começa a pegar fogo.

O menino-narrador insiste, tenta alertá-lo. Fiss pouco se atenta. Continua sua dança desvairada e com um quê de surreal. É um fantasma incendiário, com fogo subindo pelos cantos do seu casarão. É o oposto da racionalidade sistemática e rigorosa de Ahab. Ou será a intensidade dela? Ninguém sabe. Com sorte, o narrador consegue por fim escapar àquela insanidade, com algo de cena dantesca. Vê ainda o casarão todo em chamas. É a realização da estética da superfície, de que diz o próprio Dr. Fiss. Uma estética que acaba por se anular, mal aparece, com as chamas e a fumaça no casarão.

～

Diferentemente do que possa parecer, especialmente por conta dos últimos governos brasileiros, o Brasil tem uma boa tradição de políticas públicas para a cultura, nos níveis nacional, estadual e municipal. A importância notável de um projeto como o Pixinguinha para a ampliação do alcance de público das canções de Vitor Ramil já foi mostrada. Através do projeto, de circulação nacional, Vitor consegue formar um público em várias regiões do país, com destaque especial para o Norte, mais precisamente Belém do Pará. Um outro projeto, dez anos depois da sua primeira participação no Pixinguinha, será fundamental para o início da internacionalização da sua obra, a partir dos países platinos. Trata-se do 1º Porto Alegre em Buenos Aires, de 1996, que levou uma série de artistas gaúchos para a capital argentina.

O evento ganhou um ar de acontecimento em parte importante da imprensa do Rio Grande do Sul, em especial no jornal *Zero Hora*. Um dos críticos mais bem armados intelectualmente, da mesma geração de intelectuais, artistas e escritores de Vitor Ramil, escreveu um texto entusiasmado com o resultado: "Alegres lições da excursão portenha". Eu me refiro a Luís Augusto Fischer, crítico literário, professor e também escritor. Além do mais, naquela altura, Fischer era subsecretário de Cultura de Porto Alegre.

A primeira boa observação do seu texto é que o conjunto de artistas da canção, dramaturgos, cineastas, romancistas, poetas estavam de repente juntos conversando sobre suas obras, sobre arte e cultura, ali em Buenos Aires, após acompanharem a apresentação de seus companheiros de cidade e país. De repente, na cidade argentina, se formou um bom espaço para encontros significativos entre artistas gaúchos. E a coisa não para por aí, claro. O encontro teve uma cara, se posso dizer assim, de forma bem coloquial, de integração de fato, do sentido mesmo do que era, àquela altura, já não é mais, o Mercosul.

Fischer ainda insiste um pouco numa crítica que lhe é costumeira: a difícil, ou inexistente, conversa interna entre Porto Alegre, ou melhor dizendo, o Rio Grande do Sul todo, e o resto do Brasil, em especial o tal eixo São Paulo-Rio, ou como chamam alguns dos gaúchos, o "centro do país". Aliás, parte dessa difícil — ou impossível? — conversa estimulou e muito a virada significativa na obra de Vitor Ramil, na conceituação da sua "estética do frio", como vamos ver mais à frente.

Renato Mendonça, um jornalista que acompanhou parte expressiva da carreira de Vitor, também escreveu um bom texto sobre o evento, colocando em primeiro plano o artista. Em "Leia o livro e ouça a música", Mendonça descreve as atividades de Vitor neste 1º Porto Alegre em Buenos Aires. O ritmo era o de "veja o show" e "leia o livro", porque Vitor foi lá também para distribuir a versão em espanhol do *Pequod*. Além, é claro, de se apresentar em show com Pedro Aznar, o músico argentino que, anos depois, será o produtor dos álbuns *Tambong* (2000) e *Longes* (2004). Vitor, por fim, aproveitou o período para retomar a figura do Barão de Satolep, que também fez presença no evento, em show próprio, com aquele repertório que é, a meu ver, um dos melhores de toda a sua carreira. Canções como "Meu putinho" e "Leprosética" fizeram parte do show em Buenos Aires.

O *La Nacion*, de Buenos Aires, deu ampla matéria sobre o evento. Em "Con todo el fervor de la tierra gaúcha" apresentou um quadro geral da programação, entre teatro, cinema, música e artes plásticas, mencionando o show de Vitor Ramil, mas dando um bom destaque para uma outra compositora gaúcha que estava numa boa fase no Brasil: Adriana Calcanhotto, chamada ali de "La mejor heredera de Elis Regina".

Mas a matéria mais extensa e interessante, especialmente sobre Vitor, foi a publicada no jornal *Página 12*, também de Buenos Aires, com o título "El milonguero pop: Vitor Ramil, un credito 'gaucho'", que contou com um foto sua com a mesma roupa do encarte de *À Beça*, calça colorida, camisa branca e colares no pescoço, além de destacar a letra de uma canção nova, a primeira feita em espanhol: "Mañana Y Pasado". Nela, Vitor conversa sobre a sua carreira até ali, de *Estrela, Estrela* a *À Beça*, fala sobre a sua aproximação familiar com o Uruguai e a língua espanhola, por conta de seu pai ser uruguaio e seu avô espanhol, se confessa beatlemaníaco e, por fim, trata um pouco do Barão de Satolep, que ressurge no show e que é descrito da seguinte forma por Martín Pérez, o autor da matéria: "Un irónico compositor jorobado, interpretado por él mismo, que tiene en su repertorio temas como 'Cancion de la leprosa' (um bolero que habla de un amor roto en pedazos, literalmente) y 'Mi putito'", se referindo, é claro, às canções "Leprosética" e "Meu putinho".

A esta primeira edição do projeto se seguiram várias outras. Também houve um movimento inverso, com Buenos Aires em Porto Alegre. Vitor chegou a apresentar-se novamente como Barão de Satolep na segunda edição do evento, e não deixou de lado o humor sarcástico do Barão, que já na sua primeira fala disse ser um clone de Fito Paez: "um aperfeiçoamento do tipo. Mas é melhor ser um Fito Paez melhorado do que uma ovelha chamada Dolly", como descreve Eduardo Sterzi num belo texto, "Flagrantes de uma solidão continental". O fato é que o projeto foi muito importante para a carreira de Vitor, pois o aproximou decisivamente do campo cultural da Argentina, com livro divulgado, shows mais ou menos regulares, contato substancial com Pedro Aznar, entre outros. A "estética do frio" começava a ganhar cada vez mais consistência e vida própria, com sua obra ecoando efetivamente no espaço supranacional que faz aproximar Brasil, Uruguai e Argentina. Faltava, no entanto, para o Vitor da milonga, do pop e da experimentação de vanguarda, uma realização artística que pudesse ser considerada quase como a sua condensação musical e poética. Ela viria no ano seguinte, com o lançamento de seu quinto álbum: *Ramilonga – A estética do frio*.

Mas antes ainda de chegar a ele, no final de 1996, Vitor relançaria em CD o seu terceiro álbum, o *Tango,* com direito a uma série de apresentações. Em "Tango com clima jazzy", publicado no jornal *Zero Hora*, Jerônimo Teixeira descreve o repertório do show, com a presença de uma canção de *À Beça*: apenas a lírica "Foi no mês que vem" e a melancólica "Ramilonga", como canção do próximo disco. A primeira canção do show foi "Virda", Vitor esteve entre o piano e o violão, havia, segundo o jornalista, um tom de brincadeira e espontaneidade, com o artista arriscando um portunhol, os músicos tocando com liberdade. No final, o bis veio com "Satolep" e depois o hino do Grêmio. Segundo Jerônimo, "Até os colorados aplaudiram". Marcelo Ferla em "Tango vira jazz e pop levanta o Araújo", para o mesmo *Zero Hora*, destaca o conjunto de apresentações que reuniu artistas como Geraldo Flach, a orquestra de Câmara do Theatro São Pedro, Cidadão Quem e, claro, Vitor Ramil. No show de Vitor destacou a banda que o acompanhou, com Nico Assumpção, Luiz Avelar, Carlos Martau, Eduardo Neves e Frank Solari. Como na primeira matéria, o destaque vai para a "quilométrica" "Ramilonga", que anunciava o novo álbum por vir. A mesma "Ramilonga" de tantos anos atrás, de tanto tempo, do período dos shows temáticos, fazendo o tempo se voltar novamente, se contorcer e ir ganhando novas feições.

Capítulo 5

O pampa infinito e exato

EM UMA DAS CONVERSAS QUE TIVE com Vitor Ramil disse a ele que via nas suas milongas a criação de uma ambiência sonora e poética própria, enovelada em si mesma, como se exigisse de nós a atenção concentrada e como se nos permitisse penetrar um outro espaço. Tinha dito isso por conta da audição de uma canção nova que ele havia me mandado, mais uma das suas proezas em transformar poemas em canções. Era um poema de Paulo Leminski. Mas eu também estava muito tomado por um dos momentos mais bonitos do show *Animais*, quando o Barão de Satolep canta "Meia-Noite, meu amor", a boa versão de Vitor para "Round Midnight", do Thelonious Monk.

Quando ele dizia nos versos que a cidade estava se desfazendo por conta da chegada da neblina, é como se a neblina e o frio fossem criando uma ambiência própria, do mesmo modo como fazem as suas milongas. E assim o frio, a neblina, a cidade e a milonga se confundiam, e em conjunto criavam uma linguagem estética autônoma, uma proposta musical e poética muito singular.

Analisando até aqui parte da recepção crítica da sua obra, me parece que a sensação de estarmos diante de um artista em processo de criação de uma forma artística muito singular veio a se consolidar mesmo com o *Ramilonga – a estética do frio* (1997), disco que não à toa tem no encarte um texto escrito em tom de manifesto. E isso para além do Rio Grande Sul, tendo o disco atingido bom público e boa recepção crítica em outros estados brasileiros.

Observando as matérias e resenhas em jornais, algumas coisas chamam a atenção. Em alguns casos, a aproximação com experimentos de vanguarda pop como o caso do mangue-beat de Chico Science e Nação Zumbi, por conta de Vitor ter aproximado temas próprios à música gaúcha da instrumentação mais propriamente universal, como podemos ver por exemplo no uso de instrumentos orientais. Neste sentido, talvez possamos dizer que "Estética do frio" e "Mangue-beat" se aproximam em alguma medida, ao menos se pensarmos no contexto da recepção deste disco, na altura em que ele foi lançado, porque a proposta da "estética do frio" vem de muitos anos antes.

Mas pensemos no contexto em que o disco foi lançado, no ambiente mesmo da música popular brasileira mais inventiva do período. Um outro caso pode ser até mesmo o do Racionais MCS, que havia lançado um álbum como *Sobrevivendo no inferno* no mesmo ano de 1997. Artistas filhos da classe trabalhadora precarizada, da periferia da maior metrópole do país, faziam canções com poética formalmente sofisticada, ao mesmo tempo, conversando com questões próprias aos jovens da periferia paulistana e usando para isso muitos símbolos, gestualidade e base sonora de um tipo de canção desenvolvida com maior visibilidade a partir dos EUA. Os espelhamentos complexos entre estados do Brasil, Rio Grande do Sul, Pernambuco ou São Paulo, e o mundo, a partir dos EUA, da Europa, da Ásia ou da América Latina, em especial Argentina e Uruguai, pareciam dar a tônica ao período.

Também talvez fosse possível mencionar o nome aqui de Antônio Nóbrega, como faz um curioso texto escrito para o jornal *O Estado do Maranhão*, em 1998, quando Vitor estava por lá fazendo shows com o repertório do álbum. O texto se chama "Perfil da estética do frio" e vai apresentando um retrato do artista, tentando sugerir aproximações bastante curiosas: "Visualmente ele pode ser definido como uma mistura de Caetano Veloso com Zeca Baleiro, um olhar meio Flávio Venturini…". Bom, deixando de lado as estranhas comparações, o texto faz uma boa apresentação da trajetória de Vitor, do primeiro disco ao atual, passando pela criação do Barão de Satolep, além de ressaltar a importância de Pelotas, "a mais negra cidade gaúcha", e destacar a importância dos personagens marginais na sua obra, como o próprio Vitor diz na matéria: "A isso deve ser levado em conta o fascínio pela literatura, sobretudo pela história de homens marginalizados", confirmando a presença destes tipos sociais em canções como "Loucos de cara" e "Joquim".

Quando perguntado sobre a aproximação com Antônio Nóbrega, "Há quem diga que Vitor Ramil está para o pampa gaúcho como Antônio Nóbrega para o Nordeste", Vitor responde de forma muito interessante e pertinente: "No Nordeste os artistas transitam no imaginário cultural da região com muita naturalidade, reunindo o histórico e o moderno, além de ter uma cultura negra muito forte. No Sul, as tradições são mais distantes, o gaúcho tem um rigor muito grande em relação a valores que entram em contradição com a modernidade".

Vai pelo mesmo caminho um texto como "O mundo é o nosso umbigo", publicado também em 1998, pelo *Jornal do Brasil*, no Rio de Janeiro. A matéria aproxima o grupo paulista Karnak, o mineiro João Bosco, do disco *As mil e uma aldeias*, e o *Ramilonga* de Vitor. O título sintetiza a abordagem toda, pois ressalta nos três casos a relação entre o local e o global, o regional como universal. No caso do *Ramilonga* destaca a presença da cítara, tabla e tamboura em meio aos ritmos tradicionais gaúchos; realça canções como "Causo Farrapo" e "Memória dos bardos das Ramadas" e define bem um dos sentidos do disco ao dizer que Vitor Ramil "recicla a cultura galponeira sem apará-la com a motosserra do pop". Talvez aí se situe, adiantando um pouco as coisas, as suas principais diferenças em relação a um movimento como o do mangue-beat, muito dependente desse amparo do pop internacional.

Ou talvez não. É o próprio Vitor que em algumas oportunidades, ainda pensando no âmbito das resenhas e matérias do período, ressalta a importância do trabalho da turma de Chico Science. Em uma entrevista dada para o *Jornal de Brasília*, o artista ressalta o papel fundamental de Chico Science, ao lado de um outro pernambucano que, como ele, começou a atuar na década de 80, Lenine: "Eu queria me sentir à vontade com o meu imaginário. É uma tendência brasileira e mesmo mundial dos artistas realizarem releituras do seu regional, como o Chico Science e o Lenine fizeram em Pernambuco".

De todo modo, expressões como "regionalismo universal", ou "regionalismo moderno explícito", como disse, parecem sintetizar grande parte das resenhas e matérias de jornal sobre o disco e os shows relacionados. Uma pequena resenha publicada na revista *Carta Capital*, de 1997, começa mencionando Tchekhov: "Canta a tua aldeia e cantará ao mundo" e fala em exercício rigoroso de regionalismo explícito. Já Renato Mendonça, para o jornal *Zero Hora* de Porto Alegre, diz que "Vitor descobriu a fórmula" e ressalta que essa descoberta se deu por conta da sua atenção ao regionalismo gaúcho misturada à sua formação moderna, com Jorge Luis Borges e João Gilberto à frente. Segundo o jornalista, "A tal estética do frio começava a fazer sentido".

Vitor diz em outra boa matéria, "Milonga de corpo inteiro", para o mesmo jornal, que conseguiu fazer sua persona urbana lidar com o seu imaginário gaúcho e mostra mais uma vez algumas diferenças importantes em relação aos artistas do Nordeste, que teriam uma maior facilidade de transitar entre o cosmopolitismo e o imaginário regionalista.

Ramilonga ganhou o prêmio açorianos no ano de 1998, como melhor disco de MPB, e foi também escolhido como o melhor álbum do ano numa lista de melhores elaborada por uma série de críticos, de muitos lugares do Brasil, entre eles Juarez Fonseca e Tárik de Souza. Em entrevista para anunciar o show, dessa vez em Florianópolis, na matéria assinada por Néri Pedroso, aparecem novamente as imagens do regionalismo encontrando a modernidade, ao lado de uma possível maturidade estética e poética do artista. Ao menos a sensação de ter encontrado a sua linguagem.

A mim soa um pouco duvidosa a coisa do *encontro da sua linguagem artística* porque tem me parecido até aqui que a linguagem artística de Vitor Ramil é necessariamente inquieta e tumultuosa, precisa permanentemente se recriar, se reinventar, como quer a própria ideia do implosivismo. Fazer implodir por dentro os livros e discos e a partir daí gerar novas formas artísticas e de pensamento. Mas é indiscutível que, com *Ramilonga*, Vitor deu um passo gigantesco para maturar a sua estética do frio.

Que o leitor continue a me acompanhar nessa algaravia de resenhas e matérias de jornal, que representam muito bem o que foi a recepção do disco, assim que lançado, e mostram de forma contundente o seu eco em nível nacional, fazendo o artista pela primeira vez ser reconhecido nacionalmente. E não só nacionalmente, pois o período coincide com sua participação no 2º Porto Alegre em Buenos Aires. Aliás, não é demais lembrar que *Pequod* (1995) teve uma tradução para o espanhol, de Isabela Mozzillo. Foi feita então uma edição experimental através da editora da UFPel. Vitor levou exemplares desta edição, em 1996, para Buenos Aires, mas o livro não foi publicado nem comercializado na Argentina.

Temos assim dois movimentos, um de nacionalização e outro de início de internacionalização, este último a partir dos países platinos, da região mesmo onde se configura a estética do frio.

E isso se vê, é evidente, pelas resenhas sobre o disco, especialmente em São Paulo (*Veja, Carta Capital, Jornal da Tarde*) e Rio de Janeiro (*Jornal do Brasil*), a ponto de Juarez Fonseca ter dito que com o disco o artista "passa a integrar de fato o time dos gaúchos de trânsito nacional, ao lado de Renato Borguetti, Adriana Calcanhotto, Tangos & Tragédias, Engenheiros do Hawaí, Nenhum de Nós e seus manos Kleiton e Kledir", numa matéria em que ressalta um traço curioso de algumas das resenhas sobre o disco, a aproximação de Vitor Ramil com Caetano Veloso, muito por conta do timbre da voz em algumas das gravações: "Ramil fala de sua porção Caetano". A sombra do grande artista brasileiro se fazia sentir, como antes o fizera nas tinturas tropicalistas do álbum *A paixão de V segundo ele próprio*.

É claro que um artista da magnitude e da excelência de Caetano Veloso acaba por influenciar, voluntária ou involuntariamente, outros artistas das gerações posteriores, ou da mesma geração. Natural que assim aconteça. Mas tem algumas sutilezas aqui. A suavidade da voz em "Deixando o pago", por exemplo, deve muito mais a um dos preceitos do texto escrito no encarte do disco, "João Gilberto sussurrando Prenda Minha", do que ao canto do grande compositor e também grande cantor baiano. Mais aos interesses estéticos do próprio Vitor Ramil, o encontro entre a música brasileira e a música portenha, os movimentos sutis que fazem encontrar uma canção como "Não é céu", com melodia bastante próxima do que costumamos entender como música brasileira, ao menos da tradição advinda da Bossa Nova, e "Deixando o pago", o poema de temática gauchesca de João da Cunha Vargas, transformado em milonga com canto sem afetação exaltada.

É o próprio Vitor, aliás, quem explica, após a pergunta de Juarez Fonseca. O texto é claríssimo, inclusive no que diz respeito à aproximação entre os timbres. Ele diz: "Meu timbre de voz se parece com o dele, se eu quisesse fazer um cover, não me sairia mal. Mas está claro para todo mundo, creio que já há bastante tempo, que não se trata disso". E aí mostra a sua lucidez costumeira ao tratar da gravação em especial de "Deixando o pago": "A primeira vez que botei no disco foi em 'Deixando o pago'. Pensei assim: quero um tom joãogilbertiano. Quando ouvi saquei logo que iriam associar ao Caetano", para depois ressaltar o que há de mais importante na aproximação: "a associação com ele é importante pra mim porque é um sinal de que existe uma certa lógica nas ideias que estão por trás do *Ramilonga*. Afinal de contas, Caetano é um paradigma de brasilidade, não é mesmo?". A comparação acaba por confirmar o sentido das ideias do *Ramilonga*, a presença, em meio aos pampas gaúchos, com suas paisagens entremeadas de platinidade, de um sentido também de brasilidade.

Ele ainda aproveita a entrevista para mostrar as influências mais conscientes da sua formação, digamos assim. Chico Buarque, como aprendizado de letrista; Milton Nascimento como ensinamento do canto e da voz; e Egberto Gismonti como fundamento da música, como escolha para instrumentos, como o violão e piano, por exemplo. Além disso, Beatles e os tangos antigos, eu acrescento. Mas a comparação não o incomoda nem o envaidece. É parte natural das coisas. É bom sinal, como ele diz, de reconhecimento da sua proposta estética no *Ramilonga*.

Em conversa recente comigo, o próprio artista confirma algumas das informações que apareceram por aqui. Por exemplo, o vínculo entre o *Ramilonga* e o que vinha fazendo o Chico Science. O *Ramilonga* é também uma espécie de turbinada na milonga, uma radicalização conceitual que traz a milonga para a contemporaneidade. Neste sentido há alguma afinidade com o que fez Chico Science com o maracatu. Siba e Mestre Ambrósio são outros bons exemplos apresentados pelo artista. É também o período em que artistas asiáticos, africanos ou latino-americanos, digo eu, eram classificados na prateleira da chamada "world music". O *Ramilonga* foi também chamado assim, me diz Vitor, no mesmo áudio.

Quando saiu o álbum, alguns comentários foram os de que ele estaria fazendo música para "velhos", se aproximando da onda dos nativistas, da lógica dos CTGS, os Centros de Tradições Gaúchas. Ele saía assim de um álbum que conversava diretamente com o pop contemporâneo, usando instrumentos como a bateria eletrônica, dialogando diretamente com um artista como Beck, para fazer um disco com milongas e temáticas gauchescas. Uma viravolta significativa e que causou certo estranhamento.

Sobre isso, uma das coisas que falei bastante ao longo dos anos, e que às vezes gerou mal-entendidos com outros artistas, é que a modernidade deveria estar na essência, não no verniz. Referia-me ao fato de que sempre que um tema regional era tratado instrumentalmente com teclados, guitarras, loops etc., era visto necessariamente como moderno. Mas na maioria das vezes o tema em si era velho em letra e música, ou seja, apenas o verniz era o clichê do moderno. Por exemplo, considero o *délibáb* um álbum muito moderno, assim como o *Ramilonga*, e ele foi feito com dois violões. Ao mesmo tempo, o fato de sua temática ser o interior do Rio Grande do Sul ou o subúrbio de Buenos Aires não significa que ele é menos moderno que outros trabalhos que tematizem a metrópole ou sejam produzidos com todo um aparato tecnologicamente avançado. Nestes dois trabalhos quis conscientemente questionar os conceitos de antigo e moderno, para criticar o tradicionalismo folclorista e quem sabe modernizar em essência o imaginário regional. Eu investi em meter a mão no mesmo barro dos temas e, principalmente no *délibáb*, das roupagens. Quis mostrar que se podia avançar artística e conceitualmente usando a mesma matéria-prima. A diferença estaria, mais uma vez, no novo ponto de vista, na nova forma de abordagem. Eu me ocupei principalmente em oferecer a este ambiente regionalista um novo repertório, grande e consistente, que trouxesse novidades composicionais e interpretativas.

O mais significativo, ao que parece, é que *Ramilonga* é um álbum que realiza algo que vinha sendo conceituado por Vitor faz muito tempo. Uma perspectiva própria que vai se construindo como crítica ao legado do tropicalismo como valoração do ecletismo. "Como falei ao Caetano, por ocasião do convite a ele para participar do *délibáb*, disco que lancei em 2010. Eu disse pra ele que aprendi muito com o tropicalismo, mas lá eles trabalhavam com os gêneros lado a lado, com suas diferenças evidenciadas. Eu estou em busca de uma linguagem síntese".

Ora, neste momento Vitor encontra na milonga a possibilidade de uma linguagem matriz, a essência por onde vai gravitar a sua música a partir do *Ramilonga* e da conceituação da estética do frio. Trata-se ainda mais de uma música capaz de se vincular com vários gêneros. O salto se daria a partir daí, como um próximo passo em relação à crítica ao ecletismo tropicalista como valor, que tem como característica uma estética da justaposição de elementos, ou se quisermos, de gêneros musicais com suas características singulares evidenciadas e causando algum tipo de tensão e dissonância. A proposta estética de Vitor é outra, bem diferente. A busca é pela síntese, por criar obras que possam gerar sínteses poderosas entre elementos diversos e não a evidenciação destes elementos colocados em justaposição. Temos assim uma perspectiva bem interessante sobre a estética do frio, conversando diretamente com o ambiente de criação da canção brasileira em geral e com o legado tropicalista, como uma proposta estética alternativa no sentido formal mesmo, não apenas em relação ao deslocamento geográfico do eixo associado ao centro cultural do país, em algum lugar entre São Paulo, Rio ou Salvador.

Vitor, de novo:

Uma observação: o Caetano em praticamente todos os seus discos faz a mistura de gêneros, de atmosferas, ritmos etc. Ou seja, aquela mistura tropicalista original ele levou com ele para todos os trabalhos, talvez nem sempre radicalizada como nos primeiros discos. Foi esse sempre o jeito de ele funcionar. Eu, com exceção talvez de *A paixão de V*, faço de cada disco um exercício de síntese em torno de um conceito específico. Isso se firma depois do *Ramilonga*, mas já tinha se iniciado no *Tango*. Em relação ao *Ramilonga* cheguei a dizer, na palestra de Genebra, que o disco era um exercício em busca de unidade. Isso que faço, de guardar por anos uma canção até gravá-la, como foi o caso da própria "Ramilonga", mostra o esforço em buscar a coerência interna entre o grupo de canções que constituem um álbum.

RAMILONGA – A ESTÉTICA DO FRIO

"É a hora em que o sino toca." Estes versos do conhecido poema de Drummond traduzem para mim a relação exata que tenho com este disco. Ele mesmo se parece com uma suíte, como se fosse uma peça só, e não um conjunto de canções mais ou menos autônomas. A ambiência sonora e poética das canções, com suas modulações entre elas, parece ser uma coisa só, como se estivéssemos lendo um romance, com seus capítulos, e precisássemos lê-lo todo para compreendê-lo bem, e melhor nos aproximar do seu sentido.

Uma das muitas surpresas desta pesquisa foi a descoberta de que "Ramilonga" é uma canção antiga, que não foi feita para este disco, que era cantada nos shows temáticos do período entre 87–95. Ver as imagens de um Vitor Ramil ainda muito jovem, despido das vestes do Barão de Satolep e sua adorável poética suja, cantando a canção como se estivesse se despedindo, foi das coisas que mais me impactaram até aqui e hoje já não consigo desvincular a canção deste período de sua vida pessoal e criação artística.

Luís Rubira, quando analisou a canção, para o seu belo livro, ressaltou a solidão do eu-lírico, o sujeito da canção, como chama, atravessado por sensações indefinidas, sobrevoando a cidade através da milonga, rememorando momentos da sua vivência em Porto Alegre e ecoando o tétrico "Nunca mais, nunca mais". E me basta lembrar a importância de Porto Alegre na formação existencial e artística de Vitor, no período em que ficou por lá, num exercício de reorientação e reeducação da sensibilidade, estética e poética, com leituras de livros como *Obra aberta*, e certamente dos poetas concretistas, e de muitos outros críticos e poetas das vanguardas modernistas e não só. A própria capa tem uma etiqueta de bagagem de avião em direção a Porto Alegre, como a demonstrar que tudo se inicia por lá, ao menos se inicia no sentido do momento de sua formação intelectual mais arrojada.

A canção que abre o álbum é justamente "Ramilonga", essa canção de despedida. Ela pode ser lida também como um abandono provisório das experimentações formais daquele período. Vitor sai de Porto Alegre, do ambiente urbano, e segue para os pampas, tão bem descritos pelos versos da próxima canção do álbum, "Indo ao pampa" ("Eu indo ao pampa/ o pampa indo em mim"), a ponto de fazer uma mudança na ordem do tempo ("Quase ano 2000/ mas de repente avanço pra 1838"). E dizer "avanço" aqui faz todo sentido, significa ir além do tempo presente e mostrar que há algo mais moderno nos homens daquele contexto do século XIX ("E digo avanço porque é claro que os homens por ali/ estão pra lá dos homens dos anos 2000").

O primeiro movimento, assim, se dá para um tempo de guerra, para as paixões abertamente republicanas e, a certa altura, separatistas da Revolta dos Farrapos, na primeira metade do século XIX, e num período em que o Brasil como território unificado é ainda um projeto, tendo em vista a recente independência do país e o período conturbado das regências, com revoltas se dando por todo o território.

Não que fosse incomum a presença de aspectos da história do Rio Grande do Sul na canção de Vitor Ramil. Já em seu segundo disco temos "Ibicuí da armada", em que aparecem dimensões da chamada Guerra da Degola, com a presença dos maragatos; na menção à invasão de Zeca Neto em "Satolep"; no delírio de Garibaldi em "Loucos de cara", entre outros exemplos possíveis. Mas é que aqui a relação se dá como um programa estético mesmo, ele é necessário no quadro do álbum. Saímos da urbanidade moderna de Porto Alegre e entramos num outro tempo e numa outra história, com a Guerra dos Farrapos atravessando os pampas.

Um fato bem interessante dessa canção são os versos que falam em "séculos XIX e XXI" fundidos sobre o céu e que clareiam as ideias e a paisagem à frente. Estendem tanta luz no campo verde ou rubro. É como se a visada, ao menos nessa canção, não passasse pelos filtros da mediação do século XX, como se ir ao século XIX, que é análogo aqui a ir aos pampas, permitisse ao artista dar um salto para o século XXI, já que os homens desse tempo estariam para lá dos homens dos anos 2000. Se pensarmos que o século XX brasileiro tem como um dos marcos de modernização cultural e estética o modernismo de 22 e que este movimento depende muito da urbanidade como forma de justificar a sua primazia, o seu papel de vanguarda na vida cultural brasileira, ao ir aos pampas, às ambiências regionais, do campo, do meio rural, chamemos assim, e se afastar da urbanidade como traço de modernidade e vanguarda, Vitor está abrindo um outro caminho possível para construir uma visada cosmopolita, universal e, como não dizer?, a seu modo, moderna.

Aqui podemos antecipar uma das frases mais conhecidas do ensaio sobre a estética do frio, aquela que diz que os gaúchos estariam não à margem de um centro, mas no centro de uma outra história. Que outra história seria essa? Essa outra história tem a ambiência das planícies dos pampas, um espaço supranacional, como demarcação crucial, atravessada por países como Brasil, Argentina e Uruguai. A clareza que o enlace entre os séculos XIX e XXI expressa pode ser a da possibilidade de construção de um imaginário universal que não dependa exclusivamente das vanguardas modernistas muito concentradas nas ambiências singulares das metrópoles do início do século XX.

Mas a história da canção é um pouco mais simples, vamos dizer assim, como me conta Vitor.

Eu estava no set de filmagens do filme *Anahi de las Misiones*, no campo, em Uruguaiana. A cena que descrevo na canção é mais ou menos o que estou vendo acontecer à minha frente. Então estou às portas do século XXI vendo uma cena do século XIX, carroções, gaúchos, cavalos etc. Foi um mergulho no imaginário com figurantes e figurinos. Também um mergulho na mitologia, com isso de afirmar que aqueles homens estavam pra lá do ano 2000, coisa que, pensando criticamente, eu não afirmaria. Posicionei-me como um narrador arrastado pela força daquela mitologia.

Vitor dizia, aliás, numa das matérias de jornal sobre o álbum, sonhar em ver um dia um gaúcho pilchado tocando cítara ao pé de uma figueira. São tantos sentidos históricos, culturais e sociais que atravessam essa imagem. Um instrumento indiano, a figura do gaúcho, a sombra da figueira. O Sul atravessado pelo subcontinente indiano, sem passar pelo Ocidente Europeu ou pelos EUA, núcleos decisivos da modernidade. Ao menos para mim, é como se a canção e esta imagem do gaúcho pilchado tocando cítara pudessem explicitar uma espécie de desvio, não da modernidade como um todo, mas de certos núcleos, considerados não poucas vezes como epicentros incontornáveis.

A esta canção segue um poema de Fernando Pessoa que descreve um ambiente de festa observada pelo eu-lírico de forma distanciada. Há uma divisão clara e precisa entre a festa, o acontecimento, o encontro, os barulhos, as gargalhadas, os gritos e o eu-lírico que observa tudo, desgarrado e com profundo sentimento da existência de si, independente do grupo que festeja a noite de São João. No poema musicado há a repetição de palavras, como a demarcar este distanciamento. A repetição, como me assevera o artista, não está no poema em si, o que dá à canção um sabor e interesse ainda mais especial.

Do lado de cá eu
Do lado de cá eu
Do lado de cá eu
Sem noite de São João
Do lado de cá eu
Do lado de cá eu
Do lado de cá eu
Sem noite de São João

O "eu" como instância definidora da identidade de si, sentida ali e contrastada com a festa e o grupo de pessoas, se repete em outro momento, também com o mesmo intuito de demarcar a singularidade do eu-lírico:

E um grito casual
De quem não sabe que eu
De quem não sabe que eu
De quem não sabe que eu existo

A poesia de Fernando Pessoa, com seu eu-lírico destacado pela canção, concentrando o sentido e o sentimento do si-mesmo, contrastando agudamente com o ambiente social, é sucedida por uma canção que se utiliza de instrumentos indianos, em especial a cítara e a tabla, para apresentar versos com termos explicitamente regionais, associados ao gauchismo. O eu-lírico solitário, observando o lá-fora, se transforma em uma espécie de *payador* a destilar, em dialeto gauchesco, um confronto com a morte. O nosso trovador vai desfilando seu desafio, com um quê de bravata, à morte, ao mesmo tempo em que ecoa a história das guerras associadas ao Rio Grande Sul, ou ao menos tipos históricos relevantes como a etnia indígena dos caramurus. O título da canção, aliás, é bem preciso: "Causo Farrapo".

As estrofes vão seguindo a seguinte estrutura narrativa. Na primeira, nosso bravo soldado farrapo se encontra com a indesejada das almas, também chamada "matungona". Com coragem faz a ela um primeiro desafio ("eu le pedi sai da frente/ ou te levanto na espada"), mesmo sabendo da impossibilidade de matar a morte ("eu sei que a morte eu não mato/ mas deixo toda lanhada"). Segue a sua peleia, sabe que não pode ser de todo muito educado com a morte, que tem "uma cara de quem não faz amizade". Termina o seu causo, o seu conto, a sua história em meio ao campo de batalha com uns versos enigmáticos: "a morte só volto a ver se a guerra estiver terminada".

Lembro de que quando ouvia essa canção ficava curtindo o som das palavras, aquelas palavras estranhas cujo sentido nunca soube muito bem, ou vim a descobrir estando aqui em Pelotas, me aproximando um pouco mais do cotidiano de uma cidade do Rio Grande do Sul. Desde que cheguei sempre me senti estrangeiro, deslocado, mas sempre foi assim em todos os lugares, inclusive na minha cidade, em São Paulo. Talvez seja, quem sabe, uma característica mesmo comum de quem nasceu e se formou na capital paulistana: a indefinição da identidade como sentimento do mundo. Talvez não, quem sabe. Mas que me perdoe o eventual leitor a pequena digressão. O fato é que palavras como "peleia", "matungona", expressões como "de relancina", ou "falando de valde" parecem ser de uma língua estrangeira, com contato não tão explícito com a língua portuguesa. Mas, mesmo assim, gostava de sentir as palavras cantadas, ter o prazer de cantá-las também, ressaltando a sua dimensão de forma sonora, mais de significante do que de significado.

Um momento expressivo de uma sensação parecida vem da gravação de "Gaudério", poema de João da Cunha Vargas. Pois bem. Gaudério é um poema gauchesco por excelência. Em primeiro lugar, o dialeto. É recheado de palavras pouco inteligíveis para quem não conhece este tipo de linguagem. Os primeiros versos o dizem logo:

Poncho e laço na guarupa
Do pingo quebrei o cacho
Dum zaino negro
Gordacho
Assim me soltei no pampa
Recém apontando a guampa
Pelito grosso de guacho

E assim seguem as outras estrofes. Diferentemente de grande parte das outras canções, o tom da voz de Vitor aqui se aproxima mais do canto tradicional, não tem a suavidade que chegou a causar algum incômodo aos tradicionalistas gaúchos. Ele canta a canção a entoando como se fosse mesmo um desafio, como se estivesse num duelo, se apresentando, falando as suas histórias, da bravura, dos causos e da sua afirmação viril. É um belo poema. "A partir do *Ramilonga* trabalhei justamente para encontrar o equilíbrio entre suavidade e pressão no canto", me conta Vitor. "Acho que essa voz 'minha' só encontrei de modo definitivo em *Campos Neutrais*. Pode parecer um exagero dizer isso, mas é o que sinto", conclui o artista.

Mas o que mais chama a atenção é a base sonora. A gravação tem apenas a voz de Vitor e o baixo acústico de Nico Assumpção. Aqui a coisa ganha um sentido bastante estimulante para o que eu estava dizendo. Ouvir o baixo de Nico Assumpção como base dos versos nos traz logo à lembrança o papel do músico para um disco como *Tango* (1987), de forte pendor jazzístico, conversando diretamente com experimentações de vanguarda mais próximas das ambiências urbanas. Sobre "Acima de tudo", escreve Vitor,

trata-se daquilo que te falei em outro momento sobre o verniz de modernidade: o contrabaixo é um instrumento tradicional, mas apresentar a canção, com sua letra dialetal, apenas com voz e contrabaixo, tocado dessa maneira, vindo de uma escola jazzística para mim soa mais "moderno" do que se eu utilizasse um teclado de última geração por exemplo, pois com isso eu estaria claramente tentando afirmar-me como moderno usando um artifício óbvio, lançando mão de um agente facilitador e, pode parecer paradoxal, diluidor.

Tango é um álbum da cidade, da metrópole. Chega a ser sufocante em alguns momentos; em outros, há um ar do desespero e da exasperação do ambiente das ruas numa cidade grande. Mas no poema-canção "Gaudério" e no disco todo, *Ramilonga*, a coisa não é bem assim. O jogo de sentidos é outro. Temos o vasto campo aberto, a planície que se estende no horizonte, e os pontos perdidos no espaço com pouca presença humana, ao menos, se comparada às aglomerações dos meios urbanos. Ora, e é neste ambiente, diante de um poema-canção como "Gaudério", que se nota a presença do baixo acústico de Nico Assumpção, novamente criando os muitos curtos-circuitos e enigmas que compõem a sua obra.

Vitor, além de exímio compositor de canções, letrista versátil e cultíssimo, é também um artista da canção que transforma poemas em música com tal nível de excelência que fica a impressão de que o poema musicado foi feito para ser mesmo letra de canção popular. Os exemplos são os mais variados e estão presentes desde o início da sua carreira, o que denota que se trata de algo que faz parte também da constituição da sua obra. Mais um elemento, aliás, a dificultar e dar também muito prazer ao eventual crítico.

Essa sensação é comum, basta ver um dos casos mais conhecidos: o poema "Deixando o pago" de João da Cunha Vargas, que, transformado em canção, parece ter sido feito para isso mesmo, não fosse o fato de o poeta tê-lo escrito décadas antes, e sequer ter conseguido ouvir a canção, uma das mais interessantes do *Ramilonga – A estética do frio*.

"Deixando o pago" talvez seja a mais conhecida canção deste álbum. Ela ocupa, claro, um papel especial neste momento da sua obra. E expressa momentos de epifanias, se posso chamar assim. São acontecimentos em que se dá uma tomada de consciência inicialmente de âmbito afetivo, existencial, ligado às tramas do sentimento de si e do sentimento do mundo. Depois, a epifania é transformada em arte, nas canções, em palavras, ensaios, obras ficcionais, insights e elaborações conceituais em entrevistas.

Tais momentos estão presentes como parte da constituição da sua obra. Nele mesmo, como experiência de si e experimento estético, poético e literário. Os momentos de epifania são relatados pelo próprio autor, em diferentes situações, e têm o poder de conferir sentido ao que virá depois, como criação de formas artísticas. Claro que a separação que fazemos aqui é por interesse analítico, as coisas muito provavelmente se misturam, tempos e lugares vão se desdobrando e revelando coisas.

Essa canção, este poema-canção tem algo de peça-chave para o disco e para esta virada na obra, assim como muitas outras, entre elas "Não é céu", sempre muito considerada pelo artista, como um dos momentos em que ele sentiu a condição e possibilidade real de fazer canção "brasileira", no sentido de uma canção mais afeita a uma das tradições mais vigorosas da nossa canção, aquela que percorre longo arco, dos sambas e choros-canção da época de ouro, passando pela Bossa Nova, por exemplo, e por esforços profundos e, mesmo, inigualáveis, de síntese, como na estilística de Chico Buarque. Diz Vitor sobre essa canção em especial:

O que me aconteceu ao compor "Não é céu" foi me dar conta do óbvio: que eu tinha direito à tradição brasileira (Borges falava que a Argentina tinha direito a Shakespeare, de certa forma faço uma citação a ele). Acontece que me criei testemunhando o patrulhamento, nem sempre explícito, que havia no Rio Grande do Sul, no sentido de nos fazer crer que só era música "nossa" aquela que pagasse tributo ao regionalismo gauchesco, que fazer algo muito "brasileiro" ou mudar-se para o Rio de Janeiro era se "vender". Ouvi muito esse tipo de queixa ao acompanhar de perto a trajetória artística dos meus irmãos mais velhos e as críticas que me faziam em relação a eles. As pessoas me cobravam isso. Então quando compus "Não é céu", primeiro me peguei surpreso por tê-la composto; depois, por me questionar se eu deveria/ poderia gravá-la. Foi quando entendi que precisava enfrentar aquele patrulhamento de tantos anos.

Mas e quanto a "Deixando o pago"? Bom, antes de tratarmos dela, uma canção que também faz o jogo de espelhismos constantes na sua obra, vamos nos ater ao momento da sua descoberta do poeta, dos poemas e da figura mesmo de João da Cunha Vargas.

A história é bem conhecida. Vitor se refere a ela. "Primeiro ganhei o disco de estreia do declamador Sebastião Fonseca de Oliveira. Ganhei dele mesmo. Ali conheci 'Gaudério', o primeiro poema que musiquei", me diz o artista. Tempos depois ganhou o livro de um amigo. Lidos os poemas, tendo observado, se interessado por tudo, foi então pegar o violão, no canto da casa. Assim que leu "Deixando o pago", começou a dedilhar o que seria a sua melodia. Parecia que o poema tinha sido feito para ele musicar. A coisa aconteceu com enorme naturalidade e, ao mesmo tempo, o levou aos prantos. Era como se tivesse descoberto o que estava procurando fazia muito tempo, como se tivesse conseguido chegar enfim à forma precisa, como se encontrasse a figura mítica e real, das histórias e das fábulas, do gaúcho, se movimentando pelas áreas largas, pelos horizontes infinitos dos pampas. Com seu cavalo, sua adaga, seu senso de vigor, seus modos de se relacionar com o mundo. O poema, agora transformado em canção, apresentava temas existenciais, metafísicos e históricos, a um só tempo. Vão desfilando personagens e acontecimentos da vida gaúcha do campo, o beijo de china, os índios, bailes, casamento, os jogos, as festas, os encontros. Tudo estava ali, e tudo era dito com uma clareza e beleza poética sem precedentes. E também estava ali o tema da morte, mas apresentado de forma amena, como a denotar mais a satisfação existencial do que qualquer desespero ou dificuldade de lidar com a consciência da finitude.

A figura do gaúcho de "Deixando o pago" tinha conquistado a distância, refletia ali sobre a sua condição, em tom de afirmação de si, e gosto pela vida. Tê-la descoberto fez Vitor chegar aos prantos, era o que estava procurando e aquilo veio através deste poema, daí a importância dele para o disco, mas também para a própria constituição da sua "Estética do frio": "O que me comoveu foi um entranho sentimento de conexão com o poeta no momento da composição, como se a letra estivesse destinada a mim".

Que não me deixe a sós nessa peleia o imprevisto leitor. É que vai ficando nítido cada vez mais que neste conjunto de canções vão se encontrando questões próprias à poética de Vitor, especialmente neste momento da sua criação.

O contexto histórico das guerras gaúchas; a presença da morte como tema, que percorre toda a obra do artista e estará presente em outras canções deste mesmo álbum; a criação de encontros imprevistos entre o dialeto regional e sons do mundo, digamos assim; e, claro está, o vanguardismo formal, a invenção de formas, o sentido do mundo como derivação da modernidade, que nunca o abandona.

Como não ver essa dimensão mais formal, o tom de manifesto, a tese estética em uma canção definidora e fundante como "Milonga de sete cidades"? A descoberta estética, o novo ponto de vista aberto pelos pampas, a escrita poética, a junção disso com a música, a indiferenciação com a cidade de Pelotas, tudo isso se confunde com o próprio sentido de si, com o encontro consigo mesmo, com a realização plena da sua identidade pessoal, como já estava ali antevista em uma canção como "Satolep", que expressa já o próprio anseio pela forma como modo de ser no mundo. A Pelotas transformada em Satolep, o real em ficção, a vida sensível em forma artística, tudo se encontrando no canto, nas palavras, na musicalidade, nas aparições públicas, em tudo que envolve a sua persona artística.

A "Milonga de sete cidades" define cada um dos conceitos que demarca o lugar da estética do frio. Cada estrofe apresenta conceito a conceito e o vincula com a experiência vivida que se confunde com experimentações formais. São elas o rigor, a profundidade, a clareza, a concisão, a pureza, a leveza e a melancolia.

Fiz a milonga em sete cidades
Rigor, profundidade, clareza
Em concisão, pureza
Leveza e melancolia

Está feito, assim, o nosso trajeto. Saímos de Porto Alegre, das ambiências urbanas de "Ramilonga", onde já se antevia a milonga como forma musical, poética, cultural, geográfica, que viria a ser o horizonte, a um só tempo, insuperável e sempre em aberto. "Ramilonga" é uma canção que existe há muito tempo, que já tinha sido apresentada nos shows temáticos de 87–95. Já foi dito que estava ali viva, presente, à espera de se tornar significado, referente, sentido, parte da poética de Vitor. Agora, neste disco, parecia fazer todo sentido que fosse com ela que iniciasse a nova saga, a viagem para os pampas, o encontro com uma nova estética que estava, no entanto, já presente, a seu modo, como possibilidade.

Então, esta nova estética vai se desdobrando no decorrer do álbum, com os movimentos de retorno à história de guerras nas fronteiras, aos mitos que fundam parte da identidade gaúcha às peleias com a morte, ao mundo das bravatas, à conquista da distância com os espaços abertos, ao horizonte infinito, sem as descontinuidades heterogêneas da metrópole. A voz se vai, ganha contornos espaçados, alcança um tempo e espaço alargados, some diante do horizonte que parece nunca ter fim. Os versos ainda de "Milonga de setes cidades" são claríssimos quanto a isso: "A voz de um milongueiro não morre/ não vai embora em nuvem que passa", e não vai porque tem um ancoradouro, as míticas sete cidades frias que compõem a arquitetura poética dessa canção e da estética do frio no geral: "Sete cidades frias são sua morada".

A ESTÉTICA DO FRIO — O MANIFESTO

No disco *Ramilonga*, há um texto no encarte que tem um estilo próximo ao manifesto, por isso o chamo de uma espécie de manifesto da estética do frio, embora talvez fosse mais correto chamá-lo de "um manifesto de certa forma específico do álbum *Ramilonga*, mais que da estética do frio como um todo", como afirma Vitor. É o segundo texto associado ao tema, escrito pelo artista. Temos nele "João Simões Lopes Neto escrevendo os contos gauchescos num cenário neoclássico", mostrando a imagem em contraste do grande escritor pelotense, cujos contos baseados na vida nos pampas foram escritos no centro de uma cidade como Pelotas. "João Gilberto sussurrando Prenda Minha em um quarto ventilado do Hotel Majestic", que conta a história real do período em que um ainda desconhecido João Gilberto morou em Porto Alegre e teve muito contato com o músico Armando Albuquerque, ainda bem no início da formação da sua grande obra. Também temos, é claro, João da Cunha Vargas "trazendo toda a sua poesia na memória"; uma frase como "nenhuma tentativa de ser, de soar gaúcho", no sentido de forçar a barra ou estereotipar de modo exagerado. E por aí vão desfilando nomes, como os de Lupicínio Rodrigues, Mário Quintana e Juca Ruivo. Além de Borges e Armando Albuquerque. Às referências literárias e históricas, vão se misturando lembranças da infância, como uma recorrente, associada ao deslocamento do tapete da sala e aos pais dançando tango; às audições, ainda adolescente, de Egberto e Piazzolla; à sua filha, com o "cavalo azul de Isabel". Um outro eixo é a música, com as harmonias abertas sendo preenchidas por sutilezas e pontuações no espaço do som. O frio, por fim, definindo e sintetizando tudo. E Satolep, claro, como a cidade matriz, a cidade-mãe das sete cidades da milonga.

Um manifesto, claro, tem seu modo próprio de escrita. Com o uso de metáforas, alegorias, em que vamos tentando compreender de todo o sentido. Saber os sinais, decifrar os aspectos que podem ser centrais. "O fidalgo verso gauchesco de Juca Ruivo" conseguimos perceber na gravação de "Memória dos bardos das ramadas", com arranjo que tem instrumentos como o violão de aço, o piano, o baixo acústico, tabla e bateria. O tom do poema tem algo da homenagem, até mesmo um fundo épico, mencionando aspectos da identidade gaúcha que devem ser lembrados, que devem ficar marcados na memória.

Daí que, no poema transformado em canção, vão desfilando figuras próprias à cultura gaúcha, ou talvez mais propriamente aos seus primórdios e fundamentos, como no caso da música, as violas lusitanas, guitarras castelhanas, cordeonas, fandangos, sorongos; na dimensão social, as toadas missioneiras, angústias guaranis, reduções, histórias fronteiriças, os duelos, os caudilhos; e a arte propriamente, com as lendas extraviadas, o negro pastoreio, as trovas não escritas, o passado novelesco, o mote e a poesia, todas convergindo, no belo poema, ao "fidalgo verso gauchesco!". Como complemento ao manifesto, alguns anos depois, será publicado um ensaio, dessa vez mais matizado, mais culto, com cuidado da forma na escrita. Tratarei dele mais adiante. O ensaio será publicado no mesmo ano que *Longes* (2004), um dos seus discos mais melancólicos, como se fosse mesmo uma despedida, como falei antes, uma espécie de *farewell* da sua obra e mesmo da sua vida pessoal.

Por fim, fazendo um novo volteio no tempo, Vitor lançou neste ano de 2022 uma reedição do *Ramilonga*, com direito a shows de lançamento, ou relançamento, e também uma faixa acrescida, além de um novo trabalho visual na capa. Trata-se de uma homenagem aos 25 anos do disco. Depois de algumas conversas que tivemos, ao lado de algumas das minhas afirmações e impressões gerais sobre este álbum, os vínculos possíveis com outros períodos de sua formação, me escreveu o artista:

Consideras o texto do *Ramilonga* um manifesto da estética do frio. Pra mim sempre foi um manifesto "do *Ramilonga*", pensado para ele. Mas agora, repensando a importância do *Ramilonga* nos meus movimentos internos, acho que o texto é também uma espécie de manifesto involuntário de todo o resto, ou seja, não deixa de ser um manifesto. Tudo se desdobrou a partir da experiência do *Ramilonga*.

Esse "todo o resto" é a estética do frio balizada pela ideia do "trabalho infinito", da "viagem cujo objetivo é a própria viagem". E nisso o implosivismo tem um papel determinante, uma vez que essa espécie de continuum feito de descontinuidades é justamente o que eu idealizara ao pensar em implosivismo. Com isso, a estética do frio é uma espécie de práxis do implosivismo. Para mim é dessa forma que as duas concepções se conectam.

Eu ainda tive tempo de receber, alta madrugada, "na hora dolorosa e roxa das emoções silenciosas", como disse um dia em versos o Vinícius de Moraes, a versão mais nova deste relançamento do *Ramilonga*. Ela se chama "Milonga-mango" e é um atravessamento de três milongas do álbum, "Indo ao pampa", "Milonga de sete cidades" e "Milonga", tendo como centro João da Cunha Vargas recitando "Mango", poema que vai entrar como canção em outro momento, no álbum *délibáb*, em 2010. É o Vitor do experimento formal arrojado se encontrando com o Vitor interessado nas coisas da identidade gaúcha e fazendo deste encontro jogos enigmáticos do tempo. Um tempo que o atravessa e, a essa altura, já me atravessa também.

Capítulo 6

A ilusão da casa

VEJAM LÁ COMO SÃO AS COISAS. Após ter lançado *Ramilonga – A estética do frio* (1997), Vitor começa a pensar no relançamento de *A paixão de V segundo ele próprio* (1984), o seu segundo disco, feito num contexto muito diferente. O problema é que talvez nem seja assim tão distante, afinal de contas a canção que dá título a *Ramilonga* e é a faixa de abertura foi feita neste período, ou próximo a ele ao menos, e foi apresentada nos shows temáticos de 87–95, ao lado de obras-primas como "Aço" e "A noite ardia com cem luas", todas no âmbito do repertório do Barão de Satolep. Sim, ele mesmo, que retorna neste relançamento, desta vez em CD, no ano de 1998, com uma canção do período que não fora gravada no LP, com o título "Sangue ruim", e que dá origem a uma nova personagem, de vida efêmera, a Violeta Del Spiritu.

Vitor fez uma revisão geral de praticamente todas as canções, além de acrescentar mais duas ao repertório. "Satolep" teve o violão regravado, e percussões recuperadas da mixagem original; "Noigandres" teve a inclusão de um arranjo orquestral que não havia entrado; "Clarisser" foi remixada cinco vezes, além de ter os teclados suprimidos; "Século XX" teve o violão e o bumbo *legüero* retirados. Uma canção que não tinha entrado na versão original voltou agora: "Sangue ruim". Também foi incluída uma canção nova: "A luta". O relançamento teve bom eco na imprensa. Renato Mendonça, em matéria para o jornal *Zero Hora*, "Vitor reencontra Vitor", destaca as mudanças nos arranjos do repertório original mencionadas por Vitor, como mostrei acima, e conversa um pouco com o artista sobre o período de feitura do disco e suas relações com o momento atual da carreira do cantor. No *Correio Braziliense*, Rosualdo Rodrigues o nomeia como "Retomada de uma paixão". Já no *Diário Popular*, de Pelotas, Maristela Paranhos acerta ao dizer que a obra foi "antecipadora de muitos dos caminhos atuais do pop contemporâneo" e se mostra atenta aos movimentos de início do álbum, na antiga rodoviária de Pelotas, e o fim, "As cores viajam na porta do trem": "como se a partida fosse pela também antiga estação ferroviária". No *Diário da Manhã*, da mesma cidade de Pelotas, Celso Loureiro Chaves escreveu uma resenha sobre a regravação do disco. Um crítico como

Luís Antonio Giron, àquela altura escrevendo para a *Gazeta Mercantil*, de São Paulo, destaca em nota a regravação do álbum, que denomina um "trabalho fundamental", acrescentando que "os gaúchos têm produzido música de alta qualidade nos últimos trinta anos".

Daí dá para se ver o sentido da obra de Vitor Ramil, que vai se construindo com uma série de reencontros, num tempo próprio, o tempo infinito da forma, como vai dizer em um outro momento, mais adiante, quando da publicação do ensaio "A estética do frio", em 2004, citando Paul Valéry. É também do mesmo período um novo show temático, que anteciparia as canções que viriam a ser gravadas em 2010, no *délibáb*: "Borges da Cunha Vargas Ramil". O show tinha como repertório algumas poucas milongas do *Ramilonga*, mas principalmente uma série de outras, como as novas a partir dos poemas de Cunha Vargas, além do Borges. Algumas delas, como "Mango" e "Chimarrão", viriam a ser gravadas no *délibáb*; uma outra, como "Querência", estaria presente já em 2004, no estranhíssimo *Longes*. Mas, por exemplo, uma milonga como "Milonga de dos hermanos" já havia sido apresentada no mesmo período dos shows temáticos, mais precisamente em 1988, em show divulgado pela Ipanema FM, uma rádio ligada à música independente de Porto Alegre, que divulgou artistas como De Falla, Replicantes, TNT, Cheiro de Vida, Frank Solary, Ney Lisboa, Totonho Villeroy e por aí vai.

Temos assim, em meio ao *Ramilonga*, o encontro de vários tempos e lugares, a estranha espiral que faz com que a sua obra vá se movimentando de maneira curiosa. O jovem Vitor, radicalmente experimental e muito atento à crítica e poesia concretista, conversa com o Vitor mais maduro, adepto da depuração das formas e da concentração íntima de *Ramilonga*, que, por sua vez, resvala na trama complexa da sua memória de infância que é, também, a seu modo, um constructo formal. Sim, a sua memória pessoal, a sua obra ficcional, que retorna aqui também, neste momento de sua carreira, com o relançamento de *Pequod*, acompanhado de um ensaio sobre o livro escrito pelo próprio Vitor. Alguns anos depois, aliás, este livro será traduzido para o francês e lançado pela editora L'Harmattan.[1]

Show temático, disco radicalmente experimental, concentração das milongas, ficção memorialista, tudo numa espiral, aparecendo, reaparecendo e sumindo também, para reaparecer mais adiante, como se a sua obra fosse um misto das teias de aranha que tanto fascinava Ahab e a casa do labirinto de espelhos do Dr. Fiss. Sob o olhar atento do narrador-menino, naquela fase da vida em que tudo parece sempre novo, em que é possível ver o mundo com os "olhos livres".

---

1. Cf. "A literatura brasileira que saiu do frio", Débora Berlinck, *O Globo*, 2003.

Não esqueçamos. É também neste período que Vitor está começando a escrever as primeiras páginas de *Satolep*, seu segundo livro ficcional, que só será publicado muitos anos depois, em 2008. A menção à escrita do livro quase sempre aparece nas entrevistas sobre *Ramilonga*. O livro é anunciado para breve, da mesma maneira que acontecera no período dos shows temáticos de 87–95, em que o novo disco estava sempre sendo anunciado para breve, com mudanças constantes no nome.

Mas não só. Em ao menos duas oportunidades, trechos do livro foram publicados. Alguns trechos curtos, outros mais longos, acompanhados já de belas fotos da cidade de Pelotas nas primeiras décadas do século XX. Uma dessas publicações chama muito a atenção. Ela se dá no jornal da UFRGS, numa das suas melhores entrevistas, e olha que sabemos já que as entrevistas de Vitor em geral são muito boas. Mas essa tem de fato um sabor especial, vale como um panorama dos anos 90, mostra a sua atenção aguda para as coisas próprias do Rio Grande do Sul, ao mesmo tempo em que revela algumas das suas principais referências, entre elas, o seu avô Manuel, o inventor de formas, o artesão das coisas reais, aquele que aparecerá também, transmutado em personagem, no *Pequod*. O título dela é "A marca dos anos 90 é a valorização das particularidades regionais", enfatizando algo característico de suas conversas: o esforço permanente de conceituação da sua obra, do Brasil e do tempo do mundo.

A entrevista foi feita em 1998 e vem entremeada por perguntas do entrevistador do jornal e de figuras importantes da cultura gaúcha. Ela começa já com uma pergunta do cartunista Santiago, que sugere a possibilidade de o Rio Grande do Sul tomar um mesmo caminho da Catalunha, no sentido de se assumir mesmo como uma região cultural, e política, à parte do Brasil. Isso pelo fato de, segundo Santiago, os eventos culturais acontecidos no Mercosul, que contaram com a participação decisiva de artistas gaúchos, não terem tido eco na imprensa nacional, embora tenham tido na *Time*, por exemplo. Como entender isso?

Vitor, embora viva, no centro da sua criação e do seu pensamento, os problemas complexos que envolvem a singularidade da identidade gaúcha, do lugar sutil que ela ocupa no imaginário brasileiro e também supranacional, nunca teve como horizonte o separatismo, muito menos o realce de um certo mal-estar dos gaúchos em relação aos espaços de consagração cultural, acadêmica e artística do país, quase sempre situados entre São Paulo e Rio, embora tendo um influxo fortíssimo de Salvador. Ainda que "a graça do RS, no Brasil, é o fato de nos sentirmos um país à parte no meio de três países", como diz Vitor, no início da resposta, "(…) não podemos permitir que isso dilua nossa criação ou prejudique nossa maneira de nos relacionarmos com o Brasil".

Imediatamente após essa resposta, aliás, Vitor evidencia o que poderia ser considerado como a presença real da condição de gaúcho e pelotense no âmbito da sua criação, ao falar sobre a presença da morte, da melancolia, da tristeza em muitas das suas canções. Ora, estamos falando de um estado fronteiriço, com um histórico de guerras violentas, uma delas chamada, por exemplo, "Guerra da Degola". E também de um estado com ambiência e clima frios, o que pode sugerir melancolia e introversão.

Uma outra questão importante é apresentada por Nelson Coelho de Castro, conhecido músico gaúcho. A pergunta, em certa medida, dá continuidade à condição singular da identidade sulista em contraponto ao que os jornais do sul costumam chamar de "centro do país", invariavelmente o Rio ou São Paulo. Neste caso, Coelho de Castro parece ver uma contradição no fato de Vitor estar desenvolvendo uma estética do frio e, no entanto, ter sempre que ir ao Rio para divulgar o trabalho. Em outras palavras, ou nas palavras do músico: "Como é essa história de falar da estética do frio nos trópicos?".

As primeiras palavras da sua resposta são claríssimas: "Meu discurso é brasileiro". Depois, Vitor fala sobre *Ramilonga* e seu curioso sucesso pelo Brasil, o fato de o disco ter tocado em regiões profundas e íntimas dos brasileiros de todas as regiões. Conheci este disco em Copacabana, quando morava no Rio. Um paulista em Copacabana, algo perdido de si, tendo como referencial de organização da cabeça, da alma e dos horizontes estéticos um disco feito por um gaúcho pelotense cuja temática é gaúcha, embora não restrita ao Rio Grande do Sul, passeando por Uruguai e Argentina, mas algo facilmente identificável para os gaúchos de Porto Alegre ou do extremo Sul do estado. São os mistérios indefiníveis da canção popular feita no Brasil. Seja ela em dialeto gaúcho, campeiro, ou carioca, baiano e paulista. No próprio texto do encarte do disco, como diz Vitor, ele mesmo tentou fazer aproximações de sentido com alguns dos maiores exemplos do que seria a brasilidade na canção moderna brasileira, mencionando "João Gilberto no Hotel Majestic sussurrando 'Prenda Minha'". Nosso cantor mais moderno, baiano do sertão, um dos maiores inventores da Bossa Nova carioca, que era a capital federal, sussurrando uma canção de domínio público gaúcha num hotel de Porto Alegre. Tudo isso gerando encontros e desencontros, aproximações insuspeitas, atritos e possíveis conversas, num disco de um autor do extremo Sul, o próprio Vitor Ramil, que já morou em Copacabana, bairro carioca onde teve a epifania que o levou a conceituar a estética do frio.

Também não deixa de ser significativo que durante este mesmo período Caetano Veloso tenha gravado um disco ao vivo, de muito sucesso na época por conta da regravação de um sucesso popular, e que tinha como título justamente a mesma canção de domínio público gaúcha: "Prenda Minha", associada a Miles Davis, que a tinha gravado também em disco e até mesmo assinado a autoria da música. Um dos maiores músicos de jazz do mundo ressoa num artista como Caetano Veloso, um dos maiores do Brasil, além de fino pensador da cultura, na melhor tradição da canção brasileira, passa por um texto-manifesto de um artista como Vitor Ramil, também um pensador da cultura afiado e muito bem armado intelectualmente, e tudo se encontra numa canção tradicional gaúcha. As conexões são muitas, são várias.

A entrevista segue. Como é comum nas entrevistas de Vitor, e já foi mostrado por aqui, ela segue por assuntos variados. A identidade gaúcha, os sentidos do Brasil, a política nacional, o mercado de canções, a indústria cultural, as referências literárias, cancionais, musicais e assim por diante. E é sempre muito estimulante para o leitor atento ver a desenvoltura das respostas, a inquietude sempre presente, o pensamento imprevisto, os insights aqui e ali, a fala dita que pode parecer banal e que, logo ali, um pequeno tempo depois, se transforma em algo de interesse mais conceitual e assim por diante. É este espaço mesmo enigmático que ocupam no Brasil os artistas da canção, cuja obra, a fala, os livros, a maneira de lidar com o mundo nos interessam e vão nos levando, a nós brasileiros, a nos saber mais, a compreender melhor as coisas.

O curioso, que me é sempre muito curioso, é que em Vitor essa conversa toda sobre o Brasil, o Rio Grande Sul, o mundo, as canções, a política nacional, a problemática estética, a cultura, tudo passa por um filtro muito pessoal, se confunde com a memória da sua própria vida, com a sua relação com a casa da infância, os pais, o avô, as andanças pelo Brasil, pelas cidades do mundo. Difícil não pensar no verso de "Satolep", a sua antiga canção, se podemos dizer assim, lá de 1984, aquela que diz que os seus olhos veem tudo, tudo passa por eles, nada escapa à sua visão. E de fato, é assim que as coisas são.

Ao falar, por exemplo, a respeito das questões do mercado, do interesse que poderia ter em ver suas canções se transformarem em megassucessos, nas tramas esquisitíssimas das chamadas "músicas de trabalho", como falam empresários da música, Vitor menciona um fato associado à sua própria formação, como que vinculada a um desejo de se aproximar das coisas sem se importar se elas são populares, comerciais, midiáticas, massificadas ou não. Cita como exemplo o seu gosto, já na fase da primeira adolescência, da obra de Egberto Gismonti, que costumava ouvir fechado no quarto, sozinho, raramente acompanhado de mais alguém. Este gesto primeiro, esta visada própria em relação à música brasileira, em especial com o gosto por um artista que nunca chegou a ser popular, que sempre colocou em primeiro plano os impulsos mesmos da criação e da forma, o acompanharia desde sempre e permaneceria como parâmetro crucial da constituição da sua própria obra.

Mas para além disso, um dado bem mais importante foi uma espécie de tomada de consciência que teve o artista do sentido da sua criação, como ela se daria, quais seriam os princípios conceituais e reguladores que iriam dar a ela alguma organicidade. Seria uma progressão de um disco a outro, como se um fosse o esboço do seguinte, e assim sucessivamente? Ou até mesmo um projeto mais ousado, de criar experimentos próprios para cada disco, e também livros, como se fossem formar uma lógica de sentido apenas no processo da sua feitura, realização e acontecimento em relação à crítica e ao público?

De fato, é assim mesmo que a coisa se dá, com cada disco sendo algo como um experimento, com a sua singularidade e autonomia, embora havendo pontos de contato entre cada um deles, traços que podem ou não estar explicitados. De todo modo, estão ali, como enigma, como traço evidenciado, um verso, um arranjo, toda uma canção, um longo capítulo de um livro, um ensaio conceitualmente mais organizado, os exemplos são muitos, todos possíveis de alguma forma. Um disco seria algo como a negação do outro e assim sucessivamente.

É o que diz Vitor ao explicar o sentido da sua obra, a sucessão dos discos, o olhar que tem sobre cada um deles. *Tango* (1987) seria algo como a negação do que tinha sido *A paixão de V segundo ele próprio* (1984), com um tom mais seco, árido, concentrado, o que destoa do ambiente de experimentação radical, espalhada, com uma série de possibilidades de formas de canção, com toda a exuberância estilística do seu "lance de dados", como o chamei mais acima. *Tango* é mais conciso, ainda que tenha letras quilométricas como "Joquim" ou "Loucos de cara", que se tornaram referenciais decisivos na sua obra, das mais conhecidas do público. Ainda assim há o tom sério, jazzístico, novamente destoando do ambiente hegemônico do rock nacional e, também, a seu modo, da Vanguarda Paulistana. E o que dizer de *À Beça* (1995), o disco que sucede *Tango*, tantos anos depois, após os shows temáticos, o repertório todo do Barão de Satolep? Nele a coisa ganha de novo outra dimensão. Vitor se abre, como ele me diz,

Para uma musicalidade mais fluida sem me preocupar o tempo todo em tentar subverter os formatos mais convencionais, ao mesmo tempo, junto com o André Gomes, me abri para os grooves, os ritmos, mas buscando sempre levadas originais, como que extraídas do próprio cerne da canção. "Não é céu" é o exemplo maior disso, em que passamos longe das levadas tradicionais ou das releituras modernas dessas levadas.

O fato é que com "*À Beça*" o tema do cotidiano comum, das banalidades insuspeitas do real, está todo evidenciado, especialmente nas duas primeiras

Jornal *Página 12*. Buenos Aires, Argentina. 6 out. 2001.

canções, embora posteriormente tenhamos coisas como "Não é céu", com sua leveza melódica apontando para uma espécie de cisão, a cesura, entre os primeiros versos, e "Grama verde", que é quase como uma conversa sobre formalismo e realismo em arte. E o que dizer de "Barroco", com a erudição e a beleza do sensível entrando em choque, tema mesmo do Barroco como movimentação da arte e do pensamento?

Vitor ainda fala sobre MPB, vanguarda em arte, uma sigla esquisita chamada Música Popular Gaúcha (MPG), o papel dos artistas da sua geração nessa nova movimentação da canção brasileira dos anos 90, que faz encontrar o pop mundial com a música regional, uma geração que vem lá dos anos 80, um pouco estranha ao ambiente do rock nacional, casos de Lenine, Zeca Baleiro, Chico César e o próprio Vitor Ramil. Alguns produziram discos, outros não. E tudo acaba por dar em Pelotas, ou Satolep, a cidade real, a cidade mítica, que continua a ser objeto do fascínio e da procura do artista. Neste período, Vitor está escrevendo *Satolep*, o romance, que será publicado muitos anos depois. Mas já temos aqui alguns trechos e a antecipação da estrutura do texto, com as fotos da cidade em 1922 servindo como mote para a escrita do texto.

Assim *Ramilonga – A estética do frio* (1997) encontra *A paixão de V segundo ele próprio* (1984) que conversa com as novas milongas no show temático *Borges da Cunha Vargas Ramil* (1999) e conversa, a seu modo, com a nova edição de *Pequod* (1999). E tudo se dá num momento em que está escrevendo o romance *Satolep* (2008). O quarto de espelhos faz ressoar milongas, musiquetas, canções orquestrais, poemas-canções, poesia argentina, brasileira, gaúcha, Montevidéu, a história de Pelotas, fotografias, Satolep e a ilusão da casa.

TAMBONG

Vitor Ramil pensa sempre por contraste, gerando uma ambiência na qual afirmação e negação, identidade e diferença estão num mesmo plano, o que causa um curto-circuito sempre muito interessante. Como se convivessem simultaneamente, como se estivessem ora presentes como realidade concreta, ora como potência, como possibilidade. É um dado central na sua obra, que a atravessa de ponta a ponta. E isso pode se ver nas entrevistas, nos discos, na sua ficção e, também, no ensaio. A forma escrita conversa com a forma musical e se envolve ao pensamento, ao seu esforço permanente de conceituação.

Uma canção, por exemplo, como "Foi no mês que vem" evidencia isso. Ela foi gravada inicialmente em 1995, para o álbum *À Beça* e volta agora neste novo disco, *Tambong,* com o piano de Egberto Gismonti que fez, da viravolta do tempo no título e nos versos da canção, matéria-prima musical. Depois, ela será gravada mais uma vez no álbum duplo, que tem como título essa mesma canção e que apresenta canções de toda a carreira, envolvendo tempos e lugares.

Passado e futuro se confundem. Aquilo que foi ainda pode ser. O que parece ter terminado, não se realizou. A canção dá um nó na cabeça. Não é possível captar plenamente o seu sentido. Mas ela é reveladora mesmo de um modo próprio de construção da sua relação com a forma: artística, intelectual ou ficcional. Eu antecipei algo disso lá no capítulo sobre os primeiros discos, no que ressaltei tanto sobre a composição musical, como é o caso de "Armando Albuquerque no laboratório", quanto sobre a letra de canções como "Satolep", cujo título é desde já a expressão desse jogo de sentidos. Ou "Clarisser", em que a própria canção se debruça sobre a forma artística em si e se arrisca mesmo a conceituar o curto-circuito, o quiproquó, o labirinto de espelhos. E falando em *Labirinto de espelhos* como se esquecer do diálogo do Dr. Fiss, em *Pequod*, no seu quarto de espelhos, com seus passos ora parados, ora em círculos, arriscando uma tese estética e existencial, a um só tempo?

O novo álbum, *Tambong*, está recheado destes enigmas da forma, vamos dizer assim. A própria canção "À beça", do disco homônimo, volta, com versos como "mais que o velho o novo já gastou", ou mais um jogo de antíteses: "tudo exato e fora do lugar". Mais interessante ainda é a escolha do título. Ela surge de um sonho que o artista teve, num intervalo da gravação das canções. No sonho Vitor consulta Pedro Aznar, o produtor argentino do disco, que lhe sugere o nome, por sintetizar tango, samba, bossa, candombe e milonga. A capa tem algo de onírico, com a imagem do rosto do artista em tom esverdeado. Aliás, é ainda o próprio Vitor quem disse, no período de lançamento do disco, que a foto da capa tem relação com um segundo sonho, em que ele se via numa cidade com prédios altos e ruas enigmáticas que chamavam, no entanto, à passagem, que o estimulavam a seguir por elas.

Nunca as seguiu. Ao menos no sonho. Mas sentia o impulso, a vontade, como se fosse algo necessário. O cenário da cidade do sonho tinha algo de kafkiano. Este disco tem também. "O velho Leon e Natália em Coyoacán", a partir de um poema de Paulo Leminski, e, sobretudo, "Para Lindsay", a partir de um poema de Allen Ginsberg, remetem a isso. Esta última me causou uma sensação estranha, um impacto com a beleza do poema e do piano de Vitor, ao mesmo tempo uma sensação de mal-estar, afinal de contas se trata da descrição de um suicídio.

Estava observando o encarte, lendo as letras das canções, vendo as fotos, de prédios enormes, sapatos, salas estranhas, olhos artificiais, olhos do próprio Vitor, e me deparo ali com o poema "Para Lindsay", de Allen Ginsberg, traduzido por Claudio Willer. É uma prática comum de Vitor musicar poemas, de tal modo que eles se parecem com canções, como se tivessem nascido para ser canções.

Mas este poema de Ginsberg me pegou de jeito. Está tudo ali. Ele começa falando sobre uma noite nos EUA, o metrô da cidade, o clangor do jazz, o negrume do torpor das noites, tão comuns nos poemas da literatura beat, e tão próxima de coisas do grande cinema noir dos EUA. Há, no entanto, um momento de quebra na narrativa. O narrador diz lembrar de alguém, no quarto escuro, vestindo suspensórios e que, de repente, coloca a pistola na cabeça e se mata.

É um corte brusco, brutal em tudo que vinha sendo cantado até aqui no disco. Talvez converse um pouco com "Subte", a bonita canção em espanhol, cujo título remete ao metrô de Buenos Aires, e cujo tema é a experiência urbana de passear num veículo destes, numa metrópole. Mas a canção é amena, ainda que fale em delírios, túneis negros, luz da lua, olhares penetrantes dos passageiros. Nada, no entanto, se compara ao tiro que dá o desfecho lembrado no poema de Ginsberg.

Em muitos momentos do álbum, aliás, existe uma relação curiosa entre relaxamento e tensão. "Estrela, estrela" retorna com o piano de Pedro Aznar; "Grama verde", em versão mais bem estruturada, com os instrumentos indianos ganhando projeção; e a surpreendente balada "Só você manda em você", versão de "You a big girl now", de Bob Dylan, soando como um momento ameno, de calmaria e, mesmo, felicidade. Algo bem diferente de canções mais tensas como "Não é céu" e "Para Lindsay", ou mesmo canções bastante reflexivas como "Espaço" e "A ilusão da casa", além da irônica "Um dia você vai servir alguém", outra versão de uma canção de Bob Dylan. Canções de amor como "Valérie" estão, na minha leitura, envoltas em mistério.

Algumas canções deste álbum ainda ganharam bastante projeção e são reconhecidas como parte vital do repertório de Vitor. E não me refiro aqui apenas a "Não é Céu", "Estrela, Estrela", duas das canções mais conhecidas de todo o seu repertório, ou mesmo a já mencionada "Foi no mês que vem". Claro que, como já mostrei, essas canções costumam reaparecer em momentos distintos da construção da sua obra. A primeira, como referência de um problema a ser resolvido a respeito da ideia de canção brasileira e os possíveis contrapontos com a canção gaúcho-platina; a segunda, como uma das suas mais conhecidas canções e, ao mesmo tempo, das mais antigas, feitas ainda na adolescência e primeira vida adulta, tendo nomeado o seu primeiro álbum; a terceira, que veio a se tornar nome de um álbum que faz um amplo panorama sobre toda a sua obra.

Mas existem ainda outras duas canções que são bastante emblemáticas do tipo de canção moderna, de música popular moderna brasileira, com forte teor cosmopolita e sutilezas musicais profundas, bastante requintadas. Eu me refiro aqui a "Espaço", com a referência muito presente em sua poética dos espaços de uma casa, entre a casa real de Pelotas e a casa como memória e ruína que vai aparecer posteriormente na saga do narrador de *Satolep*, o romance. Essa canção ainda chegou a ser apresentada em show por Cássia Eller, com toda a elegância e o canto maravilhoso da cantora, infelizmente morta muito precocemente. Além de "Espaço", destaque para"A ilusão da casa", que conta com os vocalises de Chico César, mais um dos grandes da sua geração, com quem Vitor fará posteriormente alguns shows.

Temos aqui um quadro geral do álbum, com o sonho que deu origem ao nome e um outro sonho, relativo à capa do disco; os poemas musicados de

Leminski e Ginsberg; as regravações de canções do *À Beça* (1995) e do *Estrela, estrela* (1981); as versões para canções de Bob Dylan; ou canções arrojadas como "A ilusão da casa" e "Espaço".

Mas este álbum tem também uma singularidade. É o primeiro gravado em Buenos Aires, com o produtor e músico argentino Pedro Aznar, além de ter a presença do também músico argentino Santiago Vazquez, ampliando ainda mais a relação com o mundo platino. *Tambong* conta ainda com a participação de Lenine, Chico César e João Barone, do Paralamas do Sucesso, além de um ensaio fotográfico magnífico, feito por Facundo de Zuviria. Uma foto é a vista de um enorme prédio, que acompanha a canção "Não é Céu"; outra tem dois olhos algo amedrontados, ou ao menos atentos para alguma coisa que não vemos, mas que parece assustadora e que acompanha a canção "Grama verde"; e, por fim, há a apreensão de um instante comum numa estação de metrô de Buenos Aires, associada a "Subte". Eu me espanto também com a beleza da imagem associada à canção "Valérie": o rosto de uma manequim de loja de roupas, com um chapéu preto ou um casaco. Diga-se de passagem, chama muito a atenção a presença de imagens que remetem ao olhar no encarte do disco. A manequim de "Valérie" nos olha de frente; os dois transeuntes de "Subte" também, embora de forma mais displicente; há o olhar apreensivo de uma figura estranha em "Grama Verde"; e há, por fim, o olhar penetrante e incisivo de Vitor Ramil em "Estrela, Estrela".

Uma das coisas mais expressivas a respeito de *Tambong* é o número de matérias, resenhas, textos sobre o disco, em jornais de todo o Brasil e também de fora do país, em especial Argentina e Uruguai. Vale muito passarmos por estas matérias para compreendermos este momento da carreira do artista, com a consolidação da nacionalização do seu nome, após o bem-sucedido *Ramilonga – A estética do frio* e um esboço de internacionalização, a partir dos países platinos.

O disco é lido como a confirmação e consolidação da estética do frio, como se fosse, vamos dizer assim, o lado urbano do seu cosmopolitismo. Juarez Fonseca considera *Tambong* o seu melhor álbum e o diz literalmente na resenha que escreveu para a revista *Aplauso*, quando do seu lançamento. Com a sua costumeira elegância estilística, capacidade de síntese e clareza expressiva, Fonseca vai apresentando as canções, uma a uma, destacando alguns aspectos centrais para este novo álbum de Vitor. A produção de Pedro Aznar; a presença da percussão de Santiago Vazquez; a gravação em Buenos Aires; o episódio do sonho, que tem algo que o aproxima dos episódios da epifania com a tomada de consciência da estética do frio e com os poemas de João da Cunha Vargas;

as regravações de quatro canções de *À Beça* (1995); as participações de Egberto Gismonti, Lenine, Chico César; as transcriações das canções de Bob Dylan; os poemas musicados de Ginsberg e Leminski. Como Vitor mesmo diz: "Não é pouco para quem já era ótimo".

No segundo caderno do jornal *Zero Hora*, um texto assinado por Renato Mendonça, cujo título sintetiza o sentido deste disco: "Vitor é um cidadão do mundo" (2001), aproxima versos da canção "A ilusão da casa" dos versos de "Indo ao Pampa", do disco imediatamente anterior, no qual a procura é por um universalismo mais do campo que do meio urbano. Nos dois casos, a presença do tempo como mediador das coisas, da casa, da cidade, dos pampas, em suma, de tudo que envolve o seu modo de olhar: "Sou o futuro imperfeito/ de um passado sem lugar/ com a missão de olhar pra tudo/ e em tudo viajar".

Aqui mais uma vez os discos se encontram, e mesmo um álbum considerado por muitos como um exemplar de "regionalismo universal", como a ponta de lança da "estética do frio", pode se encontrar plenamente com um outro álbum, encarado mais como um disco urbano, "cosmopolita". Mas a tomada de consciência da estética do frio como o lugar possível para a melhor expressão da obra e da forma de estruturação de uma poética mais propriamente aparece aqui também de diferentes modos. É comum, também nas matérias de jornal, a relação direta de *Tambong* com a estética do frio, como talvez uma das maiores realizações dessa perspectiva de Vitor. Em matéria para o *Estado de São Paulo* (2001), escrita por Janaína Rocha, por ocasião do show de lançamento do álbum, essa questão aparece já no título, "Vitor Ramil lança em SP sua 'estética do frio' ".

Claro, existem muitos aspectos do álbum que remetem a isso. O fato de ter sido gravado em Buenos Aires; o fato de ter sido lançado simultaneamente no Brasil, Uruguai e Argentina, também no Chile; o fato, ainda mais, de ter sido feito para ele uma dupla versão: um disco em português, outro em espanhol. Ainda é possível acrescentar a presença efetiva da musicalidade platina, com Pedro Aznar na condição de produtor do disco; Santiago Vazquez como percussionista, ambos argentinos, entre outros músicos de lá e por aí vai. A relação da platinidade com a brasilidade, a construção de uma ambiência supranacional, capaz de abarcar Brasil, Uruguai e Argentina, estão no centro do álbum.

Vitor teria, para muitos, chegado à forma ideal em relação à estética do frio, como se o artista estivesse em seu ápice e tivesse chegado à síntese do seu propósito. É o que se nota, por exemplo, em um texto como "O ermitão e o mundo" (2000), do jornal *Gazeta do povo*, do Paraná. O destaque do título vai por conta do trabalho de numerologia que Pedro Aznar fez ao saber do sonho de Vitor com o nome "Tambong". Aznar percebe que a palavra vai dar em "Ermitão" no Tarô e avança ainda mais. Ao pensar o nome que veio no sonho, que deu título ao disco, com a data de nascimento de Vitor, chega a uma outra palavra: "Internacional". Ermitão é o Vitor, o compositor e escritor cosmopolita que mora no interior do Rio Grande do Sul, que já é uma espécie de interior; e o seu novo álbum se quer afirmadamente internacional, com lançamento duplo, um em português, outro em espanhol, e ambos com canções em português, espanhol e inglês.

A matéria é assinada por Rodrigo Browne e conta também com uma pequena resenha, que destaca o sonho que revelou a Vitor o que seria o nome do disco. Ainda no Paraná, agora para a *Gazeta Mercantil*, com título que concentra muito do sentido da sua estética do frio, "No centro de uma outra história" (2000), o destaque vai para a publicação das fotos do encarte. O belo ensaio fotográfico realizado em Buenos Aires por Facundo de Zuviria, com a presença de três das fotografias.

Seguindo, vemos que o álbum seria, na leitura de Jamari França, em matéria para o *Jornal do Brasil*, do Rio de Janeiro, a "síntese do encontro da cultura urbana com o imaginário rural". No decorrer do texto, o autor cita a epifania que teria levado Vitor de volta a Pelotas: a consciência de uma estética tropical que o uniria ao país, ao lado da tomada de consciência da necessidade de criar uma estética própria ao Rio Grande do Sul, em suma, a estética do frio. O destaque ao episódio não é à toa. Ele reafirma o vínculo do disco com a estética do frio, como parte vital desta tomada de consciência em sua obra.

Mas é o próprio Vitor, ainda na matéria citada, que sugere uma continuidade entre *Ramilonga* e *Tambong*, confirmando, a princípio, o que pode haver de extensão da sua estética do frio, depois de falar a respeito da sua forma de criação de discos, com um negando o anterior, em suma, como vimos nas teses do implosivismo:

Fiz *A paixão de V*, daí fiz *Tango*, com pegada de rock mais jazzístico e oito faixas, contra 22 do anterior. Daí me dei conta de que tudo se resume a uma boa canção, o compromisso mínimo de estar inserido numa das melhores músicas do mundo. Rompi com meus parceiros, e comecei a fazer minhas músicas. O *Tango* eu neguei com um disco chamado *À Beça*, com tiragem limitada, que rompeu com o peso literário de *Tango* com letras aparentemente despretensiosas num pop rock cheio de guitarras. Daí parti para o *Ramilonga* para definir a minha matriz musical.

Com o *Ramilonga*, a base, ou a sua matriz musical, passa a ser o seu violão, a partir do qual não só compõe como faz todo o resto do processo, ou insinua os caminhos dos outros instrumentos, arranjos e assim por diante. E neste sentido, haveria uma solução de continuidade do *Tambong* em relação ao *Ramilonga*, a partir do desenvolvimento dessa base, que é o seu violão.

Também é de se notar a insistência de Vitor em dizer que não se incomoda mais com o fato de suas canções não fazerem sucesso no eixo Rio-São Paulo. Isso já não é mais uma questão. De repente, tocar em palcos de Buenos Aires ou Montevidéu, cidades reconhecidamente cosmopolitas, pode ser bem mais importante, do que ser incluído no mercado da "estética dos trópicos", digamos assim.

Uma matéria de Fortaleza tem outro título curioso, "A estética do intercâmbio". A razão é ainda a consolidação do espaço de criação e circulação entre Rio Grande do Sul, Argentina e Uruguai. Na *Folha de São Paulo*, que vinha num momento de atenção para a criação da canção contemporânea, o pesquisador Pedro Alexandre Sanches nomeou seu texto de forma muito sugestiva: "Vitor Ramil filia a sua estética do frio ao Brasil", confirmando o fato de que com esse disco Vitor alcança um público e uma recepção crítica que, muito provavelmente, não alcançara antes. Ao menos com esta extensão. Veremos mais adiante, mas teremos ainda *O Estado de Minas*, *O Globo*, *Clarin*, entre outros. Na matéria, o crítico sugere que *Tambong* pode ser uma espécie de superação do conflito entre a singularidade do Sul e o resto do Brasil. É este o sentido do "filia o Brasil" à sua estética do frio. A resenha de Alexandre Sanches é interessante, sugere no final que *Tambong* é algo como "um palácio bem urdido (anti) tropicalista". Gosto disso. Vejo muito da obra de Vitor talvez não como "anti" tropicália, ou bossa nova, ou samba carioca da época de ouro, mas como uma alternativa real e muito bem realizada a essa tríade tradicional do cânone.

No caso dos jornais de Minas, a recepção crítica esteve associada ao lançamento simultâneo do livro, uma reedição do *Pequod*. Já uma resenha publicada no jornal argentino *La Nacion*, em 2001, e assinada por Mauro Apicella, é bastante significativa. Ela é baseada num show realizado por Vitor no país. Nela, o autor reafirma algo muito presente nas resenhas e matérias brasileiras. Vitor estaria no seu auge, ou como diz o texto, "en el punto más alto de su carrera como autor y como intérprete". Em outra matéria do mesmo jornal, aliás, ele chega mesmo a dizer que o *Tambong* seria algo como um segundo movimento da estética do frio, após o *Ramilonga*. Bastaria pensarmos nas palavras sintetizadas na palavra Tambong: samba e bossa brasileiros; candombe, uruguaio; tango, argentino; e a milonga atravessando tudo.

Em um jornal como o *Clarin*, por exemplo, da Argentina, podemos ver uma matéria também do ano de 2000, só que anterior ao disco, ainda no seu período de gravação: "Vitor Ramil y la estética del frío", assinada por Nora Sanchez. Nela Vitor diz algo curioso. O novo disco, embora esteja sendo gravado em

Buenos Aires, é o mais brasileiro dos seus álbuns. Vitor também menciona um possível título para o trabalho: "Foi no mês que vem". A matéria foi feita antes do sonho que levou ao título de *Tambong*. Outro fator relevante é o fato dela ter sido escrita em torno do 5º Porto Alegre em Buenos Aires, mostrando mais uma vez a importância do projeto para a construção e recepção da obra de Vitor. Alguns poucos anos depois, em 2003, no jornal *El País*, é publicada uma matéria com um título significativo, "Los encantos de unas milongas nascidas en pleno Brasil". O "en pleno Brasil" denota o claro estranhamento com o fato de termos um brasileiro compositor de milongas.

Como se pode ver são muitas as matérias e resenhas, em jornais de todo o Brasil e também de fora do país. Há nomes de importantes críticos que não foram mencionados ainda por aqui e que a seu modo mostraram interesse no disco, casos de Carlos Calado, Antônio Carlos Miguel, entre outros.

Este disco tem de fato um poder de síntese da obra, embora isso nunca se dê na obra de Vitor Ramil. Cada disco, livro e ensaio tem a sua autonomia, mesmo que seja uma autonomia relativa, porque compõe um quadro mais amplo. Com *Ramilonga* Vitor quis ir a fundo na essência da identidade gaúcha, se embrenhar pelos pampas e pelos causos da literatura e da vida real e mítica dos gaúchos campeiros. *Tambong* é diferente. Atravessa mais propriamente as cidades que compõem a estética do frio, tem uma dimensão mais urbana. Mas não só, claro. Porque estão ali o Colorado, nos EUA, Bob Dylan, Petrogrado, uma canção em inglês, "Quiet Music", e assim por diante.

Existe um belo texto escrito pelo próprio artista, quando do lançamento do álbum. Se chama "Sem perder tempo, mas sem pressa", em referência a José Saramago. Este texto serve como expressão clara do seu pensamento, que, por óbvio, se explicita também na sua obra musical e ficcional.

A abertura do texto flagra Vitor passeando de carro em Buenos Aires, ao lado de figuras que não sabemos se são personagens literários ou pessoas reais, se é que dá para fazer tal distinção. Segundo me conta o artista: "esses personagens surgiram de nossas brincadeiras no estúdio, durante as gravações. Já não lembro exatamente como se originaram". Estão lá "El loquito Del d borda", "As primas" e "uns paquistaneses camaradas", além do produtor Pedro Aznar e do percussionista Santiago Vazquez. Todos estão vagando pela cidade, falando sobre a estética do frio para os paquistaneses, passeando por espaços que se parecem com os campos imensos e planos de Satolep.

Tudo ali, diz o autor, já era Tambong. Estava prenunciado, ou quem sabe, realizado em esboço, como mistério da forma, à espera de uma resolução que poderia vir da criação artística, de uma revelação em sonho, do acaso de um programa de televisão com algum texto, ou da fala de algum escritor e assim por diante. Tambong existia como potência, à espera de uma afirmação, da nomeação, do encontro decisivo. Poderia estar na lembrança do avô espanhol, o Manuel, a maior referência de Vitor, como viria a falar na já mencionada entrevista de 1998, uma das melhores que já deu; poderia estar nos versos de Noel Rosa, numa canção zombeteira como "Tarzan", aquela que fala em "nunca pratiquei esporte, nem conheço futebol/ o meu parceiro sempre foi o travesseiro/ e eu passo o ano inteiro sem ver um raio de sol"; num tango de E.S. Discépolo; poderia estar também no fato de Mercedes Sosa ter gravado a sua primeira Milonga, "Semeadura (Siembra)", como que confirmando a sua vocação para fazer milongas; poderia também estar, ainda mais, no fato de a própria Mercedes Sosa ter pedido a ele para fazer uma versão em espanhol de "Não é Céu", algo ainda mais surpreendente.

"Não é céu" é a canção que fez com que Vitor perdesse a inibição para fazer e gravar "canção brasileira", com leveza, um certo tom brejeiro, a coisa da maresia do país tropical. Mas a canção, como já foi dito por aqui, é também, a seu modo, uma milonga. Tem algo do traço da milonga, na sua forma musical, os três acordes, e no modo de tocar, com a ambiência sonora em aberto, expansiva, como se fosse a paisagem dos pampas gaúchos. É o jogo de espelhos, ou melhor, os espelhismos que vão moldando a sua obra.

Pois vem a ser "Não é céu" a canção escolhida, após "Semeadura", para o canto de Mercedes Sosa. Neste fato está também Tambong, a palavra que reúne as sonoridades das palavras tango, samba, bossa, candombe e milonga e que foi revelada a Vitor num sonho, confundindo ainda mais realidade, ficção, vigília e dimensão onírica. A bossa, que não é assim tão bossa, o levou definitivamente à milonga. E se lembrarmos da milonga, do álbum imediatamente posterior à primeira gravação de "Não é céu", justamente o *Ramilonga – A estética do frio*, podemos rememorar uma canção como "Deixando o pago", a partir do poema de Cunha Vargas, uma milonga cantada em tom à la João Gilberto, ou Caetano Veloso, cheio de brasilidade, fortalecendo ainda mais a lógica do jogo de espelhos, o espelhismo que abarca, num só ato, *À Beça* (1995), *Ramilonga* (1997) e *Tambong* (2000) e traz, ao mesmo tempo, de volta ao centro do cenário a memória de infância, com o avô Manuel, o Tango, com E.S. Discépolo, a canção brasileira com Noel Rosa, a literatura moderna portuguesa com José Saramago, a voz e a revelação de Mercedes Sosa, a estética do frio. Em suma, tudo já era Tambong!

Capítulo 7

No centro de outra história

O ENSAIO «ESTÉTICA DO FRIO», escrito em 2003 para uma conferência em Genebra, Suíça, depois publicado em livro no ano de 2004, é um texto curto, mas extremamente denso, que exige uma leitura bastante cuidadosa. Vou assim dividir este capítulo em duas partes. Na primeira trato do texto especificamente, tentando me utilizar ao máximo das palavras do autor. Na segunda, vou me permitir algumas formas de interpretação.

Faço então, inicialmente, uma exegese interna ao texto, passando por ele, ponto por ponto, mostrando a construção da sua estrutura narrativa e a proposta estética que nele está presente. Começo pelas primeiras partes. No início Vitor se apresenta. Diz ser brasileiro, compositor, cantor e escritor, além de nascido no Rio Grande do Sul, "região de clima temperado desse imenso país mundialmente conhecido como tropical". Depois segue com outros elementos que singularizariam o Rio Grande do Sul. Primeiro, um de ordem mais subjetiva, afirmando que os rio-grandenses ou gaúchos "aparentam sentir-se mais diferentes em um país feito de diferenças", o que se deve, segundo o autor, ao fato de os seus habitantes se situarem numa condição de zona de fronteira dupla, entre o Uruguai e a Argentina, e zona de fronteira também linguística, entre a língua portuguesa e a espanhola. Outros elementos vão montando o quadro, que confirmaria a diferença entre o estado e o resto do país. Por exemplo, a forte presença do imigrante europeu; o clima de estações bem definidas; o passado de guerras e revoluções, durante séculos numa disputa que envolveu os então "impérios coloniais de Portugal e Espanha"; por fim, como último elemento apresentado inicialmente, a "Revolução Farroupilha (1835–1845), que chegou a separar o estado do resto do Brasil, proclamando a República Rio-Grandense".

Depois, ainda no âmbito da explicitação da diferença do estado em relação ao resto do Brasil, Vitor atribui ao Sul uma espécie de vanguardismo político, tanto no passado histórico, com o fato de o estado ter se antecipado "em ser uma república durante a vigência do regime monarquista", quanto no

177

presente, ou já nem tão presente, com Porto Alegre tendo se tornado, segundo o artista, "referência internacional como modelo bem-sucedido de política com participação popular".

Temos aqui um conjunto de atributos que diferenciariam o estado do Rio Grande do Sul do resto do país, em vários aspectos, geográficos, culturais, subjetivos, com a condição de espaço supranacional entre os países platinos através da dupla fronteira, até mesmo de vanguarda política no passado e no presente.

Feita essa apresentação segue uma segunda parte, de ordem mais pessoal. No fundo, tudo tem sempre uma mediação pessoal, como ele mesmo confirma no final da primeira parte ao dizer que a conferência é uma exposição das suas "reflexões acerca da minha própria produção artística e seu contexto cultural e social" e que não se pretende fazer do tema da estética do frio "uma formulação normativa".

Pois bem, é nesta segunda parte que isso fica mais evidente. Nela, Vitor menciona a cidade do interior em que nasceu, Pelotas, transformada no anagrama Satolep; conta sobre a sua profissionalização na música, que se deu inicialmente em Porto Alegre, mas que depois foi complementada com a ida para o Rio, aos 24 anos, tendo morado por cinco anos, no que chama de "centro do país e do mercado da música popular brasileira". Foi no Rio que gravou a maior parte dos seus discos. Até então, porque estamos falando aqui de um texto escrito após o *Tambong* (2000), seu primeiro álbum gravado em Buenos Aires. No mesmo ano da publicação do livro, um outro álbum também seria gravado ali: *Longes* (2004).

É neste momento do texto que temos a apresentação da epifania que Vitor teve no Rio de Janeiro, mais precisamente em Copacabana, e que já estava presente no primeiro ensaio publicado sobre a estética do frio, em 1992. As imagens utilizadas são muito sugestivas. Primeiro, ele estava em Copacabana, o bairro que tem uma das histórias mais significativas da canção popular e da própria ideia de cultura brasileira, a partir do Rio de Janeiro; segundo, estava passando na televisão uma matéria sobre um Carnaval fora de época no Nordeste, uma outra área cultural das mais importantes e centrais ao imaginário sobre o que ainda entendemos como sendo o símbolo da brasilidade; por fim, ele, Vitor, um gaúcho de Pelotas, estava tomando chimarrão, uma bebida de origem indígena feita para o clima temperado, em pleno calorão carioca, ainda que em junho, no meio do inverno, assistindo um Carnaval fora de época de temperatura também abrasiva, apresentado num jornal televisivo com o nome não menos sugestivo de Jornal Nacional, e sendo contraposto ao inverno rigoroso que havia chegado nas regiões do Rio Grande do Sul, chamado pelo jornalista de "clima europeu".

O âncora do jornal, falando para todo o país de um estúdio localizado ali no Rio de Janeiro, descrevia a cena com um tom de absoluta normalidade, como se fosse natural que aquilo acontecesse em junho, como se o fato fizesse parte do dia a dia de todo brasileiro. Embora eu estivesse igualmente seminu e suando por causa do calor, não podia me imaginar atrás daquele caminhão como aquela gente, não me sentia motivado pelo espírito daquela festa. (RAMIL, 2004, p. 9)

Foi neste momento que, pela primeira vez, o artista se sentiu de fato "separado do Brasil", pois seu desejo era estar no Sul, curtindo o inverno que havia chegado e que era apresentado no jornal carioca, nomeado como "nacional", como se fosse um "clima estrangeiro".

O momento de sua, no meu modo de ver, epifania pessoal se confundia com um contexto em que o tema de um "país à parte", da existência de um outro dentro do Brasil, voltava à tona, o que fortalecia tanto o gauchismo quanto movimentos separatistas de origens sulistas. E aqui temos o que considero uma terceira parte do texto, quando o autor precisa definir o que entende por *gauchismo*.

Bom, em primeiro lugar, o gaúcho, diz Vitor, é um gentílico usado hoje em dia para designar os habitantes em geral do Rio Grande do Sul, ao mesmo tempo em que o estereótipo do gaúcho é, segundo o autor, um dos mais difundidos, se não for o mais difundido no país. Ele tem algo de um misto de homem do campo, trabalhador das estâncias e guerreiro, soldado em lutas como a da Revolução Farroupilha, por exemplo. Essa é a forma com que é visto em geral, como se tivesse uma existência "quase romanesca", no dizer de Euclides da Cunha, para o seu clássico *Os Sertões*. Mas há também a visada popular, para a qual o gaúcho é o "valente, machista, bravateiro; um tipo sempre vestido a caráter e às voltas com o cavalo, o churrasco e o chimarrão".

Um dado curioso é que o gaúcho seria, a princípio, o homem do campo, todo habitante do Rio Grande do Sul, incluindo as zonas mais urbanizadas. No entanto, é assim que é visto pela maior parte dos brasileiros, como representativo de todos os habitantes do estado. Algo muito significativo para a perspectiva de Vitor, porque é o gaúcho do interior, dos pampas, o que mais aproxima o Sul do país das regiões também pampianas do Uruguai e da Argentina. De repente, é este tipo regional que define, no imaginário nacional, os rio-grandenses em geral: "justamente ele, que nos vincula aos países vizinhos, que nos 'estrangeiriza'".

Agora, algo diferente disso é o gauchismo ou tradicionalismo. Aqui se trata de "um amplo movimento organizado" que se faz transitando entre a vida campeira real do trabalhador do campo e, como diz Vitor, "o seu estereótipo". Entre o tipo social real e o estereótipo, diz o autor, o movimento pretende "difundir em toda parte o que considera ser a cultura do gaúcho". Ela vem envolvida de regras fixas, normas, tipos de vestimenta, danças, formas de falar, cantos, mesmo postura corporal, e assim por diante.

Tendo apresentado o significado de "gaúcho" e de "gauchismo", Vitor volta ao tema da epifania em Copacabana e reafirma a tese que estava escrita ali nos primeiros parágrafos. Segundo o autor, o fato de existir algo como uma identificação da maior parte dos brasileiros que vivem em regiões tropicais, excetuando a "porção subtropical" da Região Sul, com o ambiente festeiro da rua, da dança, da alegria e da agregação efusiva de pessoas e corpos, sendo os habitantes do Sul pouco afeitos a estes tipos de experimentação da vida social e da cultura em geral, faz com que se justifique a impressão de os rio-grandenses se sentirem "mais diferentes em um país feito de diferenças".

Definida assim a sensação da diferença, ou da "indeterminação da própria face", quais seriam os elementos mais propícios para se pensar um campo de identificação comum aos gaúchos e rio-grandenses? Também aqui o passo tem que se dar com certo vagar. Em primeiro lugar, escreve Vitor, um elemento fundamental são as fronteiras, elas compõem bem estes problemas identitários do estado.

Muitos de nós, rio-grandenses, consideravam-se mais uruguaios que brasileiros; outros tinham em Buenos Aires, Argentina, um referencial de grande polo irradiador de informação e cultura mais presente que São Paulo ou Rio de Janeiro. A produção cultural desses países nos chegava em abundância, o espanhol era quase uma segunda língua. Muitas palavras, assim como muitos costumes, eram iguais. Nossos campos, nossos interiores, que haviam sido um só no passado, continuavam a se encontrar. (RAMIL, 2004, p. 15)

Às fronteiras geográficas, que são também culturais, segue a descrição das culturas de italianos e alemães, que formaram e informaram muito a região no período de imigração europeia. A ela se une a própria cultura negra, tão presente em uma cidade como Pelotas, por exemplo. Além disso, temos as divisões internas, entre rio-grandenses de cidades mais ao sul e rio-grandenses de cidades mais ao norte do estado, com os do sul se considerando mais gaúchos que os do norte. Também aparecem outras divisões comuns inclusive para outras regiões como as que se dão entre campo e cidade ou interior e capital.

E, claro, o mesmo teria que se dar em relação à figura do gaúcho, alvo de disputa, como representante do imaginário dos rio-grandenses. De um lado, especialmente para os mais jovens, esta figuração do gaúcho era vista como a "encarnação do conservadorismo, do autoritarismo", associado ao passado militarista, a regras fixas, rigidez. Já para outros, ao contrário, esta imagem poderia ser vista como "modelo das nossas melhores qualidades".

O mesmo campo de disputa se dava também em meio à música popular feita no Sul. A presença do rock gaúcho em Porto Alegre, reconhecidamente, um dos mais bem-feitos do país; o tradicionalismo através do nativismo, com suas formas de canção mais "regionais"; o samba que une parte expressiva do Brasil e é encarado ainda como símbolo da brasilidade; as escolas de samba nos bairros populares. E essa profusão de formas de fazer canção gerando também artistas que podem experimentar um pouco de tudo. Em suma, como diz Vitor, "Nada, a princípio, muito diferente de outros lugares".

No entanto, como pode prever o leitor, o tipo de música que costumamos associar aos gaúchos é aquela vinculada em geral à figura mais estereotipada do gaúcho. Em suma, a figura do gaúcho delimitada em grande medida pelo tradicionalismo, pelo gauchismo e pelo nativismo. E, junto a isso, diz Vitor, muitas vezes este gênero vem envolto em uma relação "normatizada, esquemática, ideológica" que acaba por gerar, em alguns casos, até mesmo formas caricaturais. De todo modo, o tipo regional mais característico dos rio-grandenses, cuja força é tamanha a ponto de se confundir com a própria identidade do estado, vem moldado por normas fixas e uma "mentalidade protecionista", que acaba por afastar ou mesmo hostilizar exercícios de uso mais livre e moderno por artistas urbanos, por exemplo.

Algo que, segundo a leitura de Vitor, não acontece necessariamente em relação aos artistas urbanos do Nordeste, que teriam uma maior liberdade de uso dos referenciais regionais. Essa ideia já aparecia em entrevistas alhures, e eu menciono no capítulo referente ao álbum *Ramilonga – a estética do frio* (1997). De um lado, o tipo regional, vou chamar assim, estimula o contato, a complementação, também a fricção e, com isso, a criação de novos arranjos estéticos, culturais, sociais. De outro, o tipo regional gaúcho surge mais preso ao seu estereótipo e suas regras fixas, tendendo mais a criar hostilidade, distanciamento e conflitos, do que algum tipo de confluência que pudesse gerar boa arte, ao mesmo tempo em que dinamizasse a cultura gaúcha para o resto do Brasil.

Mas o problema não se restringia ao tradicionalismo. O que havia, de fato, era um jogo de impossibilidades entre as diversas formas de criação de cultura e, neste caso, mais precisamente de música popular no estado. A convivência entre roqueiros e nativistas, por exemplo, se dava não poucas vezes através de hostilidades recíprocas, que envolviam caricaturas, críticas, deboches de ambos os lados. No melhor dos casos, tínhamos experimentações de uso das várias formas de música popular, através de uma explicitação da diversidade, do ecletismo como valor. Como diz Vitor Ramil:

No que me dizia respeito, embora minha trajetória fosse bastante solitária, eu podia me incluir na turma dos que se interessavam e experimentavam um pouco de tudo. Mas também em mim mesmo, embora vivesse longe do estado há bastante tempo, havia fronteiras: as linguagens estavam lado a lado sem se somar, como se não houvesse ponto de contato entre elas. Além disso, em conjunto, careciam de rigor formal (RAMIL, 2004, p. 18).

Assim, se o estereótipo causava distanciamento e acabava por, em alguns casos, estimular uma visão deformada e, mesmo, caricata da cultura, das artes e da música gaúchas; e se a convivência entre rock gaúcho e nativistas levava a hostilidades mútuas, o ecletismo por si só, feito por aqueles que experimentavam de tudo, não era suficiente, pois carecia, segundo o autor, de um maior rigor formal. Assim, poderia haver algo a mais aí, que não desconsiderasse aspectos reais e profundos mesmo no estereótipo, ao lado de dimensões não menos importantes no rock gaúcho e na "experimentação de tudo" de artistas como ele mesmo.

Este algo a mais está no frio, tanto como realidade climática, quanto como metáfora. São suas palavras: "Unidade. A própria ideia do frio como metáfora amplamente definidora apontava para este caminho: o frio nos tocava a todos em nossa heterogeneidade" (RAMIL, 2004, p. 18).

Com isso, o artista chega ao esboço do que pode vir a ser e, ao mesmo tempo, é uma estética do frio. Digo isso porque é o próprio Vitor quem diz no mesmo parágrafo que se trata de um "processo ainda em andamento" e de "uma viagem cujo objetivo é a própria viagem". Vitor diz, ainda mais, ser daqueles que se dedicam a uma "ética da forma", que o leva a um "trabalho infinito". Com isso retira qualquer possibilidade de fixar ou normatizar o que entende por "estética do frio", ao mesmo tempo que inibe a possibilidade de reduzi-la apenas à problemática identitária gaúcha. O "apenas" aqui é muito importante, pois é claro que a problemática identitária gaúcha é fundamental, afinal é ela que impulsiona toda a reflexão do ensaio, de ponta a ponta.

É o frio como unidade, climática e formal, que o leva à imagem que seria o ponto de partida de sua busca pela estética do frio:

(...) minha imaginação respondeu com uma imagem invernal: o céu claro sobre uma extensa e verde planície sulista, onde um gaúcho solitário, abrigado por um poncho de lã, tomava seu chimarrão, pensativo, os olhos postos no horizonte. Pampa, gaúcho... Que curiosa associação! Eu fora acometido por um surto de estereótipo? (RAMIL, 2004, p. 19)

A resposta à pergunta é "não". Pampa e gaúcho, diz ele, "estavam ali porque eu me transportara ao fundo do meu imaginário, lá onde, tanto um como o outro tem o seu lugar". O que ele via, também, ou melhor, o que aparecia ao seu imaginário tinha, desde já, uma dimensão nitidamente formal, tanto que Vitor a define com termos próprios ao trabalho formal. Assim, diz o artista: "Minha atenção se dirigia à sua atmosfera melancólica e introspectiva e à sua alta definição como imagem — a figura bem delineada do gaúcho, o céu límpido, o campo imenso de um verde regular, a linha reta do horizonte". São termos que denotam uma dimensão formal na sua imaginação, com limpidez, extensão, regularidade e horizonte em linha reta.

A imagem, ainda mais, vinha eivada de leveza, o que a despia do peso do estereótipo e abria verdadeiramente um novo campo de possibilidades estéticas, formais e também identitárias. A imagem mencionada reafirmava o vínculo do gaúcho do Rio Grande do Sul com o *gaucho* dos pampas argentinos e uruguaios. O fato de ela ser visual soa, inclusive, como uma reação às imagens do jornal nacional/ carioca, de contraponto entre a imagem do Brasil tropical de Carnaval efusivo fora de época e o inverno sulista na cena de junho, em Copacabana.

Mas e no que diz respeito à música? Qual seria o gênero que poderia acompanhar a imagem formal do gaúcho dos pampas, com toda nitidez e senso de unidade? A música seria a milonga. Diferentemente dos outros gêneros que estimulavam o artista a ir aos seus limites e esgarçar os seus campos de possibilidade para fora, vamos dizer assim, na milonga "o movimento dava-se em sentido inverso, dos limites para o interior. Eu compunha milongas desde os dezessete anos e cada vez mais minha tendência era sutilizar suas características, como se estivesse atrás de uma milonga das milongas". Tal expressão me leva a pensar num texto que escreverá anos depois, quando do lançamento do álbum *délibáb*: "Milonga de la Milonga".

Depois o ensaio segue, sempre muito denso, discutindo a origem da milonga como gênero, seu vínculo com o espaço supranacional que abarca Rio Grande do Sul, Uruguai e Argentina, a origem africana da palavra, que é um plural de "mulonga" e significa "palavras", e o fato de a milonga compor bem o quadro do que seria a estética do frio: "Em sua inteireza e essencialidade, a milonga, assim como a imagem, opunha-se ao excesso, à redundância. Intensas e extensas, ambas tendiam ao monocromatismo, à horizontalidade".

Faltam ainda algumas poucas páginas para eu terminar todo o ensaio, mas eu paro por aqui. Não é meu propósito esgotar as possibilidades de descrição da obra, mas tentar exercícios possíveis de interpretação, assim como espero que faça também o eventual leitor. E isso sempre com leveza. Vamos então a eles.

～

Numa das conversas que tivemos, Vitor me contou uma história curiosa e, a seu modo, reveladora. Ele tinha sido convidado para a Flip, por conta do livro *Satolep*, recém-lançado pela editora paulistana Cosac Naify, tendo como editor o poeta e crítico, também paulistano, Augusto Massi. O livro é uma espécie de formulação literária da "estética do frio", se posso usar estes termos, após o disco *Ramilonga – a estética do frio* (1997) e o ensaio.

Claro que o livro não é só isso. Há nele também questões próprias e desafios formais, que fazem de Vitor um escritor dos mais bem preparados da literatura brasileira contemporânea. Aliás, o próprio artista me contou algo que ficou de fora da minha percepção sobre o livro. É que na sua própria forma textual, entre a clareza simétrica e a névoa algo ininteligível, se situam características da própria cidade de Pelotas. Assim, o texto é uma forma de presentificação da cidade, não apenas uma mensagem mais ou menos descritiva. O texto, a seu modo, estende e continua a própria forma da cidade.

Mas ainda assim, está lá, o livro com as presenças de Simões Lopes Neto, o escritor mais importante e conhecido da cidade. Tem Lobo da Costa, o poeta mais popular de Pelotas. Tem o Compositor, personagem fictício, tocando milongas na casa do narrador. Tem o frio, que geometriza as coisas, na expressão do Cubano. Nome que é, como me diz Vitor, "uma sutil referência a Alejo Carpentier, de onde vem a expressão "o frio geometriza as coisas". Essa expressão me foi passada pelo Felipe Elizalde, aquele amigo falecido recentemente. Acho que ele a contou de memória e a melhorou. No Carpentier o que encontrei foi "as coisas geometrizadas pelo frio". Está repleto de associações com a cidade, com o seu constructo, que dá nome ao livro, e com personagens reais e fictícios que, de algum modo, remetem ao mesmo ideário, ou projeto, ou mesmo, teorização estética. Ela mesma, a estética do frio.

Entretanto, foi feito um pedido curioso antes da realização da mesa em que participou e lançaria o livro, na Flip, como mencionei mais acima. A mesa tinha como nome "Estética do frio". Vitor foi convidado a participar dela. No entanto, pediram a Vitor que não tocasse no assunto da sua "estética do frio", para não confundir o livro *Satolep* com perspectivas que pudessem soar "regionalistas". É isso mesmo que estou dizendo. A mesa se chamava "Estética do frio". Vitor foi convidado e tinha, recentemente, conceituado a estética do frio em belo ensaio, publicado em 2004. Mas foi desestimulado a tratar do assunto.

Eu mesmo passei por uma situação interessante. Num evento organizado por professores gaúchos, que se estruturava em torno de aulas a respeito de discos clássicos da música brasileira, fui convidado para falar a respeito de *A paixão de V segundo ele próprio* (1984).

Pois bem, falei sobre a presença do conceito de "obra aberta" de Umberto Eco, a crítica e a visada dos poetas e críticos do concretismo paulista, o surrealismo francês, o futurismo russo, em suma, concentrei minha fala na dimensão formal do disco e situei Vitor Ramil num mesmo lugar que a Vanguarda Paulista, a turma lá de Arrigo Barnabé, Itamar Assumpção, Grupo Rumo, e por aí vai. No momento de abrir para o debate, a fala dos professores e alunos gaúchos se concentrava em questões próprias dos temas da identidade gaúcha! Ou seja, de coisas que exigiam uma maior atenção à estética do frio. E o disco, diga-se de passagem, foi lançado em 1984, muitos anos antes da conceituação da estética do frio. Ora, estão lá no álbum as milongas, tanto a primeira composta por Vitor, "Semeadura", quanto a mais recente, a partir de um poema de Borges, "Milonga de Manuel Flores". Além disso havia ali uma canção importante, "Ibicuí da Armada", nome associado a um rio que deságua num outro rio, o Santa Maria, no município do Rosário do Sul, no extremo Sul do país, mais um dos elementos de confluência da cultura gaúcha. A canção também mencionava fatos históricos, como a Guerra da Degola, a figura dos maragatos, que dificilmente passariam despercebidos para gaúchos bem formados nos temas da região. Mas a minha fala não tocava nestes temas, não se dava com as questões da identidade gaúcha, muito menos com uma suposta singularidade por conta da confluência de culturas tropicais e platinas. Nada disso. Apenas me restringia aos aspectos formais da obra.

Daí que a coisa ganha uma dimensão curiosa, que está presente também na recepção crítica de *Pequod*, como eu já mencionei. A sensação é a de que a recepção da obra de Vitor, ou melhor, de parte dela, quando diante da crítica do centro do país, ao menos, de São Paulo, que é o centro cultural e intelectual do Brasil, vem atenta aos problemas próprios, talvez até "exclusivos", da forma e, em especial, da relação com as vanguardas. Ao menos para mim isso era e, em alguma medida, ao menos para este disco, ainda é. Algo diferente da mesma obra, ou também de parte dela, quando está sob o olhar dos críticos do Sul, e olha que o estado, assim como a capital Porto Alegre, tem longa tradição crítica, cultural e intelectual, que nada deve a São Paulo ou Rio de Janeiro. Mas aqui, ao que parece, a ênfase vai se dando nos problemas da identidade, ou da indefinição de identidade, gaúcha, ligada ao campo, aos pampas. E também platina. Em suma, nas questões próprias de parte central à estética do frio: a tomada de consciência do lugar singular que ocupa o Rio Grande do Sul, como a confluência de culturas do Brasil, incluindo o seu lado tropical, e da Argentina e do Uruguai.

Diário do Pará, 1993.

A questão que fica é a seguinte. Se existe um impasse na recepção crítica é porque existe algo na obra que deve ecoar este impasse. Quem sabe não seja até mesmo congênito à obra, entre uma poética da forma e a estética do frio. Se existe esta diferença na recepção e na crítica, é porque a obra deve ecoar, em alguma medida, isso. A diferença na recepção talvez seja reveladora de aspectos da obra que, de outra maneira, ficariam em segundo plano.

Corta a cena. Ou melhor, mantém o mesmo plano. Ana Ruth, professora de linguística da UFPel, companheira de Vitor Ramil, disse algo muito interessante sobre este imbróglio. E se Vitor tivesse ido morar em São Paulo, ao invés do Rio de Janeiro, quando lançou o seu álbum experimental, o *A paixão de V segundo ele próprio*? Isso me sugeriu a seguinte indagação: ele teria seguido uma carreira de artista de vanguarda interessado mais nos problemas da forma, do que propriamente nas questões de identidade dos gaúchos, brasileiros ou platinos? Arrigo Barnabé é curitibano, por exemplo, mas se consolidou em São

Paulo e, na capital paulista, criou a sua obra, em tudo voltada para os problemas da forma artística dentro dos ambientes de vanguarda e ultravanguarda. O álbum de Vitor, aliás, foi muito bem recebido em São Paulo, a ponto de o divulgador da Som Livre ter pedido à gravadora para o artista ficar mais uma semana na cidade. Em entrevista recente, aliás, dada para o crítico e escritor Luís Augusto Fischer, na revista online *Parêntese*, Vitor trata dessa questão da possível ida a São Paulo, nesse período dos anos 80: "Entendo que, olhando retrospectivamente, São Paulo tenha mais a ver comigo. Mas, num paradoxo, o maior empecilho para os caminhos se abrirem ou mesmo se fecharem seria o fato de eu estar lá. Desde que voltei para o interior do RS eles se abriram em toda parte, talvez principalmente em SP".

Dá o que pensar. Mas é claro que, como já falei, no próprio disco estão presentes questões próprias às formas artísticas, culturais e mesmo históricas do extremo Sul do país, como no caso da canção "Ibicuí da armada" e a presença da milonga, desde uma milonga que havia cantado na Califórnia da Canção Nativa, até uma nova, a partir de poema do escritor argentino Jorge Luis Borges. Sem contar que uma canção como "A paixão de V segundo ele próprio" une o experimento de vanguarda, no belo arranjo de Celso Loureiro Chaves, com descrições poéticas da cidade de Pelotas transmutada em Satolep, além de versos que falam em cores de Kandinsky e punhais de Borges, denotando que o que viria a ser conceituado como estética do frio estava já presente, ainda que em forma embrionária, não só como problema da identidade gaúcha, mas também como problema da forma artística.

De todo modo, é bom ressaltar. A estética do frio acompanha Vitor Ramil desde muito tempo. Existem registros jornalísticos sobre o tema, ao menos a partir de 1987, no período que envolve o disco, mais precisamente, "o período dos shows de lançamento do *Tango*, porque a expressão me surgiu depois de o disco estar gravado", me confirma Vitor. *Tango* e os shows temáticos. Às vezes como citação em uma matéria, título de uma resenha, aspas de uma fala, algo assim. Às vezes de forma um pouco mais elaborada. Gilmar Eitelwein, o mesmo que fez a impressionante entrevista com o Barão de Satolep, nomeia a sua resenha sobre o show *Midnicht Satolep* da seguinte forma: "A estética do frio em *Midnicht Satolep*". A resenha é de maio de 1989. Já Mário Falcão, em matéria sem data, possivelmente também de 1989, considera o mesmo show como uma forma de apresentação da relação entre "a sua proposta artística — a estética do frio — e o ouvinte/ espectador". Diz o próprio Vitor na matéria que sua obra estimula o crescimento da teoria "sobre ela mesma e vice-versa".

Uma matéria em especial me chama muito a atenção. É do mesmo ano das duas outras mencionadas. Foi publicada no *Jornal do Brasil*, do Rio de Janeiro, em 1989. Tem o título "Por uma estética do frio" e é assinada por Renato Dalto. Vincula a obra de Vitor desde o início à busca dessa estética, começando já muito cedo com as milongas, ao lado da poesia de ultravanguarda de nomes como Maiakóvski e Walt Whitman, mas passando também por Borges, claro. Vitor diz, na matéria, ter chegado enfim a uma linguagem própria, a tal da estética do frio, especialmente no show *Animais*, ou seja, no período dos shows temáticos, e com o personagem do Barão de Satolep. Está lá também algo que permanece na sua obra, a necessidade de romper com o estereótipo do gaúcho: "Acho que temos que romper com essa caricatura que o Brasil faz da gente, que somos só bombacha, chimarrão e churrasco. É preciso criar alguma coisa a partir da nossa sensibilidade real". E a busca dessa forma de sensibilidade tem sempre algo de universal. *Voilà*. Certamente o Vitor mais velho de *Campos Neutrais* (2017) concordaria com o Vitor jovenzinho, com seus 27 anos, dois anos depois do lançamento do *Tango* (1987).

Renato Dalto ainda associa diretamente a estética do frio a uma opção que vai na contramão do tropicalismo: "Vitor caminha mais na direção do Rio da Prata, na região das imensas várzeas unindo mesmo dramas gaúchos, charruas, homem urbano numa solidão contemplativa que vem do pampa e se espalha além dele em terras brasileiras, uruguaias e argentinas". Qual o quê! Está tudo aí, não estou certo, bom leitor?

Não estou. Ainda temos muito o que avançar. Numa outra matéria, de 1993, feita pelo *Diário do Pará*, temos novamente a estética do frio como tema, que já se antevê no título: "A essência do cotidiano na estética do frio de Victor Ramil", assim mesmo com "c". O texto é assinado por Hamilton Braga e se volta para um show temáticos, *É prejudicial o uso de salto alto?*. No show estaria presente, segundo o jornalista, a estética do frio. Também, pelo meio do texto, é possível ver imagens que só ganhariam maior precisão com o álbum *Ramilonga – a estética do frio* (1997) e com o ensaio sobre a estética do frio, a partir da conferência de Genebra (2004), como "a imagem do que seria a identidade gaúcha: uma paisagem de céu límpido, no pampa, com uma figura sóbria do gaúcho. Dessa imagem regionalista, unindo sentimento e razão, retirou elementos essenciais: rigor, concisão e clareza. Essas qualidades passariam a nortear o seu trabalho". Estamos aqui quase que como diante da "Milonga de sete cidades", que seria gravada quatro anos depois, e que apresenta os elementos centrais à estética do frio: rigor, profundidade, clareza, concisão, pureza, leveza e melancolia.

Vitor acrescenta, em texto escrito especialmente para este livro:

Centrais à estética do frio, mas particularmente ao *Ramilonga*. Esses valores, associados àquele disco, oferecem um novo olhar, um novo "ponto de vista", como escreveu Italo Calvino ao falar sobre a leveza. Eu queria deslocar o imaginário gauchesco da espécie de apropriação de que fora objeto historicamente por parte dos tradicionalistas. Ao mesmo tempo, aqueles valores faziam uma espécie de tábula rasa para enfrentar os procedimentos que eu identificava como viciados na música brasileira, como o ecletismo que derivara do tropicalismo. Só com rigor e outros valores eu poderia enfrentá-los. *Ramilonga* foi uma espécie de limpeza de terreno conceitual e os valores correspondiam basicamente à necessidade daquele momento. Era uma ação de fundo formal e identitário ao mesmo tempo.

Vitor aproveita ainda para mostrar os vínculos entre um álbum como *A paixão de V segundo ele próprio* e *Ramilonga*, ampliando a discussão a respeito da estética do frio para o implosivismo:

Como já te disse, *A paixão de V* tem para mim um significado de abertura de leque, de declaração de princípios, de uma espécie de antevisão de caminhos, mas sem ainda poder me aprofundar neles. Já o *Ramilonga* é como entrar num detalhe de *A paixão de V*, mas aprofundando-o tendo em vista o todo que viria a seguir. Cada disco em sequência seria uma espécie de reação ao anterior, mas também de mergulho em algum detalhe. Como falei em entrevista recente para o crítico Luís Augusto Fischer, os avanços não se davam apenas de forma reativa. Isso também é coerente com a ideia do implosivismo: eu reagia ao que fora feito, me livrando de muita coisa, mas também indo aos seus detalhes e seguindo a partir deles.

Mas voltando à gênese da construção do primeiro ensaio sobre a estética do frio, temos a primeira versão, no livro *Nós, os gaúchos*, organizado por Luís Augusto Fischer e publicado em 1992. É a primeira publicação de um texto ensaístico de Vitor Ramil e já se notam duas características da sua escrita: o pensamento por contraste e a atenção visual. Ambas se expressam na conhecida imagem do artista, no mês de junho, em Copacabana, vendo uma reportagem do Jornal Nacional mostrando um Carnaval fora de época em Fortaleza, com pessoas pulando atrás de um trio elétrico e um calor dos diabos.[1]

A reportagem foi sucedida por uma outra, sobre a chegada da geada e do frio extremo no Sul, no mesmo período de junho, vista como algo exótico e chamado de "clima europeu". Exótico para Vitor em pleno inverno era o calorão de Fortaleza e o tipo de expressão cultural e corporal que se dava ali. Ele mesmo estava seminu, vestindo apenas um calção, em seu apartamento,

---

1. No texto original, Vitor fala na Bahia, mas ele mesmo corrigiu a mim a cidade. Era, de fato, em Fortaleza.

Por uma estética do frio

Renato Dalto

Vítor Ramil traz ao Rio uma nova maneira de compor que incorpora o som da geada

PORTO ALEGRE — Ele andou atrás de ritmos com cheiro de terra, como a milonga. Debruçou-se sobre poemas construídos com rigor por poetas como Borges, Maiakóvski ou Walt Whitman, sem nunca esquecer as raízes. Gaúcho, nascido numa ponta do Brasil onde faz frio boa parte do ano, Vítor Ramil, compositor e poeta obsessivo, acha que aportou enfim, numa linguagem própria. Uma maneira de compor baseada no que chama de estética do frio.

Vítor mora no Rio de Janeiro há três anos, mas seu público mais fiel está no Rio Grande do Sul. Em fevereiro, faz um show, acompanhado de banda, no Mistura Fina. Mais que um show, será uma a síntese da fase criativa que está atravessando.

Vítor, 27 anos, é o mais novo dos irmãos Ramil, os mesmos da ex-dupla Kleiton e Kledir. Canta principalmente alguns sentimentos deste Brasil de outra cara, onde a geada e o campo substituem o verão e a praia. É ali que se gera essa "estética do frio". É o Brasil onde as noites sugerem mais sol dão, a cerveja dá lugar ao vinho, a descontração cede à introspecção. Entretanto, a fertilidade e precocidade deste compositor que gravou o primeiro dos seus três discos aos 18 anos não se traduz em sucesso de mídia.

"Na verdade, nunca me preocupei muito com isso. Fiz uma opção pessoal por criar. Nunca pensei nessas coisas de construir uma carreira", diz Vítor.

Essa preocupação com a criação tem tocado, muitas vezes, o experimentalismo. No início deste mês, no show *Animais*, apresentado no Teatro Renascença de Porto

Ionious Monk, e consolidou uma linguagem teatral. Vestido de preto, usando corcunda artificial, ele encarnou um personagem chamado Barão Vamp de Sato. O cenário, cheio de candelabros e grades, sugere o recolhimento de um mosteiro.

Este tipo de opção, na verdade, estabelece certa distância entre o trabalho de Vítor Ramil e o Rio de Janeiro. "Nesses três anos, passei por uma fase de adaptação", explica ele. Por trás disso, porém, pode estar algo mais difícil: "Acho que temos que romper com essa caricatura que o Brasil faz da gente, que somos só bombacha, chimarrão e churrasco. É preciso criar alguma coisa a partir da nossa sensibilidade real".

Essa sensibilidade, onde o espírito platino se espalha — Vítor musicou poemas escritos por Jorge Luis Borges — tem também seu sentido universal, "sem essa de xenofobia", como explica ele. Seus três discos trilharam esse caminho. Em *Tango*, o mais recente, há um poema sobre os desobedientes de todos os cantos do planeta *Loucos de cara*. E uma versão para *Joey*, de Bob Dylan: *Joaquim*. Esta opção representa a contramão do tropicalismo, que mistura muitas referências do primeiro mundo e seus símbolos de modernidade. Vítor caminha mais na direção do Rio da Prata, na região das imensas várzeas unindo no mesmo dramas gaúchos charruas, homem urbano numa solidão contemplativa que vem do pampa e se espalha além dele em terras brasileiras, uruguaias e argentinas.

Agora, recompõe sua trajetória, ainda andando de ombros para a mídia, mas achando que apalpa cada vez mais uma linguagem própria. No Mistura Fina, a banda será formada por Carlos Martau

Zero Hora, Porto Alegre, 1989.

tomando o indefectível chimarrão, uma bebida quente feita para o frio. Ele ali, seminu, no calorão carioca, vendo o Carnaval fora de época de Fortaleza, desejando o frio gaúcho, com a nítida sensação de exílio.

Exílio dentro do país. Ou fora? Ou melhor, dentro e fora de qual país? Aquele da civilização dos trópicos, decantado por gente como Darcy Ribeiro, Gilberto Freyre, Caetano Veloso, ou o outro Brasil, das regiões frias e do clima temperado dos pampas e do extremo Sul? Ou um possível encontro, sem negar atritos, fricções, antagonismos, entre as duas formas de expressão do país?

O pensamento por contraste gera também um curto-circuito, outra característica do seu modo de escrita e criação artística, como se Vitor se situasse num limbo, numa espécie de limiar, numa fronteira, um espaço de indefinição e, mesmo, impossibilidade de uma identidade fixa. Isso se nota na forma de canções, em experimentos de desencontros do tempo, com se pode ver em

"Foi no mês que vem", por fim, nas experimentações de inversão de palavras, sendo "Satolep", claro, a mais conhecida.

Mas vamos então para o ensaio mais propriamente, que apresentei em texto mais descritivo acima e de que agora faço um exercício de interpretação mais pessoal. De fato, se comparado às entrevistas, ao primeiro texto de 1992 e ao manifesto no encarte de *Ramilonga* de 1997, trata-se do texto mais bem elaborado sobre a sua teorização da estética do frio. Nele, há um cuidado formal, ao lado de uma prosa ensaística sóbria, delicada, culta, de leitura bastante estimulante e agradável, com parágrafos bem dispostos e uma linha argumentativa consistente e bem concisa. A concisão, no entanto, não significa falta de densidade, muito pelo contrário.

Um dos temas centrais ao texto, claro está, é justamente o mal-estar diante da sensação de exílio no próprio país, repetindo a epifania no contraste entre a cena do Carnaval fora de época no Nordeste em meio ao inverno e o frio friíssimo gaúcho no mesmo período, já apresentada no primeiro texto e que aparecerá, posteriormente, em forma literária, no início de *Satolep*, publicado quatro anos depois. O narrador principal, Selbor, está numa cidade do "Norte", excessivamente quente, e sente um mal-estar físico e mental pronunciado. Na minha leitura, seria o clima excessivamente quente que o faria redirecionar a sua vida. Vitor me diz que não é necessariamente isso, ou que a coisa precisa ser vista com mais sutileza: "não é exatamente aquilo. É simbólico. ele está existencialmente se preparando para voltar a Satolep. O calor é parte do contexto em que o personagem se encontra, não fator determinante para a sua volta". De todo modo, a vida do narrador até então associada a viagens por cidades, malas deixadas em aberto, andanças indefinidas, é modificada, e o evento o impulsiona para um retorno à cidade natal, que coincide com um novo contato com o frio que, no dizer de um dos personagens do romance, "geometriza as coisas".

Ainda no mesmo livro existe uma passagem que coincide com o imaginário do gaúcho, com seu poncho, milonga, chimarrão, diante da vasta planície do pampa. O Compositor, um personagem dos mais importantes do romance, diz ao narrador suas impressões dos contos de João Simões, uma alusão ao escritor João Simões Lopes Neto: "Imaginavas encontrar o gaúcho tão solidamente instalado no teu imaginário?".

O tema do exílio no próprio país é uma constante, aliás, em nossa literatura e também no próprio pensamento social brasileiro. Sérgio Buarque de Holanda fala na sensação de sermos "desterrados em nossa própria terra". Muito da nossa melhor literatura teve que lidar com a mesma situação. É possível ver exemplos em Machado de Assis e Carlos Drummond de Andrade. Um texto, aliás, bastante significativo vincula o mal-estar de Vitor, que vai dar na sua "estética do frio", justamente a essa sensação de exílio e mal-estar presentes em parte significativa da literatura e do pensamento brasileiros. Ele se chama "Reflexão a frio: o Brasil das imagens melancólicas", escrito por Antônio Sanseverino e publicado em 2005 no *jornal do MARGS*, o Museu de Arte do Rio Grande do Sul. Diz o autor: "Machado de Assis e Drummond são exemplos de uma linhagem, que ajuda a entender a dimensão do projeto proposto por Vitor Ramil na estética do frio". E chega à seguinte conclusão: "Não se trata de um problema pessoal, local ou regional. Ele encarna, no ensaio e na experimentação formal da canção, o dilema brasileiro, marcado pela ambivalência e pela indefinição".

O mal-estar se dá por conta da falta de identificação real com a imagem que costumamos ter do Brasil. Aquilo que poderia ser visto como lugar de acolhimento da identidade se transforma em diferença profunda, em alguns momentos até mesmo radical, como no caso pessoal contado pelo artista. O ensaio, em certa medida, se movimenta entre identidade e diferença, diferença e identidade, de variadas maneiras. A autoconsciência da diferença profunda confirma a sensação de exílio e separatismo, mas não instaura de imediato uma identidade possível, que possa se realizar como afirmação de si.

Após o mal-estar, o autor explicita o que seria a imagem do gaúcho reconhecida como tal pelos brasileiros não gaúchos. Em geral ela se vincula ao tradicionalismo, que criou um tipo de concepção do gaúcho que fica no meio-termo da figura real do trabalhador do campo e do estereótipo em torno dessa figura. Esta seria a essência do gaúcho, com a sua bombacha, chimarrão, cavalo e churrasco. Uma figura que lembra, aliás, o vaqueiro do sertão nordestino, entre o nomadismo "selvagem" e o vínculo de trabalho com alguma estância ou fazenda. Uma vida de liberdade possível ao lado de uma relação social pré-moderna, de trabalho precário, quase como um agregado de fazenda. O agregado, aliás, é este tipo social tão fundamental para a vida brasileira, a nossa "mediação quase-universal", como disse certa vez um sociólogo e crítico como Roberto Schwarz.

Esta figuração teria também a sua música e ela estaria vinculada a um outro elemento importante do tradicionalismo: o nativismo. Assim como existiria uma vestimenta adequada, haveria também instrumentos, formas de canto e modos de compor canções: o canto forte; instrumentos como a cordeona; e as letras valorando elementos associados à "tradição", tais como o chimarrão, a vida do gaúcho campeiro, a canha, os bolichos, "que são os bares no campo frequentados pelos 'gaúchos'", me diz Vitor, o cavalo e seus apetrechos, as festividades na estância, o largo horizonte dos pampas e assim por diante.

O tradicionalismo foi muito competente em se impor como a imagem do gaúcho por excelência, como se ela representasse todo o Estado, ou todos os rio-grandenses. Por conta disso, a imagem que temos, os que não somos gaúchos, geralmente se vincula a este imaginário. Quando estamos em cidades do Rio Grande do Sul, no meu caso, especialmente em uma cidade como Pelotas, é quase como se esperássemos topar, em algum momento, com essa figura. Claro que não é assim que a coisa acontece, ao menos em uma cidade urbana como Pelotas e de presença forte da cultura afro-brasileira, com casas de candomblé e giras, além de despachos nas esquinas, como eu mesmo já presenciei andando pelo centro da cidade, próximo ao mercado central.

No entanto, é essa em geral a imagem que temos. E ela, como todo estereótipo, acaba por falsear, ou colocar em segundo plano uma série de outros elementos muito importantes e que demarcam o estado, especialmente eu diria a heterogeneidade real de tipos sociais e formas culturais. Daí que, assim penso, uma primeira resposta ao que pode haver de redutor no estereótipo do tradicionalismo vem de uma aposta no ecletismo, ou, melhor dizendo, na diferença interna ao próprio estado do Rio Grande do Sul, antes mesmo de se contrapor ao resto do Brasil. Trocando em miúdos, a criação cultural no Rio Grande do Sul não se reduz ao que o tradicionalismo, o gauchismo e o nativismo apresentam. Existem também o rock gaúcho, as criações artísticas, literárias, musicais urbanas, as rodas de samba, a cultura afro-brasileira.

Assim, o olhar que se concentrava na diferença externa e a contrapunha com uma identidade fixa, com regras, tipos de vestimenta, formas de canto, uso de instrumentos musicais agora amplia o foco e vê a diferença interna ao próprio estado, ou uma série de novos elementos que fazem do homogêneo, heterogêneo e da unidade, pluralidade.

Isso vai ao encontro do problema da condição de fronteira. A meu ver, tal condição conduz a duas variáveis. A primeira é a da indefinição da identidade, levando em consideração a inexistência de demarcações legíveis. A segunda é o avesso dessa primeira, com o desejo algo paranoico de definição da identidade, como quem sempre tem a sensação de que corre o risco de perdê-la. Indefinição e anseio por definição vão formando arranjos muito complexos e delicados, que envolvem a presença da língua portuguesa misturada à espanhola; a cultura compartilhada com argentinos e uruguaios e a sensação de fazer parte de um lugar estrangeiro, mesmo estando no Brasil; a negação da figuração gaúcha, para uns motivo de vergonha; ou sua veneração estereotipada; o passado militar, guerreiro e viril visto por uns como exemplo de sentimentos morais reacionários, por outros, como a própria raiz da condição de gaúcho e algo a ser valorado como traço central.

Ao invés de tomar uma posição estanque, entre uma dessas concepções, ou mesmo, ao invés de apenas justapor umas às outras, gerando formas artísticas fracas, confusas, para não dizer caricatas em alguns casos, Vitor propõe um exercício difícil, que exige longo trabalho, mas que parece ser, a seus olhos e de acordo com seus interesses estéticos, mais promissor e interessante. Procurar, em meio a essa barafunda real, a essa extrema complexidade que envolve condição fronteiriça, passado de guerras, definição e indefinição de identidade, estereótipo e vida real, tipo social e idealização, situação imaginária e verdadeira de estrangeiro na própria terra, uma forma que possa lapidar e gerar unidade. E ela começa, como escreve o artista, pelo frio. Por isso, volto a citar esta passagem significativa do ensaio:

Unidade. A própria ideia do frio como metáfora amplamente definidora apontava para esse caminho: o frio nos tocava a todos em nossa heterogeneidade. Então me perguntei: como seria uma estética do frio? Por onde começar? E esse foi o início de um processo ainda em andamento. Trata-se, apesar das constantes e inevitáveis generalizações, de uma busca pessoal. (RAMIL, 2004, p. 18–19)

Daí que ele vai apontando o que seria o conjunto de características que demarcam a estética do frio, ao menos, nas suas primeiras formulações. Um espaço geográfico, os pampas, com sua linearidade, clareza, leveza e melancolia. Uma ambiência cultural por onde confluem Brasil, Argentina e Uruguai, tendo o Rio Grande do Sul como centro. Um tipo, como personagem mítico, o gaúcho, filho de índio com europeu, tomando o seu chimarrão, fitando o límpido horizonte campeiro. Uma música, a milonga, ritmo que descende da *habanera* cubana e nasce dos negros dos países platinos, sendo designado por uma palavra de origem africana.

Temos assim o encontro mítico do europeu com o indígena e o negro transmutados no gaúcho com o seu chimarrão e a sua milonga, diante do espaço aberto dos pampas, com sua limpidez de horizonte, que tem um quê de melancolia. Trata-se de uma situação bastante curiosa e imprevista, afinal de contas, quem poderia imaginar que a valoração da cultura da mestiçagem brasileira pudesse ter no gaúcho uma das suas expressões mais vigorosas? E também como se poderia imaginar a milonga e sua origem negra numa região considerada de gente branca? Ainda mais com isso tudo se fundindo num artista moderno, amigo das vanguardas, atento ao cosmopolitismo das metrópoles do mundo e das ambiências urbanas?

É disso que se trata. Nada é fácil na obra, no pensamento, na persona pública e na arte de Vitor Ramil. Como disse muitas outras vezes, e aqui a mesma coisa se repete. Quando acreditamos estar chegando ao sentido do que ele diz, canta, pensa, escreve, faz virar música, percebemos falhas na nossa interpretação, vão surgindo de modo inesperado outras possibilidades de análise, fruição, sentido, percepção das coisas. O contraste gera espelhismos. Os espelhismos vão, a seu modo, fazendo aparecer luminosidades e obscuridades, a um só tempo.

A relação com a milonga vem de muito tempo, como se o artista intuísse ou, o que é mais significativo, se visse diante de uma força cultural que o supera e ultrapassa. E que estava já ali viva, como forma à espera de uma significação possível. Sua primeira milonga, "Semeadura", composta aos dezessete anos, tinha, tem, uma feição política clara, e de propósito panamericano, ou melhor dizendo, de união social, política e cultural da América Latina. Depois veio a "Milonga de Manuel Flores", composta aos dezenove anos, através de um poema de Borges, o escritor cosmopolita, universal e, ao mesmo tempo, atento às ambiências gauchescas, pampeiras, atento para as ambiências singulares do Sul.

E as milongas vão passeando por shows temáticos de diferentes matizes, em diferentes situações e contextos. Há no "Midnich Satolep" um gaúcho pilchado que aparece no palco, embora em tom jocoso e bastante provocativo. Nas entrevistas mais recentes, aliás, Vitor fala muito a respeito do distanciamento que via na sua geração de jovens artistas, e também na geração dos mais novos, em relação ao tradicionalismo mais duro, à figuração do gaúcho que se aproxima de valores conservadores, até mesmo reacionários. Mas diz também, sabe bem, que a coisa não pode ser reduzida a isso.

Sobre o tema, me escreveu Vitor:

Como todas as coisas mitificadas, tem seus aspectos bons e ruins. O imaginário regional ligado ao gaúcho foi construído pela literatura, pela poesia, pela música, em que pese seu uso tóxico pelos políticos, militares, tradicionalistas e afins. Sua percepção é carregada de afeto e verdade entre grande parte da população graças à arte e também ao convívio com sua realidade em muitas zonas do território, sem falar nos hábitos como o mate (de origem indígena), o churrasco etc., amplamente adotados. Penso que sua força como imagem de identificação vem em grande parte de sua platinidade, ou seja, do fato de que, ao nos vincular aos países do Prata, ele de certa forma nos estrangeiriza, distingue, particulariza dentro do contexto brasileiro, oferecendo aos próprios rio-grandenses uma autoimagem afirmativa.

Por isso que, ainda me diz o artista, "nos momentos de crise do estado, quando o estado se sente por baixo, sempre vem à tona a retórica ufanista gaúcha, muitas vezes descambando para o separatismo".

O tema abarca também os mais jovens que, "em geral, não gostam dessa retórica ufanista, de seu fundo militarista, reacionário, o que leva muitos deles a desprezar ou odiar a imagem do gaúcho".

O *Ramilonga* quebrou um pouco isso, fazendo com que muitos jovens se permitissem reconhecer que, em grande medida, esse imaginário regional era parte significativa da sua formação (mesmo que fossem punks ou metaleiros da capital, distante de qualquer contato direto com o mundo campeiro); que a parte do universo do gaúcho que lhes chegava tinha o poder de comover, de colocá-los numa dimensão lírica, afetiva, mesmo amorosa, construída ao longo de suas vidas. O *Ramilonga* ofereceu um novo olhar a eles, carregado com a leveza de um novo ponto de vista.

Pensando no próprio *Ramilonga*, os poemas de João da Cunha Vargas estão aí para não nos desmentir. Vão aparecendo traços culturais do vestuário, das peças que se utilizam para montar o cavalo, do próprio cavalo, das festas, os duelos, combates, a adaga e isso tudo apresentado com ternura, registrado no âmbito da poesia e que, em Vitor Ramil, se transforma em canções, belas canções, pungentes canções. Nelas nota-se a melancolia espaçada atravessando a própria forma como o violão é preparado, com Vitor alterando a afinação básica do instrumento, "hábito inusual na milonga tradicional e até mesmo na canção brasileira", como me diz o próprio artista. Ao qual se associa outro, a presença das cordas soltas, a darem a sensação por vezes da própria configuração dos pampas, ou mesmo do trotear dos cavalos. "As cordas soltas", me confirma Vitor, "por ficarem soando nas trocas de acordes, criam uma continuidade entre eles, que pode ser associada à paisagem ondulada ou plana dos pampas ou do litoral sul, onde vivo". Como se estivéssemos ocupando a posição do gaúcho em cima de um cavalo a observar a vastidão das planícies campeiras.

O frio, a figura do gaúcho, os pampas e a milonga sugerem um mesmo quadro, uma unidade que é estética, histórica, cultural e social. Ao mesmo tempo que é comum ao Rio Grande do Sul, à Argentina e ao Uruguai. Trata-se de uma vasta região supranacional, uma confluência poderosa de culturas. Nesta confluência o Rio Grande do Sul ocupa um espaço privilegiado, uma espécie de centro entre os países do Prata e o resto do Brasil, na medida em que está entre a cultura platina e a tropical. A estética do frio é a autoconsciência formalmente bem realizada desta condição gaúcha, numa situação em que está não à margem de um centro, mas no centro de uma outra história.

Vitor consegue, assim, de forma bastante engenhosa, superar os limites do regionalismo mais provinciano sem negar a singularidade do Sul em relação ao resto do Brasil, em especial ao Brasil dos trópicos, mas a reafirmando em tom cosmopolita e sem com isso ter que aderir a separatismos culturais. O Sul está num espaço de confluência cultural que integra também o Brasil, ao mesmo tempo que Argentina e Uruguai, de uma maneira, aí sim, muito própria e, de fato, singular.

Capítulo 8

O astronauta lírico

ENTRE *Tambong* e *délibáb*, surgem dois discos que apontam para momentos opostos e complementares da obra de Vitor Ramil. *Longes*, em 2004, e *Satolep Sambatown*, lançado três anos depois, em 2007. São como pontos de chegada para perspectivas estéticas que atravessam as ambiências urbanas e as tramas entre o horizonte selvagem dos pampas e as cidades, como Buenos Aires, Montevidéu ou Pelotas. São dois álbuns bem curiosos e de enorme interesse.

Começo pelo *Longes*. Existem alguns aspectos que se destacam no conjunto de textos escritos sobre o disco nos jornais do período. O primeiro confere muita ênfase ao encarte, em especial as fotografias de cidades, como Pelotas, Roma, Paris, Rosário do Sul, Porto Alegre, Montevidéu, entre outras. São fotos com imagens bem sugestivas sobre possíveis encontros entre as ambiências urbanas dessas cidades. Também no encarte há um trecho do romance *Satolep*, que viria a ser publicado só em 2008. Em praticamente todas as entrevistas, aliás, o romance é mencionado, existem vários anúncios da sua possível publicação no mesmo ano do disco, ou em um ano posterior. Depois é o próprio Vitor quem diz que a coisa não vai se dar dessa forma, que o livro tem o seu próprio tempo e que a publicação se realizará quando chegar o seu ponto final, se é que um dia vai chegar.

Um segundo aspecto, não menos importante, é o fato de o disco ter sido gravado em Buenos Aires, sob a batuta de Pedro Aznar, repetindo o que tinha acontecido já com o *Tambong* e confirmando a relação com Buenos Aires, por extensão, com o próprio centro gravitacional da estética do frio. Aliás, *Longes* é o terceiro disco da nova fase de Vitor Ramil, com a volta para Pelotas, após os seus outros quatro álbuns e o conjunto de shows temáticos. É a partir do *Ramilonga* que se consolida essa virada significativa na sua carreira. Com ela, a criação do seu selo musical independente, o Satolep Music, resultando também em autonomia na distribuição do disco.

Nas melhores resenhas há também a boa menção aos aspectos sonoros do disco, ao uso de instrumentos que levam a uma espécie de música concreta, com chapas de bronze, brinquedos, instrumentação eletrônica, mas também piano, trompas, trombone, orquestra de cordas, percussão. O disco conversa também com muitos referenciais artísticos, de Chico Buarque, em "De banda", passando por Emily Dickinson em "A word is dead", Paul Gauguin em "Noa Noa", o crítico gaúcho Augusto Meyer, de cujo texto sobre o escritor pelotense Simões Lopes Neto é retirada a palavra que dará título ao disco: "Longes". Temos também o poeta de Alegrete, João da Cunha Vargas, já presente em *Ramilonga*, com o poema musicado "Querência", sob arranjo de metais de Vagner da Cunha.

Também neste *Longes* Vitor escreve um texto específico para o disco. Como fez no *Tambong* e, em certa medida, no *Ramilonga*, embora neste último caso com formato de manifesto. Este tipo de escrita se repetirá dali em diante, com casos notáveis, como veremos em *délibáb*, no texto "Milonga de la Milonga", por exemplo. São escritos que mostram a forma como o autor pensou a feitura de todo o processo do álbum, sempre num tom literário, com algo de descritivo, mas pendendo mais para o conceitual. Eles aparecerão também com destaque tratando dos seus livros, *Pequod* (1995) e *Satolep* (2008).

Um outro fator significativo. *Ramilonga*, em certa medida, nacionalizou o nome de Vitor Ramil, se posso escrever algo assim, com estes termos. Foi um álbum que teve bom eco na imprensa em geral, passando bem por jornais de circulação nacional, revistas de crítica cultural, inclusive no eixo São Paulo-Rio. *Tambong* consolidou essa nacionalização, com resenhas na *Folha de São Paulo*, *Estado de São Paulo*, *O Globo*, *Estado de Minas* e assim por diante. Foi também um álbum de internacionalização, a partir do ambiente dos países platinos, em especial Argentina e Uruguai, embora a sua versão em espanhol tenha entrado também no Chile. *Longes*, por fim, confirma ambos os processos. Conta com ótimas resenhas e matérias em *O Globo*, onde se destaca em especial o texto do crítico carioca Hugo Sukman. Em São Paulo, teve uma resenha, ainda que curta, na *Folha de São Paulo*, assinada por Pedro Alexandre Sanches, que tinha feito matéria extensa sobre o *Tambong*. Também Lauro Lisboa Garcia escreve sobre Vitor para o *Estado de São Paulo*. Isso, sem falar nas matérias e resenhas em jornais latino-americanos, com atenção especial para o *El País*, no Uruguai, e *Clarin*, na Argentina.

Naturalmente, algumas das resenhas se destacam, pela agudeza, a capacidade de perceber as principais dimensões do álbum. Em primeiro lugar, a de Hugo Sukman para *O Globo*, em 2004, curta e bem precisa: "Mais Borges que Amado, para ficar só entre os Jorges". Nela, estão presentes as sutilezas das sonoridades deste álbum, com "a guitarra rascante e o baixo melífluo" de Pedro Aznar;

o "metálico violão de aço" de Vitor; os "sopros modernistas" das trompas e trombones em "De banda"; "percussões e pianos cuidadosos" que aproximam o álbum de uma tradição de bom gosto harmônico, característico da melhor música brasileira, com o rock, o regional e o clássico. Talvez o crítico exagere um pouco no que chama de "espécie de revolução oswaldiana" ao mencionar o *Ramilonga,* mas tem notável concisão ao falar sobre a presença de um certo olhar dos trópicos a partir da canção "Noa Noa", e termina com uma bela síntese do que é e tem sido a criação artística de Vitor Ramil: "Apresentar um conjunto de canções lindas e íntimas, e ao mesmo tempo tão interessantes quanto sua teoria desestabilizadora do que se pensa do Brasil". Faz todo sentido. Ainda mais se pensarmos que foi neste mesmo ano que Vitor publicou o ensaio sobre a "Estética do frio", a partir da conferência de Genebra, que apresentei no capítulo anterior.

Já no *Correio de Gravataí,* no mesmo ano, o pesquisador de canção popular Marcos Sosa escreveu uma resenha que vale ser comentada: "Os longes de Vitor". Ele vai fazendo uma descrição fina, poética até, de faixa a faixa, canção a canção, ressaltando a sonoridade da guitarra de Pedro Aznar, o uso de chapas de bronze e gaiola de passarinhos em "Primeiro dia", passando pela voz, violão e coro na belíssima "Neve de papel" ("Quem se vai ali/ olha sou eu/ sob a neve de papel"), uma das canções de que mais gosto de todo o seu repertório. Depois, a resenha passa por "Noturno", a canção da experiência total, da sensação de vivenciar tudo, ao mesmo tempo, tudo de uma vez, como dizem os versos, que, a mim, ecoam algo do Bernardo Soares, o semi-heterônimo de Fernando Pessoa, em seu desassossego e turbulência de sentimentos na cidade de Lisboa. Bernardo Soares vivencia a experiência de ter em si todos os sentimentos do mundo, de tal modo que entra num estado até mesmo catatônico, como se a melancolia fosse a única resposta possível a isso. O narrador de "Noturno", talvez de todo este *Longes,* tem algo deste desassossego. Ele intensifica ao limite do insuportável os estímulos nervosos da vivência na cidade, ou nas cidades. Em "Noturno" esta confluência de sensações sem forma o toma tendo como lugar central uma esquina de uma cidade qualquer, uma cidade possível no imaginário do narrador da canção. O arranjo de "Noturno" expressa também este tumulto, entre o piano minimalista e a explosão ruidosa de uma bateria. *Tudo de uma vez, numa esquina.*

Voltando à resenha, de que acabei por fugir um pouco, a próxima canção apresentada é "Longe de você". Trata-se de uma canção de espaçamento, de expansão, de ambiências que vão se estendendo e sugerem sempre a distância, a ausência, a impossibilidade da concentração numa totalidade mínima e, ao menos, de fácil codificação. A sensação é mesmo a de um rasgo, num tom que ecoa sempre uma certa melancolia.

Também Luis Rubira escreveu uma resenha sobre o disco, "O mais perto de Vitor Ramil", para o jornal *Zero Hora*, em 2004. Rubira acerta em cheio e com bastante delicadeza a incorporação das imensidões, dos campos abertos, das lonjuras da planície dos pampas como analogia aos sentimentos que o álbum ecoa, como os muitos sinais de vaguidade, instantes soltos, desejos difusos, em suma, toda a carga existencial que o atravessa.

Lauro Lisboa Garcia, em "A milonga mais triste de Vitor Ramil", para o *Estado de São Paulo*, vaticina: "Com reflexões sobre isolamento e convites à intimidade, arrebata de imediato". A sua matéria coloca no centro da perspectiva do álbum a tristeza, a depressão, a melancolia e arranca de Vitor as seguintes palavras: "Fui cruel comigo mesmo. Não devia falar isso numa entrevista, mas compus essas músicas num período em que pensei em diversas formas de me matar". "Perdão" e "Desenchufado" talvez expressem isso de forma mais clara, assim como, por exemplo, a citação a "The end", do The Doors, na introdução de "Sem dizer". Garcia ainda faz aproximações curiosas, como entre "Desenchufado" e "José", de Caetano Veloso, e também contrapõe a "Estética do frio" ao tropicalismo. Ele realça ainda a relação entre o despertar para a feitura de "Perdão" e a notícia da morte precoce de Cássia Eller, uma das maiores perdas da música brasileira. A letra foi escrita no dia da morte da cantora, confidencia Vitor: "Já era um desafio construir uma melodia em cima da estrutura de Bach, para fazer a letra tinha de esperar o momento em que eu fosse sangrar".

Bom, acho que chegou minha hora de dar também alguns pitacos. *Longes* é mesmo um dos discos mais densos de Vitor. A melancolia é um traço marcante, quase sem volta. Existe um ambiente de opacidade em si e no mundo. O que pode acontecer de trágico acontece de fato. Não há salvação, nem esperança. Veja "Livros no quintal", com o pandeiro de Marcos Suzano. O narrador coloca os seus livros no quintal rezando para chover. Ficamos esperando que possa acontecer algo que impeça que a chuva destrua os livros. Não é o que se dá. Chega a ser doloroso para o ouvinte o verso final da canção, que diz direta e afirmadamente: "E Choveu, E Choveu", e estende a vogal da segunda sílaba talvez querendo assim presentificar a própria chuva sem fim.

Outro bom exemplo é a delicadíssima "Neve de papel", onde o narrador espera uma carta que nunca vem, que nunca virá, e vai desfiando coisas da vida comum que se repetem. Idas, partidas, chegadas. Também jornais, contas a pagar, papéis em branco. Existem uns efeitos sonoros de vozes que vão se sobrepondo à voz principal, como se voltassem no tempo da canção, como se recuassem e avançassem, sem sair do lugar. O próprio narrador está na mesma situação. Avança, recua e não sai do lugar:

Que me vou por ali
Que fiquei por aqui
Que me vou por ali
Que fiquei por aqui

Os versos se repetindo mostram que o lugar em que está e o lugar em que pode ir se equivalem, o que remete ao tempo do tédio infinito, à repetição de tudo, que conduz à melancolia profunda e sem fim.

"Noturno" surpreende pelo piano atravessado por uma bateria feroz e, ao mesmo tempo, estranhamente precisa. A canção é bem enigmática. O narrador parece sentir todos os tempos, desejos, afetos numa esquina que não se sabe se é metafórica ou real.

"Desenchufado" é uma canção duríssima. O narrador que não sai do lugar, que está imóvel, entra em um estado de despersonalização radical, com exceção da resistência do "eu" que vai expressando seu profundo desencanto. As expressões que usa para descrever a sua situação são claríssimas e falam por si: fundo falso, alienado, desencantado, sem movimento, virando estátua, embrutecendo, sem interesse, comendo grito, virando bicho e assim segue. A música é áspera, crua mesmo, bem diferente do estilo mais comum de Vitor, a sua reconhecida capacidade melódica e de criação de texturas musicais que geram uma ambiência sonora plana, ondulante e contínua. Nesta canção o quadro é outro. O violão segue uma batida que lembra uma canção punk e tem ao fundo efeitos sonoros pesados, sons de porta batendo, explosões, copos quebrando talvez. A sensação é de sufocamento tanto na forma musical quanto na letra da canção. Sobre esta canção, me diz Vitor: "'Desenchufado' é praticamente um acorde do começo ao fim. Ela se filia às canções como 'Bilhete postal', 'Aço' e outras da fase do Barão, e também 'Livro dos porquês' ou 'Nada a ver'".

O narrador de "Desenchufado" pode também se aproximar de Ahab, especialmente no seu momento final, quando o isolamento é total e ele parece virar mesmo estátua, estar sem movimento, atrás da porta do seu quartinho das aranhas, sem desejo algum e sem um referencial de identidade e de lugar, como se estivesse *sem endereço*.

Ou talvez seja mais correto aproximar Ahab de "Perdão", letra feita a partir de um tema de Bach. Uma canção claramente de despedida, de quem se sente incapaz até mesmo de sentir alguma coisa, para quem a dor não mais alcança, nem mesmo a solidão. A canção pode ser lida como se fosse uma carta de suicídio e, neste sentido, pode se aproximar de "Querência", o poema de João da Cunha Vargas. O poeta de Alegrete, na última estrofe, diz ter como último refúgio uma pistola só com uma bala. Em "Perdão", os versos expressam claramente o desencanto do narrador:

Perdoo a dor
que desistiu de mim
e a solidão
que não foi tanta como eu quis
a quem me quer
a quem me vem
a quem me ama
Quero perdoar

A ela seguem muitas outras canções, mas uma em especial me pegou de surpresa. Uma surpresa muito parecida, embora numa outra dimensão de sentido, da que tive quando ouvi o poema de Allen Ginsberg que trata, veja só, de um suicídio. Mas a canção a que me refiro talvez pudesse ser lida assim, levando em conta o seu título, "Adiós, Goodbye". Será mesmo? A sua base musical remete a "O trem azul", inclusive os primeiros versos: "Coisas que ficaram por dizer/ coisas que não tive tempo de ouvir".

Tudo bem, o tom é o mesmo de grande parte das outras canções. De despedida, farewell, vá lá. Mas a longa parte instrumental da canção parece desmentir o que dizem os versos. A própria escolha de "O trem azul" como base talvez possa explicar isso. De todo modo, eu não consigo ver a canção como uma despedida mesmo, o anúncio do fim, porque a parte instrumental é uma demonstração real de vigor da vida, de desejo de experimentação das coisas do mundo, até mesmo da alegria de ser e estar com as pessoas. Ela chama à celebração da vida, e não a um fim irremediável. Nós que a ouvimos ficamos felizes com ela e esperamos certamente a continuação da vida do artista, o seu renovado desejo de criação de formas artísticas. A sua permanente relação com o real através da invenção. O que se confirma no disco que se segue, *Satolep Sambatown*, que é um álbum vivíssimo, com a pulsão rítmica do Marcos Suzano entrando em atrito, até mesmo contraponto, com as paisagens melódicas planas, ondulantes e sem fim da música de Vitor Ramil. Está aí, talvez seja este o lugar possível e mais preciso do disco com o Marcos Suzano, como se representasse uma retomada do vigor existencial e artístico de Vitor que vai coincidir, posteriormente, com o lançamento do romance *Satolep*, depois de tantos anos de escrita.

Existem ainda duas obras-primas do disco que me causaram forte impacto. Uma delas, "Longe de você", talvez seja a canção mais conhecida deste repertório, destacada pelos críticos nas matérias de jornal mencionadas. A outra, "Noa Noa", que conta na versão de "Foi no mês que vem" (2013), com a precisão do francês de Isabel Ramil, lendo texto de Paul Gauguin. Sobre a primeira, vale primeiro mencionar o que dela diz Gil Soares, em uma resenha muito boa sobre o disco, "Previsíveis surpresas" em 2004, publicada no jornal *Zero Hora*. Diz o músico: "Há um momento de lirismo explícito, na hipnótica 'Longe de você'. Os efeitos acústicos e eletrônicos pilotados pelo percussionista Santiago Vazques criam a atmosfera e o espaço para que a ótima letra esparrame em uma solidão infinita. O baixo de Aznar e o violão de Vitor apenas guiam a linha melódica". Aliás, esta resenha faz parte de uma matéria no mesmo jornal chamada "A economia precisa em *Longes*", assinada por Ana Claudia Dias. Nela, Vitor diz algo que considero bastante decisivo para quem quer fazer uma boa crítica sobre a sua obra, ou mais especialmente, sobre a sua forma de composição: "Vejo a música como uma planície, que pode ser a harmonia do meu violão, e a partir disso introduzo os demais sons (arranjos) que comporão a música".

Pensar assim ajuda muito o trabalho da crítica. É como se fosse, como ele mesmo disse em outra oportunidade, se não me engano, a seguinte situação. A harmonia do seu violão pode ser pensada como uma planície extensa ondulada por vezes, com amplo horizonte e, ainda, sem figuras. Pura forma. Daí, aos poucos, vão se encaixando as figuras, ou seja, os outros instrumentos, a voz ou vozes, os efeitos sonoros, as palavras, a melodia, o pulso rítmico. Isso fica um pouco evidente, por exemplo, no *Satolep Sambatown*, com o pandeiro e os efeitos eletrônicos de Marcos Suzano em geral se sobrepondo, aparecendo depois, como elementos que compõem a paisagem sonora.

Neste *Longes* isso fica bem evidenciado. Se seguirmos ainda com a resenha de Gil Soares, vemos mais uma boa descrição, dessa vez sobre a canção "O primeiro dia": "Já em 'O primeiro dia', que abre o disco, o conceito de longes se instala através da guitarra que Aznar faz soar para apenas sugerir a sua presença, ao invés de solar ou apresentar discursos musicais". Guitarra que tem como base harmônica o seu violão de aço que, de resto, é o que confere a identidade sonora do álbum, ainda segundo a resenha mencionada.

Em uma das lives em homenagem aos quarenta anos de sua carreira artística, organizada pela PUC-RS, Vitor conta a história de algumas dessas canções. "Noa Noa" tem uma relação com o seu interesse por personagens marginais, estranhos, cujas ações podem ser consideradas subversivas, imorais, perversas, o que for. No caso de Paul Gauguin, tem a sua decisão de sair por aí, sumir, ir a outro lugar, reencontrar alguma coisa perdida, ou não reencontrar coisa nenhuma, deixar-se cair num espaço de indiferenciação e despersonalização radical. Basta pensarmos aqui em Ahab, o personagem do seu *Pequod* (1995); em Selbor, no *Satolep* (2008); em canções como "Loucos de cara" (1987), que soa como um chamado para a aventura existencial, com ateus, santos, sábios, podres, moleques, imundos, ciganos e assim por diante. Ou em "Joquim", misto de realidade e ficção, um visionário anarquista, inventor desmedido e preso político. Uma canção como "Palavra desordem" (2017) retoma algo disso, assim como muitas outras.

Outro caso interessante é o de "Visita", canção pequena, com duração de um minuto, que seria mais um dos seus exercícios de musicalização de poemas, com um poeta como Khlébnikov, mas dependia da autorização de Haroldo de Campos. Vitor chegou a consegui-la, diretamente com o poeta e crítico. No entanto, Haroldo de Campos viria a morrer pouco tempo depois, como me explica o artista.

Ele tinha me autorizado, diretamente. Eu é que acabei optando por fazer outra letra após a morte dele, pois não saberia a quem procurar nem tinha nenhum registro da conversa com ele. A letra fala da música e vice-versa: "vindo à profundeza/ constante/ crescente/ intensa/ mansamente/ quem bate". Essas ideias são expressas musicalmente: em "profundeza" a melodia é descendente, cresce em "crescente" e assim por diante. Em "bate" é seca, duas pancadas. Havia sugestões desse tipo no poema de Khlébnikov.

Vitor, assim, optou por manter a melodia e escrever uma letra nova, substituindo o poema. "Neve de papel" tem como inspiração inicial uma imagem comum a grandes cidades, neste caso, Buenos Aires: os pedaços de papel que são jogados dos prédios em centros de metrópoles. A imagem dos papéis em pedacinhos o levou a compor a canção. "Longe de você" é uma daquelas canções que ficam muitas vezes anos esperando a letra. Ficou ali deixada de lado, para maturar. No final, acabou por se tornar uma das suas mais belas composições.

No rótulo do CD, aliás, estão registrados os diálogos que Selbor teve quando estava isolado, numa casa em meio a um alagamento em Pelotas. Diálogos do romance *Satolep* (2008). Ali, como vamos ver mais adiante, Selbor, o protagonista do romance, conversa com figuras imaginárias que vão se projetando nas fumaças que saem do seu cigarro e da lata de álcool que ele acende para se proteger do frio. Estas figuras muitas vezes se envolvem em questões filosóficas variadas, mas também em questões próprias da narrativa de *Satolep*. O fato de estarem ali, no centro do CD, diz muito sobre os contatos entre as formas artísticas que Vitor vai criando, ora antecipando o tempo, ora o recuando, no seu jogo sempre muito inventivo de curtos-circuitos, como tenho escrito por aqui.

"Perdão" é mais um exemplo. A canção tem como base o prelúdio BWV 999, de Bach, num andamento mais lento. Vitor conta a seguinte história. Ele estava ouvindo um amigo, o pianista e imunologista Gabriel Victora, tocar em sua casa o prelúdio, mas no andamento original. Aquilo o interessou de imediato. Então ele pediu para Gabriel tocar num andamento mais lento, já antevendo o que seria a canção. Pediu para ele gravar aquilo, bem lento. Depois Vitor passou a ouvir o tema com frequência, no corredor da casa, e ficou ali esboçando uma melodia. Daí foram saindo a melodia e as palavras. Com elas a canção foi se desenhando como a conhecemos na gravação do álbum.

Longes é também, como disse, o terceiro disco da fase de retorno de Vitor a Pelotas, através do seu selo Satolep Music, junto com *Ramilonga – A Estética do frio* (1997) e *Tambong* (2000). O lançamento do disco confirma a virada na carreira do artista, com a consolidação do retorno à sua cidade natal e com um trabalho cuidadoso, bem organizado e independente.

O que poderia ser considerado como mau sinal, a ida para o interior após ter desenvolvido a carreira em uma capital cultural como Porto Alegre e ter morado, posteriormente, em uma cidade que já foi central para a canção brasileira, como o Rio de Janeiro, acabou por se dar de outra forma, como expressão de consolidação e maturação da sua obra. O retorno a Pelotas coincide com a primeira experiência ficcional, *Pequod* (1995); com os primeiros escritos do seu segundo livro, *Satolep* (2008); a criação de um site para divulgação e disseminação controlada pelo próprio artista dos seus discos, e também de sua produção literária; e um selo próprio, o Satolep Music, através do qual produz os próprios discos e desenvolve uma lógica própria de distribuição nacional, com autonomia e independência.

∽

Satolep Sambatown, que veio logo em seguida, é um disco tão imprevisto, quanto necessário. Como se Vitor precisasse retomar, a seu modo, com um músico tão especial e virtuose, as suas conversas com o "centro do país", com o samba como gênese da canção popular brasileira vista a partir do Rio de Janeiro. Mas Rio que tem também algo de São Paulo, presente numa faixa, "A zero por hora", cujo cenário é a rua Augusta, uma das vias mais importantes para a construção simbólica e cultural da cidade.

OUTRA DIMENSÃO

Tô vivendo em outra dimensão
Longe de você
Habitando o fundo de um vulcão
Que eu domestiquei

Todo o dia deixo o sol entrar
Mas ele não vem
A janela em mim é tão brutal
Causa esse desdém

Meu relógio em outra dimensão
Corre sem você
O meu pensamento num tufão
Finjo que pensei

Acredito em outra dimensão
Longe de você
Lava, fogo, cinza, solidão
Já me acostumei

Todo o dia digo vou voltar
Mas não sei porquê
O deserto
Sempre me detém

Esboço de "Longe de você", com outro título: "Outra dimensão".

Imprevisto porque após *Longes* e o lançamento do ensaio "A estética do frio", a partir da conferência de Genebra, se esperava um disco que ele vinha anunciando e que só aconteceria anos depois, em 2010. Um disco com milongas para poemas de Jorge Luis Borges e João da Cunha Vargas. Não foi o que se deu. Veio um conjunto espantoso de novas canções, além da regravação de canções de álbuns distintos, ou também canções que só tinham sido apresentadas no período dos shows temáticos, como "Que horas não são?" e "O copo e a tempestade", apresentadas inicialmente no show *É prejudicial o uso de salto alto?*, de 1993. Tudo mediado pelo encontro entre os espaçamentos do violão de Vitor com a rítmica percussiva e eletrônica de Marcos Suzano.

Uma boa matéria no jornal *Diário Popular* nomeia o processo da seguinte forma: "Disco nascido da parceria entre Vitor Ramil e Marcos Suzano põe molho tropical na estética do frio" (2007). De fato. A presença do pandeiro e dos efeitos eletrônicos capitaneados por Suzano dá nitidamente uma coloração distinta às canções de Vitor. Aliás, fato digno de nota, todas as canções são de Vitor Ramil, a função de Marcos Suzano é estritamente musical, no sentido de conferir novos tons e timbres em canções cuja autoria, melodia e letra, é de Vitor Ramil.

O vínculo com o Brasil, com a tradição brasileira de canções que passa por Salvador e Rio de Janeiro, é explicitado pelo próprio Vitor nesta matéria, mais uma das matérias assinadas por Ana Claudia Dias: "Ao mesmo tempo que temos o universo das milongas na nossa cabeça, temos também Chico Buarque, Vinícius e Cartola, entre outros". Ainda em relação a esta matéria há uma pequena resenha assinada por Pablo Rodrigues: "O encontro de duas não cidades". Rodrigues considera o encontro entre os artistas como um movimento labiríntico borgiano em que o Outro aparece depois de um longo percurso, assumindo todas as suas diferenças. O disco como que demarca um encontro com uma alteridade real, mas que gera experimentações muito exitosas, até mesmo, impressionantes.

Assim, Rodrigues vai destacando algumas canções do repertório, como a simbiose entre o violão e a percussão de Suzano em "A zero por hora"; algum lugar impreciso entre a milonga, o samba e a música oriental em "Que horas não são"; "Invento" como uma letra que realça a sonoridade das palavras. O português "perfeito" de Jorge Drexler na mesma "A zero por hora". Para concluir: "A música popular brasileira recebeu um sopro violento e criativo". De fato.

O álbum recebeu crítica entusiasmada no *Estado de São Paulo*, por Lauro Lisboa Garcia, em duas matérias sobre o show que Vitor e Suzano fizeram no Sesc Pompeia, em 2008. Na primeira, "Universos em desafio e harmonia", Lisboa faz uma conversa geral sobre o álbum, divide falas com Vitor e Suzano, e o considera "Pautado pela beleza e pela invenção", num dos momentos da carreira em que Vitor confirma "a plenitude criativa, tanto no refinamento das composições, como no toque do violão, nas letras impecáveis, cheias de imagens, e na voz madura". Ao mesmo tempo em que destaca a excelência das regravações de "Café da manhã", do álbum *À Beça* (1995); "A ilusão da casa", de *Tambong* (2000); e "A Word is Dead", de *Longes* (2004). Lisboa finaliza sua matéria da seguinte forma: "A sutileza com que as imagens sonoras e líricas se desenham, evoluindo, enchendo o espaço, circulando na calma do íntimo, vão criando ambientes que mudam com a mecânica dos efeitos. Quando você percebe já está profundamente envolvido e satisfeito".

Já no segundo texto, uma crítica não menos entusiasmada ao show, Lisboa destaca o que chama de "jogo hipnótico de ritmo e poesia", enfatizando o momento em que a canção "O copo e a tempestade" é apresentada no palco. É uma canção toda percussiva, feita sobre a base do pandeiro, com fundo rítmico expressivo. Uma embolada que chega a lembrar, por vias curiosas, o rap, em suma, um tipo de música popular que é puro ritmo e poesia. Além de passar pelo repertório todo e pela ótima relação musical entre Vitor e Suzano, Lisboa faz em um pequeno texto uma espécie de cartografia sentimental das canções que já foram feitas sobre a rua Augusta, como "Nós, os gatos" (Juca Chaves), "Menininha Rua Augusta" (Geraldo Cunha/ Pery Ribeiro), "Não buzine que eu estou paquerando" (Tom Zé), "Hey boy" (Élcio Decário/ Arnaldo Baptista), "Augusta, Angélica e Consolação" (Tom Zé), "Rua Augusta" (B. Blanco), "Eu vi" (M. Pereira/ A. Abujamra), "As meninas dos jardins" (Z. Baleiro) e, por fim, a canção de Vitor, "A zero por hora".

Assim como em *Longes* temos também aqui uma resenha de Luís Rubira, que acompanha a carreira de Vitor desde que lançou o seu excelente *Nascer leva tempo*. Rubira destaca a relação de Vitor com o samba, com a música popular brasileira a partir do Rio de Janeiro e, claro, de Salvador também. Mas neste caso mais propriamente o Rio mesmo, com a sugestão das cores da Mangueira no encarte; as linhas cruzadas que fazem se aproximar e se distanciar o samba da milonga; a modernização do samba pela inventividade rítmica de Suzano encontrando a modernização da milonga pela inventividade melódica e poética de Vitor. Os poetas e as poetas, sempre tão importantes em toda a obra de Vitor, aqui também se fazem presentes, basta ver Jacques Prevért em "Café da manhã" e Emily Dickinson em "A word is dead". Rubira de modo bastante sagaz dá ênfase para a construção do tempo, ou melhor, de outras temporalidades que permeiam o álbum, como se em algumas canções o tempo paralisasse e exigisse uma atenção mais concentrada, ainda que por vezes possivelmente espantada. São "sentimentos que não cessam; uma onda que não quebra; a estação que é sempre a mesma". Se notarmos, aliás, em algumas das canções, isso fica bem evidente. As cenas congelam, como se o tempo tivesse parado. Mas diferentemente de *Longes,* o tempo parado não gera mal-estar, angústia, melancolia, tristeza sem volta, mas uma possibilidade de alegria, de celebração da vida, do encontro. "Livro aberto", "Que horas não são?", "A zero por hora" são bons exemplos.

Eu gosto muito de pensar este disco como constituindo de fato paisagens sonoras distintas, como me esclareceu o próprio Vitor, em conversa pessoal. O violão de Vitor é feito de sonoridades planas e ondulantes, que vão nos conduzindo como que sonâmbulos, ou melhor, num estado entre a vigília e o sonho. Sua música em geral, em especial com as milongas, cria uma ambiência própria, singular, em muitos momentos profundamente melancólica. Já o pandeiro de Marcos Suzano é rítmico, saltitante, mais do âmbito do pulso. Gera atritos, desce e sobe continuamente, embora suas alterações de volumes não sejam assim tão expressivas ou aproximadas de virtuosismos exagerados. Ele tem algo como uma textura em que reconhecemos pontos em comum, mas mesmo assim soa, quando colocado ao lado da música de Vitor, mais como contraponto do que como simbiose, mais como tensão do que repouso.

Suponho que seja esta mesmo a intenção. Basta ver o título, que sugere o encontro entre Pelotas, como forma artística de Vitor transformada em Satolep, e Rio de Janeiro, como forma artística de Suzano transformada em Sambatown. Pode ser também algo como uma nova conversa de Vitor com o Rio de Janeiro e sua longa e nobre tradição de um dos centros da canção popular brasileira, com vários gêneros, mas o samba sempre à frente. Talvez um retorno ao período mais próximo do Rio de sua obra, após o disco *Tango*, que fala em "Sapatos em Copacabana" e anuncia, em certa medida, o desejo de se afirmar na cidade. Após o período de retorno a Pelotas e já com a consolidação e maturação de sua obra, que se deu justamente na saída do "centro do país", ou mesmo de capitais culturais importantes como Porto Alegre, Vitor como que reencontra a capital carioca, dessa vez com uma carreira já bem consolidada.

Uma canção como "O copo e a tempestade", toda percussiva, ecoa algo de "O livro dos porquês", gravada em *À Beça*, mas cantada muito antes em shows como *A invenção do olho*, de 1991. O que sugere, a meus olhos, uma aproximação mesmo formal entre os dois períodos. Aproximação que ficou evidente quando soube que essa canção é de fato do mesmo período, foi apresentada inicialmente no show posterior ao *A invenção do olho*: *É prejudicial o uso de salto alto?*, de 1993. Um outro momento significativo é a canção "Astronauta lírico", uma das mais bonitas do disco, se não for a mais bonita. Ela foi feita a partir de um poema de Khlébnikov, na tradução ou transcriação de Haroldo de Campos. Tanto o poeta do futurismo russo quanto o crítico e poeta paulistano são personagens centrais em um disco como *A paixão de V segundo ele próprio* (1984), o que nos permite fazer a conversa com o período anterior ao menos ao retorno a Pelotas.

Vale prestarmos mais atenção aqui. A canção é baseada no poema "Eis-me levado em dorso elefantino...". Quando li o poema pela primeira vez, não consegui identificar nele a letra de "Astronauta Lírico". Ou seja, não se trata da musicalização literal do poema. Algumas palavras, claro, saltavam à vista, caso de "Magníficas" no verso "Armadilhas de caça, magníficas". Encucado com isso, perguntei ao próprio Vitor Ramil a respeito. Então ele me explicou como se deu o processo. Primeiro, existem ainda outras palavras do poema que aparecem na canção, casos de "miragem", "grata", "pensativo", "sorrisos", ampliando assim as aproximações com "Astronauta Lírico".

Mas o mais surpreendente para mim foi saber que é possível cantar a melodia da canção sobre o poema do Khlébnikov, como me explicou Vitor. As palavras vão se encaixando, na maioria das estrofes, nas notas musicais. Ainda há momentos em que coincidem com as palavras da canção, como nos versos "Trama, miragem, nívea, palanquim", que vão dar em "Vagando na miragem de um jardim". A canção e o poema mantêm entre si uma série de relações significativas, com aproximações muito instigantes e originais.

O disco tem a sua autonomia estética, muito expressiva. Existem grandes canções, além das mencionadas. As quatro primeiras já o justificam plenamente. "Livro aberto", "Invento", "Viajei" e "Que horas não são?". Esta última, aliás, faz par com "A zero por hora", ao menos no que diz respeito aos jogos com o tempo, característicos da poética de Vitor Ramil. Aliás, uma das poucas canções de Vitor a falar sobre São Paulo até então, mais precisamente a rua Augusta. "O narrador", aponta Vitor, "está bêbado, andando muito devagar. É um daqueles muitos passantes embriagados no agito da rua Augusta. A inclinação dele é indicativo disso. Está não a 120 por hora, mas a 120 graus do chão", vamos dizer assim. E, em silêncio, parado no tempo, ou diante de um outro lugar no tempo, contempla o vai-não-vai da famosa rua. Está a 120 graus do chão, em plano inclinado, diante da chuva e do sol. Apaixonado pelas moças em profusão, o narrador se encontra com a jovem guarda, que lhe pede o documento. Por que não?

Jovem guarda. São Paulo. Algo de um prenúncio do que viria a ser o tropicalismo, com a menção ao "Por que não?", vai se descortinando com o desenrolar da canção. O tempo está em movimento lento, ou talvez até mesmo parado. Assim como em "Que horas não são?", embora neste caso o esteja por conta da contemplação da beleza de um olhar. A onda não quebra, a estação é sempre a mesma, mesmo a Terra empacou em seu movimento, tudo por conta do encontro do sol com o olhar que se contempla. Exagerando um pouco poderia até aproximar a canção de "A resposta", mas no fundo acho que não. Naquela canção há um ambiente de mistério e um clima que lembra a escrita de um conto. Aqui, a mim me parece se tratar mesmo de uma canção sobre o encontro com a beleza, o Belo, o que for.

Este disco tem algo mesmo de ruidoso, vamos dizer assim, de uma ambiência sonora mais suja. Algo nele me lembra novamente *À Beça,* que começa com um som meio estridente e vai se seguindo assim, salvo algumas exceções. Mesmo a canção que finaliza o disco, "Barroco", é cheia de ruídos e efeitos sonoros. É bom que o seja. Taí, de novo estamos diante de um reencontro com o período "carioca" da obra do artista, já que *À Beça* é um dos resultados do conjunto de shows temáticos no período 87-95.

Talvez *Satolep Sambatown* (2007) seja o Vitor despido do Barão de Satolep, como era em alguma medida o *À Beça* (1995). Mas o Barão se perdeu, sumiu, se foi. Ou talvez tenha permanecido como fantasmagoria, em algum verso, arranjo, na escolha de um poema de um poeta mais marginal, como aparece frequentemente em toda a sua obra. O disco termina com "Astronauta Lírico", com a percussão de Marcos Suzano sugerindo uma boa simbiose com a canção. Nós a ouvimos e temos a sensação de que vamos seguir o astronauta lírico por aí afora.

Em "Diálogo de diferentes iguais", Renato Mendonça, um dos jornalistas culturais mais presentes na análise da obra de Vitor, apresenta as seguintes palavras do artista em relação a este disco e ao modo como ele pode ser pensado em sua relação com a estética do frio: "Eu poderia continuar fazendo outros *Tambong,* outros *Ramilonga,* mas quero me desafiar. Tem quem pergunte se é o fim da estética do frio. Que nada: é só o início".

A partir de *Tambong* e após o lançamento da segunda edição de *Pequod,* notam-se dois fenômenos importantes na recepção da obra de Vitor. Uma internacionalização, a partir dos países platinos, com mais consistência do que nos anos e álbuns anteriores. E um vínculo cada vez maior com a literatura. Se *Ramilonga* apontava para a nacionalização da sua persona artística, com o aumento do interesse em sua obra por parte dos jornais de maior circulação nacional, especialmente em São Paulo e Rio, mas não só, com *Tambong, Longes* e *Satolep Sambatown* essa nacionalização se consolida ao mesmo tempo em que aponta para a internacionalização, a partir dos países platinos. O mesmo se pode dizer da recepção do seu primeiro experimento ficcional. *Pequod* teve bom eco na imprensa nacional e o nome de Vitor passou a ser também associado à literatura, como um escritor promissor da literatura brasileira contemporânea. Quando lança *Satolep* (2008) o seu nome se consolida, ganha força e passa a ser também associado à literatura.

Estes aspectos podem ser observados no texto que o artista escreveu para o disco *Longes*. O cenário é uma viagem de avião de Montevidéu para Buenos Aires. Vitor dorme durante todo o trajeto. A partir daí, já em Buenos Aires, cidade em que iria gravar o seu novo disco, começa a fazer uma série de divagações que se situam entre o vitor-compositor-desde criança e o vitor-escritor-há pouco, ou seja, entre o Vitor compositor de canções e o Vitor escritor de livros.

Por todo o tempo, o vínculo entre literatura e canção é colocado em primeiro plano, desde a escolha do nome para o disco, extraído de um texto do crítico gaúcho Augusto Meyer sobre João Simões Lopes Neto. Lá está o "Longes", a palavra que vai nomear o disco. O processo de gravação do álbum, da seleção das canções, da escolha dos arranjos, da estruturação de tudo envolve um jogo complexo entre o vitor-escritor e o vitor-compositor, um cedendo espaço ao outro, como se disco e livro fossem limiares da sua própria criação, da forma mesmo como construiu a sua obra. A relação entre música e literatura é confirmada por duas passagens do texto, uma delas bastante extensa, em que Vitor destaca trechos do livro *Satolep*, ainda em estado de feitura, ao mesmo tempo em que, no parágrafo seguinte, desnuda a estruturação musical dos arranjos do seu novo disco. As formas sonoras do álbum foram erguidas "sobre uma planície de acordes metálicos e abertos, de harmônicos sobrepostos e fluxos contrapontísticos, de afinações eventualmente preparadas; depois, foram longes de chapas de bronze, de brinquedos de criança, de bombos ou de pandeiros pelas mãos dos percussionistas Santiago Vazquez e Marcos Suzano e do baterista Cristian Judurcha, sem que uma só programação de ritmo viesse a aparecer em todo o trabalho (são todos longes direta e rigorosamente humanos)".

No parágrafo seguinte, volta à literatura, dessa vez a um pensamento de Kafka, segundo quem "para lutar contra o mundo, comece apartando-se dele". Algo que ecoa em figuras que estarão no seu álbum, como Paul Gauguin e Emily Dickinson, mas não só, num tipo de personagem que o acompanha e pelo qual nutre um certo fascínio.

Novamente, a figura do marginal, do negativo da sociedade, aquele que foge do mundo como uma maneira de encontrar a si mesmo, numa viagem sem volta e sem fundo, que foi a que fez Ahab em *Pequod* e que estará também presente no coração de Selbor, o personagem central de *Satolep*, o romance, como veremos a seguir.

Esboço de *Satolep*, o romance.

Capítulo 9

Satolep, noite

EM 2008, COM O LANÇAMENTO de *Satolep*, o romance, o nome de Vitor Ramil passa a habitar com mais naturalidade os cadernos dos jornais mais voltados à literatura. Claro que em *Pequod* isso como que já se esboçou, com a atenção de críticos renomados do campo literário brasileiro, como já mostrei por aqui. Um escritor como Moacyr Scliar, por exemplo, enalteceu passagens do livro que falam sobre Montevidéu, em nota bastante entusiasmada, escrita em 1996. A mesma Flora Süssekind, num ensaio amplo escrito sobre as artes brasileiras em geral, "Escalas & Ventríloquos", entre a literatura, o cinema, as artes plásticas e a poesia, colocou o *Pequod* como boa referência, entre vários outros romances da ficção brasileira contemporânea. O ensaio foi publicado pelo caderno Mais!, da *Folha de São Paulo*, em 2000.

Mas com *Satolep* a coisa ganhou um outro grau. Foi como a consolidação de fato do Vitor-escritor em relação ao Vitor-compositor. Boas críticas e matérias foram publicadas em alguns dos principais jornais do país, incluindo a *Folha de São Paulo*, através da pena de Silvia Colombo. Em "Vitor Ramil lança a sua Macondo particular", no caderno Ilustrada (2008), a jornalista conversa com o artista sobre temas já bem conhecidos do público mais atento à sua obra, como a conceituação da estética do frio e a importância da visada que vincula Brasil, Uruguai e Argentina numa mesma ambiência cultural, tendo o Rio Grande do Sul como centro decisivo. Também descreve o que seria uma possível sinopse do romance, com as fotos da Pelotas de 1922, o retorno de Selbor, o personagem central, à cidade; e os encontros dele com personagens fictícios e reais, casos em especial do escritor João Simões Lopes Neto e do poeta Lobo da Costa. A matéria vem acompanhada de uma pequena resenha, escrita pela mesma jornalista, num tom mais descritivo, embora com bons momentos, especialmente os que vinculam a materialidade das construções fotografadas por Selbor com a imaterialidade que habita as suas memórias afetivas. O personagem, aliás, é, segundo a autora, uma "espécie de alter ego de Vitor Ramil, que também deixou Pelotas jovem e depois voltou".

No segundo caderno do jornal *Zero Hora*, no mesmo ano de 2008, está ali Vitor e seu *Satolep* ao lado de escritores como Cristóvão Tezza, Milton Hatoum, Miguel Sanches Neto, Ronaldo Correia Brito, Luiz Ruffato, em suma, ao lado de alguns dos melhores escritores da literatura brasileira contemporânea. E seu livro, ainda mais, foi escolhido como o melhor do ano, como ficção romanceada. Vitor foi finalista, por exemplo, do prêmio Fato Literário 2008, ao lado do escritor e crítico literário Luís Augusto Fischer, este por conta do livro *Duas águas*, e da professora Zilá Bernd, que organizou o livro *Imaginários coletivos e mobilidades transculturais – Brasil x Canadá*. Num texto escrito sobre regionalismo e literatura brasileira contemporânea, para a revista *Veja*, no ano de 2009, Jerônimo Teixeira aproxima Vitor de escritores como Milton Hatoum e Ronaldo Correia de Brito e faz conversar o trabalho destes autores não só com a escrita do regionalismo dos anos 30, mas também com as próprias controvérsias que circundam o termo "regionalismo". Pena que não se estenda mais pela obra literária de Vitor, embora considere o seu *Satolep* um "belo romance".

Numa matéria especial do *Diário Popular*, do ano de 2008, sobre a casa de João Simões Lopes Neto, está lá Vitor falando do seu personagem em *Satolep*, João Simões, que é o grande escritor pelotense. É o Vitor-escritor aqui falando, em sua plenitude, da sua relação como escritor com Simões Lopes Neto. Pelo mesmo jornal, alguns dias depois, em "Satolep na casa de Simões", Bianca Zanella conversa com Vitor sobre o livro como preparação para um evento que participaria, com a presença de Pablo Rodrigues e Isabella Mozzillo. O ótimo texto destaca coisas como a complexidade da escrita e das ambivalências da escrita literária de Vitor; o fato de a própria estruturação do texto ser ele-mesmo parte da cidade, com a cidade ela-mesma personagem formal do livro; a presença de Simões Lopes Neto como figura central, mesmo que à revelia do autor: "Eu não conseguia fazer ele parar de falar. Achei fantástico o que ele disse". O vínculo dito-não dito é afirmado-negado com a estética do frio, ali presente extensamente, como que atravessando o livro.

Por essa mesma época também começamos a ver uma concentração maior na autonomia de Vitor como artista. Já não é tão comum na recepção crítica a menção ao fato de ser irmão de Kleiton e Kledir. Em alguma medida, a relação até mesmo se inverte. Em matéria para *O liberal* de Belém, jornal de uma das cidades em que mais tem reconhecimento, desde muito novo, Eduardo Rocha apresenta um quadro geral do livro, a importância das fotos de 1922, a figura de Selbor, o fotógrafo, a pasta com os textos do jovem misterioso, deixada no trem, a figura de João Simões Lopes Neto e toma algumas boas falas de Vitor. Entre elas a sua relação substancial com a literatura: "Eu tenho uma relação mais diária com a literatura do que com a música. Eu leio de tudo, gosto de compor quando estou viajando. Em casa fico mexendo mais com o texto mesmo". Ele está na cidade para lançar o livro e participar da XII Feira do Livro.

Além do mais, *Satolep* ficou entre os finalistas do Prêmio Jabuti, ao lado de autores como Carola Saavedra, Daniel Galera e Moacyr Scliar. Em matéria para o *Diário Popular*, Bianca Zanella confirma a sensação que a indicação deu para quem acompanha a obra do artista, agora também reconhecido nos espaços de consagração nacionais da literatura. "Enfim, escritor. Não que Vitor Ramil já não se sentisse assim, mas agora, finalmente, parece ter sido reconhecido como tal". Claro, reconhecido no âmbito da recepção crítica, dos cadernos culturais, em suma, do próprio campo literário. Assim, junto ao Vitor-artista da canção, com uma obra já consolidada, ao Vitor-ensaísta em fase de formação, mas já com um ensaio vigoroso e, em vários aspectos, redefinidor de questões profundas da cultura brasileira, temos o Vitor-escritor, após a boa recepção crítica da novela *Pequod*, publicando o seu primeiro romance: *Satolep*.

O FRIO GEOMETRIZA AS COISAS

Passei noites e mais noites lendo *Satolep*, o romance. Ganhei a edição do próprio Vitor Ramil, na primeira noite em que fui à sua casa. Lia-o sempre alta madrugada, após a resolução das tarefas diárias, que poderiam ser muitas coisas, desde a preparação de aulas, sistematização de dados dos objetos de pesquisa acadêmica, leituras de textos em teoria sociológica. A alta madrugada era especial pelo silêncio próprio a ela, pela boa sensação da concentração de sentidos, pelo controle mínimo do foco e da atenção. Era, de fato, o melhor momento para a leitura.

E, como me é costumeiro, não poucas vezes me perdi na trama do personagem, confundi palavras, parágrafos, dormia, acordava, lia e relia constantemente o texto. Algumas vezes me concentrava na narrativa mais linear, digamos assim, de Selbor, e deixava de lado os textos entremeados, com as fotos. Outras, lia apenas os textos das fotos e deixava de lado a narrativa de Selbor, ao menos aquela que imaginava ser a sua única narrativa. Algumas vezes ficava olhando absorto as fotos, observando as construções, que não me eram indiferentes, já que frequentemente passava por alguns daqueles prédios, quando fazia minhas andanças pelo centro de Pelotas.

O que ficava visível, inicialmente, eram as três formas de narrativa no romance. O texto mais linear de Selbor, onde vamos acompanhando a sua saga de retorno à cidade natal, que não vem despida de momentos de delírio; os textos entre o texto principal, escrito em muitas vozes e, também, com estilos distintos de escrita; e, por fim, as fotografias que vêm acompanhadas destes mesmos textos. Ou seja, na forma e na disposição inicial já da estrutura do romance, temos estas três dimensões que vão conduzindo a nossa leitura e gerando curtos-circuitos frequentes. Um deles é o que diz respeito ao tempo. Existem os textos que se referem a fotografias, e o tempo em que o narrador, Selbor, faz estas mesmas fotografias. Ambos estão em dissonância e acompanhá-los é parte do jogo de contrastes em que Vitor Ramil é especialista.

Também é possível ver durante toda a narrativa um jogo denso que envolve uma série de linguagens artísticas, como, claro, a fotografia, pois o narrador é um fotógrafo; o cinema, em momentos como a aparição de um ator popular internacional, com o convite para filmagem nos pampas, e com Francisco Santos, personagem da trama baseado em figura real, o responsável pelo primeiro filme de ficção brasileiro, *O óculos do vovô*, de 1913, todo filmado em Pelotas; a música popular, que aparece com a milonga, na figura do Compositor, na ópera no Teatro Guarani e na lembrança dos tangos na casa "O Sobrado", que remetem a *Pequod*; a literatura em prosa, com Simões Lopes Neto e a poesia, especialmente, mas não só, com Lobo da Costa. Tudo se enovela num espaço labiríntico, que envolve uma visada minuciosa da cidade e suas pessoas, num misto de racionalismo lúcido e pura pulsão desvairada, como se o narrador estivesse sempre no limiar da loucura, ou da experimentação radical da despersonalização de si.

Mas como se desenrola propriamente o enredo, quais são os personagens além de Selbor, e do que se trata essa sobreposição de narrativas e fotografias? Vamos então com calma. *Satolep* é um romance que tem, no meu modo de ver, três momentos decisivos que servem como cenário móvel. A casa no Norte, no início do texto, quando o narrador se mostra incomodado com o calor excessivo, durante a noite sem luz, e percebe uma dissonância entre seu corpo e o pensamento. A casa no Sul, mais precisamente, de Satolep, alugada um dia depois de Selbor chegar à cidade e do encontro com Simões Lopes Neto, nomeado como João Simões, no Café Aquários, espaço de vinhos, charutos, chás e comidas no centro da cidade. Por fim, uma terceira casa, perto do canal de São Gonçalo, que se transforma em refúgio após o alagamento do entorno por conta da chuva. São assim três espaços distintos que geram situações distintas, com a aparição e desaparição de personagens.

Como elemento mediador temos ainda a lembrança da casa dos pais, que remete à memória da infância. Esta lembrança atravessa toda a narrativa, até o final, com algo de trágico no desfecho. Mas existe entre as casas e a memória da infância uma pasta misteriosa, recheada de textos escritos por uma espécie de duplo do narrador, uma voz incorpórea que se transmuta em muitas vozes, com textos escritos em diferentes registros. Assim, em torno das três casas, e da memória fantasmática da casa dos pais, a figura do narrador se confunde com este personagem anônimo, que se transfigura em muitos personagens, autor dos textos enigmáticos da mesma pasta e que estão, no livro, sobrepostos ao texto da narrativa mais geral.

A saga do narrador é a de retorno à casa, ao clima do frio, à umidade, às memórias da cidade natal, após longa temporada vagando por cidades, hotéis, casas, memórias e afetos. Já o personagem anônimo está na sua cidade natal, aparentemente, e seu amor por Satolep ao que parece o leva a um racionalismo delirante. Ele é capaz de descrever minuciosamente detalhes das fachadas, das ruas, das calçadas, de monumentos, dos cheiros vindos das charqueadas de outrora, das plantas e árvores do jardim central. Parece, por vezes, que se confunde com a própria cidade e entra em estado de despersonalização radical, sem volta. Ele é um com Satolep. Lembra a própria canção de Vitor, que diz querer se eternizar nas pedras, umidade, nos cantos e lugares de Pelotas.

Temos assim o cenário do romance que é e não é Satolep ao mesmo tempo. É mais o espaço indefinido entre as três casas e a memória em ruínas da casa da infância, que aparece como fantasmagoria, como se fosse real. E temos também o narrador e seu duplo. O mesmo e o outro. O outro que é o mesmo. O narrador, Selbor, nome invertido de Robles, fotógrafo que viveu em Pelotas nas primeiras décadas do século xx. E a figura anônima dos textos da pasta misteriosa, que se transfigura em tantos outros personagens possíveis.

Mas, além deles, em torno do narrador, circunda uma série de outros personagens. João Simões, o Cubano, o Compositor, a Madrinha, Francisco Santos e Lobo da Costa. Os três primeiros são centrais para o desenrolar entre a primeira casa do Norte e a casa de Satolep e, junto à Madrinha e uma brevíssima aparição de Francisco Santos, entre a casa de Satolep e a casa no canal de São Gonçalo. No caso desta última eles aparecem como figurações em meio à fumaça do cigarro da marca Diabo que o narrador acende para se proteger do frio. São imagens da sua mente algo confusa, naquele momento da narrativa, e se projetam no espaço iniciando um debate fantástico sobre temas filosóficos. Só depois, já com o fim do alagamento e o retorno à casa de Satolep, é que vem a aparecer Lobo da Costa, que estará presente até o desfecho da trama, quando o narrador tem um encontro misterioso com o seu duplo e revive uma cena da infância.

Esta é a síntese, ou um esforço possível de síntese da história. Mas posso também ir com mais vagar.

Vitor Ramil lança sua Macondo particular em livro

Escritor e compositor gaúcho apresenta o seu romance 'Satolep', anagrama de Pelotas que já teve versão em álbum

Parceiro de Jorge Drexler debate sobre a estética do frio com Martín Kohan, da Argentina, e Nathan Englander, dos EUA, na festa

SYLVIA COLOMBO
EM BUENOS AIRES

A primeira vez que Vitor Ramil, 46, inverteu o nome de sua cidade foi para que ele coubesse na letra de uma canção. Assim, Pelotas virou Satolep, lugar imaginário que ressurgiria em outras construções do cantor, compositor e escritor gaúcho.

No ano passado, ao lado do percussionista Marcos Suzano, Ramil lançou o álbum "Satolep Sambatown". Agora, sua Macondo particular surge também em forma de romance, "Satolep", que será apresentado na Flip na próxima sexta, dia 4, na mesa com o nome "Estética do Frio" (veja na pág. E5).

O título do encontro é uma espécie de conceito que Ramil criou nos anos 90, no Rio, para onde havia se mudado ao iniciar sua carreira. "Estava refletindo sobre a minha condição de artista brasileiro, mas que não se sentia identificado com o estereótipo relacionado ao tipo de música popular e comercial que se faz no Rio ou no Nordeste. Ao mesmo tempo, percebi que meu vínculo com o Sul e com a sonoridade que encontrava ao visitar o Uruguai ou a Argentina era forte", explicou à

ração um livro de fotos, o "Álbum de Pelotas", de 1922. Ali aparecem os velhos casarões, hotéis e praças da cidade. "Primeiro, comecei a criar pequenas ficções para cada uma delas, depois veio a idéia de um romance que as amarrasse."

A obra começa com a chegada a Satolep de um rapaz de 30

✚ crítica

Autor questiona tempo de um nascimento

EM BUENOS AIRES

"**N**ascer leva tempo", diz ao narrador de "Satolep" um companheiro de viagem que chega com ele à cidade.

O livro apresenta um ciclo que se fecha com o retorno do protagonista ao lugar onde nasceu, 30 anos depois. Não ficamos sabendo por que ele partiu, ainda adolescente, de Satolep, por quais lugares andou nem por que está voltando.

Espécie de alter ego de Vitor Ramil, que também deixou Pelotas jovem e depois voltou, o narrador de

anos que quer, com esse retorno ao lugar onde nasceu, fechar um ciclo de suas voltas pelo mundo e fazer um balanço do que viveu. Ao desembarcar do trem, ao contrário do que seria natural, não busca a casa paterna. Aluga uma casa e nela instala seu estúdio fotográfico.

Seus passos em Satolep passam a ser guiados pelo encontro com figuras fictícias e outras baseadas em personagens reais nascidos em Pelotas. Entre elas, o escritor João Simões Lopes Neto (1865-1916), autor de clássicos sulistas como "Contos Gauchescos" e "Lendas do Sul", e o poeta Francisco Lobo da Costa (1853-1888).

A trama se desenrola a partir do momento em que um desconhecido lhe entrega uma pasta numa estação de trem. Ela contém textos que descrevem imagens ainda não tomadas pelas lentes do protagonista. Sem ler os escritos antes, o narrador sai às ruas, faz fotos e, ao retornar, depara-se com elas previamente traduzidas ao papel. Obcecado por saber do que se trata tal mecanismo, cada vez mais se envolve numa história cujo fim desconhece, mas que certamente contém seu destino.

Música

Ramil diz que, apesar de ter nascido numa família de músicos (ele é irmão dos membros da dupla Kleiton e Kledir) e de ter se projetado mais nessa área, a literatura sempre o

Matéria na *Folha de S.Paulo* sobre *Satolep*. 25 jun. 2008.

SELBOR, O NARRADOR

Selbor, o narrador central de *Satolep*, está próximo de fazer trinta anos, sente um incômodo profundo, físico, numa cidade do Norte do país. Incômodo que é também existencial, afetivo. Faz sentido mesmo ter uma vida de permanente movimento e variação de si, vagando entre cidades do Brasil e do mundo, morando provisoriamente em hotéis, arrumando malas, se deslocando por aviões, trens, ônibus, ruas e mais ruas? Mas ainda assim, ainda que a crise tenha se instaurado e o corpo, o espírito, a alma a sinta, é possível voltar à cidade natal, ao conforto da casa da família? Ou pelo contrário, a identidade nativa, o amparo familiar, a cidade de nascimento passam a ser, quando deles saímos, inevitavelmente ruínas, vãos, opacidades e, paradoxalmente, estrangeiros? Este mal-estar o impulsiona para voltar à sua cidade natal: Satolep. Ao chegar sente logo um estranhamento.

Na volta, o narrador encontra um personagem, nomeado "o Cubano", que pergunta a ele se conhece a cidade, se já sabe onde vai ficar. O que responder? Ainda que saibamos que sim, o narrador nasceu na cidade, tem uma família, e está voltando a ela (será mesmo possível voltar?), ficamos apreensivos com a resposta, não sabemos bem o que esperar. Lembro de uma das canções mais comentadas de *À Beça*, cujo título é justamente "A Resposta" e cuja trama se dá numa estação de trem. E, mais, cujos personagens não sabem muito bem onde estão. A indagação corrente é a mesma, para quem pergunta e para quem responde: "Que lugar é esse?". A sensação é a de ser estrangeiro em toda parte. Será que o narrador ao chegar à cidade teve em algum momento a mesma dúvida? Fez para si a mesma indagação? A náusea no corpo não seria a revelação da sensação sem volta de estrangeiridade?

Ele responde dizendo que não, não conhecia o lugar. Ao responder assim cria uma situação curiosa. Neste sentido, me parece, a relação com a cidade é sempre deslocada. Talvez venha daí a expressão "Satolep em ruínas".

Não se sabe, ao mesmo tempo, se as ruínas são da memória de infância, da impossibilidade do retorno, da sensação de estrangeiridade para-sempre, da inquietação sem volta, em suma, da despersonalização como traço da constituição da própria persona do narrador. Robles, Selbor, Vitor Ramil, o Barão de Satolep, Ahab, o olhar do menino em *Pequod*, até mesmo as teses do Dr. Fiss. Ou um gaúcho solitário, diante dos pampas, entre o campo esverdeado e o alaranjado do crepúsculo, vestindo um poncho e sorvendo um mate diante de uma figueira ao som, quem sabe, de um sitar indiano.[1]

As ruínas pelotenses bem poderiam ser o manantial, do conto de João Simões Lopes Neto, o sumidouro por onde tudo afunda, homens, mulheres, cavalos, estâncias, gados, mas que vê surgir, misteriosa, uma rosa selvagem, vivíssima e solta, como eram as canções da poética suja do Barão de Satolep, a luminosidade bela que margeia o repulsivo, o abjeto, o obscuro. A arte é terrível.

O CUBANO, O COMPOSITOR E JOÃO SIMÕES

Na primeira parte do livro existem três acontecimentos vitais, seguidos de três encontros fundamentais. O primeiro, decisivo e central, é o retorno do narrador à cidade de Satolep, com todo mistério que vem envolto na sua memória afetiva; o segundo, o encontro misterioso com João Simões no Café Aquários, que conduzirá ao próximo acontecimento: o encontro com o Cubano e o Compositor na nova casa, no centro da cidade, e a audição das milongas tocadas pelo compositor.

Os três encontros, por sua vez, colocam no centro da narrativa três personagens: o Cubano, João Simões e o Compositor. Dá para ler os três encontros, com os respectivos cenários, estação de chegada, Café Aquários e a casa no centro; os três personagens, Cubano, João Simões e o Compositor, como uma espécie de parábola a respeito do retorno do próprio Vitor Ramil a Pelotas, após os anos em que viveu em Porto Alegre e Rio de Janeiro. E como expressões do significado profundo deste retorno para uma reorientação da sua obra, com a presença dos *Contos Gauchescos* de João Simões, da concepção do frio que geometriza as coisas do Cubano e, por fim, da centralidade da milonga, a partir do Compositor. É significativo o fato de o livro começar a ser escrito e ter páginas publicadas em jornais do Sul no mesmo período de lançamento e apresentação pública do álbum *Ramilonga – A estética do frio* (1997), justamente o álbum que explicita essa mesma reorientação estética e, até mesmo, existencial. E também é significativo que ele tenha passagens, ainda que curtas, no seu recém-lançado site, o *Vitor Ramil – Satolepage* (1996).

É por conta disso, acredito, que vão aparecendo aspectos que serão centrais na reflexão estética e na poética musical de Vitor Ramil, como os opostos que se encontram em alguma medida na sua obra, na sua persona artística e na sua biografia pessoal, entre o detalhismo requintado, a ordem simétrica das

---

1. Numa entrevista do período de lançamento do *Ramilonga – A estética do frio*, Vitor se referiu a essa imagem bastante sugestiva de um gaúcho pilchado à sombra de uma figueira tocando um sitar indiano.

ruas, casas e construções, o caráter de trabalho da forma, de constructo formal, de artifício de Satolep em contraponto ao campo aberto, vasto, selvagem, cuja dimensão se estende para um horizonte indefinido dos pampas gaúchos.

O Cubano diz numa das primeiras conversas com o narrador: "A rigor é inconcebível um lugar como esse ter surgido nesta região abarbarada. É uma espécie de licença poética da história. Algo intrigante. Não creio que possa durar. Vivo na urgência de estar em Satolep" (RAMIL, 2008, p. 70). A mim faz todo sentido. Tenho a impressão dessa cidade como um cenário, um constructo, em suma, uma forma artística. Aliás é o que dizem os personagens, e já não me lembro se Selbor ou o Cubano, como se ela tivesse sido criada em outro lugar e colocada aqui de súbito, em meio à paisagem selvagem, mais afeita a tipos sociais como o próprio gaúcho dos pampas e sua relação singular com o cavalo, o gado, o som do vento, as milongas, a vida e a morte.

Aliás, vale demorar um pouco mais nestas outras conversas que vão se sucedendo no romance. Os dois primeiros encontros apresentam senhas que nos conduzem a sugerir algumas relações de sentido entre o narrador, Selbor, e o próprio Vitor Ramil, o autor. O primeiro, com o Cubano, é revelador. Sentado ao seu lado, na longa viagem da cidade do Norte até Satolep, o Cubano diz a Vitor, ou melhor, a Selbor, uma frase sintética e decisiva dali para frente: "o frio geometriza as coisas". Frase dita quando da aproximação do Canal de São Gonçalo, após a descrição de uma série de aspectos da cidade, alguns que serão parte expressiva das definições da sua estética do frio. Diz o narrador:

(...) o passageiro que viajava ao meu lado apontou para a paisagem das cercanias — clara em toda a sua extensão, ainda que uma névoa rasteira começasse a se formar em alguns pontos — a superfície espelhada que íamos transpor, o verde regular da pastagem na margem direita, o pontilhismo de uma pequena manada, a face e o perfil dos prédios destacados contra o céu oriental. (RAMIL, 2008, p. 20)

Assim que chega, ainda nas palavras do Cubano, à "estação das coisas essenciais", aparece a primeira sensação de náusea no romance. Selbor vomita, como diz, "lamentavelmente". Como se a sensação do retorno a si se desse através de uma reação fisiológica, que equivale ao incômodo do corpo tomado pelo calor abrasador na cidade do Norte.

É o Cubano ainda que apresenta a ele detalhes da cidade, pressupondo que Selbor não a conheça. Fala com entusiasmo dos ladrilhos hidráulicos e faz uma aproximação magnífica entre o campo, ou seja, os pampas, e a cidade, Satolep. O campo é o espaço da abertura de horizonte, da planície estendida, das lonjuras e das movimentações indóceis do pensamento; Satolep é a forma simétrica, o acabamento, digamos, a racionalidade e a lucidez, a clareza e a objetividade em meio às ambiências amplas e selvagens dos pampas. Parece mesmo um cenário, tamanha a sensação de impossibilidade de tal construção, com sua ordenação de ruas e calçadas, com o seu detalhismo arquitetônico, em meio aos longes da planície esverdeada e crepuscular dos campos que a circundam.

Esta relação de contraponto entre o campo e a cidade, mas numa dimensão bem específica, entre os pampas e Satolep, estará presente em diferentes momentos da trama, tanto nos textos da narrativa mais linear, ou aparentemente linear, quanto nos textos que a entrecruzam, com as fotografias antigas da cidade, ao lado de descrições ora minuciosas, ora delirantes. Vitor, ou Selbor, fará deste contraponto um problema de forma, mais precisamente, de forma artística, que vai ecoar mesmo em outros contrapontos, como os que se dão entre "pedra" e "nuvem", "simetria" e "neblina", a casa da família e o mundo lá fora, entre outros.

Mas se ficarmos na contraposição inicial, aquela que envolve a cidade e o campo, o espaço indiferenciado dos pampas e o espaço altamente diferenciado e heterogêneo da ambiência urbana, vemos a mesma situação no segundo encontro-chave do romance. Aquele que se dá com João Simões. Não é um encontro simples, que se realiza de imediato. Ao contrário, ele é feito de sutilezas. Selbor, assim que chega ao Café Aquários, na primeira noite em que vai passar na sua cidade natal que é, também, uma cidade estrangeira, pede uma garrafa de vinho para comemorar o seu aniversário. Senta numa mesa, se aproxima da vidraça que, a esta altura, está tomada pelos respingos da chuva e pela umidade, e começa a escrever seu nome. Numa primeira leitura, imaginava que ele teria escrito o nome desde já pelo avesso, mas não é bem assim que a coisa se deu. Vitor me diz: "ele *não* escreve o nome pelo avesso. Apenas escreve seu nome e, atenção: um nome que ele inventou para si mesmo, que ele adotou ao ir embora de Satolep". No momento em que brinda ao seu nome como se fosse a sua própria alma ali reencontrada, vê um homem lá fora lhe fazendo sinais, como se o conhecesse. Ele não o identifica, não sabe bem quem é, não está claro para si de quem se trata.

Saberemos logo depois que se trata de João Simões Lopes Neto e que, do mesmo modo que Selbor, o escritor acreditava que estava sendo chamado por ele, através de sinais, como se a celebração dos trinta anos e do retorno à cidade, expressa no brinde ao nome escrito na vidraça, fosse um chamado para João Simões. Vejam só que situação curiosa e bem interessante. É como se houvesse uma espécie de desencontro entre eles que os levou a se encontrar, de todo modo. Selbor não estava chamando João Simões. João Simões não estava chamando Selbor. No entanto, os dois acabam por se encontrar, acabam por se sentar em uma mesa comum e começam uma prosa que será em tudo decisiva para o destino de Selbor. É João Simões, aliás, me explica Vitor, quem vai escrever Satolep com letras espelhadas no vidro e, uma vez na rua, lerá a palavra ao contrário: Pelotas.

Este encontro é um dos momentos mais interessantes de toda a narrativa. João Simões fala sobre si, conta seus causos, mostra-se já cansado e envelhecido. Fuma seu indefectível cigarro Criolo e consegue ver os tateios de Selbor, a dificuldade de esconder a sua familiaridade com a cidade. Mas, o mais importante, revela a sua condição de escritor pobre, morando em um quarto de pensão emprestado, no centro de Satolep, escrevendo seus contos a partir do seu maior personagem: Blau Nunes, o gaúcho campeiro.

O escritor conta sobre sua vida na infância. Na estância de seu pai. Fala sobre a escrivaninha, a primeira escrivaninha que ganhara, onde podia reunir seus textos, papéis, figurinhas, anotações. Lembra o olhar do pai, acostumado à vida dos pampas, sabedor dos segredos dos espaços abertos, dos ventos bravos, da personalidade dos animais, das coxilhas, do manantial, das figueiras. João Simões na escrivaninha, ainda criança, mas já encantado com o mundo da criação, da forma artística, da invenção de personagens e tramas, das histórias e causos que podem ser mais reais que a vida real.

Histórias e causos que serão posteriormente escritos no quarto pequeno, no centro da cidade, como que recebendo a revelação do seu personagem central, o Blau Nunes que surge como uma aparição, como um espectro, em meio às noites tumultuosas do escritor. Ora, foi em meio aos caminhos de pedra de Satolep, ao burburinho de pessoas passando pra lá e pra cá, ao lusco-fusco de uma ambiência radicalmente urbana, que João Simões descobre o cerne, a essência do gaúcho dos pampas.

A viagem de Selbor, de volta à sua cidade natal, vai sendo entremeada por encontros furtivos, pelo jogo do acaso que, no entanto, o conduz para um destino que parece inevitável. O jogo entre acaso e destino é simultâneo aos outros contrapontos que mostrei acima. E é através dele que se pode pensar sua conversa com João Simões. Ela é, aliás, muito importante para o desenvolvimento da trama. João Simões é quem faz a indicação para que Selbor possa alugar uma casa em Satolep. Trata-se, enfim, da sua casa de fato, após a experiência passageira da casa no Norte, e a curta estadia no hotel, já em Satolep.

E mais significativo ainda é que será nesta casa, ou a partir dela, que aparecerá um terceiro personagem muito importante e que ficará com Selbor quase até o final: o Compositor, seu vizinho, também amigo de João Simões.

O encontro com este novo personagem vai gerar o que chamo de uma transmutação do artista, no caso, a transmutação do Compositor no gaúcho, na noite fria, primeira noite na casa, onde se dá o encontro entre o Cubano, o Compositor e o narrador. Aqui, neste momento da história, o narrador vê nitidamente na figura do Compositor a imagem mítica do gaúcho:

Mas também me senti dentro do argumento do próprio Compositor, pois o vi vestido de gaúcho, com chapéu de barbicacho e poncho de lã. Mais que um ouvinte, ele tinha agora uma testemunha. Acerquei-me num bordoneio lento, repetitivo, emocional. Havia uma aura primitiva em seu aspecto a sugerir a figura do João Simões puro cerne. (RAMIL, 2008, p. 86)

Difícil não lembrar de uma das principais epifanias de Vitor Ramil neste momento de sua obra. Eu me refiro ao choro que vem de súbito quando Vitor faz o poema-canção "Deixando o pago", a partir do poeta de Alegrete João da Cunha Vargas. A naturalidade com que os versos de Cunha Vargas encontraram a forma exata na música de Vitor o levou aos prantos. Era como se tivesse descoberto em si um vínculo misterioso com o cerne da identidade gaúcha, que os versos do poeta campeiro traziam à tona. Como se houvesse um liame entre a poética de Vitor, sua relação com a milonga, o modo de tocar o violão, em sua casa no centro de Pelotas, e a poética do gaúcho dos pampas, com sua visada própria, tão distante e, ao mesmo tempo, tão aproximada do gaúcho de uma cidade altamente urbanizada como Pelotas. "A viagem toda", me explica Vitor, "é justamente por se tratar de uma milonga, gênero identificado como campeiro (embora sua origem remota seja urbana), a soar no centro de uma cidade com as características de Satolep. Estou justamente conectando esses dois mundos através da milonga. Essa milonga, na 'viagem' de Selbor, vai passar pelo samba na rua, pelo tango na casa de tangos etc., vai ser associada ao aspecto construtivo de Satolep".

Seria o Compositor uma projeção do próprio Vitor, como se pudesse ver a cena em que ele-mesmo encarna a figura do gaúcho, com poncho de lã, e começa a construir o que viria a ser a estética do frio, como se fosse o momento inicial para a construção das sete cidades da milonga: rigor, profundidade, clareza, pureza, leveza, melancolia e concisão? Pode ser, mas pode também não ser. Tudo em Vitor vem sempre envolto de códigos, enigmas, sinais, pistas, verdadeiras ou falsas, é e não é ao mesmo tempo.

A audição da milonga, tocada pelo Compositor, no encontro entre o narrador, o Compositor e o Cubano, o leva a memórias afetivas da infância, ou ao menos, a ver aquilo que pode ser considerado como uma memória de outros tempos. Vitor em Satolep, Selbor em Pelotas agora passeia com o pensamento em O Sobrado, casa de tangos antiga, que existia alhures no centro de Pelotas. E vê, no pensamento que vagueia, o menino que é o narrador de *Pequod*, com seus pais, ouvindo tango. O pai, Ahab, com os olhos marejados. A mãe, sorrindo. A cena é precisa, com a mesa e uma flor no centro. Selbor estaria presente naquela noite e teria visto, por conta disso, a cena mencionada? Ou seria ele o menino que narra a história de *Pequod*? Ou seria, no fundo, Ahab, com suas buscas incansáveis pela forma exata, a simetria das teias de aranha, o desespero diante do encontro com a racionalidade ardente, com a lucidez que leva às pulsões do fantasmagórico e indeterminado?

Assim, de um lado, é o Cubano quem diz que o frio geometriza as coisas; é o Compositor quem toca as milongas e se faz a figura do gaúcho mítico; e é João Simões que se apresenta como a figuração da tensão formal e existencialmente resolvida entre a arquitetura simétrica, detalhista e profundamente urbana de Satolep e a extensão selvagem, a vastidão das planícies dos pampas gaúcho. É a própria estética do frio que vai se revelando aos olhos atentos e espantados do narrador.

A PASTA MISTERIOSA E O GRANDE CÍRCULO

Mas se o encontro com os três personagens, associado aos três cenários, é o primeiro acontecimento-chave do romance, o segundo é ainda mais decisivo. Ele envolve o primeiro trabalho de fotografia de Selbor em Satolep na casa de uma família misteriosa; a presença de um casarão antigo e, por fim, uma nova figura, nomeada apenas como o Rapaz. Antes, no entanto, de chegarmos até ele, os outros personagens saem de cena. O Cubano consegue um trabalho em Montevidéu e em Madrid; João Simões falece, como conta ao narrador o Compositor. Este é o único que permanece. Não só permanece como terá um papel crucial. É o Compositor que indicará o trabalho de Selbor para a família misteriosa. Trata-se de um acontecimento que muda o rumo da história em muitos aspectos e terá consequências decisivas dali em diante.

O trabalho é o de tirar, a princípio, uma inocente fotografia de uma família, diante da sua casa, por conta de uma viagem que um dos irmãos, nomeado como o Rapaz, fará para fora da cidade. Já no momento da fotografia Selbor tem uma visão daquela família que lhe dá uma estranha sensação de familiaridade: "Era-me difícil não pensar assim, porque o sobrado, os pais, o irmão que parte, quase tudo ali possuía seu duplo em minhas recordações" (p. 99). Tendo terminado de fazer o retrato, Selbor fica intrigado com o Rapaz: "O rapaz de rosto sombrio e chapéu preto, semioculto, atrás dos irmãos, era o espectro de alguém que já tinha partido" e, ao sentar-se ao seu lado no carro que o levaria à estação ferroviária, o observa como se estivesse observando um espectro, como se aquilo tudo fosse uma "exposição prolongada às fantasmagorias do passado". Por isso pede ao motorista que o deixe também na estação ferroviária, ao invés de seguir para o seu estúdio no centro da cidade. Tinha a intenção de saber um pouco mais sobre o Rapaz, pois pressentia que nunca mais o veria. Então o segue pela estação de trem e o encontra sentado num banco, carregando a sua mala e uma sacola com uma pasta. Conversa com ele rapidamente, diz coisas do tipo: "Estou voltando para Satolep, depois de muitos anos, e o senhor está indo embora. Uma coincidência fotografá-lo". Aparentando não se importar muito com o que ouve, o rapaz responde: "Aprenda a ver", mesma expressão que Selbor ouvira do seu irmão muitos anos antes, e segue para o trem.

Selbor fica ainda mais intrigado com aquela frase e percebe, ao mesmo tempo, que o rapaz esquecera no banco uma pasta com vários papéis. Tenta em vão ainda o encontrar para entregar a pasta. Não consegue. Cai com ela e, ao recolher os papéis que se espalhavam, nota a presença do seu nome na primeira página. Ao chegar em casa, ainda surpreso e estupefato com tudo aquilo, toma coragem e lê a primeira página da pasta que começa com a seguinte frase: "Seguem minhas visões de Satolep em Ruínas", seguida da descrição do sobrado, que acabara de fotografar, e do seu próprio nome, dito de forma muito clara: "Nosso pai pediu ao motorista que buscasse Selbor, o fotógrafo". O texto, ainda, apresentava de forma detalhada o posicionamento de cada um dos fotografados, como se a escrita tivesse sido feita após a fotografia, o que seria impossível, pois o rapaz não tivera tempo de sequer voltar ao interior da casa, após a foto.

A partir daí a história toma um outro rumo. Selbor vai perceber, com o tempo, a existência de uma estranha relação entre os vários textos da pasta misteriosa com as fotografias que passará a fazer pela cidade, como se os textos antecipassem as fotografias. O vínculo secreto entre os textos da pasta, junto às fotografias de lugares da cidade que iam sendo realizadas por Selbor, vão formando o Grande Círculo, num curto-circuito de tempos e espaços, até o momento em que ele se aproxima de fotografar a si mesmo, o que vai causando uma série de vertigens e, mesmo, delírios no narrador.

Nesta relação de repetição cíclica do tempo, reencontro e reaparições de momentos da vida do narrador, como se ele reencontrasse a si mesmo num jogo de labirintos constantes, vão se sucedendo os personagens. Aparecendo e desaparecendo das cenas. Alguns fictícios, outros históricos, todos bastante reais. Além dos que mencionei, temos Francisco Santos, o cineasta; a Madrinha, com quem Selbor tem uma breve relação amorosa; o poeta Menezes Paredes e, sobretudo, Lobo da Costa, cujas ações decidem os caminhos do desfecho da trama.

É Lobo da Costa que acompanha o narrador nos devaneios diante da cidade, em diferentes momentos. Da clareza detalhista das construções arquitetônicas durante o dia, até o deixar-se se perder no olhar demorado para a neblina espessa que desce sobre a mesma cidade pela noite e aurora. Está sentado na calçada, muitas vezes embriagado, recitando poemas duros, com ambiência simbolista e caráter trágico. São amores que não se realizam, mas demonstram também uma sensibilidade para sentir a nervura do real, o que há de inevitavelmente terrível na nossa existência pessoal. Num dos momentos, Selbor o encontra sentado num banco do jardim central, após a madrugada insone. Lá o poeta quer ver e sentir a neblina pousada sobre a cidade, encontrar a beleza difícil que se situa num espaço indefinido, entre a noite profunda, madrugada adentro, e a aurora que se avizinha.

A sua presença é tão importante que é ela, por conta dela, que a própria dinâmica do Grande Círculo, a relação entre as fotos do narrador e os textos da pasta misteriosa, se modifica, e aponta uma dissonância. Até então havia uma curiosa relação simétrica entre os textos da pasta e as fotos. A simbiose era tão grande que, a partir de um determinado momento, passou a ser antecipada pelo narrador, que pressentia a relação entre a fotografia que estava ainda por fazer, e o texto relacionado a ela na pasta. Mas algo se modifica nesta relação e coincide com o período mais turbulento da vida real do poeta Lobo da Costa, que segue a mesma lógica na trama do romance. A desilusão ao saber que a sua bem-amada, musa inspiradora, Elvira, iria se casar, o que o leva a exagerar ainda mais na bebida. Posteriormente, acaba por ser internado na Santa Casa. E, logo depois, foge. Com a fuga desastrada, temos a morte do poeta, cujo corpo é encontrado no meio da rua, jogado em um roseiral onde a cidade acaba, com seus pertences e roupas saqueados.

A morte trágica de Lobo da Costa, o poeta mais popular de Pelotas, se estou certo, e a morte de João Simões, o principal escritor da cidade, acompanhadas da ausência do Cubano e do papel menor que vem a ocupar o Compositor, vão conduzindo o narrador a um estado de hiper-racionalismo, que o leva ao delírio. Ele passa a morar nas ruas da cidade, dormir pelos cantos, como forma de, quem sabe, encontrar o ângulo mais adequado, a melhor luz, o momento exato, para as suas fotografias. E é nas ruas que se aproxima de limiares da loucura, como se se transformasse numa espécie de "louco de rua", recolhido por médicos e internado, assim como tinha acontecido com Lobo da Costa.

Falando num quadro geral do romance, me escreve Vitor:

Em pedra e nuvem é feita Satolep, a cidade e a novela, em suas formas e suas tramas. Eu quis que o leitor se sentisse como o personagem narrador, Selbor, um fotógrafo que volta à cidade natal planejada e de bela arquitetura, mas tendo de lidar com névoas que ao longo da narrativa ele vai atravessar para entender do que se trata. Sua estada na cidade será uma longa preparação para voltar à casa paterna. Por quê? Por que não ir diretamente? O que significa tornar-se adulto, chegar aos trinta, e ao mesmo tempo voltar à casa de onde saiu ainda criança? Por que saiu? Há uma trama objetiva rarefeita, que é entrevista aqui e ali tanto pelo personagem como pelo leitor. A camisa úmida, a lata com álcool, a queda de uma escada na infância, a queda em outra escada quando adulto, o que diz Selbor sobre seu nome ao escrevê-lo em uma vidraça, entre outras coisas, apontam aqui e ali para essa história quase subjacente. A segunda queda na escada ilumina elementos indistintos da primeira. Indistintos por quê? Selbor se pergunta, o leitor também. Os significados recebem luz a cada tanto, como fotografias, mas ainda assim a luz é embaçada. As páginas pretas de fotos e textos que abrem e fecham o livro iluminam uma à outra e muito do que se desenrola obscuramente entre elas, tanto que a narrativa principal, longa, desenvolvida em páginas brancas (as pretas são instantâneos literários para seus respectivos instantâneos fotográficos), termina no último texto da última página preta. O leitor é provocado a se perder aí, a pensar que o livro não tem final. Mas aí é onde Selbor se encontra.

O detalhismo, a minúcia, o rigor, o jogo entre os textos das páginas brancas e pretas, estas últimas com as fotografias, sugerem um autor "lúcido demais", como se refere a si mesmo o próprio Vitor em entrevista recente para Luís Augusto Fischer. É uma fala, para mim, surpreendente, porque considero que o narrador, Selbor, vai entrando num processo de hiper-racionalismo que o leva, o narrador, insisto, não o autor, a experimentações de limiares com o delírio ou a "loucura", como se a sua racionalidade o conduzisse a rasuras, percepções nebulosas, cerrações e assim por diante. Vale mencionar ainda aqui este comentário do Vitor na entrevista mencionada:

Certa ocasião dei uma palestra na Sociedade Psicanalítica de Porto Alegre e falei que o uso de antidepressivo tinha me auxiliado a ter uma visão do todo. Eu estava trabalhando no *Satolep*. Foi como se, medicado, eu tomasse distância, enxergasse sua estrutura e ganhasse desenvoltura para organizá-lo em sua totalidade, fosse limpando ou ajustando com precisão o que já estava escrito, fosse preparando sua continuidade até o desfecho ainda por escrever. E era um texto de montagem bastante complexa.

E, ao que parece, é isso tudo mesmo, o Compositor, as milongas, o frio que geometriza as coisas, os pampas, o cinema, a fotografia, a canção popular, os problemas da forma, a estética do frio, o racionalismo ardente, a pura pulsão desvairada, a comunicação direta e os mistérios insondáveis da palavra dita, escrita e visualizada. Quem sabe se na sua visão da cidade transfigurada, magnífica, velha e supernova, tomada pela cerração, envolta pelo grande círculo, tornada fantasmagoria na neblina que a faz e desfaz, não pudesse dizer: "Quanta beleza eu vi".

Foto do show *délibáb*.

Capítulo 10

A ilusão do sul, miragens, espelhamentos

O OLHAR SE APROXIMA, SE ESFORÇA, tenta concentrar a atenção, ou ao menos ter uma visada mais totalizante dos muitos tons que estão à sua frente. Ora é possível ver um trem, a parte da frente, em alguma direção. Ora o vapor embaçando um pouco a imagem. Junto ao vapor a chuva, de tal maneira figurada, que parece estar numa condição de permanência. A chuva, o vapor e o trem se confundem na imagem. Mas o que faz a apreensão ter essa sensação de neblina, névoa, como se fosse algo entre o real e o imaginário, é a velocidade, o movimento do trem. A velocidade faz com que a imagem confunda o trem, o vapor e a chuva, num todo, como se fosse um embaralhamento de tempos e lugares.

Quando eu vi a capa do *délibáb* (2010) eu pensei exatamente nesta imagem, do quadro do pintor, músico, gravurista e aquarelista inglês J. M. W. Turner, *Chuva, Vapor, Velocidade – o grande caminho de ferro do Oeste* (1844), citada pelo próprio Vitor na canção "Satolep". "Chuva, vapor, velocidade, é como o quadro do Turner sobre/ a parede gris da solidão". É a cidade espelhada, com imagens que geram outras imagens, invertidas ou não, outros ângulos possíveis para a visão. De todo modo, não é possível ter uma imagem aberta, límpida, com espaços alongados que confortam a visão, como as planícies dos pampas, tão presentes na textura sonora, na poética, no canto e nos trabalhos visuais do *Ramilonga*.

Mas é claro que não se trata de uma paisagem incômoda, nem um pouco. Ela só é bastante reflexiva, sugerindo uma sobreposição de espaços, formas e gerando a mesma sensação do quadro do Turner: o imaginário e o real se entrelaçando, se desdobrando e, com isso, fazendo aparecer fantasmagorias e também traços simétricos. Duas passagens do romance *Satolep* expressam essa sensação muito bem. A primeira, uma descrição do Cubano sobre a relação entre a cidade, o frio, a neblina e a velocidade. A segunda, que está descrita no próprio encarte deste novo disco, e que revela o significado mesmo da palavra *délibáb*:

Chamam a este fenômeno de délibáb, expliquei. Esta locomotiva e este vagão que vocês veem tão nítidos, a correr neste horizonte desértico, não estão aqui onde parecem estar, mas a pelo menos uns cem quilômetros de distância. Acontece em dias de muito calor. Essa imagem atravessou regiões de atmosferas de densidades diferentes e projetou-se assim, clara, plana e não invertida, diante dos meus olhos. Nenhum som a acompanhava. Só depois de muito procurar é que me convenci de que realmente não havia trilhos no lugar. Ao rever aquela fotografia, há tanto tempo guardada, e observar a reação de deslumbramento dos meus amigos, pensei que o "grande círculo" seria documentação de um tipo de espelhismo, pois suas fotos eram o registro do que já fora visto por outro em outra parte, conforme os textos demonstravam. Era também algo deslumbrante.

Satolep
Vitor Ramil
Ed. Cosac Naify, 2008

A citação no encarte revela, claro, a relação de sentido entre o disco e o livro. Mas a coisa me parece bem mais complexa, já que a escrita do *Satolep* vem de muito tempo, com as primeiras publicações de trechos do que seria o futuro livro ainda no final da década de 90, conversando diretamente com o próprio *Ramilonga*, além da regravação em CD de *A paixão de V segundo ele próprio* e dos shows com as milongas de Borges, Cunha Vargas e do próprio Vitor Ramil. O que se seguiu depois, no final da década, com *Tambong* (2000), *Longes* (2004) e *Satolep Sambatown* (2007), não parecia, a princípio, ter um vínculo direto com tudo isso. É claro que o delicadíssimo *Longes* tem a gravação de "Querência", mais um dos maravilhosos poemas-canção de Cunha Vargas com Vitor. Mas ali ele tem um outro sentido, serve a um outro referente, se relaciona com outras coisas, em suma, a conversa é outra.

"Querência", ainda mais, não faz parte do repertório de *délibáb* no disco. Entra no DVD, como extra. Há um vídeo lindíssimo que pode ser visto pela internet com esta nova versão da canção, misturando imagens do estúdio, chegadas no aeroporto, instantes em estâncias, com a luz crepuscular dos pampas atravessando tudo. Foi a primeira vez que eu ouvi a canção, descolada do disco, como referencial próprio, singular, se desnudando a seu modo. Ouvia junto a "Chimarrão" e "Tapera", ambas a partir dos poemas de João da Cunha Vargas. Sabia haver uma conexão de sentido entre elas, embora não as associasse a um disco específico. Talvez a coisa toda seja por aí mesmo. As canções de Vitor Ramil vão criando suas próprias afinidades eletivas, suas conexões delicadas, que em algum momento se fixam num disco, para logo depois voltarem a se movimentar e ir descobrindo outros caminhos, possíveis novos contextos, a depender da recepção do público, das recriações do próprio artista e, vá lá, do papel da crítica.

E estes contextos podem ser muito variados, surpreendentes e, mesmo, inusitados. Aconteceu comigo de me ver comovido com aquelas imagens poéticas de gaúchos campeiros e de *cuchilleros* nos arrabaldes de Buenos Aires, em meio à melancólica paisagem sonora milongueira. Como explicar um paulistano da periferia da cidade, filho de nordestino, chorando copiosamente ao ouvir uma canção que tem como tema um adereço usado por tropeiros gaúchos, como nos casos de "Pé de espora" ou "Mango"? E o que dizer da mesma sensação diante de poemas que se parecem com minicontos e que têm nos duelos entre tipos marginais um dos seus temas preferidos?

délibáb é um álbum feito de espelhismos e curtos-circuitos no tempo. O próprio nome se refere a isso, uma miragem, a ilusão do que parece estar à vista mas não está de fato, como uma estranha luz que faz aparecer objetos sem espessura, nem forma real, mas que estão à nossa vista como fantasmagorias. Um dos principais jogos de miragens, espelhismos e curtos-circuitos em todo o álbum é o que se dá entre os poemas de João da Cunha Vargas, poeta de Alegrete, cidade do extremo Sul do Brasil, e Jorge Luis Borges, o grande poeta e escritor argentino, dos maiores entre os maiores. Ambos os poemas se transformam em canções, uma forma específica delas, as milongas. Mas seus temas se aproximam e se distanciam simultaneamente. No primeiro, o ambiente dos pampas, com seu horizonte límpido, aberto, fazendo aparecer o gaúcho com seu cavalo e chimarrão. No segundo, a cultura de rivalidade, duelo, violência, valentia dos bairros pobres de Buenos Aires, com suas esquinas de bares, casas e histórias de conflitos sociais, com corpos desfigurados, cortes, uso de punhais. Por entre eles, como que deixadas à mostra, por alguma luz enigmática, variações de temas universais como a celebração dos encontros, a passagem do tempo, a memória e o esquecimento e especulações metafísicas densas sobre o sentido da vida e da morte.

Repito aqui o que disse em outro texto, sobre a relação da obra de Vitor Ramil com a poesia do livro. Dá para notar nitidamente a diferença entre eles, com as milongas de Borges a denotar uma aspereza maior, que se nota na música que vai se construindo como se fosse, ela mesma, um combate. E as milongas de Cunha Vargas, por sua vez, têm um tom mais balanceado com uma certa — e bem curiosa — leveza, como se entre os dois poetas, mediados pela milonga, fosse possível notar diferenças entre o tango e o samba.

Um poema em especial, "Milonga de los Morenos", é, como bem o percebeu e, como sempre, antecipou o próprio Vitor, um encontro entre as duas tradições. O poema é de Borges, a milonga "tem uma leveza que pode ser associada à canção brasileira, em particular a do Caetano. O tema são os negros. Foram coisas que motivaram o convite a ele", diz Vitor. A gravação, assim, conta com a participação de Caetano Veloso, o grande artista da canção que toma para si o legado da brasilidade a partir dos trópicos e das vanguardas modernistas, com a Bahia, de um lado, e São Paulo, do outro, sendo as duas principais referências.

Existe, em algumas das milongas para os poemas de Borges, algo como uma virilidade mais combativa, como se o narrador da história estivesse expressando na própria forma de contá-la algo da peleia que se descreve nela. É claro que não são assim em todas, e que talvez eu possa estar exagerando um pouco, para criar contrastes possíveis entre os dois poetas. Mas mesmo onde não há propriamente esta faceta combativa, parece haver uma densidade que soa como algo até mesmo de tom solene, épico. Já as milongas para os poemas de Cunha Vargas adotam o lirismo melancólico, algumas de profunda tristeza pela sensação de decadência sem volta, como em "Tapera" e "Querência", outras de nostalgia e amor por coisas da vida gaúcha, como "Chimarrão", "Pé de espora" e "Pingo à soga". Mas dão sempre a sensação de espaços abertos, algo luminosos, mesmo quando a luminosidade é crepuscular. Nos poemas de Borges é como se estivéssemos num café esfumaçado, ouvindo tangos, ou numa esquina perigosa de algum bairro popular de Buenos Aires. E nos poemas de Cunha Vargas, estamos percorrendo extensas planícies dos pampas, às vezes parando aqui e ali em alguma festividade, alguma estância, mas sempre soltos.

As milongas a partir dos poemas de Jorge Luis Borges tratam em geral de rivalidades, duelos, conflitos, que envolvem punhais, e cenários que remetem aos bairros mais populares das cidades argentinas. Algumas se parecem com minicontos, tamanha precisão, coerência e forma de estruturação da narrativa. A primeira, "Milonga de Albornoz", que abre o disco, apresenta uma situação em que o personagem, Albornoz, está destinado a ser morto, preparam para ele uma emboscada, narrada pelo cantor. Albornoz segue seu caminho sem saber do seu destino. Mas o seu destino é tanto ser morto, como conta a narrativa, como se transformar em tema de uma milonga e viver num limiar, entre a memória e o esquecimento.

Uma outra, "Milonga de dos hermanos", trata de um duelo, entre dois irmãos, que conduz a uma tragédia. A ambiência, o cenário são parecidos com o que conduziu ao fim de Albornoz, com música, jogo de cartas, cavalos, tropeiros, boemia, noite agitada, de onde "vienen del sur los recuerdos". Neste caso o que está em jogo é a inveja do irmão mais velho em relação ao irmão caçula, por este último ter melhor fama entre os valentes, ter um maior número de assassinatos. Por conta disso, o irmão mais velho arma uma cilada, mata o outro a tiros e, depois, estende o corpo numa ferrovia, para que um trem estraçalhe o seu rosto, "que es lo que el mayor quería". O fato é, me diz Vitor, verídico, segundo se conta: "no DVD apareço com Moscardini no bolicho, perto da casa do Moscardini, onde vive uma parente dos irmãos. Foi naqueles trilhos que passam ali que supostamente aconteceu o fratricídio".

Também neste disco, Vitor regravou a "Milonga de Manuel Flores", dessa vez com o poema na versão original, em espanhol. Novamente o tema da morte, da violência, com o narrador contando o destino de Manuel Flores que, todos sabem, "eso es moneda corriente". A partir disso, os versos vão se construindo com especulações metafísicas sobre a morte envolvidas com imagens fortes, o momento da chegada dos tiros que levarão Manuel Flores ao desaparecimento. Não é incomum na poética de Vitor Ramil, como vimos já por aqui, essa relação de aproximação e, mesmo, fascínio com a ideia da morte. Ela atravessa a sua obra, do início ao fim. Nas canções, nos ensaios, entrevistas, na literatura. Talvez sejam ecos, assim como a milonga, do lugar em que vive, o contexto cultural formativo do Sul, com suas zonas de guerra, fronteiras, conflitos vários, e mortes.

Mas temos sempre contraexemplos que podem ser pensados também como possíveis aberturas que vão criando mais enigmas e dores de cabeça ao crítico. Veja o caso de "Mango", poema de Cunha Vargas. A forma como foi musicado desmente o que dissemos mais acima sobre a virilidade combativa exclusiva aos poemas de Borges. Mango é feita sobre uma base musical áspera, e cantada em tom de desafio. "A música tenta reproduzir o objeto, seu aspecto rústico, seu uso rude. O mango é uma espécie de chicote curto. A música o mimetiza", me diz Vitor.

Uma boa aproximação entre os dois poetas se pode ver num texto como "Un Mango e un Cuchillo en el norte: Joao da Cunha Vargas e Jorge Luis Borges en délibáb de Vitor Ramil", escrito por Gabriel Veppo de Lima. Existem de fato aproximações entre mango, um chicote rústico, e *cuchillo*, o punhal que atravessa as milongas de Borges. Em ambos os casos, o centro da milonga é o objeto, como representativo de uma cultura específica, a cultura gauchesca: o chicote rústico, cantado em tom de desafio e boa afirmação de si em "Mango", ou o *cuchillo*, guardado em alguma gaveta, depois de conter em si tantas histórias, à espera quem sabe de finalizar um novo duelo, resolver um novo conflito nos subterrâneos de Buenos Aires.

Quem tem me ensinado muito sobre as singularidades do dialeto gaúcho é Sandro Adams, um jovem estudante, muito culto e politizado. Gremista de coração, conhece bem o time, discute com diretores, se encontra com técnicos, briga com jogadores. Tem um jeito de matuto, tímido, com um olhar acanhado, grande conhecedor das minúcias do extremo Sul do Brasil. Faz questão de falar com sotaque, quando pode. Quando ouvi "Pé de espora", poema de João da Cunha Vargas, musicado pelo Vitor, pensei logo em falar com ele. É um poema curioso, cujo narrador parece ora ser o gaúcho dos pampas, comum à poesia de Cunha Vargas, ora o próprio objeto, como se o pé de espora ganhasse vida. No fundo é o gaúcho campeiro conversando com o seu "bendito traste de ferro", numa demonstração de amor pelas coisas da terra, tão comum a este tipo de poesia:

Eu sei que tu tens saudade
Da outra tua companheira
Pra resmungar na mangueira
Tomar cachaça em bolicho
Ou esporear num bochincho
Alguma china manheira

O objeto ganha vida, participa das festas e encontros ("não foste mais ao rodeio/ baile, doma, marcação"), é não só parte da indumentária, mas se confunde com a própria vida e o sentimento do seu dono ("querida espora gaúcha/ dizendo assim eu não erro"), tem idade própria, se relaciona com a tradição, é destemido, tem coragem, topa qualquer parada e assim por diante. Como se o objeto fosse de fato um parceiro, quase como uma outra pessoa, assim como o cavalo. Como se fosse possível criar uma zona de indiferenciação lírica entre pessoas humanas, animais e objetos que compõem toda a indumentária. Além, é claro, da paisagem, que se revela lindamente em "Deixando o pago", regravada em *délibáb*. O conjunto de imagens próprias às ambiências gauchescas é tornado presente, como se fosse ainda vivo e bem real, nos poemas musicados do disco, de Jorge Luis Borges a João da Cunha Vargas. Como se se realizasse o délibáb, fazendo com que aqueles acontecimentos e formas de vida, de outros tempos, ganhassem espessura, parecessem estar à nossa vista, pudessem ser contemplados, observados, até mesmo vivenciados.

Se ficarmos nos poemas de Cunha Vargas, podemos ver algo como uma paisagem histórica, cultural e geográfica se desenhando. Estão lá a ode ao chimarrão; a tristeza diante da casa de estância que se transforma em "Tapera"; o chamado ao desafio, à valentia e à virilidade combativa em "Mango"; o amor nostálgico pelo rincão querido em "Pingo à Soga"; o abandono de si, como se fosse a cantiga de um homem solitário em "Querência"; a viagem descrita com beleza poética pelos campos e paisagens dos pampas em "Deixando o pago".

Se concentrarmos a nossa atenção em cada um dos poemas e seguirmos a movimentação da massa sonora que os acompanha, conseguimos ter à nossa vista lugares, personagens, períodos históricos e o narrador principal atravessando tudo. É o próprio Vitor Ramil o narrador, poderá se perguntar o leitor?

É João da Cunha Vargas? Olha, para mim, quando Vitor se une aos poemas e faz deles canções, não é possível pensar as canções, ou os poemas-canções, sem o traço da sua estilística e do seu pensamento. E sem o vínculo, claro, com a construção da sua obra.

O narrador dos poemas, e agora das canções, passa por festas e entreveros, está ou celebrando candidamente a vida, ou em conflito aberto com algum inimigo. Percorre galpões onde pode tomar o chimarrão, a bebida amarga da raça, que o faz refletir sobre a sua origem, em momento de profundo lirismo e que, com a música de Vitor, parece fazer o tempo parar. Sempre que ouço "Chimarrão", diga-se de passagem, sinto como se estivesse em um lugar vendo ou preparando o meu chimarrão, esperando a água chiar e, depois, misturando ao mate na cuia as tantas histórias que fizeram dessa bebida algo comum à vida dos gaúchos brasileiros ou platinos.

Nos poemas, os objetos todos vão sendo descritos. A bomba de prata, o velho porongo, a lata de erva, o fogão, a chaleira, a folha da planta. Não é possível saber quem o fez primeiro, quem o inventou. Este cuidado descritivo é característico da poesia de Cunha Vargas. Podemos apresentá-los, um a um, com os termos cujo sentido pobres desconhecedores da cultura dos pampas, como eu, ficam tentando decifrar. Em "Mango", temos boleadeiras, arreios, talho, pontaço, guaiaca, gaita manheira, cancha de tava, coimeiro, guajuvira, melenudo, bolicho etc. É um dialeto próprio, como deve perceber o leitor.

Num texto que escrevi para um livro sobre literatura e música, aproximo o interesse de Vitor Ramil pelas vanguardas, que chamo de sua "poética da forma", com o seu interesse pela "tradição", vamos dizer assim, que acaba o conduzindo para a sua "estética do frio". Claro, a estética do frio não é "regionalista", ao contrário, ela é ultracosmopolita, mas virada para um outro lugar, como centro de uma outra história. Ou alguém duvida do caráter cosmopolita de uma cidade como Buenos Aires, e de um escritor como Jorge Luis Borges? Claro que não. Mas a obra de Vitor Ramil habita centros de muitas histórias, inclusive as das vanguardas modernistas do "centro do país". O que percebi no texto que escrevi é que o uso de termos do dialeto gauchesco pode equivaler ao dos termos do experimentalismo radical das vanguardas. Será mesmo? Não o sei de todo, mas me parece bem possível. A mim, ao menos, me é difícil da mesma maneira reconhecer os referenciais dos termos do dialeto gauchesco e os referenciais do experimentalismo à la Khébnikov, ou mesmo dos irmãos Campos do concretismo paulista. Em todos os casos, se exige algo a mais do leitor, ou ouvinte, para que se possa decifrar o sentido dos poemas, canções ou mesmo textos críticos. Sobre o tema me escreve Vitor:

Acho fascinante esse dialeto gauchesco, sua sonoridade, seu mistério para o ouvinte. As experiências radicais com a palavra não buscam efeitos semelhantes? E na base da estética do frio está minha intenção de afirmar que tenho direito a esse dialeto, a essa expressão na língua do que está em meu imaginário regional, bem como a tudo mais que diz respeito a ele. Acho que todas as regiões têm sua música profunda, seus dialetos. Assim elegi a milonga como minha música matriz e seu universo campeiro como minha paisagem de fundo. Em vez de, ao pretender ser moderno, conectado com a contemporaneidade, com as vanguardas ou com a urbanidade, partir para enfrentar, criticar ou esnobar a cultura popular ou folclórica do meu lugar, acho muito mais significativo e transformador mostrar como a interpreto, o que posso fazer com ela, até porque ela está na minha formação, queira eu ou não.

Mas temos aí o chimarrão, os conflitos de "Mango", com todos os seus termos "esotéricos", e a eles podemos acrescentar a tapera. Tapera é um aldeamento abandonado, uma casa abandonada, em ruínas. Podemos estender e pensar a tapera como a imagem da ruína, por isso que o poema e a canção guardam algo de tristeza profunda, sentimento de melancolia, e vão retratando o que era aquele espaço hoje, ou no tempo do poeta e do cancionista, num tom de pura desolação. Aquele lugar já foi morada do guasca tropeiro, pouso do carreteiro e do índio da pá virada, como dizem os belos versos da primeira estrofe. A tapera é também algo como um lugar assombrado, perigoso, pois pode fazer aparecer fantasmagorias de outros tempos.

> Quando ali passa o gaudério
> De noite com tempo feio
> Quase sempre tem receio
> Que ali exista um assombro
> Atira o poncho no ombro
> E levanta o pingo no freio

Num documentário sobre o disco, que vem junto com o próprio disco, em formato DVD, é o próprio Vitor quem melhor define o sentido deste *délibáb*, através do seu texto "Milonga de la Milonga". Diz ele o seguinte:

Às vésperas de partir para Buenos Aires, para dar início à produção deste disco, ocorreu-me que eu voltaria de lá trazendo comigo o registro de um délibáb, tal qual Selbor, o narrador do meu romance *Satolep*. Gravar as milongas que eu havia composto para os versos de Jorge Luis Borges e João da Cunha Vargas seria documentar uma projeção de imagens remotas, de arrabaldes buenairenses e ambientes campeiros na urbanidade de nossos tempos atuais; seria registrar minha visão do que já havia sido visto por outros em outras partes. Cenas distantes, espelhismos, nitidez, horizontes, planícies.

Assim ele estaria trazendo ao nosso tempo, através das suas milongas e do seu álbum, um conjunto de cenários, formas de cultura, tipos de ação, personagens que estavam ali nos poemas de Cunha Vargas e nas milongas-poemas de Jorge Luis Borges. Estavam ali à espera da possibilidade de atualização, vamos dizer assim. Como se os seus sentidos estivessem com muito do sentimento ainda em estado de latência, à procura do bom ouvinte, de uma boa disposição da sensibilidade.

A relação de aproximação e distanciamento entre os dois poetas é também realçada por Vitor em seu texto. Diz ele num determinado trecho:

Ambos foram homens de memória prodigiosa. A memória de Borges, poeta culto, é célebre; abarcava sua poesia, cada palavra de uma conferência a ser proferida ou um sem fim de versos de outros autores, em mais de um idioma; a memória de Vargas, poeta popular, guardava sua poesia, já que ele não costumava escrever seus versos. Borges escreveu sobre o gaúcho e a poesia gauchesca; Vargas foi o próprio gaúcho e elaborou seus poemas.

Existe de fato uma grande diferença entre eles, no entanto, por conta das movimentações próprias da cultura, "suas imagens se projetam nitidamente no horizonte de um Sul mítico, tocando-se em determinados pontos". Além de terem, talvez, na sua imaginação, num determinado momento da vida, até mesmo se aproximado fisicamente de forma involuntária.

Mas o texto segue, sempre com muita clareza. Vitor, por exemplo, realça o personagem principal das milongas de Borges: o compadrito, um tipo aproximado do malandro carioca da Lapa do Rio antigo. O compadrito é um misto de gaúcho, negro e italiano, segundo Leopoldo Lugones. Ele compartilha uma série de coisas com o gaúcho campeiro, entre elas o famoso *cuchillo*, o punhal que carrega na cintura como forma de defesa pessoal ou de ação direta mesmo. Mas Vitor faz em seu texto uma analogia muito interessante entre o gaúcho dos poemas de Cunha Vargas e o compadrito das milongas-poemas de Borges. Eles como que podem ser relacionados com as formas distintas com que portugueses e espanhóis lidavam com conflitos, duelos, jogos de valentia e assim por diante. De um lado, o português com sua amorosidade e maior doçura, de outro, o espanhol com seus martírios regados a sangue e rivalidades sem fim, segundo a análise de Barbosa Lessa, citado no texto. Mas claro que ambas se cruzam em muitos momentos. O exemplo de "Mango" para Cunha Vargas e "Milonga de los morenos" para Borges é bastante significativo quanto a isso, segundo a minha leitura.

E ademais, a relação entre os dois poetas é também apresentada sob a ótica do próprio Vitor Ramil, com os momentos em que ele teve os primeiros contatos com ambos os poetas. Borges vem desde a adolescência, dado que

Vitor musicou uma das suas milongas-poemas ainda muito novo, a "Milonga de Manuel Flores", gravada em 84, no seu segundo disco. Cunha Vargas se integrou à obra alguns bons anos depois, com os primeiros poemas gravados em 1997, no *Ramilonga*. Depois se encontraram num show temático de 1999, "Borges da Cunha Vargas Ramil" e assim a coisa foi maturando, ganhando corpo e sentido até se transformar no disco mais propriamente.

E, falando em estética do frio, há passagens boníssimas neste mesmo texto, quando Vitor mostra que além do frio seco, que "geometriza as coisas" e tem algo de cerebral, racionalizante, sistêmico, há também o frio úmido, das cerrações, da neblina, que leva a sensações de vaguidade, ilusão, miragens. A sua própria música tem algo disso, como se quisesse conduzir o ouvinte para momentos de inebriações, sonambulismos, entre a vigília e o sonho:

A vaguidade, que pode ser vista como um desdobramento da profundidade, da leveza e da melancolia, responde tanto pela vocação contemplativa da milonga como por aspectos formais como as flutuações de tempo, os silêncios, as hipnóticas melodias circulares e, no caso das minhas composições, os efeitos ilusionistas de acordes abertos e afinações preparadas.

Num parágrafo só temos tanto a ampliação da concepção da sua estética do frio, com a presença do frio úmido, que gera confusões, miragens, e torna as coisas algo vagas e disformes, quanto a associação desta mesma ampliação da concepção com a forma da sua música, seu modo de tocar o violão, fazendo com que a teorização da estética do frio se encontre com a forma musical e os seus modos próprios de composição.

Por fim, para terminar este capítulo, poderíamos nos perguntar: por que a umidade não entrou como uma das sete cidades, na "Milonga de sete cidades", que orienta conceitualmente o *Ramilonga* e, também, a estética do frio no sentido mais amplo? Sobre isso, responde Vitor:

A umidade não aparece nos valores das sete cidades para não restringir a ideia a Pelotas. Eu quis ser mais geral, atender à demanda que sabia haver no Sul como um todo, não apenas em minha cidade de origem. E Pelotas também conhece o frio definidor, o minuano que seca os caminhos, como digo no "manifesto" do disco *Ramilonga*.

Capítulo 11

A primavera da criação

«Foi no mês que vem», já disse por aqui, é uma canção que sintetiza o curto-circuito de tempos e lugares, o labirinto borgiano tão presente em sua obra, como um procedimento artístico, como a sua poética da forma. Não à toa foi escolhido como título de um disco duplo que apresenta um amplo panorama da sua obra musical. No encarte, comemorativo à longeva carreira de Vitor, tem um texto que soa como uma explicitação dos espelhismos que atravessam a sua obra. Começa com o refrão da canção mencionada, passa por "Joquim", "Satolep, noite" (*Tango*, 1987), chega em "Deixando o Pago", "alcei a perna no pingo e saí sem rumo certo" (*Ramilonga*, 1997), "Ibicuí da Armada", "Limo e verbo, lodo e rima, louca a bala laica, correnteza, movimentos" (*A paixão de V segundo ele próprio*, 1984), se imiscui em "Invento", "Oh, vento que vem, pode passar, inventa fora de mim outro lugar" (*Satolep Sambatown*, 2007), atravessa a estação de "A resposta", "Que lugar é esse?" (*À Beça*, 1995), tenta encontrar meandros possíveis na "Avenida independência", "os travestis na esquina fazem-me sinais" (*Tango*, 1987), nos delírios das muitas personas de "Loucos de cara", "Garibaldi delira, puxa no canto um provável navio" (*Tango*, 1987), com o momento de tensão dentro de um apartamento de "Não é céu", "Só nos falta Nero cantar" (*À Beça*, 1995/ *Tambong*, 2000).

Tudo se encontra nos longes de "Longe de você", "Tô vivendo em outra dimensão" (*Longes*, 2004), e vai seguindo, o texto apresentando as conexões de sentido entre canções de todo o seu repertório até então. Vão se sucedendo mais versos de canções como "Espaço", "Que horas não são", "Noite de São João", "Grama verde", "Astronauta Lírico", "Ramilonga", "Satolep", "Milonga de sete cidades", "Estrela, estrela", "Sapatos em Copacabana", entre outros que ainda não consigo de todo identificar. É como se ele dispusesse num tabuleiro, num círculo, ou melhor, numa espiral os versos das canções de tantos discos feitos em anos ora mais aproximados, ora mais distantes.

Assim um disco como *Satolep Sambatown* (2007) pode encontrar ecos, códigos, sinais de afinidade, como se estivesse disposto numa teia, com *Tango* (1987). *A paixão de V segundo ele próprio* (1984) de repente é complementar a *Tambong* (2000); *Ramilonga – A Estética do frio* (1997) atravessa *délibáb* (2010) e mantém relações imprevistas com *Estrela, Estrela* (1981).

A disposição da obra num grande círculo, ou numa grande espiral, pode gerar arranjos os mais variados e sempre re-atualizar canções, versos, harmonias, melodias, ritmos, ensaios fotográficos, textos internos aos encartes, parcerias, lembranças, memórias afetivas, da infância, da vida adulta, ou nem isso, da construção de si como um personagem, de uma estilística da existência.

E, de repente, voltamos ao implosivismo, às leituras da obra aberta de Umberto Eco, aos poetas concretos paulistas, ao seu lance de dados. E quando acreditamos ter encontrado o nexo de tudo, o código, o enigma desvendado, eis que vamos recair de novo no labirinto de espelhos, tal qual o menino-narrador de *Pequod*, e estamos vendo o Dr. Fiss fazer o seu circunlóquio, apresentar suas teses sobre a arte e a vida, como se ele fosse o próprio Vitor Ramil, se dizendo em sua obra, nos livros, discos, entrevistas e na conversa pessoal.

Também toda a trama narrativa de *Satolep* ecoa muito desses jogos de sentido. O romance, assim como *Pequod*, embora de uma maneira mais densa, nos exige sempre leitura e releitura, nos faz desconfiar de nossas interpretações, exige o retorno permanente ao livro.

Voltando ao álbum, podemos perceber que poema, música, pintura, tudo se mistura e vai ganhando maior densidade. Este álbum revela isso, a seu modo, faz com que se reencontrem muitos tempos e lugares das canções, os sentidos dos discos se revelando em outras dimensões, junto aos poetas, músicos, escritores, familiares que vêm acompanhando o artista desde o início de sua carreira. Aqui temos também um jogo. A espiral das canções é isso. A audição do álbum faz com que tenhamos vontade de reouvir também as gravações originais, como se tivéssemos voltado à leitura dos livros, como se precisássemos, aqui também, repensar o sentido das canções, como se fôssemos tomados pelo silêncio transparente que as envolve, à espera do significado, da disposição da sensibilidade capaz de atualizar as suas mensagens, de saber melhor a sua forma. Há nele um conjunto impressionante de participações que conversam diretamente com isso. Temos a Orquestra de Câmara do Theatro São Pedro, com quem fez uma série de shows durante anos e que tem na figura de Vagner Cunha uma presença fundamental que, anos depois, será crucial em *Campos Neutrais* (2017). Há a participação de Marcos Suzano, com quem Vitor fez o *Satolep Sambatown* (2007); Carlos Moscardini, que

Capa do álbum *Foi no mês que vem*, a partir de gravuras em metal de Nara Amélia, 2012.

havia gravado recentemente o *délibáb* (2010); Pedro Aznar e Santiago Vazquez, ambos presentes nos álbuns gravados em Buenos Aires: *Tambong* (2000) e *Longes* (2004); Jorge Drexler, em "Viajei", com quem Vitor fez a canção "12 segundos de oscuridad" e gravou "A zero por hora" (2004); Milton Nascimento, ponto central na formação do artista, cantando "Não é céu"; Ney Matogrosso, em "Que horas não são?"; Kátia B, que participou do *Satolep Sambatown* (2007), em "Joquim"; os filhos Ian Ramil, em "Passageiro", e Isabel Ramil, lendo um trecho de Paul Gauguin em "Noa Noa", num francês perfeito; os irmãos Kleiton e Kledir, em suma, uma série de pessoas decisivas para a construção da obra, em tempos e lugares distintos.

O encarte é, novamente, um caso à parte, como de costume em seus discos. Mas se em *A paixão de V* temos o maravilhoso encarte feito por Heloísa Schneiders, com a disposição cultíssima de fotos, poemas, pinturas e grafismos; se em *Tango* ficamos ali observando o rosto expressivo de Vitor no quadro de Carlos Scliar; se, ainda mais, nos shows temáticos, observamos a relação entre escuridão e luz com as modulações entre o Barão de Satolep e o Vitor Ramil ele-mesmo; se em *À Beça* temos Vitor com roupas coloridas, longos cabelos e colares; em *Ramilonga*, a coloração entre o verde e o laranja, remetendo aos pampas; no *Tambong*, o seu rosto novamente, dessa vez em tom esverdeado em torno de fotografias belas e algo sombrias das ambiências urbanas; em *Longes*, as imagens fragmentadas das cidades do mundo; no *Satolep Sambatown* figurações mais nítidas de Vitor e Marcos Suzano; no *délibáb* uma ambiência urbana entre o sonho e a vigília; neste *Foi no mês que vem* temos um surpreendente trabalho de uma jovem artista: Nara Amélia.

Ficamos como que absortos no quadro que envolve todo o encarte. São figuras aladas, algo míticas, metade humanas, metade animais, como se fossem centauros modernos, sentados numa mesa e tomando café. Há o híbrido de humano e porco, humano e galinha, humano e cervo, com uma série de esquilos ao redor, aos montes, e passarinhos pousados nos galhos da cabeça do cervo. O híbrido humano-galinha carrega consigo um carneiro com longos chifres. Mais à frente, um híbrido humano-macaco, vestindo um paletó e uma mala com uma série de sinais também carrega um carneiro, de longos chifres, que parece voar. Na extremidade abaixo dois macaquinhos de circo exibem o título do álbum, "Foi no mês que vem".

Talvez a presença marcante da Orquestra de Câmara do Theatro São Pedro e do músico Vagner Cunha já apontasse para o que viria a ser *Campos Neutrais* (2017), com a presença de um quinteto de metais regido pelo mesmo Vagner Cunha. Mas isso viria a acontecer alguns anos depois. Antes disso, Vitor publicaria o seu terceiro trabalho ficcional, dessa vez uma novela que tem como marca principal a engenhosidade formal arrojada, a profunda inventividade com a palavra que faz parte da sua obra, ou melhor, da sua formação antes mesmo de começar a gravar discos e fazer shows. A palavra rigorosa e solta. Firme e desenvolta. Disciplinada e inventiva. Poema e risada. O seu novo livro retoma também experimentos de humor, característicos da fase do Barão de Satolep.

A PRIMAVERA DA PONTUAÇÃO

O livro *A primavera da pontuação* é um trabalho ficcional com bastante engenhosidade formal, o que não é pouco, já que tanto *Pequod* (1995) quanto *Satolep* (2008) primam também pelo cuidado formal, por um certo desejo de expressar a autonomia da forma, vamos dizer assim. Mas no caso deste livro essa autonomia é bem mais pronunciada e remete a algo comum em toda a obra: a invenção arrojada, o trabalho com o estilhaçamento ou implosão de palavras. Se voltarmos aos álbuns da década de 80, ao lado dos shows temáticos do período do Barão de Satolep, teremos uma dimensão mais justa deste livro. É que ele ecoa algo que já vimos nas canções de *A paixão de V segundo ele próprio*, como "Clarisser"; versos sem sentido aparente, apenas pelo gosto da palavra como som, em certos momentos da canção "Satolep". Já em *Tango*, por exemplo, uma canção como "Virda", que se utiliza de uma letra, o "r", atravessando todas as palavras da canção, de ponta a ponta: "a*r*chei a pala*r*vra vi*r*da"; um neologismo em meio à canção "Mais um dia": "novelhacarepubliscangalho". Experimentos em musiquetas nos shows temáticos também poderiam ser usados aqui como as canções cantadas ao som do estalo dos dedos, casos de "Leprosética"; extensões de palavras ditas como se fossem um conto que se transforma em canto, como na espetacular "A noite ardia com cem luas". O jogo com o alemão macarrônico do Barão que se parece com um poema alemão sério e que é traduzido pela freira como uma canção da Xuxa. Os poemas difíceis e belos da literatura beatnik musicados, como nos casos de "Para Lindsay", gravado em *Tambong*, ou "Uivo", apresentado em uma das suas redes sociais, ambos de Allen Ginsberg. A maneira de cantar um poema como "Gaudério", só com o baixo acústico de Nico Assumpção, cujas palavras parecem com palavras de poemas de vanguarda, em *Ramilonga*. A métrica de "Astronauta lírico", influenciada pelo poema "Eis-me levado em dorso elefantino..." de Khlébnikov, poeta do futurismo russo. Mais recentemente, os poemas de Angélica Freitas, em *Avenida Angélica*. A poesia de Angélica Freitas é moderna, cotidiana, terra-a-terra e tem algo também de libertina. Em suma, o vínculo da obra de Vitor com o trabalho da forma, com o uso da palavra, com a invenção formal aguda é constante e o livro confirma isso, a seu modo.

Divido a minha apresentação em três partes: a trama da narrativa; a relação forma e conteúdo; o vínculo possível com acontecimentos políticos e sociais reais. Em alguns momentos posso misturar narrativa, trabalho formal e dimensão social, por conta da própria estrutura formal do livro, que faz encontrar e também sobrepõe significado e significante, narrativa e trabalho formal, tudo podendo se encontrar com acontecimentos sociais e políticos.

A trama tem como acontecimento-chave um acidente. O atropelamento de um *ponto* por uma palavra-caminhão. Posteriormente o narrador passará a tratar da "palavra-caminhão" apenas com o nome Caminhão, assim escrito em letra maiúscula. Os dois personagens, ponto e Caminhão, vão atravessar toda a narrativa do texto. O atropelamento gera uma revolta generalizada, como se já houvesse uma insatisfação dos sinais de pontuação em relação às palavras, pelo fato de a pontuação estar perdendo cada vez mais seu valor nos textos. Por conta disso que, neste primeiro momento, vamos ver exclamações, interrogações, vírgulas, colchetes, parênteses, dois-pontos e aspas expressando suas revoltas.

Em torno disso, o grupo conspiracionista dos Compostos Eruditos, formado por Grego, Latino, a culta Norma, Carlos Alexandrino, Dionísio, a Traça, o jardineiro Virgílio, Bilião Hipérbole, entre outros, e tendo como líder máximo Homúnculo, o Grande, vê uma oportunidade para impor seu projeto político revolucionário ou, seria melhor dizer, contrarrevolucionário. Eles pretendem se aproveitar da rebelião para impor um "Estado transitório em que o respeito à norma-padrão seria absoluto" (p. 14). Grego e Latino são os primeiros a observar a "multiforme multidão", o "aurifulgente caos!", nas palavras de Latino, e começam a burilar o plano. Ainda mais, a conspiração se daria na quadra de poesia, lugar estratégico porque ali a pontuação é pouco vista.

Simultaneamente, a polícia secreta do Rei, liderada pelo Agente da Passiva, e "passiva" é usada aqui como apelido popular dado ao Rei, por se saber da sua falta de atitude e de voz ativa no reino, começa a investigar o acontecimento e acompanhar também o grupo conspiracionista.

Mas, no momento do caos, quem lidera o país é o Regente, que ocupara o lugar do Rei, pois este havia se afastado por conta de problemas emocionais. O Regente, no entanto, vinha passando por uma fase muito impopular e, diferentemente do que sugere o nome, não estava regendo muito bem as frases, ou o reino, ou as duas coisas. Ele fora colocado em posição superior pela Rainha que fizera dele um fantoche para os seus planos conspiracionistas de tomar o poder do Rei.

Ela também tenta se aproveitar da situação e chega a fazer parte de um grupo de militantes nas redes sociais, o Coletivo Virtual Revolucionário, com o pseudônimo de Penélope Bloom. No futuro, ficamos sabendo das suas relações amorosas com o líder máximo do grupo conspiracionista: Homúnculo, o Grande.

Temos assim o acontecimento-chave, que movimenta dois personagens muito importantes: ponto e Caminhão, este com a sua mulher, a Palavra-ônibus; um grupo de conspiracionistas, os Compostos Eruditos, atentos ao tumulto social e interessados em instrumentalizá-lo para os seus interesses revolucionários; a polícia secreta do Rei, o Regente, o próprio Rei, junto com a Rainha também conspiracionista e ligada ao grupo mencionado.

O atropelamento vai despertando uma série de outras reivindicações, sempre acompanhadas por Vocativo, um repórter de um telejornal que transmite continuamente os desdobramentos dos acontecimentos. O fato de o narrador mencionar a extensão da revolta para as redes sociais, além da extensão das reivindicações com uma série de novos cartazes expostos nas ruas, aproxima nitidamente a trama narrativa dos acontecimentos reais que ensejaram as chamadas "primaveras árabes", "revoluções coloridas", no Brasil chamadas de "jornadas de junho de 2013". A relação entre redes sociais, acontecimentos explosivos e extensão e falta de controle das demandas evidencia isso claramente. Vão aparecendo inclusive demandas com humor, nonsense, como se viu nas jornadas de junho; ataques à imprensa, que tenta enfatizar a sua isenção; grupos paramilitares, a um tempo espontâneos e violentos; ação violenta da polícia e assim por diante.

Os Compostos Eruditos vão organizando possíveis ações de desestabilização do governo, em meio ao tumulto. Destaco aqui uma em especial, por apresentar muito bem algo comum a todo este livro: a relação de simbiose entre forma e conteúdo, entre a tipificação e as ações dos personagens. Um dos atos dos conspiracionistas é o de soltar uma substância química no Jardim Central com o intuito de atingir os arabismos e culpar os verbos que costumam fazer flexões ali. No momento em que o narrador descreve o plano do atentado e o alvo, vão aparecendo uma série de arabismos na língua portuguesa, que demarcam os lugares de encontro dos arabismos em relação à trama:

Segundo alegam, suas reuniões já se transformaram em tradição local e, além do mais, o belo recanto em que elas ocorrem, em meio a açucenas, alfazemas, alecrins, alcachofras, alfaces, alcaparras e até algodoeiros e pés de alfafa, tendo sido cultivados e mantidos por eles. Resumindo: essa alcateia de alarifes pensa que o parque público é sua almainha, e vem lutando de maneira agressiva para conseguir um alvará que lhe dê plenos poderes sobre aquela porção de terra alfombrada que todos temos direito. (RAMIL, 2014, p. 58)

É de se notar, ou melhor, saltam aos olhos os arabismos de açucenas, alfazemas, alecrins, alcachofras, alfaces, alcaparras, algodoeiros, alfafas, alcateias, alarifes, almainha, alvará, alfombrada.

O atentado, aliás, vai se desdobrando durante toda a narrativa, gerando confusões entre autores e vítimas, criando situações de violência generalizada e difusa, estimulando a xenofobia contra os itálicos, ou o racismo contra os negritos. Com ele, com o atentado, perde-se toda a possibilidade real de diálogo como forma de apaziguar a situação de conflagração social.

Ainda em relação aos Compostos Eruditos, Carlos Alexandrino, por exemplo, fala em versos alexandrinos; Bilião Hipérbole fala por hipérboles, em frases cheias de exageros como "trilhões de espectadores", "a pior que já se viu", "poder arrasador". Há a quadra de poesia, próxima à casa do grupo conspiracionista. Lá temos uma zona de versos tradicionais, vizinhança formada por rimas ricas e rimas pobres, as irmãs Redondilhas. É na quadra da poesia que mora professor Enjam Bement.

Um outro acontecimento significativo envolve Caminhão, Palavra-ônibus e ponto. Já sabemos que os três personagens são muito relevantes para toda a trama. Pois bem, diante da situação incerta, com a angústia de Caminhão, temendo ser culpado por todo o tumulto social, já que foi ele quem causou o atropelamento de ponto, a Palavra-ônibus tem a seguinte ideia. Fazer um trato com Trator, um parente da família; conseguir um terreno para criar uma igreja evangélica e, com isso, se afastar do tumulto da rebelião e da possível culpabilização de Caminhão. Para isso, eles pegariam emprestado o "r" de Trator, como a confirmar o trato; uniriam o "r" ao "ã" de Caminhão e, numa só tacada, dariam origem a uma outra personagem, a Rã, e definiriam o nome da igreja: Igreja do Caminho. Caminhão, assim, passa a ser Caminho, o pastor da igreja.

Na mesma igreja, temos um bom exemplo de trabalho da forma, ou de relação entre forma e conteúdo, que vai atravessando toda a narrativa. Em meio a um dos cultos, o pastor tenta salvar um conjunto de preposições desesperançadas. E a salvação deve se dar na e através da palavra. Por isso, o pastor nomeia uma série de preposições, da seguinte forma: venham *até* Deus, venham *para* Deus, venham *por* Deus, fiquem *perante* Deus, fiquem *com* Deus, fiquem *em* Deus, não vivam *sem* deus, não vivam *contra* Deus. Tal palavra salvadora se deu num dia em que, no entorno da igreja, vemos em situação de mendicância consoantes mudas em palavras como asthma, gymnasio, escriptorio e o velho *ph* de photographo, vítima da reforma gramatical de 43. Em suma, uma série de formas gramaticais e de palavras em desuso.

São ações que vão se dando através de narrativas relativamente autônomas. Todas compõem a trama no sentido mais geral, o que aproxima o livro da estrutura narrativa de *Pequod*. Aqui temos as ações dos Compostos Eruditos; do Rei, com a Rainha e o Regente; de Caminhão com a Palavra-ônibus e o ponto, além das ações que envolvem a imprensa, especialmente através de Vocativo, tanto nas ruas quanto nos estúdios, com debates contando com especialistas: Palavras Cruzadas. Com a presença, aliás, até de um nome curioso, "ponto de orvalho" — seria Olavo de Carvalho? Não, na verdade é Campos de Carvalho, autor do livro *O púcaro búlgaro*, entre outros.

A trama assim vai se desenrolando através de uma série de núcleos narrativos, com histórias paralelas que vão se relacionando aos poucos até se encontrarem no final. Caminhão e Palavra-ônibus; Compostos Eruditos; Rei, Rainha e Regente, com participações também do Agente da Passiva e do Vocativo, entre os estúdios da televisão e a transmissão direto nas ruas dos tumultos advindos do atropelamento inicial.

Eu já citei aqui uma ação dos Compostos Eruditos. Do mesmo modo, também apresentei uma progressão na vida de Caminhão, Palavra-ônibus e ponto, com a Igreja do Caminho. Também mostrei, ainda que rapidamente, as movimentações de Vocativo, das transmissões das ruas ao programa Palavras Cruzadas. Falta falar do palácio do Rei, o pobre Rei, o tempo todo ofendido e atacado pela Rainha.

A Rainha, como já falei, faz parte de um grupo de militantes na internet e, por lá, tem um pseudônimo: a Penélope Bloom, uma junção da personagem da *Odisseia*, Penélope, com Molly Bloom, do *Ulisses* de James Joyce. Também ali, nas redes sociais, há questões mais propriamente formais. O excesso de uso de exclamações, reticências. Além do uso de pontuações para gerar expressões faciais, como os dois pontos : com parêntese), gerando uma das formas mais simpáticas da linguagem na internet: :). E escrevendo isso, confesso, nem sei bem como pontuar direito a minha própria frase.

Um momento importante da trama é quando o Rei como que desperta, ao ler uma das frases de um livro de sua preferência, com forte teor de autoajuda: "A única saída do profundo e escuro poço em que eu estava levava ao alto e luminoso céu". Com isso, decide retomar o comando do reino e anuncia a decisão para a Rainha que, como era de se esperar, não fica muito contente, tendo em vista que ela estava se preparando para retirá-lo do poder, se aproveitando da conflagração social.

Se as histórias são contadas de forma separada, vão aparecendo durante o texto os muitos pontos de contato entre elas. Claro que o acontecimento inicial é o principal, pois faz toda a história ir se desdobrando. Mas vão aparecendo outros elementos. Existem informantes que aproximam os núcleos narrativos, como o Galego, informante do Agente da Passiva, a polícia secreta do Rei, no entorno da casa de encontro dos Compostos Eruditos; ou a Mesóclise, informante dos Compostos Eruditos, sobre as movimentações da Igreja do Caminho. Temos também relações amorosas que aproximam os personagens, como a Rainha e Homúnculo, o Grande, que formam uma espécie de casal conspiracionista. Há também aparições de personagens nas ruas, nas reportagens de Vocativo. A televisão, ainda mais, parece ser o elemento catalisador de todas as narrativas, já que todos, ou a maioria dos personagens, em algum momento veem televisão. No caso do despertar do Rei, o livro de autoajuda, cujo texto tem o efeito de um despertar para ele, foi escrito pela Palavra-ônibus, a companheira de Caminhão. E ele descobre, por conta da leitura do anúncio da igreja num jornal, que se utiliza das mesmas frases de motivação que o haviam despertado.

Tal descoberta o estimula a ir conhecer a igreja. Para isso, ele se utiliza de palavras que sugerem trajes e expressões de um mendigo, que se revelam em expressões como roupa *desalinhada*, chapéu *puído,* sapatos *rotos*, cabelos, barbas e bigodes *grisalhos,* fartos e *desgrenhados.* A si mesmo nomeia, como disfarce, de *Lanfranhudo*, palavra em desuso, que lhe aparece no momento em que conhece Palavra-ônibus, que pergunta a ele sobre o seu nome. Aliás, no momento em que o Rei se disfarça para conhecer a Igreja do Caminho aparecem uma série destes jogos de linguagem, como, por exemplo, o que vemos na descrição das pessoas que estão nas ruas, num dia de assembleia política. Estão lá asteriscos vendendo bugigangas, falsos cognatos enganando turistas escassos, camelôs vendendo estrangeirismos, vícios de linguagem se acotovelando nos becos.

Também na igreja se dá mais um acontecimento importante. Após o fim de um dos cultos, o Vizinho de Caminho se aproxima do camarim e exige sua participação na igreja como sócio. E o faz através de uma ameaça: ele viu Caminho trazendo ponto para a casa, após o atropelamento. Se não fosse dado como sócio, contaria a todos o ocorrido. Daí faz a seguinte sugestão: o título da igreja deveria mudar para Igreja do Caminhozinho, incluindo assim o "zinho" de vizinho. O seu passaria a ser "Vi", como maneira de lembrar que ele viu o ocorrido e, com isso, manter a ameaça bem visível para Caminho. Ameaça que será, posteriormente, rompida pelo próprio Caminho, o que conduzirá Vi a contar o que viu para o Agente da Passiva.

Em algum momento, como deve imaginar o leitor, os personagens se encontram, as histórias vão se afunilando e a conflagração social maior vai se aproximando do fim. Superlativo, o cachorro de Caminho e Palavra-ônibus, é levado por Mesóclise, que finge fazer um passeio com ele, mas o leva para a casa dos Compostos Eruditos. No entanto, ambos são seguidos por Rã, que não só abocanha a medalhinha que Superlativo deixara cair, como acaba mostrando a Caminho o ocorrido, levando-o até a casa dos Compostos Eruditos.

Simultaneamente, o Rei, disfarçado de Lanfranhudo, salva Palavra-ônibus e ponto do risco da prisão pelo Agente da Passiva, que fora informado por Vi a respeito do atropelamento inicial. O Rei, após explicar tudo ao Agente da Passiva, segue com ele, mais Ponto, Vírgula e Virgulino, um cangaceiro inesperado, pai de Vírgula, à casa dos Compostos Eruditos, a fim de salvar Caminho, que estaria correndo perigo. Após chegarem à casa, num dos momentos ternos do texto, ficamos, aliás, sabendo de uma outra conexão imprevista dos personagens, a que se dá entre o Agente da Passiva e a culta Norma, uma relação amorosa que começara por interesse de investigação do primeiro, mas que depois acabou por ganhar autonomia e se transformar numa paixão de fato.

Mas, ao invés de apresentar o final da trama aqui, prefiro deixar os conflitos em aberto, a história, ou o conjunto de histórias, ainda sem solução, para que o leitor possa, ele mesmo, procurar descortiná-las e ter o prazer da leitura deste *A primavera da pontuação*. O livro é também uma fábula, e fábulas devem estimular voos da imaginação, gostosamente irresponsáveis. É de se notar, ainda mais, que a rebelião da pontuação se insere na própria dimensão gráfica do livro. Seja na capa, com interrogações, asteriscos, exclamações, vírgulas, pontos, ponto-e-vírgula dispostos de forma desordenada; seja no próprio texto, em que as pontuações estão colocadas de modo deslocado entre as frases.

Mas além de alguns dos acontecimentos-chave da trama e da relação forma e conteúdo, interna ao texto e à construção dos personagens, podemos também tentar aproximar o livro de acontecimentos políticos e sociais reais. É através dessa relação que vou dar seguimento à estruturação da análise da narrativa do livro.

O vínculo possível é com as movimentações políticas, de forte teor contestatório, que foram nomeadas como "primaveras" e que, no Brasil, ganharam o nome de "jornadas", as chamadas "jornadas de junho" de 2013. A princípio, claro, a novela tem vários pontos de contato com essas movimentações sociais e políticas. A começar pelo próprio título, *A primavera da pontuação*, fazendo coincidir as manifestações políticas com a trama das manifestações das pontuações e os conflitos entre figuras de linguagem, tradições gramaticais, formas de escrita e assim por diante.

Bom, existem de fato momentos em que se pode pressupor nitidamente isso. O estopim da revolta, através de um atropelamento, a princípio, comum, banal, mas que fez com que uma série de incômodos sociais viessem à tona; a presença de grupos conspiracionistas, em especial o grupo de conservadores em torno dos Compostos Eruditos, tentando se aproveitar da situação para lançar mão de uma solução autoritária como maneira de amenizar o conflito. Ora, basta ver que a maior parte dos países que passou pelas chamadas "primaveras" teve como resposta a consolidação de um consenso autoritário em torno do que seria a solução mais adequada ao conflito social exposto. Seja através de golpes militares, ou eleições de candidatos extremistas. O caso do Brasil é notório. Por fim, no próprio livro há uma menção explícita ao atentado de grupos extremistas de direita no Riocentro, no famoso show em homenagem ao Dia do Trabalho, durante o regime militar. O atentado falhou e o grupo terrorista acabou sendo morto pelo próprio ato. O Riocentro do livro é o Pontocentro. E o atentado terrorista tem como guia um homem-bomba, Vladmir, que participa de um evento: o Encontro Consonantal.

De todo modo, o próprio autor explica no texto "Comigo não tem perfeição" como se deu a escrita do livro, que começa em 2002, portanto muito longe dos acontecimentos depois nomeados como "primaveras árabes". Estes, no entanto, acabaram por se entranhar no livro, na altura da sua finalização e posterior lançamento, sendo o título definitivo influenciado de fato pelas manifestações políticas que já atingiam o Brasil. Talvez a grande diferença, bastante significativa, seja a de que o final do tumulto político dos sinais de pontuação tenha sido feliz, ainda que com uma certa tragicidade, com a atuação das onomatopeias, depois neutralizadas pela Super Elipse, a heroína imprevista da trama. Mas o final acaba de fato por ser feliz, algo bem diferente dos caminhos sombrios que tomaram a política e a vida social, cultural e intelectual do país após a nossa "primavera".

A LINHA FRIA DO HORIZONTE

A linha fria do horizonte é um filme de Luciano Coelho, lançado em 2012. O tema é o que pode haver de semelhante entre a criação cultural do Sul do Brasil, com especial atenção ao Rio Grande do Sul, e a de países platinos como o Uruguai e a Argentina, em torno de assuntos centrais como o frio e a milonga. Em meio a estes temas circundam uma série de artistas brasileiros, uruguaios e argentinos, entre eles Vitor Ramil, Jorge Drexler e Carlos Moscardini.

A conversa inicial, que se desdobra posteriormente em todo o filme, é com Vitor, que conta o processo de autoconsciência da existência de uma formação cultural supranacional, que abarca estes países e o extremo sul da América Latina. Em sua casa, na cidade de Pelotas, Vitor conta como passou a conceituar o que seria uma estética do frio e por que tal estética pode ser considerada como um diferencial poderoso para os artistas e criadores em geral do Rio Grande do Sul. Na primeira cena, aliás, Vitor diz a sua máxima, ou a máxima do ensaio "A estética do frio", que se confunde com a sua própria vida e criação artística em geral. Mencionando uma entrevista em que foi perguntado sobre o fato de ter voltado a Pelotas, portanto, a uma cidade do interior, se isso o colocaria à margem do centro do país, em geral associado ao eixo SP-Rio, Vitor responde: "Eu não estou à margem de um centro, mas no centro de uma outra história".

A outra história começa, assim, com as palavras que fecham o ensaio "A estética do frio" e se desdobram inicialmente na história de vida do próprio Vitor Ramil. As suas primeiras composições, a relação dele com a casa da rua Dr. Amarante, em Pelotas; lembranças da infância e da presença do tango nessa mesma casa; a musicalidade da família; a sala como espaço improvisado para a dança dos pais; a chuva, a poesia e as primeiras gravações de sua voz feitas por ele mesmo, ainda menino; a invenção da palavra Satolep, como inversão de Pelotas e assim por diante. Em meio a isso, Vitor conta sobre a composição de Satolep, a canção. Ela foi feita como se fosse um modelo, ou melhor dizendo, um molde a que se acrescentariam novos versos, novos temas, novas palavras. Assim, ela começa com ele aos dezenove anos, no corredor da casa, vendo a sua avó, os pais tomando mate na sala e vai se desenvolvendo para outras situações e outros momentos, anos depois, com a morte do seu pai, a mudança na vida dos irmãos, a sua vida em Porto Alegre e por aí vai. A história da sua vida pessoal, da sua trajetória artística e da sua forma de composição se confundem com a *outra história* que tematiza a estética do frio e este filme, *A linha fria do horizonte*.

A outra história é a que se dá em torno da criação cultural em espaços supranacionais, como os que envolvem o Rio Grande do Sul, o Uruguai e a Argentina, com as cidades de Pelotas, Porto Alegre, Buenos Aires e Montevidéu aparecendo com destaque, em algumas cenas lindíssimas, como as que são apresentadas com canções ao fundo, especialmente em Pelotas. Imagens do porto da cidade, das construções urbanas, ou dos espaços abertos dos pampas ao som de "Satolep", "Último Pedido", "Indo ao pampa" e assim por diante. Em meio à fala de Vitor, vão aparecendo planos belíssimos da cidade de Pelotas e do seu horizonte. A cidade, com sua arquitetura refinada, e a paisagem, com seu horizonte selvagem, lembram de imediato o cenário de *Satolep*, o romance. A justaposição entre racionalidade simétrica e pulsão solta, entre estruturação formal e beleza desabrida e desvairada. O olhar que se estende diante da paisagem em tons de aurora ou crepúsculo é o mesmo que se retrai e concentra sua atenção nas ruas e nas construções da cidade.

A canção "Satolep" ecoa diante da paisagem aberta. "Ramilonga" é cantada dentro da casa, com o violão preciso, uma ou outra corda solta, e a voz cristalina de Vitor, com o olhar ora se revirando para o foco principal, ora se concentrando nas imagens das palavras e do som.

O filme é todo feito de imagens com esse alto nível de poeticidade, fazendo com que se encontrem cidade, os pampas, as canções e as palavras. E, claro, a milonga especialmente. Há momentos em que uma série de artistas falam a respeito da importância da milonga como gênero musical, seu vínculo com o clima e a paisagem dos pampas, a relação concreta entre a forma de tocar a milonga, campeira e urbana, e a forma mesmo de estruturação geográfica e visual das paisagens, campeira e urbana. Também tratam ali do seu caráter mestiço, a milonga com traços europeus, indígenas e africanos, com um andamento ora mais lento, o que dá a ela uma dimensão mais melancólica, ora mais rápido, o que confere a ela uma dimensão mais alegre, até mesmo dançante. A passagem em que Carlos Moscardini trata disso é especialmente memorável, um dos pontos altos do filme.

Um outro exemplo é quando Vitor é filmado tanto em meio ao campo, com uma roupa escura, sobretudo, casaco, quanto em meio à cidade, usando os mesmos trajes e ressaltando a importância do frio como definidor de modos de ser e se portar dos habitantes de Pelotas. A alegria com a chegada do inverno, que ressoa nos versos de "Satolep", "O vento encharca os olhos/ o frio me traz alegria", está bem expressa nessas duas imagens.

A linha fria do horizonte mostra, no fundo, como Vitor deu a largada para a estruturação de uma perspectiva estética e musical que vai atravessar países e se estender para músicos como, por exemplo, Jorge Drexler, com quem tem feito uma parceria duradoura, entre composições e participações nos discos. O filme reconstrói a trajetória do uruguaio, começando pelos bares onde tocava em Madri até a aproximação com Vitor, a sensação de que fariam parte de uma mesma ambiência estética e cultural. Segundo Drexler, Vitor é o compositor mais interessante da sua geração. O tipo de influência que estrutura a sua forma de composição é bastante sugestivo. Entre a milonga platina, com coisas da música anglo-saxã e da canção brasileira, samba, bossa nova e, acrescento eu, a canção moderna a partir de Edu Lobo, Chico Buarque, Milton Nascimento e o tropicalismo, e também a música oriental, como foi possível ver em um disco seminal e inaugurador como é o *Ramilonga*. É de fato uma confluência de referenciais culturais poderosos que se transformam numa síntese criativa e em formas artísticas com alto nível de excelência e realizações notáveis.

Um quarto acontecimento muito importante nesta primeira metade da década de 2010 é a publicação do seu primeiro Songbook, recheado de textos de autores como Luís Augusto Fischer, Juarez Fonseca e Celso Loureiro Chaves e acompanhado de um trabalho minucioso de reprodução das partituras das canções feito por Vagner Cunha e Fabrício Gambogi. Trata-se de um trabalho de alto nível, que tem algo de muito próximo do disco *Foi no mês que vem* (2013), como um balanço geral da sua obra, e do filme *A linha fria do horizonte*.

É um momento significativo, de consolidação do Vitor-compositor e também do Vitor-escritor. Algo que fica muito evidente no texto biográfico, com um gosto e sabor literário, sempre com muita clareza e desenvolvimento arguto de Juarez Fonseca: "Casa, Milonga, Livro, Canção, Tempo, Satolep", com um subtítulo sugestivo, "com acréscimos e remixagens de Vitor Ramil". Está ali o Vitor da adolescência, entre a escrita e a composição de canções, com o estudo de piano, violão e a viagem que fez a Salvador para receber um prêmio de redação. Na viagem viu, no aeroporto, Caetano Veloso e Gal Costa. Depois, as primeiras apresentações, com o conjunto Corpo de Baile. Seguem os discos todos, a figura do Barão de Satolep, os shows temáticos, Porto Alegre, Rio de Janeiro e depois o retorno a Pelotas. Os experimentos literários, a estética do frio, o encontro com o sambatown de Marcos Suzano, *Satolep*, o romance, *délibáb* e os projetos futuros, sempre em aberto, à espera da realização. Fonseca é mestre da clareza e da síntese.

Também ali está a crítica de Luís Augusto Fischer, responsável pela primeira publicação de um esboço do que seria a estética do frio, ainda em 1992. Ao falar sobre a palavra "Satolep" Fischer apresenta um insight boníssimo. Ele sugere que a inversão pode significar algo como um esforço, consciente ou não, de se situar do outro lado do que se entende por centralidade na cultura do país. Como se a inversão da palavra fosse já uma antecipação do que viria a ser, posteriormente, nomeado como estética do frio, no sentido de ser algo que assume estar no centro de uma outra história. Ao invés de se filiar à linhagem do *mainstream* que vincula parte significativa da cultura do país entre São Paulo e Rio, com Salvador também tendo um papel forte, cria um curto-circuito e um deslocamento profundo do eixo para as paragens do Rio Grande do Sul em consonância com o Uruguai e a Argentina.

Fischer destaca aspectos significativos da obra de Vitor. A variação poética e musical muito expressiva, em um artista da canção capaz de proezas como "Loucos de cara" e "Duerme Montevideo", ou "A noite ardia com cem luas" e "Neve de papel", entre tantos outros exemplos possíveis, que puxo aqui da memória; a presença de um personagem, tanto nas canções quanto nos livros, que é solitário e solidário a um só tempo, que está tanto nas figuras de Ahab e Selbor, quanto em figuras como o narrador de "Aço", o estrangeiro em toda parte de "A resposta", o que se nutre de uma melancolia sem fundo e sem fim em "Perdão", entre tantos outros exemplos possíveis.

Fischer ainda realça o tema da morte, que frequenta a sua obra de ponta a ponta, e a escolha de palavras estranhas e sintéticas como forma de nomear seus experimentos musicais e ficcionais, como Pequod, Tambong, Longes, Tango e assim por diante. E faz tudo isso através de uma engenhosa análise literária e musical que envolve, também, a vida social, política, as tramas dialéticas entre processos históricos e formas artísticas, numa tradição de pensamento de que é um dos principais mestres.

Por fim, o último acontecimento significativo dessa década foi a publicação do primeiro livro escrito sobre a sua obra. Trata-se do muito comentado aqui *Vitor Ramil: Nascer leva tempo* (2014), do filósofo e crítico pelotense Luis Rubira. É um livro fundamental para começar a compreender a criação de Vitor Ramil e tem um esforço biográfico muito consistente, além de ótimo trabalho de seleção e análise das canções, shows temáticos, álbuns, ensaios e livros, no caso o *Pequod* (1995), já que a finalização deste *Nascer leva tempo* se deu antes do lançamento de *Satolep*, o romance, e foi muito próximo do *Satolep Sambatown*. O livro termina no *Longes* (2004). No entanto Rubira continuou acompanhando a carreira do compositor em resenhas boníssimas que passou a publicar em jornais e que apresentei por aqui. E posso dizer que este livro está implícita ou explicitamente atravessando todo o meu texto.

Temos, assim, um novo livro de literatura; um filme em que Vitor aparece como figura das mais importantes; um Songbook; um álbum duplo com um panorama de toda a carreira e um livro sobre o conjunto da obra. É bastante para uma década. Mas a coisa não parou por aí, pois em 2017 Vitor lançaria o seu novo álbum de inéditas: *Campos Neutrais*.

Capítulo 12

Palavra desordem

VITOR É UM ARTISTA que tem algo de atormentado. Não é incomum chamá-lo de perfeccionista. É verdade, claro. Há nele o desejo permanente de construção da forma adequada, no sentido de mais inventiva possível. Existe uma ética da forma atravessando a sua obra toda. No primeiro encontro presencial que tive com ele lembro do quanto ele estava incomodado com um trabalho de restauro que danificou alguns ladrilhos. Aquilo o deixou mal durante todo o dia. Como foi possível deixar danificar os ladrilhos? A sua filha, a multiartista Isabel Ramil, chegou a repreendê-lo: "Pai, deixa isso pra lá, está obcecado com isso", se me lembro bem de suas palavras.

Mas era isso mesmo. Ou melhor, é isso mesmo. Uma relação de obsessão, que o leva ao tormento. E, claro, a grandes criações do espírito. No romance *Satolep* há muitas imagens de ladrilhos, conversas e mais conversas. Já na chegada de Selbor, o Cubano lhe fala sobre os ladrilhos da cidade e os vincula aos passantes. Mas a sua ética da forma pode levá-lo também à experimentação do abismo, inclusive a pensamentos suicidas. Chama muito a atenção a presença do tema da morte em suas canções, e isso através de uma série de variações. De "Ibicuí da Armada" (1984) a "Hermenegildo" (2017), ou seja, passando por todos os seus discos e livros também.

Em "Ibicuí da Armada" há cabeças degoladas, o seu próprio corpo mutilado. Em "Aço" o clima é de desesperança, beirando mesmo a psicopatia, com o narrador atacando passantes. Em "A noite ardia com cem luas", o narrador entra em estado de loucura e assassina a sua mulher. Uma série de canções de *Ramilonga* tem como tema a morte, seja como desafio ("Causo Farrapo"), resignação ("Deixando o pago") ou testamento prévio ("Último pedido"). E assim segue. *Tambong* tem o poema de Ginsberg sobre um suicídio. *Longes* é todo um disco de despedida, como demonstram canções como "Perdão", "Desenchufado" e, em especial, "Querência". *délibáb* tem uma série de milongas-poemas com mortes, assassinatos e assim por diante.

Foto da capa do álbum *Campos Neutrais*, 2017. Marcelo Soares.

Nas conversas pessoais, para a feitura do livro, mas que se estenderam para papos amigáveis, não era incomum que ele fizesse áudios de retificações, incomodado por ter dito algo que pudesse ser considerado uma abordagem superficial de determinado tema. Também aqui o artista faz sempre o exercício de reparo, polindo arestas, procurando chegar à estação das coisas essenciais, cuidadoso para não aparecer como um sujeito que se deixa levar pelas pulsões e pelos caminhos imprevistos e assimétricos.

Escrevo este texto introdutório para chegar nos seus *Campos Neutrais*, um exemplo do esforço em busca de uma forma precisa, que exige de si, no entanto, a disposição aberta para as imprevisibilidades e assimetrias. Basta

Foto do encarte de *Campos Neutrais*. Marcelo Soares.

o leitor lembrar da figura ali de Paolo Ucello, contada por Ahab, o grande artista que está no livro *Pequod*, cujo desejo de chegar à forma perfeita, límpida, pura, concisa, o levou a criar uma obra final feita de rasuras, linhas desencontradas, misturas imprevistas e sem ordenação, ao menos para quem estava vendo de fora. Vitor me explica, aliás, que esta visão de Paolo Ucello foi "um improviso a partir de texto de Marcel Schwob, conforme explico no pós-escrito. O *Pequod* é cheio de citações nas falas de Ahab, para caracterizar a 'teia' do personagem. Marcel Schwob escreveu biografias imaginárias de várias personalidades, entre elas, Paolo Ucello. Borges teria se inspirado nele para escrever a *História universal da infâmia*".

Isso é para dizer que os desafios da forma e do puro cerne das coisas podem levar o artista a ter que lidar com a impureza do real, sendo não poucas vezes tomado também por ela. O tema, aliás, da morte, ética da forma e impurezas do real aparece no mesmo *Pequod*, através do excelente diálogo do Dr. Fiss com o menino-narrador. Em suma, o problema da forma sempre o acompanha. Como esforço de síntese e apuro, mas também como experimento. "Meu pai falava muito em morte", me diz Vitor. "O *Pequod* é, em boa medida, expressão disso. Talvez a morte como tema para mim venha do convívio com ele."

Sobre *Campos Neutrais*, fiquei bem intrigado quando o ouvi pela primeira vez, especialmente com a maneira como os naipes de metais vão entrando em meio às canções. Muitas vezes de forma imprevista. Aparecem e somem repentinamente. Mantêm sempre a sua autonomia. Essas impressões algo superficiais foram mais bem explicadas a mim por Vitor, na nossa conversa sobre o álbum. Primeiro, diz o artista, "Ele é o resultado de muitas experiências, de longos anos. De uma experiência final, como o uso dos arranjos de metais". O responsável pelos arranjos de metais foi Vagner Cunha, que já tinha participado do *Longes*, por exemplo, arranjando a canção "Querência": "O Vagner realizou com maestria o que pedi a ele: que a partitura dos metais alternasse intervenções e silêncios. Eu queria que os sopros como que pontuassem os arranjos e que, quando aparecessem, fossem ora fortes, ora suaves; que soassem mais em massa sonora que em momentos solo".

"Na música brasileira cantada, os metais têm mais frequentemente uma função rítmica", diz o artista. "A forma como eles aparecem em *Campos Neutrais*, como uma fantasmagoria contínua que dialoga com as letras e dá unidade ao repertório como um todo, é única no contexto da música brasileira. Os metais terminam sendo a parte mais emblemática de arranjos 'geometrizados', que conjugam concepção e intuição em todos os seus aspectos."

Vitor também ressalta a importância de uma canção como "De banda", de *Longes*. E diz que, inicialmente, para este *Campos Neutrais*, queria fazer algo como uma relação musical nova, ou imprevista, entre os metais e os violões, com os metais aparecendo como "uma banda fantasma". O artista acabou por incluir também a percussão como parte do processo de construção musical desse disco.

Uma sessão rítmica que venho buscando desde o *À Beça*, não convencional. Nos arranjos em geral, a parte rítmica tende a seguir padrões do momento, em geral correspondendo ao que se esperaria dos gêneros musicais. Há muito tempo que eu busco uma rítmica que nasça da própria composição, como se viesse do seu cerne, que sempre é único.

Basta lembrarmos aqui de Santiago Vazquez, em *Longes*, com a sua percussão entrando, se movimentando, oscilando, aumentando ou diminuindo a sua presença, com o uso de efeitos eletrônicos, mas sempre de modo orgânico, tocado, nunca programado, como salienta Vitor. "O que é exemplar do Santiago nos trabalhos comigo é a variedade de texturas e o uso de 'não instrumentos', brinquedos, sucatas, aparelhos eletrônicos de função originalmente não relacionada à música etc. Ele também manda bem demais nos instrumentos tradicionais, claro", continua o artista. Diante da minha perspectiva que associava o álbum a uma condição de vanguarda, como experimento da forma, Vitor ressalta que sim, talvez possa se pensar assim, mas desde que se considere que se trata menos de um experimento, no sentido em que o foi *A paixão de V segundo ele próprio*, e mais de uma realização bem pensada, como quem constrói sínteses, unidades e assim por diante. "É como se eu tivesse um compromisso ético. Então quando eu faço algo eu tenho que me ater aos problemas da forma, me relacionar com questões próprias das vanguardas, da subversão estética".

Vitor fala um pouco sobre algumas das canções. Entre elas, a que abre o disco: "Campos Neutrais". Segundo o artista, é como se estivéssemos entrando nos campos neutrais, diante de uma espécie de alucinação, que tem alguma materialidade com o lugar. Neste caso a reserva do Taim: "A reserva do Taim quando você chega lá tem um monte de figueiras caídas, no chão mesmo, mas elas estão vivas. Arrancadas pelo vento elas ficam vivas, deitadas, com as raízes expostas". Aqui ele se refere aos primeiros versos da canção, aqueles que dizem "Sobre as raízes levantadas/ de mil figueiras arrancadas/ A lua estende o seu vestido fino". São descrições poéticas, claro está, do que vemos quando chegamos a esta reserva. Lá também há flamingos, daí o narrador da canção dizer "Me agarro às asas de um flamingo e voo".

Mas o mais surpreendente mesmo é a sua descrição da canção "Hermenegildo", que fecha o álbum. O título se refere à praia do Hermenegildo, situada na cidade de Santa Vitória do Palmar. "Ela foi composta num período em que eu nunca estive tão inclinado ao suicídio como naquele momento." Vitor estava passando uns dias na praia e ficou intrigado com uma guarita de madeira "que parecia um robô vermelho de quatro patas, parecia um bicho e um robô ao mesmo tempo". Ainda mais, o objeto que vai se transformar nos primeiros versos da canção ("Eu sou um robô salva vidas/ para quem não há salvação") parecia estar desamparado. Passou um tempo, no verão, e teve uma espécie de "tsunami" na praia do Hermenegildo, que arrastou casas, inclusive a guarita que parecia um robô e um bicho de quatro patas. Vitor tinha tirado a canção do disco por considerar o tema muito íntimo e pesado, mas quando voltou à praia e viu a situação toda ficou muito comovido e decidiu deixá-la no álbum.

Em muitos momentos de entrevistas, pequenas notas de jornal, matérias, Vitor Ramil costumava falar sobre a nostalgia que tinha do Carnaval de Pelotas, quando via, ainda jovem, a batucada atravessar ruas e ruas da cidade. A "Princesa do Sul" é uma cidade de forte cultura negra, com forte tradição de música negra, casas de candomblé e umbanda estão espalhadas por todo o canto. Nesta cidade, a escravidão foi das mais duras e brutais, e a produção de charque dependeu muito de mão-de-obra de pessoas escravizadas. É algo que chama a atenção de quem passa ou vem morar nela. Uma lembrança, aliás, que tem o artista se associa com o Carnaval, através de mascarados que fizeram com ele alguma troça. Isso quando tinha ainda três anos, ou seja, na infância quase idílica, ou mesmo na sua pré-história pessoal. Ao mesmo tempo o artista tem uma outra recordação muito remota relacionada ao Carnaval, "que é linda, o sentimento de me emocionar às lágrimas quando a bateria das escolas e blocos passava muito junto a nós, o público nas calçadas. É minha mais antiga conexão de emoção e música seguramente".

De todo modo, a sua relação com o Carnaval foi a primeira coisa em que pensei ao ouvir um poema-canção como "Se eu fosse alguém (cantiga)", poema do português António Botto, no disco cantado por Gutcha Ramil, em melodia que remete ao samba, quase a um samba exaltação. O poema fala clara e abertamente, sem metáforas, sobre justiça social e afirmação do desejo, e vincula a igualdade social ao amor, ao beijo, ao carinho. É um momento interessantíssimo do *Campos neutrais* (2017), o álbum autoral que se seguiu a *délibáb*, lançado em 2010. Vão lá sete anos sem gravação de novas canções, o que remete aos oito anos entre *Tango* (1987) e *À Beça* (1995). Mas, claro, a situação é totalmente distinta. Naquele momento, era um Vitor que tinha ido morar no Rio de Janeiro, depois retornado a Pelotas, em fase de formação da sua obra. Aqui a situação é outra. É o Vitor que já tem reconhecimento da crítica especializada, com um público formado por uma minoria de massa, podemos dizer assim. Também já com três livros de ficção publicados, *Pequod* (1995), *Satolep* (2008) e *A primavera da pontuação* (2014). O artista já havia publicado o seu ensaio *A estética do frio* (2004), ao mesmo tempo que consolidara um público em terras portenhas. Ainda mais, é neste momento que temos o filme *A linha fria do horizonte* (2012), que, embora não se restrinja à obra de Vitor, tem nele uma espécie de artista decisivo. E isso ao lado do seu primeiro Songbook, do *Foi no mês que vem*, álbum com panorama geral das suas canções e, por fim, com primeiro livro exclusivo sobre a sua obra, escrito por Luís Rubira.

É esta assim a sua situação quando lança *Campos neutrais*. Um álbum que, à diferença do anterior, tem uma instrumentação ampla, com vários momentos de arranjos orquestrados. Para lembrar o leitor, *délibáb* era basicamente voz e violões, dele e de Carlos Moscardini.

Pois bem, lido assim, este álbum parece ser uma interessante confluência entre uma possível poética da forma e a estética do frio. O disco assume o radicalismo experimental das vanguardas modernistas, especialmente na sua sonoridade, ao mesmo tempo em que reafirma e avança nas teses da estética do frio, com a engenhosa tese dos "campos neutrais", um espaço de indefinição e, mesmo, de impossibilidade de uma identidade fixa, cuja base inicial se dá com um tratado histórico do século XVIII que delimita um espaço que não é nem de Portugal e nem da Espanha e que está ali nas fronteiras pampianas.

É o próprio Vitor quem explica a sua descoberta em texto escrito para o songbook feito para o álbum:

No Tratado de Santo Ildefonso, assinado no ano de 1777 pelos reinos de Portugal e Espanha, foi definida uma área neutral. Segundo o historiador Tau Golin, tratava-se originalmente de uma faixa-fronteira que atravessava o Rio Grande do Sul no sentido sudeste-noroeste. Uma linha dessa faixa corria junto às nascentes de rios que corriam para o Rio de la Plata; a outra, junto às nascentes dos rios que corriam para o mar. A primeira delimitava o território pertencente à Espanha; a segunda, o de Portugal. Como o critério não se aplicava à costa, fixou-se como zona neutra a extensa planície que hoje compreende, aproximadamente, os municípios de Santa Vitória do Palmar e Chuí, incluindo as lagoas Mirim e Mangueira, as línguas de terra entre elas e a costa do mar. Segundo o acordo, os espanhóis não passariam os arroios Chuí e São Miguel, ao norte. O limite ao sul para os portugueses seria o arroio Taim — linha reta até o mar. Com os anos, essa espécie de terra sem dono no extremo sul do Brasil viria a se tornar conhecida como os Campos Neutrais.

Neste espaço começou a circular uma série de figuras sociais como que inclassificáveis, numa confusa ocupação, com "gaudérios, caboclos, sertanejos, e pobres do campo em geral, que nela passaram a transitar, prear o gado alçado, ou a se estabelecer, em contato com grupos indígenas que centenariamente já estavam na região". Encontrando, claro está, o próprio modo de vida do gaúcho primitivo, sem lei e sem rei, vagando num descampado livre, vivendo os riscos e delícias da liberdade infinita: "O espírito dos Campos Neutrais e o modo de vida dos primeiros gaúchos — a mítica combinação de vida campeira livre e aventuresca com aversão à autoridade — tinham, portanto, a mais completa afinidade".

Em linguagem mais moderna, curiosamente, os campos neutrais podem ser associados a ideias como as de miscigenação, criatividade, liberdade, antioficialismo, inconformismo, subversão, eu até incluiria experimentações de alteridade radical. Ou seja, um sentimento bem moderno, o que dá uma ideia ainda mais interessante para o que estou apresentando aqui.

Vale também, seguindo ainda o texto de Vitor, ter em vista a amplitude das participações no álbum. Do paraibano Chico César, ao maranhense Zeca Baleiro, parceiros de geração. Dos argentinos Santiago Vazquez e Carlos Moscardini, ao poeta de Belém do Pará Joãozinho Gomes. Há o quinteto de Porto Alegre, com seu naipe de metais (trombone, trompas, tuba e dois trompetes), contando com os arranjos de Vagner Cunha. A programação visual do disco pelo carioca Felipe Taborda. Felipe Zancanaro de Porto Alegre. Gutcha Ramil, de Pelotas. As canções, que passeiam por Pelotas, Montevidéu, Belém do Pará, Barcelona, Buenos Aires. Tem o norte-americano Bob Dylan, o galego Xöel Lopes, a pelotense Angélica Freitas, o português António Botto. Em suma, trata-se de um disco bem cosmopolita, atravessando a indefinição moderna e gauchesca dos campos neutrais.

Existem ainda muitos pontos de contato deste álbum com a sua obra em geral. Na capa há um carro azul numa estrada uruguaia, que a mim sugeriu a imagem de um Caravan azul, como na canção "Caravan" no show *Animais* (1991) e como presença real na novela *Pequod* (1995). Em uma movimentação do tempo que vai se reencontrando de maneira imprevista, um espetáculo do período dos shows temáticos, com o Barão de Satolep à frente, reaparece num primeiro experimento ficcional, nas viagens do menino-narrador com Ahab. O fato de o carro estar com a placa do Uruguai me levou a pensar essa conexão toda também com a canção "Duerme, Montevideo", deste *Campos Neutrais*, e com um verso dos mais fortes para um compositor acostumado com versos fortes e precisos: "viver é maior que a realidade".

A canção se abre, nas primeiras estrofes, basicamente com o violão de aço de Vitor conduzindo a ambiência sonora de sonhos, como se estivéssemos dentro dela e fôssemos carregados algo inebriados, como acontece em suas milongas. Num segundo momento, começam a aparecer a percussão de Santiago Vazquez e o sofisticado arranjo de metais conduzido por Vagner Cunha e o Quinteto Porto Alegre da OSPA. Assim, a tessitura musical se dá entre estas três formas de instrumentação, se posso chamar assim: a percussão, o arranjo de metais e o violão de aço que é o que de fato estrutura o processo todo. O violão funciona como a planície límpida, claríssima, com algumas ondulações, e que vai inserindo frações sonoras na percussão eletrônica e algo como outras camadas com os metais.

É através dessa textura sonora que as palavras vão se apresentando. Nelas, a viagem concentra os sentidos, a memória como que gera um espaço e tempo próprios, daí a sensação de que o tempo não quer passar:

Dentro de um velho carro
O tempo não quer passar
Por mais que eu ande
As ruas em mim
Não mudam de lugar

O pensamento se objetiva em algum sentido. "O pensamento me põe", "o pensamento me vai", "Lá onde o pensamento estiver/ querendo me encontrar". O mesmo em alguma medida se dá também com os lugares que vê, ou melhor, que na verdade veem a ele. "As casas me reconhecem", dizem os versos. "A rambla me vê cruzar", confirmam os versos seguintes. O tempo se transfigura no seu avô e em seu pai e a canção segue fazendo os conhecidos curtos-circuitos de tempo, comuns à sua poética. O sol que há muito se foi na luz do que virá.

A base sonora de praticamente todo o disco é formada por violão de aço de Vitor, percussão de Santiago Vazquez e os arranjos de metais de Vagner Cunha. Mas a relação entre estes instrumentos terá formações distintas dependendo da canção. Em certa medida, a belíssima "Isabel" se aproxima desta "Duerme, Montevideo", com o violão tomando conta da base sonora e sendo acompanhado de forma delicadíssima pelos metais e percussão.

"Satolep Fields Forever", por exemplo, tem uma introdução de metais e percussão e, depois, entra o violão. Daí pra frente, vão se seguindo, lado a lado, metais, percussão e violão, com diferentes níveis de variação e intensidade. Há momentos em que os metais se intensificam, outros em que é a percussão que se destaca. A canção, claro, remete ao clássico dos Beatles que foi também tema do Caetano de *Araçá Azul*: "Sugar canes forever".

Já em "Stradivarius", a partir de um poema de Angélica Freitas, o violão introduz toda a massa sonora, com variações de intensidade nos metais e na percussão. Nos momentos de tensão, há um aumento na presença dos metais. O movimento de tensão e repouso vai ganhando uma série de variações, até o final, com o anúncio da descida do avião talvez, no fundo, da sua queda.

A primeira vez que ouvi, ou soube mesmo a respeito do disco, imaginava que fosse realmente muito mais vinculado a *Ramilonga* e *délibáb*, formando assim um trio com estes dois discos. Mas não percebia semelhanças também com *A paixão de V segundo ele próprio* (1984). Foi a audição do disco que me levou a observar estas semelhanças. Não apenas por conta do espetacular arranjo de Celso Loureiro Chaves para a canção homônima ao disco, em que os metais aparecem com destaque, mas pelo ambiente geral de inventividade que, assim como no caso de *A paixão de V*, atravessa todo este disco, de ponta a ponta, especialmente nas canções com a presença da relação sonora entre violão de aço, percussão e naipe de metais.

Mas há também canções como "Palavra desordem", com guitarras. Esta canção tem algo do clima de "Loucos de cara" (1987), no sentido de ser um clamor pela liberdade e pela afirmação como forma de existência. Mas aqui a coisa ganha uma outra dimensão, tem algo de luta social, de desejo de transformação do mundo, mesmo de ímpeto revolucionário. O que havia naquela canção de estímulo à experimentação existencial plena, sem peias, em ser aquilo que se é e que também não se é, nesta há de um vínculo maior com a luta política. É bastante significativo que ela venha depois do poema de António Botto, cantado a capela por Gutcha Ramil. Um poema-canção que fala sobre justiça social e a vincula à afirmação do desejo. Sobre a canção me diz Vitor:

Acho que te contei: a retórica da letra remete diretamente a revoluções existenciais ou sociais, mas eu a escrevi como convocação a mim mesmo para não me acomodar ao escrever aquela letra. Em outras palavras: eu tinha escrito uma primeira letra que me parecia sem energia, acomodada para o que a música me sugeria. Então achei que tinha que reagir, queimar os navios, pisar cada vértebra do chão etc. É uma proposta de revolução... formal. Há metalinguagem nessa canção: estou falando das palavras da própria canção, incitando-as e a mim mesmo.

O álbum tem algo de um clima meio insólito. Neste sentido se aproxima de *Longes* (2004). A primeira canção, uma das mais, se não for a mais estranha e experimental de Vitor, tem poema e música como que sobrepostos, cujos encontros vão se dando sempre com atrito e tensão. Ela se chama "Campos Neutrais" e se parece, em alguma medida, com a música "A paixão de V segundo ele próprio". A última canção, por sua vez, "Hermenegildo", mistura ficção científica com relato pessoal suicida, na praia que dá nome à canção, em Santa Vitória do Palmar, no Rio Grande do Sul, já próximo ao Chuí. "Eu sou um robô salva vidas/ para o qual não há salvação". Ela se transformou, inclusive, em vídeo, dirigido por Luís Rubira.

Se ficarmos ainda nessa canção e, claro, nos estendermos para muitas outras, veremos ser este disco um álbum sobre fronteiras, confirmando a ideia geral dos campos neutrais. A praia de Hermenegildo fica no limite do Brasil ao Sul. A reserva do Taim, entre o Rio Grande e Santa Vitória do Palmar, está ali descrita em versos na canção "Campos Neutrais", com as figueiras arrancadas e a presença dos flamingos. Montevidéu habita o sonho da viagem na estrada em "Duerme, Montevideo". "Palavra desordem" deseja a aparição de tipos sociais marginais, anárquicos, até mesmo revolucionários nestes espaços de fronteiras. As fotos do encarte de Marcelo Soares mostram um carro que lembra um Caravan azul na estrada, com uma placa do Uruguai; diversas caixas de correspondência; a formação de tempestade vinda do mar; instantes de chuva no centro de Pelotas, próximo ao Café Aquários.

Campos Neutrais parece, por vezes, fazer encontrar, num esforço notável de síntese, uma série de interesses que vão atravessando a obra de Vitor Ramil, incluindo aqui também a literatura e os ensaios. Já na abertura do disco acontece algo que soa como uma espécie de fusão entre ambiências estético--culturais muito distintas, como as que envolvem o berimbau da Bahia e um *bombo leguero* argentino. É ele mesmo, aliás, quem explica:

O primeiro som que se escuta em *Campos Neutrais*, a música de abertura, é o de um berimbau tocado com arco. Logo somam-se a este mais dois berimbaus, tocados à maneira tradicional. Um *bombo leguero* soa alguns compassos adiante. A combinação de um instrumento emblemático da Bahia com outro da Argentina, no entanto, não resulta em clichê de fusão cultural, mas numa síntese em essência.

A síntese em essência de que fala se reveste de uma aproximação engenhosa entre cultura popular e arte, ou música contemporânea. Ou, como ele diz, entre paisagens populares e a música contemporânea, reveladas através de uma forma musical explicitada nesta canção. Ainda o próprio Vitor:

Se ao ostinato hipnótico dos berimbaus o *leguero* abre janelas para uma zamba argentina, os metais, escritos a partir da percussão e do violão, adicionam a essa sobreposição de paisagens populares os entalhes construtivos da música contemporânea. Então, de repente tudo é popular e tudo é contemporâneo.

Este esforço de "síntese em essência" percorre parte expressiva da sua obra e de suas reflexões, em entrevistas, nos ensaios a respeito da estética do frio, na própria forma da sua literatura romanceada. Não se trata, como sempre fez questão de ressaltar, de fazer sobrepor objetos heterogêneos, com o intuito de criar arranjos ruidosos, que nunca se complementam de todo, mas de gerar formas artísticas novas, com diferentes níveis de articulação.

Quando Vitor diz que se prende a uma ética da forma, ou nos nossos termos, a uma poética da forma, não está dizendo algo que se possa deixar em segundo plano. É a própria base da sua formação e criação estética, o centro da sua estilística que está nos sendo revelada generosamente. O movimento que se dá é em torno desta ética da forma, é em torno de uma obsessão pela forma, pelos jogos entre simetria e nevoeiro, entre racionalidade e pulsão, entre a perspectiva objetiva e os traços da subjetividade pessoal.

Mas o disco, como dizia ali acima, faz convergir uma série de influências decisivas em sua obra. Tem os Beatles ali em "Satolep Fields Forever"; o Clube da Esquina, na canção "Olho d'água, água D'olho", que remete, de forma ainda que involuntária, a "Olho D'água" de Ronaldo Bastos e Paulo Jobim, gravada por Milton Nascimento; tem a poesia dos livros com "Stradivarius", da poeta pelotense Angélica Freitas; as viagens para Montevidéu, tão importantes para a formação de sua sensibilidade, ali em "Duerme, Montevideo"; a presença de um artista galego, "Xöel Lopes", que pode ser associada à sua herança familiar, já que seu avô nasceu na Galícia; a atenção ao convívio familiar, tão presente em suas falas, aqui numa canção em homenagem a sua filha, "Isabel", e na voz de sua sobrinha, Gutcha Ramil; mais uma transcriação de uma canção de Bob Dylan, "Ana", em homenagem à sua mulher, Ana Ruth; o hábito, aliás, muito bem realizado, de musicar poemas, de autores como Angélica Freitas ou António Botto; o tema da morte que atravessa a sua obra, de canto a canto, ali em "Hermenegildo".

E, é claro, em torno disso é a própria estética do frio, ou algo dela, que vai também se apresentando sutilmente. Uma das principais ideias do ensaio da "estética do frio" sugere a criação de um espaço onde confluiriam as culturas platinas e brasileiras, tendo o Rio Grande do Sul como centro. Agora, ao que parece, nem isso. Não há bem centros, mas um anseio por uma descentralização radical, por uma indefinição da identidade que permita a criação de diferentes campos de identificação. A síntese em essência permite mais aberturas do que fechamento, amplia o horizonte e o campo da percepção para algum lugar que não permita a estabilidade plena e irremovível.

Mas é claro que o disco *Campos Neutrais* não é disforme, nem tem a cara de esboço, embora seja muito sugestivo. Ele tem formas definidas, conseguimos reconhecer sempre ali, na maior parte das canções, o naipe de metais. Sempre muito firme e bastante inventivo. As canções também possuem sua forma definida, reconhecemos nelas uma base, embora sejamos muitas vezes tomados de espanto pelo aumento do volume dos naipes de metais, ou por versos não de todo comuns na canção popular. No meu modo de ver há também, em toda a ambiência do disco, um clima meio insólito, como se habitássemos um espaço novo, feito de belezas, mas também de perigos.

E é o próprio Vitor quem fala na sua necessidade de unidade, portanto, de construção de formas definidas, apagando arestas, polindo calmamente, até chegar ao ideal. Mas talvez seja por conta disso que há uma maior liberdade de ação, de sonho, de pensamento. A unidade formal não conduz necessariamente à constituição de um bloco maciço e homogêneo.

Ao contrário, ela pode até ser o melhor lugar para a aparição de turbulências e heterogeneidades. Aliás, existe um claro estímulo para essa aparição de heterogêneos numa canção como "Palavra desordem", que tem algo de "Loucos de cara", como já falei. Ali, como aqui, o canto se realiza como um chamado, um convite à soltura de si, às experimentações sociais, políticas e existenciais amplas, portanto, à dispersão, ao novo, à experimentação, à construção de espaços de abertura para o heterogêneo. Os campos neutrais talvez sejam exatamente isso, numa dimensão que não parecia ainda muito clara no ensaio sobre a estética do frio, mas que sempre se anunciava nitidamente nos seus discos, livros e entrevistas.

Talvez eles sejam, ainda mais, o espaço impreciso entre a língua portuguesa e a língua espanhola, que vai dar no lugar de nascimento do seu avô Manuel, na Galícia, com quem aprendeu o gosto pela arte como movimento incessante, como trabalho pela busca da forma ideal. Espaço impreciso que o fará gerar uma outra língua dentro da língua portuguesa, cujos exemplos maiores podem ser vistos na própria palavra Satolep, mas que vai se construindo em toda a sua obra, seja na música, na poética ou mesmo nos ensaios e ficções. Quem sabe os campos neutrais não sejam o projeto de quase-poesia de Ahab, o seu impressionante personagem literário, ou biográfico, já não o sei de todo. Ou mesmo, esse espaço vai se construindo na própria criação dos seus poemas-canções, um espaço indefinido entre a poesia dos livros e a canção popular. Talvez possa estar presente também no curto-circuito temporal de uma canção como "Foi no mês que vem", não à toa título de um álbum que concentrou grande parte de toda a sua obra. E, claro, na própria estética do frio, como espaço de confluência entre as culturas do Brasil dos trópicos, da Argentina e do Uruguai, tendo o Rio Grande do Sul como centro, um centro inusitado e imprevisto, se pensarmos nos termos mais canônicos. Ou entre a escuridão de Homero e o sol que deforma o corpo no relógio de Dalí. No experimentalismo concreto e na poesia libertina e suja do Barão de Satolep. Entre o repertório do Vitor-Barão e o repertório do Vitor-ele mesmo no show *Midnich Satolep*. Talvez no nome de Selbor escrito na vidraça do Café Aquários, confundindo e aproximando Simões Lopes Neto. No sonho que gerou o nome de Tambong, fazendo se encontrar em alguma possível síntese, ou estação das coisas essenciais, a milonga, a bossa, o candombe, o samba e o tango. O frio úmido e o frio seco. A racionalidade simétrica e a pulsão desvairada e disforme. A cidade de Pelotas e os pampas selvagens. Tudo filtrado sob a lente dos seus olhos verdes.

Capítulo 13

As canções do rádio

O PÚBLICO SE LEVANTA TIMIDAMENTE. Na verdade, parte dele. Ensaia alguns pequenos passos. Dança, de forma contida, a canção "Pezinho", de Barbosa Lessa, que está sendo tocada por Vitor e Pery Souza. É o fim de um show realizado no projeto Unimúsica, em 2007. O repertório é bastante variado. Tem canções do *Satolep Sambatown* ("Invento", "Viajei", "A zero por hora"); do *Ramilonga – A estética do frio* ("Causo farrapo", "Mango") e canções do Barbosa Lessa ("Quero, Quero", "Cantiga de Eira", "Balaio", "No bom do baile", "Pezinho"), entre outras. Participam do show Daniel Drexler, Marcelo Delacroix e Pery Souza. Ao fundo, vemos projeções de flores, com cores variadas. Vitor está no centro do palco, com seu violão, sentado numa cadeira. Veste uma camisa branca, com mangas longas, uma calça preta e tênis escuro. Está muito concentrado e contido, bem diferente do que vimos em shows da década de 80 e parte dos anos 90, quando o músico faz uma série de performances no palco, dança, gesticula, se movimenta muito. Tem também bandas com ele, com som pop, jazzístico, experimental e assim por diante.

Basta pensar em shows como *Tango, Midnicht Satolep, Animais, A invenção do olho, É prejudicial o uso de salto alto?*. Talvez algo disso se repita nos shows de *Ramilonga*. De todo modo, houve uma mudança significativa na sua forma de atuação no palco e, inclusive, no próprio cenário. Também ele mais contido, com poucos elementos. Não há também o jogo de luz e escuridão que tão bem fazia no *Midnicht Satolep*, com a figura do Barão na primeira parte do show, e a coloração variada do próprio Vitor na segunda parte.

Mas qual o motivo de tal mudança? Algum fator deliberado? Foi voluntária, involuntária? Aconteceu naturalmente? Bom, é o próprio Vitor quem me diz quando o indaguei sobre isso. O fator principal pode ter sido algumas mudanças no seu modo de tocar violão e no próprio instrumento. Vitor passa a se utilizar do violão de aço, o que exige uma maior concentração e precisão. Isso o faz considerar melhor se apresentar sentado, o que permite um controle maior do instrumento. O mesmo em relação ao canto. A possibilidade de um domínio maior da emissão vocal, da apreensão dos fraseados em consonância com o violão sendo tocado simultaneamente, de um modo também mais rigoroso.

Além deste show do projeto Unimúsica, é possível ver muito mais exemplos em números musicais pela internet, de seus shows a partir dos anos 2000. Mesmo com um músico como Marcos Suzano, acostumado a tocar em pé o seu emaranhado de instrumentos percussivos, com Vitor está lá sentado, como se estivesse diante de uma bateria, por exemplo. Com exceção de "O copo e a tempestade", pensando no *Satolep Sambatown*, em que Vitor se levanta e canta a sua embolada, rap, repente. Significativo que ela seja do repertório dos shows temáticos do início da década de 80.

Daria no fundo para fazer um inventário específico apenas a partir dos shows de Vitor, inclusive até mesmo categorizá-los e ver na relação entre eles momentos distintos da construção da sua obra. Ora com momentos mais próximos da música experimental, do jazz, do punk rock; ora voltados para as sonoridades orientais, com o uso de instrumentos como a cítara ou as tablas, em seguida, a milonga, que esteve presente em sua carreira desde o início, diga-se de passagem, mas que foi ganhando maior espessura e centralidade em determinado momento; também os arranjos orquestrais, a presença da música de câmara; formas sonoras próximas aos experimentos de Egberto Gismonti ou, em outra clave, de feições relacionadas ao pop sofisticado dos Beatles; e assim por diante.

Claro que isso passa pelas formações distintas de músicos nos shows. De Celso Loureiro Chaves ao grupo Cheiro de Vida; de Nico Assumpção à Orquestra de Câmara do Theatro São Pedro; do pandeiro de Marcos Suzano ao violão de Carlos Moscardini; dos arranjos de Vagner Cunha para *Campos Neutrais* às percussões de Santiago Vazquez, aliás, também para o mesmo disco, entre outros.

Mas sempre com o seu violão ali presente, como se fosse ele-mesmo a base de tudo. O espaço para a dispersão e a concentração do som e das palavras. É bastante emblemático que o seu mais novo álbum, todo feito com poemas de Angélica Freitas, seja no formato de um show, como se fosse uma apresentação ao vivo. As canções foram gravadas no Theatro Sete de Abril, em Pelotas.

❧

Foi Augusto Massi quem apresentou primeiro a Vitor os poemas de Angélica Freitas, tendo dado a ele um exemplar do primeiro livro dela publicado: *Rilke Shake*. Massi avisou se tratar de uma boa poeta pelotense, que merecia a sua atenção. Estávamos em 2008, e Vitor falaria sobre o seu livro recém--lançado, o segundo romance, *Satolep*, na Flip. Vivia então um bom momento de consolidação do seu nome como escritor relevante da literatura brasileira contemporânea, ao mesmo tempo em que o retorno a Pelotas estava dando frutos para a sua carreira e construção da sua obra.

A leitura dos poemas o impactou. Percebeu ali nitidamente a possibilidade de fazer canções. Conseguiu visualizar melodias e via na palavra poética de Angélica algo do tipo de poesia que se faz na canção popular. Começou então a musicar os poemas. Logo, escreveu para Angélica um e-mail mostrando o interesse neles: "eu contei a ela que havia musicado 'Vida aérea' e que gostaria de musicar outros poemas do livro. Quis saber se ela gostava da ideia e me autorizava". A poeta quase não conseguiu acreditar no que via. Lia o e-mail repetidamente. Era mesmo de Vitor Ramil. Ela tinha uma relação de fã com a sua obra, conhecia os discos de ponta a ponta, sabia de cor as canções. Em suma, Vitor era uma referência forte, importante para a formação da sua sensibilidade.

Depois se conheceram pessoalmente. "Ela morava na Europa. Só quando veio a Pelotas, acho que em 2009, é que nos conhecemos. Em 2010 ela veio morar aqui", diz Vitor. A conversa correu bem. Vitor lhe apresentou alguns poemas já musicados. Pediu para mudar um ou outro verso, dependendo da forma como eles entravam na melodia. "Isso foi algo que vim a propor depois de já estar trabalhando e motivado pelo fato de ela estar próxima e ser desapegada em relação à forma dos poemas. Aconteceu poucas vezes, mas nos aproximou no trabalho, ela tendo se tornado um pouco letrista em alguns momentos." Angélica aceitou, sem problema algum. E viu também ali se confirmar um desejo que tinha já e que, de alguma maneira, se expressava nos seus poemas: o de fazer letras de canção. Em matéria para o *Diário Popular*, jornal de Pelotas, publicada em 2009 e assinada por Ana Claudia Dias, a poeta comemora a boa recepção crítica do seu primeiro livro, este mesmo *Rilke Shake*, conta um pouco sobre a história da feitura dos seus poemas e descreve o encontro com Vitor Ramil, com toda a boa surpresa que lhe causou. "Demorou pra cair a ficha", diz e, ao mesmo tempo, confirma o vínculo possível, sempre intuitivo, de seus poemas com possíveis canções, por conta dos sons, rima e ritmo que os acompanha.

O seu livro começou a ser escrito em São Paulo, numa oficina do poeta carioca Carlito Azevedo. Muitos dos seus poemas têm a presença da capital paulistana, como fica evidente no conjunto deles que permeia este *Avenida Angélica*, lançado em 2022, catorze anos após o seu primeiro contato com Vitor. Antes disso, no entanto, Vitor havia gravado "Stradivarius" no *Campos Neutrais*, o álbum imediatamente anterior. Mas um disco todo com poemas dela transformados em canção só viria a acontecer mesmo agora.

Vitor Ramil com Angélica Freitas.

    A gravação acabou por ser feita no Theatro Sete de Abril, um dos principais espaços culturais de Pelotas. No período em que foi feito, ano de 2021, o teatro estava em reforma. "A ideia foi registrar *o espetáculo*, que incluía vídeos, cenário e iluminação da Isabel", e a presença de uma equipe entre iluminadores, técnicos de som e assim por diante. Isso tudo em pleno inverno pelotense. Se uniam aqui o teatro, o inverno pelotense, um artista como Vitor Ramil e a poeta, também pelotense, Angélica Freitas, naquela altura morando em Berlim, além da artista visual Isabel Ramil. E tudo isso com poemas altamente cosmopolitas, não poucas vezes concentrados nas ambiências urbanas de cidades como São Paulo, por exemplo. Aliás, se Vitor é de fato um artista muito ligado às cidades, com gosto cultural e estético formado pelas vanguardas modernistas, poucas vezes se viu em sua obra a presença de uma cidade como São Paulo, a metrópole mais cosmopolita do país e muito mais ligada ao espírito do mundo, se comparada às outras cidades, inclusive às antigas capitais de colônia, como Salvador ou Rio de Janeiro.
    Isso é bastante salutar. Porque ainda assim tudo se liga a Pelotas, a cidade do interior do Rio Grande do Sul, estado que já é uma espécie de interior do Brasil, a despeito da sua alta e notável produção artística. Vitor e Angélica são dois artistas pelotenses, com visadas modernas, ambos atentos ao sentido

das coisas no mundo e que, num determinado momento, acabaram por se encontrar e, o que é melhor, fazer algo juntos. Ainda que este encontro tenha se dado num momento em que Vitor já tinha uma obra consolidada, tendo passado por tantas histórias, formas artísticas, cidades do mundo, palavras e livros, a sua realização em disco próprio acabou se dando num momento em que o mesmo acontecia com Angélica Freitas, poeta hoje já reconhecida como uma das referências centrais da literatura brasileira contemporânea.

Mas existe também uma outra curiosa viravolta no tempo. Vitor ganhou, quando jovem, da sua professora de piano, *Cartas a um jovem poeta*, de Rilke. Ele andou relendo o livro por conta do lançamento de *Avenida Angélica*. Me mandou alguns trechos que o marcaram desde então e, como aconteceu desde o início desta pesquisa, soltou alguns dos seus enigmas para o pobre crítico tentar desvendar. "Pra resumir, acho curioso que, nesse ponto da minha trajetória, Rilke reapareça, e objetivamente, no meu trabalho. Talvez seja interessante para ti ler ou reler as *Cartas*. Que conexões poderão surgir?"

Poeta de nome longo, René Karl Wilhelm Johann Josef Maria Rilke, que depois, por sugestão de Lou Andreas-Salomé, trocou o "René" por "Rainer". Poeta de obras-primas da poesia mundial, como *Elegias de Duíno* e *Sonetos a Orfeu*. A recepção da sua obra no Brasil teve uma dimensão dupla, diz Pedro Sussekind em prefácio ao livro *Cartas a um jovem poeta*. De um lado, a atenção ao vínculo dos seus poemas com o "Inefável", o "intangível", o Belo como aquilo que habita uma região misteriosa antes da palavra, da linguagem e da razão, e que a poesia pode, com sorte, fazer aparecer em traços, sentidos, até mesmo códigos e enigmas. Uma poesia do insondável. De outro, uma poesia concreta, no sentido da relação direta com o real, com a realidade das coisas, feita com precisão, sem muita mistificação. João Cabral de Melo Neto escreveu um poema em que explicita este outro Rilke, vamos dizer assim: "Preferir a pantera ao anjo/ Condensar o vago em preciso...". Augusto de Campos, aliás, publicou duas coletâneas de poemas de Rilke, atento a esta outra visada: *Rilke: poesia-coisa* e *Coisas e anjos de Rilke*. Será que podemos pensar, por exemplo, o Vitor do recente *Campos Neutrais*, com versos como "me agarro às asas de um flamingo e voo" ou "A lua estende seu vestido fino", como um poeta mais ligado ao insondável, ao vago e inefável, e o Vitor deste *Avenida Angélica*, que coloca música em poemas que falam em "cosméticos da Avon, panos de prato, Ovomaltine, não há cerveja que preste" como mais ligado à palavra que designa a vida concreta, prosaica? Assim, haveria uma possibilidade de pensarmos a relação entre estes dois discos levando em conta a variação da recepção brasileira de um poeta como Rilke, autor significativo na formação da sensibilidade de Vitor ainda na primeira fase da vida adulta. Foi o livro de poemas *Rilke Shake*, como já disse mais acima, que o levou ao que viria a ser este *Avenida Angélica*, escrito por uma poeta que foi também influenciada por ele e já admitiu que o disco *Tango* é o preferido dela, justamente um disco que se situa numa travessia entre o experimentalismo agudo e os temas mais generalizantes de *A paixão de V segundo ele próprio*, com o desejo de escrever sobre coisas prosaicas, do cotidiano, com capacidade quase fotográfica de revelar o comum, fazer poemas-coisas.

Recém-lançado, o álbum já conta com uma série de resenhas críticas. A começar por Mauro Ferreira, o jornalista carioca que já apresentei por aqui, com uma boa crítica no início dos anos 90 sobre o *Midinicht Satolep*. Ele destaca o repertório de *Avenida Angélica*, com o blues em "Cosmic Coswig Mississipi"; a emissão vocal em "Siobhan"; a senha para a estranheza e o "erro" como demarcações estéticas fundamentais no texto que Vitor escreveu sobre o álbum; a relação da poesia de Angélica Freitas com o som musical, ou até mesmo com a canção popular em canções como "R.C.", sigla que remete a Roberto Carlos, entre outros aspectos. Roger Lerina fez uma matéria sobre o álbum para o jornal online Matinal, conversando diretamente com Vitor e Angélica Freitas. Por ela sabemos que o álbum seria um show que iria circular por Rio de Janeiro, Florianópolis e Belo Horizonte, projeto interrompido pela pandemia. Também conseguimos compreender a situação peculiar em que o Theatro Sete de Abril, o terceiro mais velho do país, diz o jornalista, recebeu a gravação do álbum, num momento em que passava por obras de restauro. Os dezessete poemas de Angélica Freitas que se transformaram em canções, mais um décimo oitavo, lido pela própria poeta, são dos livros *Rilke Shake* e *Um útero é do tamanho de um punho*.

É bom ler algumas histórias dos poemas, como "R.C.", associado às audições de canções do rádio feitas por Angélica na juventude, na sua fase de formação da sensibilidade, assim como "A mina de ouro de minha mãe e minha tia", sobre os causos contados pela mãe da poeta. Assim como é bom saber a respeito do modo como Vitor foi fazendo as músicas para os poemas, entre o *délibáb* (2010) e *Campos Neutrais* (2017). O primeiro já era um álbum com poemas musicados, de Jorge Luis Borges e João da Cunha Vargas; o segundo também teve poemas musicados, inclusive "Stradivarius", de Angélica. Vitor deixou-se levar pelo que os poemas pediam, vamos dizer assim, daí ter se "desarmado", como disse, se permitido fazer coisas que não faria normalmente.

Em sua página no Facebook, Juarez Fonseca, um dos jornalistas culturais mais presentes neste livro, apresenta os comentários de Vitor e Angélica sobre algumas das canções. Sobre "Rilke Shake", Vitor destaca, por exemplo, os sons dos sinos da Catedral Metropolitana de Pelotas, gravados com o seu celular "ao perceber que tocavam no tom e no andamento da música". Nota a presença, no vídeo feito por Isabel Ramil, responsável também pela parte cênica, da catedral da Matriz, de Montevidéu. Diz Vitor: "as imagens da praça da Matriz aparecem manipuladas em computador, transformadas numa abstração". Sobre "A mina de ouro de minha mãe e minha tia" é Angélica quem realça o aspecto real deste poema, com sua mãe e tia contando causos sobre a Colônia de Pescadores Z-3, onde ambas nasceram. Já em "Família vende tudo", sabemos que o poema foi feito por conta de placas que a poeta via quando morou em São Paulo. E Vitor fez a música entre Porto Alegre e Pelotas, dentro de uma van. Um poema como "Stradivarius" sabemos que foi feito tendo como mote um outro poema, de Jorge de Lima, "O grande desastre aéreo de ontem". E mais, o poema tem um longo título no original, "O que passou pela cabeça do violinista em que a morte acentuou a palidez ao despenhar-se com sua cabeleira negra e seu stradivarius no grande desastre aéreo de ontem". Vitor lembra que gravou-o no *Campos Neutrais* por ver nele muito da musicalidade do repertório desse disco. Passam ainda comentários sobre "R.C.", realçando a importância das canções do rádio, das canções populares, bastando ver como a melodia emula a forma de canção característica de Roberto Carlos; "Vida Aérea", a primeira canção, feita lá em 2008; "Ringues Polifônicos", de cujo verso "alça voo a aventura na avenida Angélica" foi extraído o título do disco; e "Siobhan", que Vitor destaca como sendo talvez a sua canção preferida de todo o álbum.

Carlos Eduardo Lima, do site *Célula pop*, escreveu uma ótima resenha, entusiasmado com o álbum. O título: "Vitor Ramil e seu impressionante *Avenida Angélica*". Destacando inicialmente a relação entre Angélica e Vitor, ambos de Pelotas, embora a poeta hoje viva em Berlim, o crítico realça a "trajetória única [de Vitor], saindo da cena pop dos anos 1980, adentrando os anos 1990 em busca de uma identidade em meio às demandas de um mercado lidando com a globalização, para chegar aos anos 2000 de vento em popa com a tendência que acabou prevalecendo — a independência das gravadoras". O crítico dá destaque à relação de aproximação sugestiva entre o Vitor-escritor, oscilando entre a primeira e a terceira pessoa, ficcionista e ensaísta, e o Vitor-compositor, mas considera este álbum muito diferente no sentido de ser um álbum cuja voz ou vozes vêm de uma outra fonte, se podemos dizer assim.

Vitor também escreveu um texto sobre o álbum. A exemplo dos textos do *Tambong, Longes, délibáb e Campos Neutrais*, apresenta em prosa sóbria e culta os caminhos de feitura do disco. Neste caso, tudo é imprevisto. A crise sanitária que gerou um caos no mundo todo e fez com que as cidades tivessem que nos isolar de nós mesmos. A gravação começava já por esse acaso. O segundo fato curioso é a escolha do Theatro Sete de Abril, no centro de Pelotas. Do mesmo modo, não estava previsto, mas acabou por ser um caminho sugestivo, tendo em vista o fato de Vitor e Angélica serem de Pelotas e também, como sempre lembrado, o fato de Vitor ter nascido no dia 7 de abril. A forma da gravação também é, a seu modo, imprevista, ao menos no modo como Vitor vinha fazendo seus discos. Ainda que o artista seja dado a shows temáticos, como já mostrei por aqui, com autonomia estética em relação aos discos, nenhum tinha ainda sido gravado como se fosse disco de estúdio. Vale lembrar novamente a pandemia. Ainda sendo um show, não poderia ser aberto, muito menos com público.

A crise sanitária, o Theatro Sete de Abril, a Pelotas de Vitor e Angélica, a forma de gravação. O disco é, ainda mais, um espetáculo cênico e visual, feito para ouvir e ver. Assim foi lançado, aliás, como espetáculo musical que incorpora a parte cênica e os vídeos que vão se intercalando entre as canções, feitos por Isabel Ramil. Tem os poemas todos de Angélica Freitas, claro, com "Leveza, humor, crítica, sofisticação, densidade, amorosidade, musicalidade". E sobretudo, uma relação bastante significativa com a canção popular, com a canção de rádio. Uns versos de "R.C." dizem assim: "a verdade é que quase tudo eu aprendi ouvindo as canções do rádio". Dito, escrito por uma poeta só vem mostrar a força que a canção popular tem entre nós, brasileiros, que formamos parte da nossa sensibilidade e educação afetiva ouvindo canções.

SALTA UM RILKE SHAKE

Uma das práticas mais comuns de Vitor Ramil é a musicalização de poemas. É algo frequente, presente em sua obra desde o início, atravessando praticamente todos os álbuns, com muitas referências. Tem a poesia provençal de Arnaut Daniel na versão dos poetas concretistas paulistanos; os poemas-milongas de Borges; a poesia gauchesca de João da Cunha Vargas; poetas beatniks como Allen Ginsberg; Fernando Pessoa no *Ramilonga*; Jaques Prevért, em *À Beça* e *Satolep Sambatown*; Khlébnikov, com presença em diferentes momentos, de *A paixão de V segundo ele próprio* a *Longes* e o mesmo *Satolep Sambatown*. Paulo Seben no período do Barão de Satolep e dos shows temáticos. Tem também Augusto dos Anjos em diferentes momentos da fase dos shows temáticos do Barão de Satolep. Temos assim a poesia portuguesa moderna, a poesia provençal, a poesia do futurismo russo, a poesia beatnik, a poesia francesa contemporânea, a poesia gauchesca, a poesia das milongas e do cumpadrito de Borges, a poesia inclassificável como as de Augusto dos Anjos e assim por diante.

Existem também importantes diferenças na relação dos poemas entre os álbuns. Há discos com um, dois, três ou mais poemas musicados. E também há um disco inteiro só com poemas musicados, como é o caso de *délibáb* (2010), com poemas de João da Cunha Vargas e Jorge Luis Borges. Em determinados discos existe o processo de transcriação, com os poemas tendo alguns dos versos inclusive alterados ou adaptados. Tem também os casos dos poemas que já são versões ou transcriações, como nos casos de Khlébnikov, através das versões de Haroldo de Campos; Arnaut Daniel, na versão de Augusto de Campos; "Poema para Lindsay", tradução de Claudio Willler; "Uivo", também tradução de Claudio Willer, entre outros.

Existem também casos significativos como o que aconteceu em "Astronauta Lírico", a partir de "Eis-me levado em dorso elefantino...". Neste caso a letra da canção é outra, totalmente diferente do poema, mas baseada em determinadas palavras do poema ou também com a melodia sendo feita inicialmente em torno do poema. Assim é possível cantar o poema com a melodia de "Astronauta Lírico", mas a letra dessa canção é outra. O poema de Khlébkikov aparece como que cifrado, exigindo um processo de investigação para sabermos onde de fato ele se situa em relação à canção.

Temos, assim, um quadro bem interessante. Há um conjunto de poemas de diferentes tempos, lugares e gêneros, atravessando a sua obra. Há também formas distintas de musicalização dos poemas, com alteração ou não de versos, num jogo que fica entre a tradução e a transcriação. E há também, por fim, casos como os de "Astronauta Lírico" em que a melodia foi feita em torno de um poema, mas a letra da canção é outra, embora se utilize de algumas palavras do poema.

Também podemos pensar os casos curiosos das musiquetas. Elas são canções, claro, mas é como se fossem exemplares da quase-poesia, o projeto de vida do personagem de *Pequod*, Ahab. Parecem ser como trechos de palavras, ou pedacinhos de palavras, para lembrar do Armando Albuquerque, que aparecem de súbito, duram alguns segundos em muitos casos, e soam como um estalo, como que se aproximando da tática do choque, tão comum entre movimentações das vanguardas modernistas, por exemplo.

Mas agora ele veio com um trabalho novo, novíssimo. Um disco apenas com poemas musicados, de uma poeta só, a sua conterrânea pelotense Angélica Freitas. Tudo isso num show que mistura teatro, canção e vídeo, tal qual fazia no período dos shows temáticos do Barão de Satolep, como se fosse uma conversa com espetáculos como *Midnicht Satolep* e *Animais*, que também eram feitos com essa formação de música, teatro e vídeo.

No *Midnicht Satolep* e no *Animais* há alguns poetas presentes. Augusto dos Anjos, por exemplo, com "Bilhete Postal" e "À mesa". Paulo Seben, com "Meu putinho" e "Namorada não é noiva". e. e. cummings, com "Um político é um ânus", entre outros. Além de trechos de textos musicados como o de Sam Shepard, narrando uma cena sadomasoquista. É uma beleza, o Vitor-Barão é um artista da poesia suja, libertina, direta, concreta, falando de coisas reais e das sombras e subterrâneos também.

Em *Avenida Angélica*, a poesia cantada, os poemas-canções seguem esta veia, com impressionante força poética e como que conversando, mas a seu modo, levando em conta as obras posteriores, com o Vitor-Barão do *Midnicht Satolep*. Ver a sua filha, Isabel Ramil, no início do vídeo, escovando os dentes, se penteando, se maquiando, com o rosto tão parecido com o do próprio Vitor mais jovem, da fase dos shows do Barão de Satolep, é como fazer uma viagem no tempo, ou melhor, é como ver os curtos-circuitos no tempo, tão característicos de sua obra.

Nesta introdução temos já um primeiro trabalho com alguns dos poemas de Angélica Freitas, do livro *Um útero é do tamanho de um punho*, transformados em imagens sugestivas pela mesma Isabel Ramil. Primeiro, destacando versos como "o sutra prajnaparamita/ ou a canção if i had a hammer", de um poema que é transformado em imagem da própria Isabel escovando os dentes, "uma mulher gostava muito de escovar os dentes/ os dentes escovava-os com vigor". Ainda aparecem outras citações, até terminar com o poema que diz "uma mulher não gostava de dizer 'uma mulher' o que ouvia era "mamu".

Com a imagem congelada do rosto de Isabel, ao avesso, os lábios pintados de vermelho, Vitor entra no palco e começa a cantar a primeira canção do espetáculo: "Ringues polifônicos". Trata-se de um poema que descreve São Paulo, com o vão do MASP, o Minhocão, os trens para a Mooca e, claro, a Avenida Angélica. Voltarei a ele. O Teatro está vazio, sem as cadeiras, inclusive, por conta do período de reforma. Vitor está no centro do palco em uma das cadeiras ou assentos de ônibus, como se estivesse na parte da frente de uma pequena fileira.

No alto há um telão com vídeos que vão se sucedendo a cada canção, feitos por Isabel Ramil. Ele usa uma roupa que lembra as vestimentas do Barão de Satolep, embora sem a corcunda protuberante. Parecem sacos cinza sobre sacos pretos, pano sobre pano, formando um volume, como se fossem vestimentas rotas de um mendigo, um morador de rua, ou um louco de rua, destes que vagueiam por aí como nômades indesejados pelas nossas cidades desiguais e crudelíssimas.

Os poemas-canções se dividem em uma gama variada de ritmos. Por exemplo, há a presença de blues ("Cosmic Coswig Mississipi"), balada romântica ao estilo Jovem Guarda ("R. C."), xote ("Bigodinho"), samba de breque ("Mulher de malandro"), samba ("Versus eu") e o tipo próprio de canção que nos acostumamos a ver na obra de Vitor Ramil, com muita milonga na subjacência: na acentuação rítmica, no dedilhado etc., com algo de inebriante, como se criassem uma ambiência própria e nós que a ouvimos nos sentíssemos tomados por ela. No repertório retornam as musiquetas ("Bigodinho", "Versus eu") e uma série de palavras e expressões não muito comuns nos seus últimos álbuns, como cosméticos da Avon, panos de prato, bigodudas, filhos ranhentos, privada, micróbios, pé na cova, carrinho de supermercado, apêndice nasobucal, quatro pilhas AAAA, Ovomaltine, epiderme da manteiga, cuspe na calçada, baseados no bolso da calça jeans, e tantas mais. Basta compararmos com o *Campos Neutrais*, cujas imagens poéticas passam por flamingos, figueiras, um olho que se confunde com a água de um rio, os ambientes de sonho entre o pensamento e a viagem para Montevidéu, ou versos como "atravessei manhãs perdidas por instinto", ou "Bela adormecida de Monet", uma alusão à filha, e tantos outros exemplos possíveis. O que faz o disco, este *Avenida Angélica*, se aproximar ainda mais do período dos shows temáticos de 87–95 e dos momentos de experimentação formal mais explícita em sua carreira artística. Também de álbuns como *Tango*. Basta pensar em canções como "Nada a ver", "Joquim", "Sapatos em Copacabana", "Mais um dia", com muito de uma estética urbana suja, desencantada, concreta.

Os ambientes também são bem diferentes. De lugares como a reserva do Taim, a praia de Hermenegildo, bem no fim do Brasil ao Sul, ou mesmo a estrada que leva a Montevidéu, para as ambiências urbanas de uma metrópole como São Paulo, cuja presença é muito marcante no álbum. Não que esteja em todas as canções, mas trata-se do disco com a maior presença da capital paulistana na obra de Vitor. O que, mais uma vez, o aproxima do período do *A paixão de V segundo ele próprio,* em que os irmãos Campos estão ali muito presentes, ou mesmo da fase dos shows temáticos, embora o ambiente seja a Porto Alegre dos anos 80. Um exemplo menor talvez seja a canção "A zero por hora", do *Longes*, que tem a rua Augusta como cenário. Neste *Avenida Angélica* eu diria que a presença da cidade é central, acompanha parte expressiva dos poemas de Angélica Freitas, entre os quais os primeiros que deram origem ao livro *Rilke shake* foram escritos em São Paulo, numa oficina com o poeta carioca Carlito Azevedo.

Ora, a canção que abre o espetáculo, disponível no Youtube, é o poema "Ringue polifônico". São Paulo está toda ali. No elevado Costa e Silva, o conhecido "Minhocão", na avenida Angélica, nome do álbum, no vão do MASP, no trem para a Mooca, na própria menção à cidade.

> Entre ringues polifônicos e línguas multifábulas
> entre facas afiadas e o elevado costa e silva
> entre dumbo nas alturas e o cuspe na calçada
> alça vôo a aventura na avenida angélica

Pouca coisa pode ser tão característica de São Paulo como a polifonia, as línguas multifábulas, as facas afiadas, o trem, a avenida, a racionalidade e o delírio. Que ela seja a primeira, a canção escolhida para a abertura confirma ainda mais a importância do tipo de ambiência urbana, estética, afetiva, social desta cidade para o sentido do disco. O próprio ringue polifônico do poema-canção emula a paisagem belamente caótica, com variações repentinas de imagens que geram alterações no sistema nervoso, entre a euforia que pode vir desmesurada e a melancolia sem fim e sem solução. O mesmo se pode ver em uma canção como "Rilke shake", que vai se construindo entre uma euforia possível, ainda que resignada, e a tristeza profunda. A canção se constrói em torno desse sentimento ambivalente, entre o "enquanto o amor não cega", ou "as noites em que a lua é fraca e as estrelas somem no piche" e a esperança que surge, ainda que irônica e resignada, quando "eu peço um rilke shake/ e engulo um toasted blake" e posso dançar "que nem dervixe". "Treze de outubro" é outro exemplar claro disso, com menções diretas a Avenida Paulista, rua Augusta, ao nome da cidade.

Mais do que isso, existe um sentimento moderno atravessando os poemas agora transformados em canção. Não que este sentimento seja exclusivo da capital paulistana, longe disso. Mas tem relação com o período da poeta em São Paulo, com a paisagem urbana desta cidade. Na verdade, mais do que isso, o sentimento moderno atravessa a obra de Vitor, com o gosto cosmopolita e o olhar atento para a invenção formal. Evidente que para além de São Paulo. Um poema como "Ítaca", lido pela própria Angélica Freitas, expressa bem o sentido deste disco e, eu diria até, um dos tipos de poética da canção de Vitor num jogo de viravoltas que faz com que lembremos de discos como *Tango*, por exemplo, considerado pela própria poeta como o seu álbum favorito. Nele, a cidade mítica, símbolo de uma das maiores criações da humanidade, o Conceito, é tratada através de atributos comuns à vida cotidiana: e-mails, cartões de crédito, reservas de hotéis. É um procedimento comum à poesia de Angélica Freitas, o desencantamento moderno e a visada concreta para a sociedade real, das pessoas reais, com seus atributos reais. Basta rever as imagens dos

Foto do encarte de *Avenida Angélica*, 2022.

poemas-canções, com automóveis, cartazes de famílias vendendo tudo, os dentes cariados, as unhas com micróbios, cabelos com milhares de piolhos, entre tantas outras imagens possíveis.

São dezessete poemas-canções. Um poema lido, sem música. Além da introdução com a performance de Isabel Ramil com versos de outros poemas. Em torno de tudo, vídeos com imagens de prédios residenciais, avenidas, verdes desfocados, chãos de cimento, pinturas de formas ovoides, mãos juntando delicadamente pelos do rosto, imagens de mulheres com bigodes, uma senhora sentada alisando o rosto e os cabelos, patins, móveis e artefatos dispostos, em suma, uma série de imagens que vão se aproximando das canções. Por vezes temos só mesmo o jogo de luzes, como em "R. C.", que sugere discretamente uma discoteca; ou nas luzes coloridas em "Mulher de malandro", quando Vitor vai para perto do fim da fila das cadeiras e batuca nelas para cantar o samba que fez para o poema.

São canções do rádio como poemas com sentimento moderno. Ou poemas modernos como canções de rádio. Entre eles imagens que sugerem filmes conceituais. Entre as canções, os poemas e os filmes, muitas formas possíveis de unir palavra e música, muitos gêneros musicais brasileiros, ou não só brasileiros.

Entre Rainer Maria Rilke, William Blake, Joseph Brodsky, São Paulo, Pelotas, Ítaca, Roberto Carlos, a batucada, as milongas, um sujeito anônimo dentro de um ônibus. Pelas ruas de alguma cidade, ou mesmo no campo, está lá, em algum lugar impreciso, ou preciso demais, a figura de Vitor Ramil, um dos artistas com obra das mais espantosas e singulares que se possa imaginar, ou mesmo sonhar entre nós.

Capítulo 14

E tudo isso foi no mês que vem

O TEMPO É MINHA CASA, diz um dos versos da canção "A ilusão da casa" (*Tambong*, 2000). Nela Vitor Ramil parece apresentar um olhar distanciado, contemplativo, como quem vê imagens que se acumulam, como imagens do tempo da vida, pessoal e artística, biográfica e formal. Na obra de Vitor Ramil, diga-se de passagem, dimensões pessoais se misturam às dimensões artísticas, a forma atravessa os afetos, ora com alta voltagem sentimental e fenomênica, ora com plena autonomia das ideias e apuro de ordem mais propriamente sistêmica e estrutural.

E que não cause nenhum tipo de espanto no leitor ou leitora mais acostumado com canções convencionais, ou melhor, com a educação sentimental difusa da canção popular, ler palavras que podem sugerir um quadro referencial mais próximo do ambiente acadêmico, ou ao menos, mais próximo de um cultivo mais preciso do pensamento e das ideias. A obra de Vitor consegue ser, ao mesmo tempo, popular, sentimental e impopular, formal. Consegue se sintonizar ao sensível e comover com belas melodias e, num mesmo movimento, gerar estranhamento e exigir uma apreensão mais rigorosa e puramente conceitual.

Por isso que ela engloba canções, ficção e ensaios que interessam, tanto ao público comum da canção popular, que ama cantar versos de modo despreocupado, feliz com a fruição das palavras com melodias e histórias mais ou menos amenas, quanto aos estudiosos da poética, da canção como linguagem artística, da palavra ficcional e do ensaio filosófico.

Voltemos à "Ilusão da casa". Nela imagens se acumulam, rolam nos espaços da casa, se misturam ao pó da sala, remetem ao tempo maturado, quem sabe, ao outono da vida, daí versos que falam em folhas secas. Sua realidade, no entanto, depende da palavra. É a palavra que as vivifica:

As imagens enchem tudo
Vivem enquanto falo

"A ilusão da casa" parece remeter a uma das canções mais inventivas de toda a obra de Vitor: "Autorretrato" (*A paixão de V segundo ele próprio*, 1984). Uma canção que faz das palavras a própria partitura e parece com isso colocar num espaço de indefinição bastante sugestiva a música formal e a canção popular, e cujos versos falam em "A casa das canções", associados a um *silêncio transparente* que a rodeia. Avançando mais podemos, ainda em *Tambong* (2000), tratar da canção "Espaço", com imagens que falam sobre espaços da casa:

Quarto de não dormir
Sala de não estar
Porta de não abrir
Pátio de sufocar

Tambong é um nome que remete a um projeto de sintetizar gêneros musicais populares: tango, samba, bossa, milonga, candombe. Título curioso que, assim como *Pequod* (1995), *Satolep*, o livro (2008), *Tango* (1987) e *délibáb* (2010), se associam a uma relação muito singular com a palavra como poesia da linguagem, mais do que da língua, ou do discurso. As palavras em Vitor Ramil, seja no âmbito ficcional, ensaístico ou na feitura de canções, são sempre um misto de imagem, som e verbo, na melhor tradição da poética do concretismo. Imagem, som, verbo e enigmas, labirintos, fissuras, entremeados de simetrias, clareza e poder de síntese.

As imagens enchem tudo e, contemplativo, do alto de si e do alto das coisas, Vitor contempla a ilusão da casa. A sua casa. Que é a casa das canções, da palavra, da linguagem. E que é também a sua casa mesmo, a casa dos seus pais, a extensa casa na rua Doutor Amarante, em Pelotas, cidade fria, friíssima a maior parte do ano, embora com verão carioca, abrasador. Cidade dos extremos como me falam muitos pelotenses. Cidade gaúcha, litorânea, com casas de candomblé e umbanda a cada esquina. Cidade universitária, com construções arquitetônicas que sugerem tempos que não existem mais. O jardim central, a simetria das ruas, os ventos fortes, a chuva intermitente, o frio que petrifica e congela fundo.

Uma cidade que remete à lógica, à organização do pensamento, ao mesmo tempo em que chama à despersonalização, à dispersão subjetiva, ao ilimitado da experimentação das coisas e do gosto da vida nas ambiências urbanas. A ordenação clara das ruas conduz a um centro caótico, com explosão disparatada de signos. Mais ou menos próximo ao centro há a rodoviária, onde circulam pessoas e promessas de felicidade. Vontade de sumir e experienciar o mundo, com todos os seus perigos e formas possíveis de vivência, com pessoas e personagens os mais variados e heterogêneos.

Difícil não pensar aqui em "Loucos de cara" (*Tango*, 1987). A canção é um chamado para a experimentação do mundo, com todos os riscos e perigos, como já falamos. É uma canção com uma visão de mundo ampla e generosa, que carrega em si a esperança de uma sociedade capaz de abranger todos os tipos sociais, em todas as suas diferenças e complexidades. Vão aparecendo de modo sucessivo e lancinante tipos sociais os mais variados, "ateus, imundos, limpos, moleques, santos, podres, pirados, videntes, loucos, tolos, monges, sábios, anjos rudes, fantasmas, ciganos, soldados". Profusão de palavras em ritmo alucinante e realização antecipada do caráter subversivo que há no *Campos Neutrais*.

Vitor é um artesão da palavra. Não à toa costuma dizer em entrevistas sobre a importância de um compositor como Chico Buarque para o seu aprendizado da escrita de canções. Mas é também um melodista de primeira, capaz de criar texturas harmônico-melódicas que têm a estranha capacidade de nos impulsionar para o canto, ao mesmo tempo em que nos espantam com a sua sofisticação. Entre *Estrela, estrela* (1981) e *Longe de você* (2004) tantas histórias, discos, livros, ensaios, entrevistas, canções, outras canções, conceituações, e ao mesmo tempo, tanto sentido e beleza poética e musical! A leveza melancólica de uma conversando com a melancolia desesperançada de outra. A primeira diz Sim, a segunda diz Fim, se unindo aqui de forma engenhosa a uma canção de outrora, "Sim e Fim" (1984). Mas o fim é sempre o momento de recriação, como diz em sua concepção implosivista da arte. Dos seus estilhaços se forma uma estrutura provisória que está destinada a ser implodida posteriormente. E assim, como que em espiral, sua obra vai ganhando forma e se expressando no Brasil e no mundo.

Talvez ela possa estar sendo burilada no quartinho das aranhas, onde Ahab, o personagem central do seu primeiro livro de ficção, *Pequod* (1995), escreve seus poemas que estão destinados a ter suas palavras fragmentadas e integradas a palavras dos livros de sua biblioteca no casarão do Dr. Fiss, o louco, delirante e maravilhoso personagem do mesmo romance, perdido, em suspenso, diante do labirinto de espelhos que forma e deforma a sua imagem e a imagem do menino-narrador.

O que fiz neste livro foi, no fundo, andar pela sua casa, tentando compreender o ambiente. Ele já parece, em si, carregado de signos e princípios, com imagens que se acumulam entremeadas aos móveis e espaços. Secas, enluaradas, ora como montanhas, ora como folhas. Difícil não antever Selbor, o narrador da sua segunda obra romanesca, *Satolep*. Romance cheio de sutilezas, labirintos entre tempo e espaço, memória pessoal e invenção ficcional, palavra e imagem. História da cidade e história de si.

No início do romance, Selbor volta à cidade da infância, após longos anos fora. No seu retorno, confunde memória do presente, homem já formado com seus trinta anos, com memória do passado, menino no momento em que sai de casa deixando a família e a vida na cidade. Encontra o Compositor tocando uma milonga, e o imagina com um poncho de gaúcho, o gaúcho mítico, ou seja, real, bem real. Conversa longamente com João Simões Lopes Neto, o grande escritor pelotense, que mostra a ele os caminhos enigmáticos que aproximam, por vias da ficção literária e também da vida pessoal, os campos selvagens dos pampas e a cidade magnífica, simétrica e racionalizada de Pelotas. A casa quase que se confunde com ruas e com a sua própria casa, calçadas altas, paralelepípedos, construções arquitetônicas, o Jardim Central, o Clube do Caixeiral, e como um louco de rua, como o poeta Lobo da Costa, está lá o narrador do romance abrindo flancos, clareiras para Vitor Ramil, ele também personagem, narrador, quem sabe até mesmo figuração da cidade. O Compositor pode ser João da Cunha Vargas, ou melhor, pode estar cantando poemas do poeta de Alegrete, tão importante para a obra de Vitor Ramil e decisivo para o seu *Ramilonga – A Estética do frio* (1997), um disco que o coloca no centro de uma outra história, assim como *A paixão de V segundo ele próprio* (1984) o colocava no centro da história das vanguardas modernistas. E quem sabe se, na sua biblioteca particular, ou entre os papéis, textos, quadros, conversas com Ana Ruth, com as pessoas que aparecem em sua casa, não pode se dar alguma rebelião de palavras, sinais de pontuação, figuras de linguagem, formas gramaticais e não topamos com a culta Norma, Carlos Alexandrino, Bilião Hipérbole, a Palavra-Caminhão, Vocativo, o rei travestido de Lanfranhudo, Virgílio, onomatopeias, elipses, como em sua *A primavera da pontuação* (2014).

Vitor gera um curto-circuito, como é de seu feitio. Onde víamos a província, o regional, o local, vemos o cosmopolitismo, a vanguarda, o centro de uma confluência de culturas, criações literárias e artísticas originalíssimas. Não estar no centro cultural do país, em algum lugar impreciso entre a Bahia, o Rio e, especialmente, São Paulo, não significa necessariamente uma desvantagem. E, ao mesmo tempo, não faz do Sul menos Brasil. Faz do Sul um espaço privilegiado de afirmação de um modo de ser do Brasil que o é em consonância com os países platinos. E isso os coloca, os gaúchos do Rio Grande do Sul, em posição de vantagem e de centralidade. Na centralidade de uma outra história.

Contar esta outra história, fazer formas artísticas que saibam dialogar, retomar e, mesmo, inventar a estética do frio é um dos seus principais objetivos. Tem sido assim, desde muito tempo. A casa agora, que está ali como metáfora poética, passou pela casa da família em Pelotas, se revelou como a "casa das canções", perdeu-se pelas ruas, chuvas e construções de Satolep, agora vai se estendendo pelos espaços indiferenciados entre o Rio Grande do Sul, a Argentina e o Uruguai e se transmuta em uma estética própria: a "estética do frio". Estética que tem em *Ramilonga* (1997) o gesto inaugural, com direito a manifesto e tudo mais. E que tem no ensaio "Estética do Frio" (2004) a ordenação conceitual. Mas não para por aí. No romance *Satolep* (2008) tem a sua estruturação ficcional. Temos assim disco, ensaio e literatura. Depois vai se desdobrando, na lógica do implosivismo, gerando estilhaços, fragmentos que logo vão se reordenar através de diferentes níveis de articulação. Chega ao *délibáb* (2010), o encontro de Borges com Cunha Vargas. *délibáb* que também significa a ilusão do Sul.

Mas Vitor morou em Porto Alegre, uma das principais capitais culturais do país. Se embrenhou na literatura de vanguarda que aparece continuamente em todo o momento da sua obra. De e. e. cummings a Khlébnikov, passando por Augusto e Haroldo de Campos. Maiakóvski em "Ibicuí da armada" (1984), Fernando Pessoa em "Noite de São João" (1997). Allen Ginsberg em "Para Lindsay" (2000). Morou muitos anos no Rio de Janeiro. Fez "Sapatos em Copacabana", em que procura se afirmar na cidade. Voltou a Pelotas e encontrou a sua alma, que revoluteava pela neblina do inverno pelotense. Desenhou seu nome no vidro úmido do Café Aquários, no centro da cidade. Se viu como que num espaço feito de ruínas. Continuou a se movimentar. Ao chegar à sua casa, ela já não era como antes. Mas estava lá, em pé, transcendia a alegoria da ruína. Ainda que fosse um estrangeiro em toda parte, mesmo em sua cidade, tinha dela a imagem que poderia fazer com que avançasse. E de fato avançou. Nela poderia viver melhor a sua condição de estrangeiro e a inquietude sem fim, nem repouso. A ilusão da casa, por fim, se mostrou bem real.

∽

Arthur de Faria em tom de brincadeira diz que gosta mais do Vitor pessoa física do que do Vitor pessoa jurídica. A pessoa física é o Vitor ele-mesmo, bem-humorado, algo extrovertido, ao menos no ambiente familiar ou com amigos próximos, rindo à toa, fazendo piadas. Tem uma face jovial, faz as palavras queimarem, se sente filiado à linhagem de poetas da invenção, algo verborrágicos, como Walt Whitman, Maiakóvski ou Allen Ginsberg. A pessoa jurídica seria o Vitor taciturno, da névoa e neblina espessa que cai sobre a cidade e sobre si. Com uma certa limpidez nos gestos, postura mais austera, semblante contido, as roupas com cores discretas. Talvez o outro Vitor, o Vitor pessoa física, estivesse rindo disso tudo, com suas vestimentas coloridas, o cabelo longo e desgrenhado, pronto para alguma musiqueta, canção-pílula, canção-partitura. Enquanto o Vitor pessoa jurídica talvez olhasse aquilo com certa desconfiança, sentado em sua escrivaninha e pronto para escrever mais um trecho do ensaio sobre a estética do frio. De um lado o gaúcho cosmopolita, leitor arguto de Borges, tocando uma milonga com seu violão de aço, cheio de afinações imprevistas e cordas soltas, vestindo um poncho, concentrado em si e na cidade. De outro o jovem de camiseta e calças largas, colares no pescoço, copo de plástico na mão, em meio a um palco com luzes quentes desvairadas, como um cantor de punk rock descrevendo psicopatas perdidos na noite de Porto Alegre.

Mas existe um Vitor só? É possível um artista de tamanha envergadura ser encerrado numa perspectiva, ou numa persona artística? É claro que não se pode cair aqui num elogio superficial da multiplicidade, tampouco negar as intersecções móveis entre elementos da obra que podem parecer autônomos. O que há de comum entre canções como "Noturno" e "Nem quero saber"? Entre "N" e "Ramilonga"? Entre "Animais" e "Hermenegildo"? E como um personagem como Ahab se encontra com Selbor que, por sua vez, vai lá se perder entre a palavra-caminhão e o Rei Lanfranhudo? Seguindo ainda mais, como "Stradivarius" pode conversar com "Para Lindsay"? O encarte de *A paixão de V segundo ele próprio* com o encarte de *Foi no mês que vem*? O gosto pela literatura de vanguarda beatnik e a pop art com o poema gauchesco do interior de um poeta como João da Cunha Vargas? A instrumentação indiana e o violão de Carlos Moscardini? O texto de Paul Gauguin lido por Isabel Ramil e a canção "Isabel"? Chuva, vapor, velocidade de William Turner e as sopas Campbell de Andy Warhol? Os sonhos de Tambong e o que há de estado indiferenciado entre o sonho e a vigília na canção "Campos Neutrais"? A comoção diante das tonadas de Simon Diaz e o pop sofisticado dos Beatles?

Parece que quanto mais o artista busca uma unidade, mais encontra multiplicidade. A sua procura pela forma ideal, a forma pura o tem levado a muitos exercícios de impurezas da forma. A solidez da racionalidade simétrica vai sendo devastada pelas pulsões soltas, arredias e disformes dos afetos. Vitor talvez seja, a um só tempo, Ahab e o menino-narrador que o contempla, muito próximo e distante. Selbor e o Rapaz da pasta dos textos enigmáticos. As suas performances no palco e o jogo abstrato da rebelião das pontuações, figuras de linguagem e normas gramaticais. O castelo onde mora o Barão de Satolep e a freira, com castiçais, teias de aranha, luzes bruxuleantes, punhais milenares, e a sua casa na Doutor Amarante, com seus livros, escrivaninha, quadros, escaiolas, violões e, sobretudo, a companhia luminosa de Ana Ruth.

Aqui encerro um ciclo, que começou ali no final de 2019. Cheguei à cidade, acho que a vivi, não o sei de todo, e se passaram pouco mais de dois anos. O inverno começa a se esboçar novamente, é o melhor momento, talvez o único em que a cidade fica interessante e, a seu modo, viva. No último áudio com Vitor falamos um pouco sobre Andy Warhol, por conta de uma série documental que tinha assistido. Está lá o artista da pop art com seu olhar diferente, mobilizando sinais, símbolos, emblemas da cultura de massas, não se sabe se fazendo arte ou negócio. As festas, os vernissages, a vida frívola das elites financeiras e culturais americanas, o gosto pelas cores, as tragédias comuns ao cotidiano, a espetacularização de tudo. Talvez a sua arte tenha sido a única reação possível, ao mesmo tempo adesão e enfrentamento, a essa espetacularização.

Lembro que este é um tema comum à vida e à obra de Vitor. Costuma aparecer em suas entrevistas reflexões permanentes sobre o mercado, associadas ao campo cultural, aos espaços de consagração artística. E isso desde ainda muito jovenzinho quando decidiu dar uma virada, se concentrar nos estudos, não ver muito sentido em fazer canções comuns, convencionais, banais até. Algumas vezes isso aparecia em canções como "Sim e Fim", por exemplo. Ou trechos destacados de shows, como o que já mostrei no *Midnichit Satolep*, com o desejo de vampirizar o que há de vital na cultura pop, na moda internacional, e deixar de lado o que há de frívolo, o meramente numérico e quantificável.

Saiu de Pelotas para Porto Alegre, ainda muito jovem. Gravou o primeiro disco, com dezoito anos. Três anos depois fez o segundo, um marco da experimentação formal em canção popular. Saiu de Porto Alegre e foi morar no Rio de Janeiro. A cidade ainda era um destino para quem estava em fase de inserção no mercado de canções. Morando por lá fez o terceiro disco. Depois os shows temáticos. Em tom zombeteiro, após ter se consolidado em Pelotas e lançado três álbuns, um livro, um ensaio e ter criado um selo independente, um site de divulgação, Vitor chegou a dizer sobre a fase carioca: "Fui, vi e não venci".

O mercado de canções mudou. Com a entrada da internet, os meios de produção foram se pulverizando, assim como os de consagração cultural. Aumentou o número de criações artísticas e, com sorte, também o número da produção crítica. Claro que os monopólios continuam, vão se configurando de outra forma, mas não seguem a mesma lógica anterior. Tem havido uma maior ampliação de repertório e meios alternativos de divulgação. A obra de Vitor acompanha este processo e, a seu modo, seguindo as suas necessidades internas, expressa este processo histórico, social e cultural. Mas é claro que não é uma mera derivação disso. Nenhuma obra artística o é. No entanto, é impossível desconsiderar os móveis econômicos que também atuam, a cultura do espetáculo, a espetacularização de tudo, dos afetos, gostos, desejos e, como não poderia deixar de ser, da estética, da arte e, claro, da crítica.

Assim, o seu retorno a Pelotas. O "fui, vi e não venci". A criação de um selo independente, um site, num período ainda inicial de massificação da internet e muito longe da ideia hoje comum de "música independente" via redes sociais, tudo isso foi uma resposta consistente ao predomínio do grande mercado como instância última de avaliação da obra artística. Estamos falando aqui dos anos 90, que consolidaram, após o Plano Real, uma indústria cultural ainda mais pujante, ampla e extensa na canção popular feita no país. É o período de fenômenos de massa notórios, alguns com boa realização estética, mas todos seguindo a lógica serial na sua forma mais violenta e, mesmo, perversa. Não fazer parte do programa dominical, não ter uma "música de trabalho" palatável, não pagar jabá para rádios de maior peso comercial, tudo isso poderia ser fatal para quem quisesse criar formas artísticas interessadas em ser formas artísticas por si só e, a partir daí, se tornar objetos da crítica e da recepção do público. Por conta disso, criar meios de divulgação independentes deste circuito do mercado maior, ainda sem a massificação de meios alternativos de divulgação como os da internet, era naquele momento uma ação tanto necessária quanto corajosa.

Necessária, porque não havia outro caminho. Corajosa, porque significaria se deslocar do centro onde o dinheiro se concentrava e, por tabela, das chances de ter condições materiais confortáveis para fazer o trabalho. Mas este deslocamento do grande mercado sempre esteve presente em Vitor, como já falei. As discussões com os executivos das gravadoras, as mudanças de perspectivas, as exigências de autonomia plena, a desconfiança de ideias como as de "música de trabalho", ou restrições de divulgação de canções longas nas rádios, tudo isso fez e faz parte da construção da sua obra, desde o início. Portanto, essa relação de deslocamento e tensão é parte constitutiva da sua obra, da sua persona artística, do modo como atua também como crítico, nas entrevistas que faz e que servem como balizas das orientações possíveis para a canção brasileira, as artes em geral, através de um dos seus artistas mais bem armados intelectualmente e com obra das mais consistentes, entre discos, shows temáticos, livros e ensaios.

Capítulo 15

Pós-escrito: O livro, a cidade e o artista

TINHA ACABADO DE CHEGAR DEFINITIVAMENTE À CIDADE. Guardava um interesse secreto por Pelotas, a estranha cidade do extremo Sul do Brasil. Interesse sem muito sentido, quase sem lugar. Não sou do Rio Grande do Sul. Tenho pouco, quase nenhuma relação com esse canto do Brasil. Li, quando muito, algum texto de Erico Verissimo. Vi alguns filmes, mas logo esqueci das histórias todas. Pouco sabia, até então, de questões próprias, dificílimas, sobre o gaúcho e sua cultura, o vínculo com o mundo de uma outra forma, sem passar pelo filtro paulista e carioca. Uma conversa com o mundo que passa pela Argentina, pelo Uruguai, pela paisagem geográfica, cultural e histórica dos pampas. Nada que me fosse próprio passava por aí até então, com exceção do disco *Ramilonga – A Estética do frio* (1997), de Vitor Ramil.

Era assim que chegava a Pelotas para começar o estágio de pós-doutorado na Ufpel, a Universidade Federal de Pelotas. Nem sabia nada de Satolep, a cidade mítica, o avesso, o constructo artístico e sensível de Vitor Ramil, a sua forma de lidar e ser com a cidade, as pedras, os casarões, as calçadas altas, o chão de paralelepípedo, a cultura popular. Tudo isso não estava presente em mim até então, quando coloquei minha mala no chão quente do apartamento, a deixei aberta, sem tirar dela todas as roupas.

Era comum. Não sabia se ficaria muito tempo por aqui. Desde a primeira idade adulta me acostumei a mudar de cidades, quando não de casas, numa andança meio sem sentido, deixando marcas aqui e acolá. Um chapéu perdido na casa de um amigo; camisetas, casacos; textos soltos; caixas de livros e lá ia-me embora. São Paulo, Rio de Janeiro, Lisboa, tempo de peregrinação pelo Brasil, hotéis em viagens a trabalho pela Funarte, nos tempos de trabalho como diretor nacional de música da instituição. Acostumara-me a deixar a mala aberta, a não retirar dela todas as roupas, os documentos, a espalhar as coisas pelo centro da sala, na certeza de que teria, mais cedo ou mais tarde, de me mudar novamente.[1]

---

1. Nesta parte do texto e mais adiante confundo a minha voz de narrador com a de Selbor, o narrador de *Satolep* (2008). Emulo a cena inicial do romance, em que Selbor descreve a sua mala no chão da casa do Norte, a camisa que se mantém úmida, mesmo com o calor, e assim por diante.

Mas dessa vez, algo me fazia sentir que teria que ficar. Não sei se a disposição dos móveis, o clima abafado do calor, a melancolia do horizonte que conseguia ver pela janela, pelas largas e indiscretas janelas do apartamento. Assim chegara, numa sexta-feira, pela noite, com estudantes nas ruas, calouros comemorando sabe-se lá o quê. A entrada na universidade, as possibilidades de encontros, nos bares cheios, entre a Universidade Católica e a rua Dom Pedro. Era isso, tinha chegado, estava em Pelotas.

Deixei a mala no centro da sala. Fui ao quarto. Não tinha luz. Havia me esquecido de perguntar como funcionava o esquema da luz. Ligariam de imediato? Ela já estava ligada e bastava mudar o endereço, colocar o meu nome, entregar os documentos, sempre os mesmos documentos? Não tinha percebido isso. O prazo para a ligação era de três dias. Longos três dias! Passaria assim no escuro o primeiro fim de semana. Vinha um pouco das luzes dos outros apartamentos pela janela, ou algum facho diminuto da lua, quando alta noite. E só. Assim, pela noite, caminhava com os pés no piso frio, quase sem roupa, o corpo pingando de suor.

Pela manhã, com a luz do sol, fui ao centro comprar ao menos uma vela, ou uma dessas luminárias sem tomada, e até mesmo um carregador de celular portátil. Fiquei assim sábado e domingo. Nos finais de tarde, com o Sol indo descansar, baixava a coisa, a noite rebentava, e só restava se movimentar pelos feixes de luz da janela, pelos repentinos clarões que vinham dos outros apartamentos.

Numa dessas noites resolvi me aquietar. Sentei-me no sofá do quarto, puxei a mala para o guarda-roupa e joguei-a sem prestar muita atenção se havia ainda algo dentro dela. Olhei demoradamente e sem foco o céu escuro, até amanhecer. Fiquei parado, estático ou extático, não sei dizer. Perdera algo? Tinha visto alguma sombra passar por mim, sem me tocar? Não sabia. Só então percebi, já pela manhã, com os olhos pesados, o corpo cansado, a sensação incômoda de não saber se tinha tido um sonho, se tinha ou não dormido de fato, que a mala estava ainda no centro da sala, no mesmo lugar em que a havia posto quando chegara, e que nela tinha deixado algumas roupas, entre elas uma camisa úmida, que estranhamente não havia secado, nem mesmo com os dias de calor abafado, do sol exagerado e invasivo do verão pelotense. Então veio, de súbito, a luz elétrica e sua presença já não fazia muita diferença com o clarão do dia tornando os móveis visíveis, a parede branquíssima, e a mala aberta com a camisa úmida. Aquela camisa enigmática, aquela mala que jurava ter colocado, como num rompante, dentro do guarda-roupas.

Dormi um sono pesado e, quando acordei, sabia que tinha que ficar, que estava de fato na cidade e que tudo aquilo que se passara já havia se passado em algum outro lugar. Liguei de imediato o computador e passei a seguir uma rotina que seria repetida durante muitos meses. Ouvir "Satolep", a canção gravada inicialmente em *A paixão de V segundo ele próprio*, mas que ouvia ali na gravação mais recente, do álbum *Foi no mês que vem*. Todos os dias, no café da manhã, como já tinha feito com o *Ramilonga*, nos estranhos meses que passei em Copacabana, perdido de mim.

A luz que havia agora e que vinha da canção era a intensa luz que não se vê, de que fala uma outra canção, boníssima. "Uma intensa luz/ que não se vê/ passa pela voz/ ao se calar".[2]

Quanta beleza eu vi.[3]

Na manhã seguinte comprei uma cuia para fazer chimarrão. E alguns pacotes de erva mate. Na casa em silêncio podia-se ouvir apenas algum movimento de carro lá fora, um ou outro bater de porta, os passos apressados ou morosos de algum vizinho desconhecido. Coloquei a chaleira para esquentar a água. Fiquei ouvindo um longo poema de Jayme Caetano Braun, "Brasil doente", num canto da casa, rente à janela que dá para o horizonte, e duas árvores que não sei identificar bem. Após o poema, fui preparar o mate. Não consegui fazer direito. Queimei a língua, mas senti o gosto amargo, para mim agradável. Sorvi ainda um pouco mais, agora já conseguindo controlar melhor o momento de sucção da bebida, moderando a temperatura. Falei em "Brasil doente", mas tem um poema de João da Cunha Vargas, "Chimarrão", que foi musicado pelo Vitor Ramil, que se tornou também uma canção rotineira destes meus primeiros dias na cidade.

A canção, o poema-canção, é escrito em tom laudatório, de homenagem à bebida, contando a sua origem e mostrando a importância dela como traço da cultura gaúcha. "Bebida amarga da raça que adoça o meu coração", diz um dos versos. "Foste bebida selvagem/ e hoje és tradição", segue, condensando em dois versos uma longa história. A poesia de João da Cunha Vargas é densa e melancólica. Não sei se lê-la sem a música traz a mesma sensação. Talvez sim, talvez não. Mas ouvi-la cantada como poema-canção de Vitor Ramil, como ouvi primeiro, num vídeo de um show realizado em Portugal, no Culturgest, de Lisboa, suscita este tipo de sensação. O canto, cada vez mais refinado e complexo, de Vitor cria uma certa ambiência melancólica e densa a um só tempo, como se construísse ali um tempo e espaço próprios e nós, os ouvintes, fôssemos capturados por aquilo, nos sentíssemos inebriados pelo tom, o timbre

---

2. Eu me refiro à canção "Que não se vê", versão em português de Caetano Veloso para a canção "Como tu me vuoi", do filme *A Doce Vida*, de Federico Fellini.

3. Retiro a expressão do livro *Satolep* (2008), de Vitor Ramil. Nele, quem diz a frase é João Simões.

e as palavras. Tudo ao mesmo tempo. A história do Rio Grande do Sul, do Brasil, do mundo platino, vai se configurando de forma ainda bastante enigmática, ao menos para mim, que tão pouco conheço estas paragens. Como dizia um personagem de Eça de Queiroz, sou apenas um pobre homem da várzea!

O livro de reza que rezo junto ao fogão.[4] Seguem os versos, cantados numa beleza melancólica que vai me levando, vou me deixando absorver por aqui, chego a sentir uma tristeza indefinida e sem forma. Lembro de ter lido em algum lugar Vitor Ramil dizer sobre o espanto que sentira ao receber um e-mail de uma pessoa de São Paulo que, ao ouvir o *Ramilonga*, tinha sentido um estranho parentesco com aquilo tudo, aqueles termos próprios do Sul, ou do extremo Sul, aquelas paisagens campeiras que vão sendo descortinadas no disco. Não sabia o motivo. Sentia um parentesco insuspeito e como que fora de lugar. Sinto o mesmo neste momento, quando ouço "Chimarrão". Mal sei preparar o mate, não sei se ficaria junto ao fogão esperando a água chiar tampouco se faria da degustação o encontro com o sentido de coisas profundas do Brasil. Ao menos, não neste momento. Mas a canção me faz sentir coisas sem nome, sensações sem forma, melancolia indefinida, alguma coisa que faz do momento da audição um livro de reza, como se fosse uma oração.

Enquanto divago sobre essas coisas, meio à toa, o dia vai se despedindo e a noite desce lentamente, dessa vez já não mais tão assustadora, como nos dias em que fiquei sem luz elétrica. Fico olhando, algo absorto, os móveis da casa; uma mesa marrom, já bem envelhecida, algumas cadeiras de madeira barata, outra mesa, menor e num tom bege. Pego um pequeno copo e o encho de whisky, com muito gelo. Vou deixando o corpo entorpecer. Fica em mim, em alguma medida, a imagem de um gaúcho campeiro preparando o seu chimarrão, numa casa de campo. Erradamente chego a pensar numa choupana. São associações superficiais que vão sendo feitas em minha cabeça, já um pouco exaurida. Imagino também um cavalo solto, correndo em disparada. Não sei por que essa imagem me volta com frequência. E um espaço sem fim, como uma espécie de forma da forma, emaranhada por figurações, que se parecem com cores. Cores que seguem formatos sem uma harmonia muito clara, mas que se apresentam a meus olhos com uma certa inteireza. Ao menos é assim que elas me aparecem, até o momento em que novamente me vejo num espaço de indistinção entre a vigília e o sonho e posso observar, fora de mim ou em mim, um punhal metálico, com a superfície cheia de sinais, códigos,

---

4. Eu cito aqui mais alguns dos versos da canção "Chimarrão", de Vitor Ramil, a partir do poema de João da Cunha Vargas.

quase como hieróglifos, atravessando a forma da forma e abrindo um clarão, dispersando as cores, mas sugerindo outras possíveis concentrações. Como que implodindo a estrutura. *Sim! Sim! A alma das cousas.*[5]

Alguns dias depois, já bem instalado na cidade — estarei mesmo? — tomo coragem e escrevo um e-mail a Vitor Ramil. Não o conhecia pessoalmente. Sabia das suas canções, pouco para dizer a verdade. Mas tinha publicado o ensaio da "Estética do frio" (2004), a partir da conferência de Genebra, num livro que organizei pela Funarte, com uma série de outros ensaios brasileiros a respeito da canção popular e da música de invenção. Também havia publicado um texto sobre o *Campos Neutrais* (2017) e a obra do Vitor em geral, escrito pelo filósofo e crítico Luís Rubira, professor da mesma Ufpel, que vim a conhecer depois, por conta do próprio Vitor Ramil.

Mas estava ali diante do computador, esperando o impulso inicial se tornar texto. Será mesmo? Deveria fazê-lo? Ou seria mais prudente ficar no meu canto, deixar-me anônimo, numa cidade nova? No fundo, não pensei muito não. Fui escrevendo. Um dia ou dois depois, já não lembro bem, Vitor me respondeu. Muito gentil e cuidadoso. Me passou seu número de telefone. Quando vi, estava lá, esperando bater a coragem de escrever, dessa vez pelo aplicativo do WhatsApp. Esperei um pouco mais. Semanas depois escrevi dizendo que queria conhecê-lo pessoalmente e dar a ele o meu livro a respeito da obra de Ronaldo Bastos, recém-lançado. De novo, Vitor se mostrou generoso e gentil. Respondeu logo e me convidou para um jantar em sua casa, aqui mesmo em Pelotas. A mítica casa da Doutor Amarante que, saberia depois, foi e é tão crucial para a construção da sua obra.

Nunca imaginaria isso, essa é a verdade. Comprei o livro *Nascer leva tempo* (2014), do mesmo Luis Rubira, o único livro sobre a sua obra, embora tenhamos tantas teses, dissertações, artigos, ensaios, resenhas em jornais e muito mais. Agora tinha uma nova companhia para as manhãs algo melancólicas no meu apartamento em Pelotas, e para as eternas noites insones. Além da audição quase sempre das mesmas "Chimarrão" e "Tapera", a partir de um show de 2012, em Lisboa, com Carlos Moscardini, e "Satolep", da gravação de *Foi no mês que vem* (2013), tinha o livro do Rubira, um esforço monumental de síntese da sua obra até o lançamento de *Longes* (2004), com trabalho biográfico, organização das muitas entrevistas de Vitor, atenção para os ensaios, romances, e cuidadosa análise das canções. Lembro com muito gosto de quanto vibrei ao descobrir

---

5. O trecho em itálico se refere à canção "A paixão de V. segundo ele próprio" (1984).

o "Barão de Satolep", seu personagem misterioso, agressivo por vezes, mas sempre brilhante e, em muitos momentos, de uma comicidade comovente.

As coisas foram ganhando sentido, se encontrando. Agora já estava na cidade, tinha a audição das canções, um livro todo para saborear noite adentro, a aproximação com o próprio Vitor Ramil.

Este livro foi, e ainda é, uma companhia muito boa, na minha solidão povoada. Ele tem como prefácio um texto de um outro professor, que passei a admirar e também tornou-se um cúmplice das minhas horas, dias e tempos em Pelotas: o crítico literário e escritor Luis Augusto Fischer, o bom amigo de Porto Alegre. Fischer tem obra vasta, é contemporâneo de geração de Vitor Ramil. Escreve ensaios densos, crônicas, críticas, livros, além de ser professor reconhecido da UFRGS. Parece muitas vezes ter uma missão: destronar o modernismo de 22 da condição de única forma de mediação da crítica e da criação artística no país. Ele tem lá suas boas razões, e tem feito excelentes textos sobre o tema. Ao mesmo tempo, tem a pretensão de mostrar a importância cultural, histórica e estética das criações de artistas, escritores, cineastas do Rio Grande Sul, este estado central nas ambiências supranacionais dos pampas, entre Uruguai, Argentina e Brasil. Eu estou com ele, é por aí mesmo. O desenrolar da pesquisa sobre Vitor Ramil fez com que isso me ficasse muito claro. Como um experimento artístico tão radical e bem realizado, como *A paixão de V segundo ele próprio* (1984), não tem o mesmo lugar que outros experimentos artísticos não menos radicais e bem realizados, como os da Vanguarda Paulista, por exemplo?

Aí tem, eu diria, ressabiado.

Mas como foi este primeiro encontro pessoal com Vitor Ramil? Era o final de 2019, antes da pandemia. Tinha acabado de chegar e deixar minhas coisas na cidade. No fundo, não sabia de todo se permaneceria mesmo. Era uma boa oportunidade, mas não tão atraente assim. Minha pretensão era mesmo ficar em São Paulo, depois de tanto tempo fora, treze anos no Rio de Janeiro e um ano em Lisboa. Era muita coisa. Mas não seria dessa vez que voltaria. O PPGS da UFPel, de todo modo, era cheio de paulistanos. Um deles seria o meu supervisor. O professor e sociólogo Marcus Spolle. Marcus é um grande conhecedor da canção popular brasileira em geral, e tem um grande apreço pela Vanguarda Paulista, especialmente Itamar Assumpção. Foi da geração que viu Itamar, Arrigo, o Grupo Rumo acontecerem. Chegou a morar com uma das cantoras e instrumentistas das Mercenárias, uma das melhores bandas do punk paulistano.

Pois bem. Eu estava justamente na sua casa, no Cassino, uma área algo famosa do Rio Grande, a cidade vizinha a Pelotas. Era um churrasco de confraternização com os pesquisadores do seu núcleo de pesquisa em interseccionalidades. Depois de beber umas tantas, próximo ao início da noite, ou um pouco mais, voltei a Pelotas de ônibus. Cheguei à cidade e fui para a casa do Vitor. Seria o segundo churrasco, com possível bebedeira, do dia. Quando cheguei à porta da casa tive um primeiro estranhamento. Não havia campainha. Nada que pudesse permitir o chamado. Fiquei um tempo observando as janelas altas, de frente para a rua, e a porta. O que fazer? Bati na porta com as mãos. Mandei um sinal pelo celular. E esperei. Foi Isabel Ramil, sua filha, artista plástica, que me atendeu. Caminhei todo o corredor, tropecei no Mango, o Dálmata da família, fiquei observando os quadros do Carlos Scliar com o rosto de Vitor, um deles tinha sido capa do disco *Tango* (1987), e fui até o fundo da casa cumprimentá-lo. Ele me recebeu calmamente, como se fosse conhecido de longa data, o que muito me surpreendeu.

Aquela forma de cumprimento me fez sentir logo muito confortável. Tinha pensado em dizer o quanto gostava do seu ensaio da estética do frio, o quanto um disco como *Ramilonga* (1997) tinha sido importante para mim, de uma maneira insuspeita, mas resolvi conversar sobre outras coisas, até mesmo trivialidades do cotidiano. No fundo me sentia estranhamente como uma pessoa da casa, vamos dizer assim. Foi-me dada uma taça de vinho. Conversei um pouco com Ana Ruth, professora de linguística da Ufpel, sua companheira de toda a vida. Chegou, num outro momento, Luís Rubira. Pronto, estava feito. Quando mal percebi, estava lá falando sobre a canção portuguesa de intervenção, dos artistas Zeca Afonso, José Mário Branco, Fausto, Sérgio Godinho. Mencionei o quão impressionantes tinha achado as apresentações de Vitor nos vídeos que vi no Culturgest, em Lisboa. Fui tentando me enturmar.

Fomos então para a parte de fora da casa onde continuamos a beber vinho e conversar. Fui tomando cada vez mais coragem e enfim falei à beça para o próprio Vitor do meu interesse em sua obra, na estética do frio mais propriamente, no fato dela causar uma espécie de curto-circuito na crítica da canção brasileira, quase sempre pensada através da tríade samba carioca da época de ouro, Bossa Nova e Tropicalismo, e no quanto ter conhecido o ensaio e ter ouvido o *Ramilonga – A Estética do frio,* mudou completamente a minha cabeça sobre as coisas da nossa música popular e mesmo a respeito das muitas interpretações do Brasil. Algo muito parecido com o que tinha se dado em mim quando li o ensaio de Roberto Schwarz sobre o livro *Verdade tropical*, do Caetano Veloso. Vitor ouvia tudo atentamente e continuava a conversa, apresentava os referenciais principais do seu ensaio, o sentido mesmo do álbum, o porquê do seu interesse em pensar o Brasil atravessado pelos países platinos, o lugar do Rio Grande do Sul nisso tudo, a figura de João da Cunha Vargas. E a conversa seguia muito bem.

No final dei meu livro a ele, recém-lançado, sobre a obra de Ronaldo Bastos. Ele me deu o seu livro, *Satolep* (2008), talvez até agora o seu experimento ficcional mais bem acabado. Não poderia ser melhor. Me despedi das pessoas, todas muito carinhosas e afetivas. Comi doces. E segui até porta onde deu tempo de ver as escaiolas na parede do corredor de entrada ou vestíbulo, já rente à porta de saída. Luís Rubira me levou até em casa. Fomos conversando um pouco sobre a noite. Disse a ele que aquilo havia me entusiasmado muito. Talvez soubesse, embora não de todo, que estaria ali começando o longo percurso que daria neste trabalho.

Agora tinha o livro do Luís Rubira em mãos. Conhecia Vitor Ramil de perto. Tinha conversado com ele sobre algumas ideias que as suas canções, os seus ensaios e suas entrevistas me suscitavam. Acordei no outro dia decidido. Ora, tinha acabado de publicar meu primeiro livro autoral em crítica da canção, o ensaio sobre a poética de Ronaldo Bastos. Pensei cá com meus botões: por que não escrever um novo livro autoral, dessa vez sobre a obra de Vitor Ramil? Fazia todo sentido, afinal tenho criado um caminho próprio na crítica da canção que não passa necessariamente pelos cânones. Antes do livro sobre Ronaldo Bastos, tinha publicado um livro de ensaios clássicos sobre a canção brasileira, até mesmo além da canção, com textos de Antonio Risério, Roberto Schwarz, Luiz Tatit, José Miguel Wisnik e o próprio Vitor Ramil. Com temas como o samba carioca da época de ouro, a Bossa Nova, o Tropicalismo, mas que não paravam por aí. Uma segunda parte do livro era destinada para movimentações da nossa música popular que não conversavam necessariamente com esta tríade. Ali estavam Gustavo Alonso falando sobre a música sertaneja; Tales Ab'Saber tratando da música eletrônica no ambiente das raves; Bia Abramo apresentando o rap e o punk rock de São Paulo; e, claro está, o próprio Vitor Ramil com sua estética do frio e a cultura gaúcha.

Eu mesmo havia escrito um texto de apresentação mostrando claramente o propósito de, sem negar a excelência dos ensaios clássicos e destas movimentações profundas da arte brasileira, abrir o leque, ampliar o repertório, mantendo o nível de excelência e cuidado com a dimensão estético-formal. Depois veio um livro com críticos novos, todos tratando de artistas contemporâneos, ecoando um projeto que havia criado quando fui diretor de música da Funarte: o Contemporâneos na Funarte. Feito isso, veio o livro sobre o Ronaldo Bastos que era, e é, um esforço para mostrar a organicidade de sua obra poética. Trata-se de um dos mais importantes compositores da canção brasileira, cuja obra no entanto nunca tinha sido antes reunida num livro com um trabalho crítico como o meu. O objetivo estava alinhado a este maior: contribuir para um alargamento dos horizontes e perspectivas sobre a canção brasileira, dessa vez concentrando a análise numa obra maior, como a de Ronaldo.

Ora, por que não continuar o movimento através da obra de Vitor Ramil, uma obra que em todos os aspectos representa um dos gestos mais bem acabados da construção de formas artísticas que ampliam efetivamente o nosso repertório crítico e de criação, com um nível de consciência e conceituação que o coloca entre os maiores produzidos entre nós? Estava aí, na minha mão, na minha frente, como se fosse uma necessidade, fruto daquilo que um poeta surrealista chamava de acaso objetivo. Era um acaso objetivo que me levava para Pelotas e que me conduzia para a escrita de um trabalho voltado para a análise da obra de Vitor Ramil. Estando aqui poderia falar com ele, ir à sua casa, e sentir não só a cidade, como o próprio Rio Grande do Sul.

Estava, em suma, *aprendendo a ver*.[6]

No final de 2019, nas férias, passei uns meses em São Paulo. Tinha que resolver minha mudança para Pelotas. Devolver o apartamento que tinha alugado por lá. Voltei à cidade em março de 2020, já para o início das aulas e do desenvolvimento da minha pesquisa. Uma semana depois veio a pandemia. A cidade, o país e o mundo entraram em colapso. Tudo era muito novo e imprevisto. Já não era possível, e assim ficou sendo por mais dois anos, encontrar as pessoas no trabalho, nos bares, restaurantes, o que fosse. Assim, o que tinha previsto como idas frequentes para a casa de Vitor com o intuito de conversar diretamente com ele sobre seus discos, livros, ensaios, entrevistas, em suma, sobre a sua obra em geral, já não era mais possível. Com isso apostamos nas conversas via aplicativo do WhatsApp, especialmente com os áudios. Tivemos — e ainda temos — longos papos sobre uso de arranjos em determinados discos; a escolha de uns versos para certa canção; a fotografia do encarte de um CD; o tema e o conceito de um ensaio; aspectos da vida pessoal, como a ida para Porto Alegre, ao Rio de Janeiro e, depois, o retorno a Pelotas, entre muitas outras coisas.

Reuni horas e horas de áudio que podia ouvir e reouvir quando quisesse, seguindo a trama da própria pesquisa. Tinha dias em que parava em casa, deitava no sofá preto largo e ligava os áudios. Ficava sempre meio envergonhado e mesmo constrangido com minhas perguntas, o tom da minha voz, a disposição das minhas indagações. Ouvia com atenção as respostas do Vitor. Uma a uma. E ia anotando. Tanto efetivamente, no computador, ou em papéis com o uso de caneta, quanto na imaginação que já andava solta, calculando o modo como estruturaria a ordenação dos textos.

---

6. A expressão "Aprendendo a ver" aparece, com variações, em todo o romance *Satolep* (2008).

Não poucas vezes recebia áudios longos e explicativos, o que me deixava feliz. De repente tinha em mãos histórias e mais histórias sobre a canção brasileira, o contexto de criação, a relação com gravadoras, o papel de instrumentistas, o vínculo com a tradição, os conflitos com empresários, as escolhas de livros, teses, perspectivas, em suma, tudo que envolvia o ambiente de criação dessa linguagem artística tão singular, vinda de um artista não menos singular. Estava só no começo e o começo prometia muito.

Tinha então o primeiro contato pessoal, o livro do Rubira e o *Satolep* do Vitor Ramil, o início das conversas por áudio, e a ideia do trabalho já definida. Ao lado disso, a morada em Pelotas, mais precisamente no centro da cidade, nas imediações da Universidade Católica, o colégio São José e a rua Dom Pedro. Dessa vez ouvia as canções já com a atenção mais concentrada e também acompanhava as entrevistas. Uma delas, em especial, foi muito importante neste primeiro momento. A que ele deu para a PUC-RS, a primeira de uma série sobre os quarenta anos de carreira. Nela Vitor tratou dos três primeiros discos, *Estrela, Estrela* (1981), *A paixão de V segundo ele próprio* (1984) e *Tango* (1987), além de algo dos shows com o Barão de Satolep. Em meio à conversa, fazia pequenas apresentações com violão. Cantou "Assim, assim", parceria com Kledir Ramil, a canção que abre o seu primeiro disco. Cantou "Clarisser", uma das melhores que já fez, do segundo disco. E cantou, por fim, "Sapatos em Copacabana", do terceiro álbum. No meio das falas, tratou de um manifesto que havia esboçado por volta dos vinte anos. Talvez mais que um manifesto, algo como uma orientação conceitual do seu procedimento artístico: o manifesto implosivista.

Fiquei admirado. O que seria? Uma proposta, a princípio, de fazer da sua obra um permanente exercício de implosão de cada disco ou livro que vinha fazendo. A implosão gera estilhaços e fragmentos. Dos estilhaços e fragmentos faria o próximo disco ou livro. A relação assim de articulação entre as suas criações se daria dessa maneira e não como uma sucessão linear, cuja lógica seria facilmente detectável. Pirei, como se diz. Também nessa conversa, falou a respeito da importância de Umberto Eco, com a sua tese da *Obra aberta*, e também da importância dos poetas concretos paulistanos e sua crítica em tudo renovadora e com base numa atualização das vanguardas modernistas. Bom, aí fui como que tomado por tudo, pois pouca coisa me interessa tanto em arte, crítica e criação quanto o que fizeram os irmãos Campos na literatura brasileira. Foi com eles que aprendi a ver a literatura, e a poesia, mesmo a palavra cantada como exercício menos de estabelecimento narrativo convencional e mais como criação de obras que pudessem ser, a um só tempo, imagem, som e discurso, tudo envolto numa ambiência de concreção, de relação direta com o caráter material e simbólico do real.

Estava feito. Ao ouvir todo o disco *A paixão de V segundo ele próprio* (1984), que considero um dos maiores acontecimentos da canção brasileira em contato direto e altivo com as vanguardas modernistas, tive a nítida sensação de que escrever sobre este artista era mais do que dar continuidade ao meu trabalho crítico, era algo como um empreendimento necessário para fortalecer o próprio campo intelectual, cultural e artístico vinculado, num primeiro momento, com a canção popular, mas também atravessando a própria literatura e as formas artísticas em geral. Não tinha como ser diferente. Não era possível recuar, nem deixar de lado aquilo que aparecia diante de mim como necessário e vital.

Vale lembrar aqui como conheci a obra, a persona artística, como tive o primeiro contato com a criação artística de Vitor Ramil. O primeiro disco que conheci foi *Ramilonga – A Estética do frio* (1997), e isso no final de 2010, por conta de uma matéria de um dos mais interessantes críticos da canção brasileira, Leonardo Lichote, que naquela época escrevia no jornal *O Globo* e tinha feito uma longa matéria sobre Vitor Ramil. Eu estava morando em Copacabana, num apartamento de uma colega de universidade. Minha relação com a canção que abre o disco, "Ramilonga", é análoga à que tenho hoje com a canção "Satolep" em Pelotas. Ambas, em momentos diferentes da minha vida, reorientam a minha cabeça, me fazem voltar a mim, nas manhãs de todos os dias, em que preciso voltar a ser o que era antes do sono que dispara sonhos por vezes disformes e sem muito sentido. Sonhos que nem sempre terminam no estado de vigília.

"Ramilonga" abre o disco homônimo, cujo subtítulo afirma uma busca incansável, permanente e central na obra de Vitor: "A estética do frio". Quando ouvi essa canção pela primeira vez, estava no calor intenso da zona sul carioca, na ambiência melancólica de Copacabana, no ar morno pardo parado da capital carioca. Relacionava a canção diretamente com o disco, como parte orgânica dele, como se tivesse sido feita exclusivamente para o álbum, assim como tantas outras ali. A melancolia, o rigor, a profundidade dos versos, o tom de despedida, a canção sobrevoando a cidade de Porto Alegre, a lembrança dos lugares da cidade, o cotidiano como extensão da vida real, a impossibilidade da permanência, a despeito do desejo de ficar, por algum motivo me faziam sentir algo que mesmo agora não sei definir bem, mas que ecoa o meu estado de espírito naquele momento.

Estava visivelmente mal, indeciso. Tinha passado uma das piores fases da minha vida. Havia me perdido de mim. Estava, naquele momento, habitando um espaço de ausência, como se não morasse no meu próprio corpo, como se não soubesse a minha própria consciência. Chegara a ter estados de perda repentina dos sentidos. Não poucas vezes me via sentado observando o lá-fora, como que catatônico, sem esboçar reação, sentimento algum. Tudo era como o calor abafado, o torpor monótono, o clima furta-cor de claridade do céu no verão do Rio, a poeira suja que tornava o trajeto pelas ruas do bairro cada vez mais insuportável, o ruído de gargalhadas soltas e incômodas.

Então costumava atravessar o caminho que me levava ao Arpoador, o estranho canto extremo de Ipanema, em que podíamos nos perder e nos sentir, de repente, como numa ilha, tendo ao redor apenas a movimentação do mar, para mim quase sempre revolto. Deixava-me ficar por lá, longas horas, horas sem fim, apenas sentindo a paisagem sem forma, feita de gaivotas e fragatas, do céu sempre muito azul, e da agitação feroz e sem sentido da vida e do mundo. Era só isso mesmo. Depois descia as pedras, olhava indiferente as pessoas. Seguia para as ruas. Às vezes tomava duas, três xícaras de café. Voltava para a casa. Ia ouvir Ramilonga, repetidas vezes, o disco, as canções.

Por algum motivo que não sei explicar. Nunca saberei. Sentia-me como que, enfim, habitando um espaço, um lugar que me fazia ver sentido nas coisas. O mundo não era mais tão opaco como parecia ser. As ambiências disformes, monótonas e cruéis já não feriam, como antes. A canção "Ramilonga" abria em mim um clarão, um mundo de possibilidades que eram, a um só tempo, estéticas e existenciais. E não deixa de ser curioso. A canção é dita, escrita, e formulada num tom de melancolia profunda. Veja os primeiros versos:

Chove na tarde fria de Porto Alegre
Trago sozinho o verde do chimarrão
Olho o cotidiano, sei que vou embora
Nunca mais, nunca mais

Mas a melancolia também traz conforto. A seu modo, a sua maneira. Ao menos para mim. Nunca me imaginava vivenciar os telhados da Bela Vista, me perder na Chácara das Pedras, nas noites do Rio Branco, nas tardes do Bom Fim, enfim, o conjunto de sensações da vida de Vitor na cidade... Não me imaginava vivenciando nada daquilo, mas ainda assim vivenciava, em algum outro lugar, que me fazia bem, tanto que repetia a audição da canção muitas vezes.

Esta canção, no entanto, vem de muito longe, foi apresentada num dos shows temáticos que Vitor fez entre o álbum *Tango* (1987) e *À Beça* (1995), ou seja, bem antes do disco de 1997, ainda na fase de uma das suas criações mais interessantes, o Barão de Satolep. O espetáculo é o *Midnicht Satolep*, em que dividia os números musicais em dois blocos. Primeiro, como Barão de Satolep, com toda a vestimenta e fantasia do personagem. Depois, como Vitor ele-mesmo. É neste segundo momento que canta "Ramilonga". Tem a maquiagem do Barão já se desfazendo. A fantasia, ácida, crua e belíssima se desfigura ali no momento da performance. A cara bonita se mostrando tristíssima, ao menos, é essa a minha impressão quando vejo o vídeo. E vai, assim, apresentando os versos da canção, as estrofes, uma a uma. Ao ouvi-la sentimos o peso, sabemos estar diante de uma experiência de luto, de um esforço por fazer a passagem do luto e seguir adiante.

Numa live feita em 2021 temos uma informação pessoal interessantíssima. Vitor diz que não cantava a canção em casa, quando a havia feito, pois levava Ana Ruth, a sua companheira de toda a vida, às lágrimas. Era algo como uma canção proibida. Evocava sentimentos fortes. Em mim também evoca sentimentos fortes. Para ouvir essa canção preciso, antes, me preparar. Sei que ela rememora e atualiza sentidos profundos da minha vida pessoal, o momento turbulento, tortuoso, de que falei mais acima, mas também a forma que encontrei de escapar dele, de recriar as coisas, em suma, de fazer também uma experiência de passagem do luto e seguir adiante.

Copacabana era só um bairro turbulento, cheio de enigmas, ruas e mais ruas, e restaurantes, além da praia aberta e do vento da maresia, sempre revolto. A maresia poderia soar amena para muitos, mas não para mim. Meu coração estava em turbilhão, em tempestade e não se aquietava. *Ramilonga* me fazia saber concentrar aquele emaranhado de ruídos, cheiros, torpores, pessoas e rasgos no horizonte, aquela paisagem sempre aberta. Com o sol, o céu, a luminosidade, o sul, não tanto da zona sul carioca, mas do Sul do Brasil que, naquele momento, começava a se desenhar como uma morada possível.

O pampa indo em mim antecipava a noite. É noite e tudo é noite. Passado tanto tempo desde aquele momento de ausência e despersonalização radical, e já morando em Pelotas, tomando enfim coragem para ouvir novamente a canção, ainda soa em algum lugar, não sei se em mim, ou no lá-fora, *um grito casual de quem não sabe que eu existo.*

∽

No processo de feitura do livro, fazia permanentes trajetos pelo centro de Pelotas. Entre um passo e outro, um andar mais apressado ou calmo, ia também escrevendo textos como se fossem um diário, ou algo assim. Para leitura pessoal e como forma de entendimento das canções, a literatura, os ensaios, entrevistas e também outras cidades que perpassam a sua obra. Entre elas, claro, a cidade de Pelotas, espécie de centro gravitacional de tudo. Uma cidade que muitas vezes parece cenário, artifício, como se fosse colocada por alguma mão divina ou diabólica no meio do espaço aberto, selvagem e, na maior parte do ano, frio dos pampas.

Os prédios do centro da cidade, com sua arquitetura detalhista, em meio à barafunda do comércio. A Catedral Anglicana do Redentor, também conhecida como Igreja Cabeluda, a rua Dom Pedro, o Café Aquários, são ambientes comuns para quem conhece Pelotas. Também não são incomuns as giras de candomblé, em meio ao mercado central, com seus bares ao redor. Entre o trajeto e a minha casa, como descrevi acima, muito do que há de real e imaginário, comum e insólito, familiar e estranhíssimo se transmutou em palavras e mais palavras que, por sua vez, iam se confundindo com os discos, encartes, CDs, livros e muitas matérias de jornal. Tinha recebido do próprio Vitor uma série de pastas com matérias de jornal sobre a sua vida, muito bem organizadas, desde o ano de 1977. Umas fui pegar em sua casa, outras ele mesmo me trouxe. Quando carreguei as pastas para a sala do meu apartamento, fiquei admirado. Fui tomado por uma alegria e um orgulho íntimo. Tinha ali uma série de matérias e mais matérias de jornal que, logo, logo, seriam objeto de leituras agradáveis, que faria com o coração em sobressalto. Cada texto, foto do artista, imagens outras, revelariam a mim novos mundos, mas também apontariam coisas em comum. Aqui e ali, Chico César, Lenine, Paulinho Moska, Chico Science, artistas que conhecia bem pois tinha me formado ouvindo seus discos ainda na adolescência e até a primeira fase da vida adulta.

Ver as pastas comigo, e sentir concentrado o tanto de possibilidades novas para o pensamento, para a reflexão crítica, para o conhecimento ou reconhecimento de alguns dos momentos mais importantes da vida cultural brasileira, a partir da canção popular e da literatura, me trazia um contentamento que poucas vezes tive, neste período em que vivo nesta cidade. Se as ruas, à noite, o espaço público, estariam isolados e parcialmente interditados por um longo tempo, por conta da pandemia, dentro de casa e de mim tinha a oportunidade real de passar por esta e tantas outras cidades, e mesmo países diversos, sempre com a mediação de tudo através da obra e da figura artística de Vitor Ramil.

Que não caçoe de mim o paciente leitor, mas tenho sempre como imagem de paraíso uma sala enorme, com um móvel que teria na sua frente aberturas, como se fossem gavetas sempre abertas, cada uma com uma letra que sinte-tizaria um conceito. Na medida em que fosse lendo livros, ensaios, resenhas, matérias de jornal, iria guardando cada um dos textos desde que compatíveis com as letras-conceito. E assim de forma interminável, infinita, sem nunca parar. No limite, talvez, a própria estrutura poderia implodir, gerando fragmentos, suas ruínas, que poderiam se reacomodar novamente em uma outra estrutura, com as mesmas aberturas, separando letras-conceitos, esperando para serem preenchidas. Quem sabe.[7]

Era assim que me sentia diante das pastas. Queria de imediato categorizá-las num imaginário arquivo, em que me fosse possível separar os materiais por algum termo em comum, algum índice classificatório. Entrevistas, resenhas, matérias para o lançamento de discos, notas de shows e assim por diante. Seguiria assim uma lógica, muito bem organizada, simétrica, sistematizada e assim por diante.

Claro que não consegui. Seria um trabalho enorme, que exigiria um tipo de planejamento do tempo que eu não tenho, ou nunca tive vocação para ter. Então, na medida em que ia se esboçando o que seria mais propriamente uma organização de fato do material, ia também deixando que uma certa atenção flutuante direcionasse o modo como selecionaria os textos das pastas. De repente, uma resenha chamava minha atenção. Lia, relia, a retirava da pasta, deixava sobre a mesa, à espera de uma análise mais detida. Num outro momento, uma entrevista, às vezes um trecho pequeno da mesma entrevista, uma fala em destaque e lá ia eu separá-la, sem muita preocupação com o contexto em que ela estava inserida, num primeiro momento. Ou uma matéria sobre um disco específico. Não poucas vezes, vinha um insight, que me fazia ir para a tela do computador e começar a escrever textos que por vezes podiam até mesmo fugir do próprio tema da matéria de jornal. O caminho de pedra tornara-se nuvem. A clareza e a luminosidade da simetria davam lugar para as nuvens espessas da neblina. E vice-versa. Eram contrapostos, mas também complementos.

Minha casa, assim, foi se tornando uma parte de Satolep. De repente já não mais a identificava como antes, na noite em que cheguei na cidade. Aqueles móveis feios, dispostos pela sala, o quarto, a cozinha, estavam todos tomados pela umidade que vinha das páginas do livro *Satolep* (2008), do rosto de Ahab na capa de *Pequod* (1995), o menino que era o pai do narrador e também do próprio Vitor. Pelos cantos estavam muitos papéis e as pastas com as matérias de jornal, entrevistas espalhadas, resenhas soltas, e tantas variações do rosto de Vitor Ramil, que eu aprendia a ver dia a dia, mas nunca conseguia sabê-lo de fato. Ora ficava absorto no ângulo da face direita, e aproximava o olhar demoradamente até um dos seus olhos verdes e os cabelos soltos, com um brinco na orelha. Ora tentava ver o rosto inteiro, mas me perdia em vertigens e nunca conseguia ter de fato a impressão total e conjunta de olhos, boca e

---

7. Neste momento eu faço uma aproximação com o enigma das 49 gavetas de Manuel, personagem de *Pequod* (1995), e com o labirinto de espelhos do Dr. Fiss, também personagem da novela.

nariz, com a concavidade nos seios da face, e a expressão que unia tudo numa síntese que a mim soava como impressão de forma precisa, figuração cristalina e concentração tensa do pensamento.

Havia a capa de Carlos Scliar, com traços expressivos do mesmo rosto. Ou será outro? As muitas fotos nas matérias de jornal não poucas vezes concentravam mais a minha atenção do que o próprio texto. Metade da face na capa de *Longes*. O corpo inteiro visto debaixo em matéria sobre o mesmo disco. O desenho do mesmo rosto como fantasmagoria, em tom esverdeado que ecoava o contexto algo surrealista de "Não é céu", na capa de *Tambong*. Os cabelos ondeados denotando jovialidade e pura pulsão de vida na contracapa de *A paixão de V segundo ele próprio*. Satolep é também a cara de Vitor Ramil disposta pelos vários cantos da casa, em discos, folhas de jornal, CDs, e mesmo em vídeos, desde os shows temáticos de 1987 a 1995, até os números musicais no filme *A linha fria do horizonte*. Há muitos mundos possíveis de serem descobertos entre a cara limpa cantando "Ramilonga" no mesmo filme de 2012 e o rosto maquiado que vai se desmanchando ao cantar a mesma canção no espetáculo *Midnicht Satolep*, em 1989.

Mas o fato é que minha casa ia se tornando de fato parte de Satolep, a cidade imaginária, magnífica, mas também bastante enigmática. Bela e terrível. Da poesia suja, libertina, permissiva, aos exercícios delicados e até mesmo doces e ternos, que compõem a sua obra. De Joquim e Selbor, experimentando limiares da "loucura", dormindo no meio-fio do centro da cidade, às construções cuidadosas, artesanais, lúcidas, do avô Manuel, da vida real e como personagem fictício. Era isso que tinha me tornado. A mim, à minha casa, e a minha relação com a cidade. Ora parecia um Selbor sem máquina fotográfica, tentando captar o momento, o instante de uma fachada, o requinte de um traço arquitetônico, ou mesmo tudo se dissolvendo no crepúsculo, ou na extensão da neblina. Ora era o cuidadoso artesão de tempos e espaços, preso à tela do computador, absorto em cada detalhe das palavras, aparando arestas, tentando antever o pensamento, no silêncio das madrugadas insones e sistemáticas. Eu quase ia dizer: simétricas.

O primeiro momento em que me senti como que preso às teias de aranha lá da casa de *Pequod*, como se fosse algum elemento do quarto das aranhas, ou das palavras entre palavras e livros da casa do Dr. Fiss, foi quando acordei de súbito, tomei meu café da manhã, sem mulher a me acompanhar o olhar sempre insone, e segui ao centro da cidade para comprar cartolinas amarelas e canetas de tinta preta. Nelas faria um cronograma da trajetória de Vitor Ramil, para não perder nenhum dos acontecimentos, relevantes ou não. Ainda não sabia exatamente o que poderia ser relevante, qual parâmetro ter como mediador decisivo e regulador central de tudo.

Ao chegar à casa, escrevi ali os anos dos três primeiros discos, tracei linhas entre eles, e fui anotando os shows, as gravações mais importantes, se tinha ali já a presença de Mercedes Sosa, Zizi Possi, Gal Costa, os irmãos Campos, poetas do futurismo russo, Umberto Eco e por aí vai. Colei na parede central da sala três destas cartolinas. Assim que acordava ia anotando uma nova informação. Elas vinham das leituras noturnas dos textos do livro do Rubira, da audição de alguma canção nova, da lembrança de um verso qualquer, ou mesmo de um sonho.

Foi o primeiro momento do constructo, que depois revelaria numa conversa pública online com o crítico Luís Augusto Fischer. Habitava não a cidade de Pelotas, especialmente quando a pandemia nos exigiu o isolamento, mas Satolep, o constructo de Vitor Ramil de que agora era mais um cúmplice, a quem ele chamava, direta e indiretamente, para fazer o seu jogo. As peças estavam com ele, nos áudios que gentilmente me mandava, após indagações minhas via aplicativo de celular; através das falas que ia captando com a leitura dos jornais, a audição das canções, a leitura do livro do Rubira e os muitos recados que me vinham, nem sempre de forma clara e precisa, dos ventos da madrugada e da umidade que penetrava também todos os cantos da casa, em guarda-roupas, armários, casacos, bermudas, camisetas, mesmo nos cantos mais recônditos.

Meu olhar já não era mais inocente. Procurava, por vezes, aranhas nos cantos do banheiro, ou mesmo do quarto, e ficava observando por longo tempo a forma como iam construindo suas teias e, quando despertava do devaneio, ria de mim mesmo. Do mesmo modo, quando andava pela cidade me via, muitas vezes, parado diante de fachadas que lembrava ter visto já nas fotos de Selbor. Cada detalhe ali, que antes me passava despercebido, passou a concentrar minha atenção de tal maneira que chegava a temer que os passantes me considerassem como um louco de rua. Não era. Ou era? Não sei de todo. Numa conversa com o próprio Vitor confundi a Livraria Mundial com a Livraria Universal do livro. Ele disse, em tom zombeteiro, que eu já estava em Satolep. Temi a sua confirmação. Ela era bem real.

Terminada a escrita do livro, marcamos um novo encontro. A porta da casa de Vitor Ramil não tem campainha, nem nada que possa fazer com que o eventual visitante o chame, como disse. Nos dias em que estive por lá, no entanto, era o próprio Vitor quem aparecia, de uma janela que dá para a frente da rua. Imaginava que ele ia para lá como forma de esperar a pessoa que viesse a sua casa, tendo em vista o fato de não haver um outro modo de sinalizar a presença do visitante.

Mas não é bem assim. Na verdade, o cômodo da janela é o seu escritório de trabalho. Estão lá a escrivaninha, os documentos pessoais, duas estantes de livros, fotos de família e da carreira. Vitor trabalha, ainda mais, com a janela aberta, ouvindo os barulhos e tumultos da rua. Carros passando, uma pessoa aqui ou acolá, alguma fala cujo sentido e contexto nunca saberemos. Soa como se estivéssemos na rua, embora estejamos na casa. Como se fosse um lugar intermediário.

Foi ali que conversamos neste encontro. Falamos sobre muitas coisas. Tinha enviado a ele o texto quase no final, com os capítulos dispostos, e uma mudança na introdução. Em meio às conversas sobre o texto, um ou outro erro de digitação, algum termo relacionado à cidade mal colocado, a necessidade de verificar uma ou outra afirmação, íamos com frequência para questões mais gerais sobre a sua obra. A importância da forma, por exemplo, como instância definidora. O lugar possível, real e imaginário, do Sul do Brasil. Os cantos e personagens dos seus romances, alguns com vida real na cidade. A relação disso tudo com as vanguardas modernistas, o gosto pela linguagem, o desejo de invenção.

Quando falei um pouco a respeito do que há de insólito na reserva do Taim, situada na cidade de Santa Vitória do Palmar, Vitor me mostrou um mapa antigo, feito à mão, por um colega e amigo do seu pai, que abarca este município. O percurso da praia do Hermenegildo até o Chuí, no fim do Brasil, estava ali bem desenhado, no final do mapa, com a estrada, os arroios demarcando o trajeto. Era um belo mapa. Enquanto o via, podia ouvir alguns ruídos lá fora, vindo das pessoas que passavam pela rua e olhavam para nós, rapidamente, de soslaio. Tomamos chá. Continuamos a conversa. A noite começou a descer. Deu para sentir a luz fria do crepúsculo se aproximando e baixando de todo.

Falávamos do projeto Pixinguinha, tão importante para a sua carreira num determinado momento, a década de 80. Também conversamos sobre a relação da estética do frio com o tropicalismo, o desejo de ir além, ou seguir um caminho alternativo ao ecletismo como valor. Em algum momento, eu disse como tinha sido significativo ouvir a Angélica Freitas dizer que o *Tango* era o seu disco preferido. A poesia dela ecoa algo deste disco, especialmente na forma direta, quase fotográfica, como diria o próprio Vitor, de escrever sobre as coisas do mundo, do cotidiano comum a todos. O mesmo que passava pela janela, e ia se desenhando nas falas, olhares, no som de buzina dos carros, e no vento frio que vinha de algum lugar indefinido e como que nos povoava.

Fomos à cozinha. Tomamos mais um pouco de chá. Conversamos um pouco sobre os artistas da sua geração de gaúchos. Mostrei algumas fotos que tinha separado. Numa primeira, Vitor muito jovem, com o rosto cristalino. Já numa outra, estava ele ali no mesmo escritório, com luz crepuscular, os livros dispostos, papéis e o olhar a um só tempo ameno e penetrante. Tinha também o Barão de Satolep, claro. Uma menção à conferência da estética do frio por um jornal suíço. Uma outra foto ainda muito jovem, com os cabelos encaracolados e a roupa colorida. Variações de um artista que também fez, sutilmente, do seu corpo e das suas vestimentas, persona artística. Terminamos o chá e voltamos ao quarto-escritório para ver um dos seus documentos mais preciosos. A escrita das letras das canções quando da sua feitura.

Estão ali as letras escritas à caneta de "Estrela, estrela", "Aço", "Ramilonga", "Café da manhã", "Engenho" e tantas mais. Além de desenhos, criações de discos com repertório e capas imaginárias, que fazia quando criança e pré-adolescente. Rascunhos para a conceituação da estética do frio, ainda na década de 80. Fotos antigas. Cartazes de shows, como os do *Midnicht Satolep*. Repertório escrito à mão do *Animais*. Esboços que vieram a ser as próprias composições. Celso Loureiro Chaves, para o Songbook de Vitor, escreveu um belo texto em que faz uma engenhosa análise a partir destes fragmentos, mostrando as hesitações, rasuras, as decisões e indecisões poéticas. Tenho inveja deste texto. É realmente formidável e faz aquilo que um dia sonhei fazer como análise de canção, ainda mais um tipo de canção tão singular como a que faz Vitor Ramil.

De repente chega Ana Ruth. Ela se aproxima da porta e diz: "Quanto papo, hein!". É verdade, o tempo tinha passado. Eu havia chegado lá por volta das quatro da tarde, eram já pouco mais de oito da noite. Precisava ir. Vitor foi ajeitando os seus papéis, dizendo saber já mais ou menos o que eu queria. Vendo com certa graça e curiosidade o meu entusiasmo quando diante destes papéis. Saímos da casa. Fazia um frio úmido. Fomos andando até um táxi e, no caminho, conversando ainda mais. A recepção da obra de arte em tempos de redes sociais. A crítica cultural. As ruas e casas da cidade. Chegamos à casa que inspirou um dos seus mais interessantes personagens, o Dr. Fiss. Era de fato um casarão, muito bem cercado, atualmente com grades e ampla área. Seguimos. Nos despedimos e eu fui me perder e me encontrar nos desejos de cada rua partida dessa cidade que parece um cenário, com suas ruas retilíneas, extensas e, àquela altura da noite, bem escuras e solitárias. Não esperei o táxi. Apenas segui minha alma, que revoluteava entre nuvens e pedras, neblinas e formas simétricas.[8]

8. A imagem da alma revoluteando entre neblinas e formas simétricas foi retirada de passagens de *Satolep* (2008).

Cronologia de vida e obra

1962   Vitor Ramil é o nome abreviado de Vitor Hugo Alves Ramil, nascido no dia 7 de abril de 1962. Filho do uruguaio Kleber Pons Ramil e da brasileira Dalva Del Pino Alves. Vitor tem cinco irmãos, Kleber Ramil, Kátia Ramil, Kleiton Ramil, Kledir Ramil e Branca Ramil.

1975   Vitor Ramil cria o grupo Canto, Contraponto e Fuga. Dois anos depois começa a compor canções que fariam parte do seu primeiro álbum.

1979   Apresentação musical no show *Vitor Ramil e Corpo de Baile*. O show contou com a participação de Branca Ramil e Kátia Ramil, além do músico Arthur Nestrovski, que se tornaria diretor da OSESP de 2010 a 2022.

1980   No mês de dezembro de 1980, Vitor Ramil participa da 10ª Califórnia da Canção Nativa, com a canção "Semeadura", a sua primeira milonga, em parceria com José Fogaça. Neste ano, se muda para Porto Alegre, com sua irmã, Branca Ramil.

1981   Ano de lançamento do seu primeiro álbum, *Estrela, estrela*. O disco, gravado quando Vitor tinha dezoito anos, conta com uma série de canções compostas na adolescência. São desse disco canções como "Estrela, estrela", ainda hoje uma das mais conhecidas de todo o seu repertório. Cabe destacar também "Mina de prata", parceria com Arthur Nestrovski, sua primeira canção gravada por uma cantora da MPB, neste caso, Zizi Possi. No mesmo ano Gal Costa grava "Estrela, estrela" no álbum *Fantasia*

1984   Lança o segundo álbum, *A paixão de V segundo ele próprio*. Trata-se de um dos experimentos mais profundamente radicais na canção feita no Brasil. Além de composições de poucos segundos, que Vitor chama de musiquetas, o disco tem canção-partitura, milongas, canção pop, canções orquestrais, poema provençal, instrumentos medievais e brinquedos infantis. O trabalho obtém boa repercussão na crítica cultural do período, em jornais de todo o Brasil, incluindo o eixo São Paulo-Rio.

1985   Ano de nascimento do seu primeiro filho com Ana Ruth, Ian Ramil.

1986   Vitor participa pela primeira vez do Projeto Pixinguinha, um dos principais projetos de circulação de artistas pelo país, idealizado pela Funarte, a Fundação Nacional de Artes. Com ele, faz shows em diferentes estados e regiões do país. No mesmo ano, Vitor se muda de Porto Alegre para o Rio de Janeiro, onde mora durante seis anos.

1987   Ano de lançamento do seu terceiro álbum: *Tango*. São deste disco algumas das suas canções mais conhecidas, como "Joquim", a versão de "Joey", de Bob Dylan, em que conta á história do aviador pelotense Joaquim Fonseca, misturada com relatos das *Memórias do Cárcere*, de Graciliano Ramos. Deste disco é também "Loucos de cara". *Tango* conta, ainda, com o baixo de Nico Assumpção, um dos maiores músicos brasileiros. Realiza também o show *Tango*, em que apresenta uma série de canções novas, que nunca serão gravadas, mas que farão parte do repertório de um personagem que criara recentemente: o Barão de Satolep.

1989   Ano de lançamento de um dos seus mais importantes espetáculos musicais, o *Midnicht Satolep*, dividido em duas partes. Na primeira, destaca-se o Barão de Satolep, uma espécie de Nosferatu pelotense, corcunda protuberante com casaco preto, cabelos desgrenhados e olhos bem abertos. Com esse personagem, Vitor apresenta uma série de canções novas, como "Leprosética", "Meu putinho", "A noite ardia com cem luas", "Um político é um ânus" e "Woyzeck no Sobrado". Na segunda parte do espetáculo, já sem as vestimentas do Barão, Vitor também apresenta novas canções, como a extraordinária "Aço", em que descreve um psicopata armado deambulando pelo centro de Porto Alegre. No mesmo ano, apresenta o show *Animais*, com o músico e professor Celso Loureiro Chaves, cujo personagem, Monge, se encontra com o Barão de Satolep. Juntos apresentam um repertório novo na obra de Vitor: "Meia noite, meu amor", versão de "Round Midnight", de Thelonious Monk, e "Caravan", versão para a canção homônima de Duke Ellington e Juan Tizol. No mesmo show, apresenta ainda "Animais", parceria com o irmão Kleiton. Também neste ano nasce a segunda filha com Ana Ruth, Isabel Ramil.

1991   Vitor realiza mais um espetáculo, *A invenção do olho*. Nele, o Barão de Satolep ainda está presente, cantando parte do seu repertório. Entre as canções novas, cabe destacar a que dá nome ao espetáculo, "A invenção do olho", além de "Namorada não é noiva" e "O livro dos porquês", que farão parte do seu novo disco, em 1995.

1992   Vitor retorna a Pelotas e à casa onde morou até se mudar para Porto Alegre, em 1980. A casa, na rua Doutor Amarante, se transformará em elemento vital para a construção de sua obra dali por diante. Neste ano publica seu primeiro ensaio sobre a estética do frio, no livro *Nós, os gaúchos*, organizado pelo crítico e escritor Luís Augusto Fischer.

1993   Ano de lançamento do espetáculo *É prejudicial o uso de salto alto?*. O show conta com repertório de canções que farão parte do seu novo álbum de 1995, além de duas canções que só serão gravadas em 2007: "O copo e a tempestade" e "Que horas não são?".

1995   Depois de oito anos sem lançar um álbum, Vitor apresenta ao públicoÀ *Beça*, com canções que serão consideradas clássicos do seu repertório: "Não é céu", "Grama verde" e "Foi no mês que vem". No mesmo ano, publica o seu primeiro trabalho ficcional, a novela *Pequod*, cuja trama envolve uma relação complexa entre um menino, o narrador de todo o texto, e seu pai, Ahab. Entre eles, um personagem excêntrico, o Dr. Fiss.

1996   Vitor faz sua primeira participação no evento Porto Alegre em Buenos Aires, que terá uma série de edições nos anos posteriores. O evento reunia artistas gaúchos, de diferentes áreas, para apresentações em Buenos Aires, capital da Argentina. Relança, em CD, o álbum *Tango*, o terceiro da sua carreira. Aina neste ano, lança o seu primeiro site na web: *Vitor Ramil – Satole-*

page. Nele, apresenta discografia, fotos de shows do período do Barão de Satolep e imagens da Pelotas de 1922, que fariam parte do seu segundo romance, *Satolep*, lançado em 2008.

1997 Lançamento de *Ramilonga – A estética do frio*. Considerado um dos melhores discos de Vitor, é o álbum responsável por nacionalizar seu nome e a "estética do frio". É o primeiro trabalho lançado pelo seu selo, o Satolep Music, com canções como "Ramilonga", feita quase uma década antes, "Indo ao pampa", "Milonga de sete cidades" e uma série de poemas musicados de poetas gaúchos, especialmente de João da Cunha Vargas, o poeta de Alegrete, cidade do interior do Rio Grande do Sul.

1998 Vitor relança, em CD, o disco *A paixão de V segundo ele próprio*, incluindo mais duas canções no repertório.

1999 Publica a segunda edição de *Pequod*, com um pós-escrito seu sobre a novela. Faz o show *Borges da Cunha Vargas Ramil*, reunindo poemas de Jorge Luis Borges, João da Cunha Vargas e dele mesmo, Vitor Ramil. Também participa do volume 2 do *Cantoria & Cantadores*, com Elomar, Teca Calazans e Pena Branca e Xavantinho, e faz uma série de shows com o músico gaúcho Nei Lisboa.

2000 É o ano de lançamento do seu primeiro álbum gravado na Argentina, *Tambong*, com produção do músico argentino Pedro Aznar. São deste álbum canções como "A ilusão da casa", "Espaço", "Valérie" e "Quiet Music", e regravações de canções de *À Beça*, como "Não é céu", "Grama verde" e "Foi no mês que vem". Participam do disco Lenine e Chico César.

2004 Ano de lançamento do segundo álbum produzido na Argentina, *Longes*, com o mesmo Pedro Aznar. Deste trabalho se destacam canções como "Longe de você", "Noturno", "Perdão", a partir de um tema de J. S. Bach, "Noa Noa", "De banda", além de um poema de João da Cunha Vargas, "Querência". Neste mesmo ano publica o ensaio *A estética do frio – Conferência de Genebra*, a partir da conferência de Genebra, Suíça, realizada no ano anterior. Trata-se do principal texto escrito pelo artista até aqui e representa uma depuração conceitual em relação ao ensaio publicado em 1992.

2007 Vitor surpreende com uma nova parceria musical, com o carioca Marcos Suzano. Com ele faz o álbum *Satolep Sambatown*, com uma série de canções hoje bem conhecidas do seu repertório, como "Invento", "Que horas não são?", "A zero por hora", "Viajei" e "Astronauta Lírico". "Invento" será gravada posteriormente por Ney Matogrosso, que ainda usará um verso da canção para nomear o álbum *Beijo bandido*.

2008 Ano de lançamento de seu segundo trabalho ficcional, *Satolep*. O romance trata do retorno de Selbor, o narrador e protagonista de toda a trama, a Satolep, sua cidade natal. Lá encontra personagens como Cubano, de quem ouve a frase "o frio geometriza as coisas", Compositor, que toca milongas e se transforma, idealmente, num gaúcho mítico, vestindo poncho, e João Simões, personagem que remete ao escritor pelotense João Simões Lopes Neto, autor de clássicos como *Contos Gauchescos*.

2010   Retoma as milongas e grava o álbum *délibáb*, com milongas feitas a partir de poemas de Jorge Luis Borges e João da Cunha Vargas. Caetano Veloso participa de uma das faixas. Todo o disco é feito em parceria instrumental com o violonista argentino Carlos Moscardini. Aqui se destacam canções como "Chimarrão", "Tapera" e "Pé de espora", dos poemas de Cunha Vargas. E "Milonga de los morenos", "Milonga de Albornoz" e "Un Cuchillo en el Norte", de Borges. O processo de gravação do álbum também deu origem a um filme documental dirigido por César Custodio.

2012   Neste ano, Vitor participa do filme *A linha fria do horizonte*, de Luciano Coutinho, com artistas como Jorge Drexler e Carlos Moscardini. O filme apresenta um conjunto de artistas do Brasil, Uruguai e Argentina em torno de temas comuns como a milonga, o frio e os espaços de fronteira.

2013   Ano de lançamento de um álbum duplo, com um apanhado geral sobre a sua obra, com um título de uma das suas canções mais emblemáticas, *Foi no mês que vem*. Do álbum participam uma série de músicos e artistas que fizeram parte de toda a sua trajetória, de Milton Nascimento, passando por Ney Matogrosso, Carlos Moscardini, Marcos Suzano, Pedro Aznar, Fito Paez, Santiago Vazquez, até seus filhos Ian Ramil e Isabel Ramil, entre outros. No mesmo ano publica o Songbook *Vitor Ramil*, com partituras de Vagner Cunha e Fabrício Gambogi e textos de Luís Augusto Fischer, Juarez Fonseca e Celso Loureiro Chaves.

2014   Publicação do primeiro livro sobre a sua obra, escrito pelo filósofo e crítico Luís Rubira: *Vitor Ramil – Nascer leva tempo*. Trata-se de um trabalho primoroso, com análise culta das composições, ensaio biográfico e anexos com uma série de informações sobre o artista. Ainda em 2014 Vitor publica o seu terceiro trabalho ficcional, *A primavera da pontuação*, numa trama que apresenta uma rebelião da pontuação em relação às palavras, textos e figuras de linguagem. O livro contém uma série de personagens curiosos, como a culta Norma, Bilião Hipérbole, Palavra-ônibus, Regente, Latino, Grego, Homúnculo, o Grande, entre outros. O livro conversa também, a seu modo, com as diversas rebeliões políticas e sociais do período.

2017   Vitor lança o seu décimo primeiro álbum, *Campos Neutrais*, um dos mais experimentais e bem acabados formalmente de sua carreira. Nele há composições como "Campos Neutrais", "Hermenegildo", "Durme", "Montevideo", parcerias com Zeca Baleiro e Chico César, e a sua primeira gravação de um poema musicado da poeta pelotense Angélica Freitas: "Stradivarius". O álbum ganhou também um Songbook.

2022   Ano de lançamento do seu décimo segundo álbum *Avenida Angélica*, com poemas da poeta pelotense Angélica Freitas. O álbum foi gravado no Theatro Sete de Abril, no centro de Pelotas, no ano de 2021, ainda durante o período mais conturbado da pandemia e com o teatro em reforma. Aqui se destacam canções como "Rilke Shake", "Ringues polifônicos", "R.C.", "Siobhan", "Bigodinho" e tantas outras. No espetáculo, com vídeos de Isabel Ramil, Vitor ecoa nas vestimentas algo do Barão de Satolep. Neste mesmo ano faz o relançamento de *Ramilonga – A estética do frio*, para celebrar os 25 anos do álbum, lançado originalmente em 1997.

Referências

DISCOGRAFIA

ESTRELA, ESTRELA, 1981
Produtor: João Augusto
Gravadora: Polygram
Faixas:

1. Assim, assim (com Kledir Ramil)
2. Tribo
3. Engenho
4. Estrela, Estrela
5. Um e dois
6. Mina de Prata (com Arthur Nestrovski)
7. Noite e dia (com Pery Souza)
8. Aldeia (com Arthur Nestrovski)
9. Epílogo

A PAIXÃO DE V SEGUNDO ELE PRÓPRIO, 1984
Produtores: Kleiton e Kledir
Gravadora: Som Livre/ RBS discos
Faixas:

1. Satolep
2. Armando Albuquerque no Laboratório
3. Sim e Fim
4. Fragmento de Milonga (com Cleber Teixeira)
5. Semeadura (com José Fogaça)
6. Poemita (com Joca D'Ávila)
7. Noigandres (com Arnaut Daniel/Augusto de Campos)
8. Clarisser
9. De um deus que ri e de outros
10. Talismã
11. O baile dos galentes
12. Milonga de Manuel Flores (com Jorge Luis Borges/Alfredo Jacques)
13. Nossa Senhora Aparecida e o milagre (com Giba Giba)
14. Século XX
15. Autorretrato
16. Ibicuí da Armada
17. O milho e a inteligência (com Francine Ramil)
18. A paixão de V segundo ele próprio
19. As moças (a partir de quadrinha popular)
20. As cores viajam na porta do trem

TANGO, 1987
Produtor: João Augusto
Gravadora: EMI-Odeon
Faixas:

1. Sapatos em Copacabana
2. Mais um dia
3. Virda
4. Joquim (Joey) (versão de canção de Bob Dylan e Jacques Levy)
5. Passageiro
6. Nada a ver
7. Nino Rota no Sobrado
8. Loucos de cara (com Kleiton Ramil)

À BEÇA, 1995
Produtores: Márcio Menescal e Alexandre Moreira
Gravadora: Capacete Records (edição limitada)
Faixas:

1. Minha virgem
2. Folhinha (com André Gomes)
3. Não é céu
4. Grama verde
5. Deixa eu me perder (com André Gomes)
6. Café da manhã
7. O livro dos porquês
8. Foi no mês que vem
9. Sol
10. À beça
11. A invenção do olho
12. A resposta
13. Namorada não é noiva (com Paulo Seben)
14. Barroco

RAMILONGA – A ESTÉTICA DO FRIO, 1997
Produtor: Vitor Ramil
Gravadora: Satolep
Faixas:

1. Ramilonga
2. Indo ao pampa
3. Noite de São João (poema de Fernando Pessoa)
4. Causo Farrapo
5. Milonga de sete cidades - a estética do frio
6. Gaudério (com João da Cunha Vargas)
7. Milonga (poema do folclore uruguaio)
8. Deixando o pago (com João da Cunha Vargas)
9. No manantial
10. Memória dos bardos das ramadas (com Juca Ruivo)
11. Último pedido (com João da Cunha Vargas)

TAMBONG, 2000
Produtor: Pedro Aznar
Gravadora: Satolep
Faixas:

1. Espaço
2. Um dia você vai servir alguém (versão de canção de Bob Dylan)
3. O velho León e Natália em Coyoacan (poema de Paulo Leminski)
4. A ilusão da casa
5. Valérie
6. Só você manda em você (versão de canção de Bob Dylan)
7. Subte
8. Para Lindsay (poema de Allen Ginsberg)
9. Quiet music

LONGES, 2004
Produtor: Pedro Aznar
Gravadora: Satolep
Faixas:

1. O primeiro dia
2. Neve de papel
3. Noturno Longe de você
4. Perdão (com J.S. Bach)
5. Noa Noa
6. Visita
7. De banda
8. Querência (com João da Cunha Vargas)
9. Livros no quintal
10. Desenchufado
11. Sem dizer
12. A word is dead (poema de Emily Dickinson)
13. Adiós, goodbye

SATOLEP SAMBATOWN, 2007 (com Marcos Suzano)
Produtores: Vitor Ramil e Marcos Suzano
Gravadora: MPB/ Universal
Faixas:

1. Livro aberto
2. Invento
3. Viajei
4. Que horas não são?
5. O copo e a tempestade
6. A zero por hora
7. 12 segundos de oscuridad (com Jorge Drexler)
8. A ilusão da casa
9. Café da manhã
10. A word is dead
11. Astronauta Lírico

DÉLIBÁB, 2010
Produtor: Vitor Ramil
Direção do documentário délibáb documental: César Custodio
Gravadora: Satolep
Faixas:

1. Milonga de Albornoz (com Jorge Luis Borges)
2. Chimarrão (com João da Cunha Vargas)
3. Milonga de los morenos (com Jorge Luis Borges)
4. Mango (com João da Cunha Vargas)
5. Milonga de dos hermanos (com Jorge Luis Borges)
6. Tapera (com João da Cunha Vargas)
7. Un cuchillo en el Norte (com Jorge Luis Borges)
8. Pé de espora (com João da Cunha Vargas)
9. Milonga de los orientales (com Jorge Luis Borges)
10. Pingo à soga (com João da Cunha Vargas

FOI NO MÊS QUE VEM, 2013
Produtor: Vitor Ramil
Gravadora: Satolep
Faixas Disco 1

1. Foi No Mês Que Vem
2. Livro Aberto (com Marcos Suzano e Orquesta de Câmara do Theatro São Pedro)
3. Estrela, Estrela (com Carlos Moscardini)
4. Não É Céu (com Milton Nascimento, André Gomes, Santiago Vazquez e Carlos Badia)
5. Invento
6. A Resposta
7. Espaço (com Fito Paez)
8. Neve de Papel (com Marcos Suzano e Orquesta de Câmara do Theatro São Pedro)
9. À Beça (com Pedro Aznar)
10. Valérie (com Franco Luciani)
11. Loucos de Cara
12. Sapatos Em Copacabana (com Santiago Castellani e Marcos Suzano)
13. Passageiro (com Ian Ramil)
14. Noturno (com Bella Stone e Matias Cella)
15. Noa Noa (com Isabel Ramil)
16. Ramilonga (com Carlos Moscardini)

Faixas Disco 2

1. Astronauta Lírico
2. Grama Verde (com Marcos Suzano)
3. Viajei (com Jorge Drexler)
4. Longe de Você
5. Que Horas Não São? (com Ney Matogrosso e Santiago Vazquez)
6. O Primeiro Dia (com Orquesta de Câmara do Theatro São Pedro e Santiago Vazquez)
7. Livros No Quintal
8. Quiet Music
9. Joquim (com Marcos Suzano e Katia B.)
10. Perdão (com Orquesta de Câmara do Theatro São Pedro e Alexandre Ostrovski)
11. Deixando o Pago (com Carlos Moscardini)

12. Ibicuí da Armada
13. Noite de São João (com Carlos Moscardini, Kleiton & Kledir e Orquesta de Câmara do Theatro São Pedro)
14. Milonga de Sete Cidades
15. Tango da Independência (com Carlos Moscardini)
16. Satolep (com Santiago Vazquez)

CAMPOS NEUTRAIS, 2017
Produtor: Vitor Ramil
Gravadora: Satolep
Faixas:

1. Campos Neutrais
2. Satolep Fields Forever
3. Labirinto (com Zeca Baleiro)
4. Stradivarius (com Angélica Freitas)
5. Angel Station
6. Isabel
7. Terra (Tierra) (versão de canção de Xöel Lopez)
8. Se eu fosse alguém (Cantiga) (poema de António Botto)
9. Palavra Desordem
10. Durme, Montevideo
11. Contraposto (poema de Joãozinho Gomes)
12. Ana (Sara) (versão de canção de Bob Dylan)
13. Lado Montana, Lado Mar
14. Olho D'Água, Água D'Olho (com Chico César)
15. Hermenegildo

AVENIDA ANGÉLICA, 2022
Produtor: Vitor Ramil
Gravadora: Satolep
Faixas:

1. Rilke Shake (com Angélica Freitas)
2. A mina de ouro de minha mãe e minha tia (com Angélica Freitas)
3. Família vende tudo (com Angélica Freitas)
4. R.C. (com Angélica Freitas)
5. Mulher de malandro (com Angélica Freitas)
6. Treze de Outubro (com Angélica Freitas)
7. Siobhan (com Angélica Freitas)
8. Cosmic Coswig Mississipi (com Angélica Freitas)
9. Vida aérea (com Angélica Freitas)
10. Mulher aranha (com Angélica Freitas)
11. Bigodinho (com Angélica Freitas)
12. Uma mulher insanamente bonita (com Angélica Freitas)
13. Versus eu (com Angélica Freitas)
14. Poema da mulher suja (com Angélica Freitas)
15. Ringues polifônicos (com Angélica Freitas)

LIVROS

RAMIL, Vitor. *Pequod*. Porto Alegre: Artes e Ofícios, 1995

_____. *Pequod*. 2.ed. Revisão dos trechos em espanhol: Isabella Mozzillo de Moura. Porto Alegre: L&PM Editores, 1999

_____. *Pequod*. Traduit du Brésilien par Luciana Wrege Rassier et Jean-José Mesgeun. Paris: L'Harmattan, 2003

_____. *A estética do frio: conferência de Genebra*. Porto Alegre: Satolep, 2004.

_____. *Satolep*. São Paulo: Cosac Naify, 2008

_____. *Songbook Vitor Ramil*. Caxias do Sul: Belas-Letras, 2013.

_____. *A primavera da pontuação*. São Paulo: Cosac Naify, 2014.

_____. *Songbook Campos Neutrais*. Pelotas: Satolep, 2017.

ENTREVISTAS SELECIONADAS

25 DEZ. 1983. *Algo de novo... Vitor Ramil*. Linete Martins e Tania Cabistany. *Diário da Manhã*. Pelotas.

1 SET. 1984. *Ramil lança segundo disco*. Daciara Collor. *O repórter*. Música.

9 JUN. 1989. *O Barão Vamp de Sato ataca*. Gilmar Eiteivein. *Zero Hora*. Porto Alegre.

2 OUT. 1989. *No Brasil existem muito mais coisas do que supõem os jardins do eixo Rio-São Paulo*. *Diário do Pará*.

11 FEV. 1993. *A essência do cotidiano na estética do frio de Victor Ramil*. Hamilton Braga. *Diário do Pará*.

NOV–DEZ. 1995. *Vitor Ramil: O Barão de Satolep invade o planeta*. Arthur de Faria. *Revista Capacete Records*. Ano 1, n. 3.

11–12 MAI. 1996. *A pré-história do Ramil que um dia foi criança*. Mauro Ulrich.

JUN. 1996. *De Satolep para Santa*. Ângela Felippi. *Jornal Santa Ignorância*. Santa Maria.

MAR. 1998. *Entre o rigor estético e a liberdade de criação*. *Jornal da Universidade Federal do Rio Grande do Sul*. Ano I, n. 6, Porto Alegre.

MAR. 1999. *Nau da lucidez*. Luciano Sá. *Gazeta Mercantil*. Ceará.

MAR. 2001. *Vitor Ramil: o calor da Estética do Frio. Revista Agulha*. Fortaleza/ São Paulo.

2010. *Vitor Ramil e Alice Ruiz – Jogo de Ideias*. Itaú Cultural. Fonte: YouTube.

2010. *Vitor Ramil, o segredo mais bem guardado da* MPB. Veja Música. Fonte: YouTube.

2011. *Vitor Ramil no estúdio*. AVI. Rádio Ipanema. Fonte: YouTube.

2012. *Vitor Ramil – Encuentro en el estudio*. Fonte: YouTube.

2012. *Canal Encuentro Ministerio de Educación de la Nación República Argentina*. Dirección: Ariel Hassan. Fonte: YouTube.

2013. *Galpão Nativo – Vitor Ramil*. TVE, RS. Fonte: YouTube.

2017. *Rueda: El brasileño Vitor Ramil en concierto-entrevista*. Festiva Musica de la tierra. Diego Barnabé. Fonte: YouTube.

2020. *Ato Criativo: Vitor Ramil e a poesia de Jorge Luis Borges*. PUC-RS. Prof. Ricardo Barberena. Fonte: YouTube.

2020. *Ato Criativo – Vitor Ramil: 40 anos de música – Anos 80*. PUC-RS. Prof. Ricardo Barberena. Fonte: YouTube.

2020. *Ato Criativo – Vitor Ramil: 40 anos de música – Anos 90*. PUC-RS. Prof. Ricardo Barberena. Fonte: YouTube.

2020. *Ato Criativo – Vitor Ramil: 40 anos de música – Anos 2000*: PUC-RS. Prof. Ricardo Barberena. Fonte: YouTube.

2021. *Ato Criativo – Vitor Ramil: 40 anos de música – Ano 2010*: PUC-RS. Prof. Ricardo Barberena. Fonte: YouTube.

2022. *Vitor Ramil: De Pelotas a Avenida Angélica*. Luís Augusto Fischer. *Revista online Parêntese*.

CANÇÕES APRESENTADAS EM SHOW E/ OU GRAVADAS POR OUTROS ARTISTAS

▷ "Luz", com Kledir Ramil. s/d.

▷ "Nem quero saber", gravada por Zizi Possi no álbum *Asa Morena* (1982).

▷ "N", gravada no álbum *Kleiton e Kledir* (1986).

▷ "Aço", apresentada nos shows *Tango* (1987), *Midnicht Satolep* (1989) e *Animais* (1989).

▷ "A noite ardia com cem luas", apresentada nos shows *Tango* (1987), *Midnicht Satolep* (1989) e *Animais* (1989).

▷ "Animais", com Kleiton Ramil, apresentada no show *Animais* (1989).

▷ "Leprosética", apresentada nos shows *Midnicht Satolep* (1989) e *A invenção do olho* (1991).

▷ "Meu putinho", música para poema de Paulo Seben, apresentada no show *Midnicht Satolep* (1989).

▷ "Woyzeck no Sobrado", apresentada no show *Midnicht Satolep* (1989).

▷ "O pescoço da moda", apresentada no show *Midnicht Satolep* (1989).

▷ "Bois morrendo", poema de Vitor Ramil, sem música, apresentado no show *Animais* (1989).

▷ "Meia-noite, meu amor", versão de *Round Midnight*, de Thelonious Monk, apresentada nos shows *Animais* (1989) e *A invenção do olho* (1991).

▷ "Caravan", versão de *Caravan*, de Juan Tizol e Duke Ellington, apresentada no show *Animais* (1989).

▷ "Bilhete Postal", música para poema de Augusto dos Anjos, apresentada nos shows *Midnicht Satolep* (1989), *Animais* (1989) e *A invenção do olho* (1991).

▷ "À mesa", música para poema de Augusto dos Anjos, apresentada no show *Animais* (1989).

▷ "Crônica de motel", música para texto de Sam Shepard, apresentada no show *Animais* (1989).

▷ "Um político é um ânus", música para poema de e. e. cummings, apresentada nos shows *Midnicht Satolep* (1989) e *Animais* (1989).

▷ "Tolice admirável", com Barão de Itararé. s/d.

▷ "Fezes no fundo do vaso sanitário", apresentada no show *Midnicht Satolep* (1989).

▷ "Oswaldo Goeldi fazia gravuras" (musiqueta), apresentada no show *Midnicht Satolep* (1989).

▷ "Reproverbo" (musiqueta), apresentada no show *Midnicht Satolep* (1989).

▷ "Concretango" (musiqueta), apresentada no show *Midnicht Satolep* (1989).

▷ "A raposa pula" (musiqueta), apresentada no show *Midnicht Satolep* (1989).

▷ "Perdido no livro", apresentada no show *Animais* e gravada no álbum *Extraño* (1990), de Nenhum de Nós.

▷ "Mentira", com Nenhum de Nós, gravada no álbum *Extraño* (1990), de Nenhum de Nós.

▷ "Quem me verão", com Felipe Elizaide. s/d.

▷ "Manãna y pasado", apresentada no 1º Porto Alegre/ Buenos Aires (1996).

▷ "Milonga de sombras", com Jaime Vaz Brasil, no álbum *Os olhos de Borges* (1999).

▷ "Coisas de você", gravação de Adriana Maciel, no álbum *Sozinha Minha* (2000).

▷ "Miss tempestade", com Ricardo Corona, no álbum *Ladrão de fogo* (2001).

▷ "Nua", com Ana Carolina, no álbum *Estampado* (2003).

▷ "Desacontecer", gravação de Verônica Sabino, no álbum *Agora* (2007).

▷ "Bom dia, sonho", gravada no álbum *misteriosa dona esperança* (2007), de Vânia Abreu.

▷ "Fórmica blue", com Luciano Coelho, no álbum *Dez canções* (2009), de Adriana Maciel.

▷ "Perto do teu coração selvagem", no álbum *Dez canções* (2009), de Adriana Maciel.

▷ "Cão (Like a Dog)", no álbum *Dez canções* (2009), de Adriana Maciel.

▷ "Quem é ninguém", com Roger Scarton, no álbum *Vermelhos e demais matizes* (2013), de Gisele de Santi.

▷ "Si te duermes", no álbum *Canciones de Cuna* (2016 – Volume 1).

▷ "GEN" Poema e música: Vitor Ramil. Vídeo: Eduardo Montelli, Isabel Ramil, Juliano Ventura, Letícia Bertagna. 3' 58". 2010. Vídeo Poema apresentado na eclétipo FACES2010 – COTADA, Pelotas RS Brasil.

TESES E DISSERTAÇÕES

ANJOS, Aroldo Garcia dos. *Lavrar a névoa: O tempo em Satolep, de Vitor Ramil*. Dissertação (Mestrado em Linguagem, texto e imagem). Programa de Pós-Graduação em Letras. Universidade Federal de Pelotas (UFPEL). 2020.

ARAÚJO, Valterlei Borges de. *Em uma esquina do Sul: Fragmentações e construções identitárias na música platina a partir da análise da obra de Vitor Ramil*. Tese (Doutorado em Literatura Comparada). Instituto de Letras. Universidade Federal Fluminense (UFF). 2016.

BUCHWEITZ, Marlise. *Literatura, memória e paisagem: o pampa em Vitor Ramil, Juan José Saer e Saúl Ibargoyen*. Tese (Doutorado em Memória Social e Patrimônio Cultural). Instituto de Ciências Humanas. Universidade Federal de Pelotas (UFPEL). 2018.

CORRÊA, Gilnei Oleiro. *A cidade, a poltrona e a linha: Estudos sobre a estética do frio, de Vitor Ramil*. Dissertação (Mestrado em Letras na área de Linguística Aplicada). Programa de Pós-Graduação em Letras. Universidade Católica de Pelotas (UCPel). 2013.

ESTIVALET, Felipe Viana. *Além da estética do frio: As dinâmicas culturais das canções de Vitor Ramil*. Dissertação (Mestrado em Música, linha de pesquisa Musicologia Histórica e Etnomusicologia). Programa de Pós-gradução em Música. Universidade Federal do Paraná (UFPR). 2017.

MIRANDA, Leandro Roberto Manera. *O sotaque melancólico das canções de Vitor Ramil e Jorge Drexler*. Dissertação (Mestrado em Letras). Instituto de Letras. Universidade Federal do Rio Grande do Sul (UFRGS). 2014.

MORAES, Marcos Ferreira de. *A ilusão do pampa: uma leitura de délibáb, de Vitor Ramil*. Dissertação (Mestrado em Letras). Programa de Pós-Graduação em Letras. Universidade de Passo Fundo (UFP). 2013.

OLIVEIRA, Guilherme Reolon de. *Estética do frio, uma ontologia visual: ensaio-viagem sobre o Ser Gaúcho*. Dissertação (Mestrado em Artes Visuais). Programa de Pós-graduação em Artes Visuais. Universidade Federal do Rio Grande do Sul (UFRGS). 2019.

PEREIRA, Beatriz Helena da Rosa. *"Isso tudo é apenas o que meu olho inventa" (um estudo sobre Pequod, de Vitor Ramil)*. Dissertação (Mestrado em Letras). Instituto de Letras. Universidade Federal do Rio Grande do Sul (UFRGS).2001.

RIBAS, João Vicente. *A canção latino-americana contemporânea de Jorge Drexler e Vitor Ramil: performances articuladas no circuito da comunicação*. Tese (Doutorado em Comunicação). Escola de Comunicação, Arte e Design. Pontifícia Universidade Católica do Rio Grande do Sul (PUC-RS). 2019.

SOSA, Marcos. *A milonga no redemoinho da canção popular: Bebeto Alves e Vitor Ramil*. Dissertação (Mestrado em Literatura Brasileira, Portuguesa e Luso-Africana). Instituto de Letras. Universidade Federal do Rio Grande do Sul. (UFRGS). 2012.

URBIM, Luciana Pastorini. *O sujeito e a cidade: Um mergulho no imaginário de Satolep, de Vitor Ramil*. Dissertação (Mestrado em Letras, na área de História da Literatura).Programa de Pós-graduação em Letras. Instituto de Letras e Artes. Universidade Federal do Rio Grande (FURG). 2013.

Adverte-se aos curiosos que se imprimiu este livro na gráfica Bookwire, em 26 de abril de 2024, em papel pólen soft, em tipologia MinionPro e Formular, com diversos sofwares livres, entre eles LaTeX & git.
(v. b60512c)